Martin Kroker

Die Domburg

Befundkatalog

DENKMALPFLEGE UND FORSCHUNG IN WESTFALEN

Im Auftrag des Landschaftsverbandes
Westfalen-Lippe

herausgegeben von
Landeskonservatorin Ursula Quednau
Westfälisches Amt für Denkmalpflege
und
Museumsdirektorin Gabriele Isenberg
Westfälisches Museum für Archäologie
Landesmuseum und Amt für Bodendenkmalpflege

Band 26,3

Schriftleitung: Yasmine Freigang
Westfälisches Museum für Archäologie
Landesmuseum und Amt für Bodendenkmalpflege

VERLAG PHILIPP VON ZABERN · MAINZ · 2007

Der Dom zu Münster
Band 3

Martin Kroker

Die Domburg

Archäologische Ergebnisse zur Geschichte der
Domimmunität vom 8. – 18. Jahrhundert

Teil 2
Befundkatalog

VERLAG PHILIPP VON ZABERN · MAINZ · 2007

Ausstattung Teil 1: 364 Seiten, 329 Abbildungen
  Teil 2: 266 Seiten
  Teil 3: 82 Beilagen

Gedruckt mit Mitteln des Ministeriums für Bauen und Verkehr des Landes Nordrhein-Westfalen.

Redaktion: Dr. Sabine Ladwig/Verlags- und Autorenbüro, Ennigerloh
Layout und Satz: Klaus Sallmann Dipl. Des., Mülheim a. d. Ruhr

Redaktionelle Besonderheiten liegen in der Verantwortung des Autors.

Schriftentausch:
Westfälisches Museum für Archäologie
Landesmuseum und Amt für Bodendenkmalpflege
Zentrale/Bibliothek
Rothenburg 30
D-48143 Münster
Telefon: 0251/5907-262
Telefax: 0251/5907-211
E-Mail: biblio-wmfa@lwl.org

Bibliografische Information der Deutschen Bibliothek:
Die Deutsche Bibliothek verzeichnet diese Publikation in der Deutschen Nationalbibliografie; detaillierte bibliografische Daten sind im Internet über <http://dnb.ddb.de> abrufbar.

Für die Menschen.
  Für Westfalen-Lippe.

© 2007 Landschaftsverband Westfalen-Lippe, Münster

Das Werk ist urheberrechtlich geschützt. Die dadurch begründeten Rechte, insbesondere die der Übersetzung, des Nachdrucks, der Entnahme von Abbildungen, der Funksendung, der Wiedergabe auf fotomechanischem oder ähnlichem Wege und der Speicherung in Datenverarbeitungsanlagen bleiben, auch bei nur auszugsweiser Verwertung, vorbehalten. Die Vergütungsansprüche des § 54, Abs. 2, UrhG, werden durch die Verwertungsgesellschaft Wort wahrgenommen.

Herstellung: Salzland Druck, Staßfurt

ISBN 978-3-8053-3609-3

Inhalt

1000 ff.	Grabung Domgasse 1953 (Domplatz 35)	2
2000 ff.	Grabung Post 1954 (Domplatz 6–7)	55
3000 ff.	Grabung Markt-WC 1955	80
4000 ff.	Grabung Pferdegasse 1949/1967	93
5000 ff.	Grabung Michaelisplatz 1950–1961	99
6000 ff.	Grabung Horsteberg 1958–60	173
7000 ff.	Grabung Margarethenstiege 1960	225
8000 ff.	Grabung Regierungspräsidium 1966 (Domplatz 1–3)	236
9000 ff.	Grabung Kurie Nord 1958 (Horsteberg 17)	247
10000 ff.	Grabung Horsteberg 18 (1980/81)	257
11000 ff.	Grabung Landeszentralbank 1980 (Domplatz 36)	260

Befundkatalog Domburg

Der Katalog entstand während der Auswertung der Grabungsdokumentation. Die Form orientiert sich, soweit das möglich war, an bisherigen Publikationen der Reihe „Denkmalpflege und Forschung in Westfalen". Die Vergabe der Befundnummern erfolgte ebenso wie die Angaben zu stratigraphischen Bezügen bei der Auswertung der Zeichnungen. Die Befundnummern sind nach Grabungen (1000 ff. für die Grabung „Domgasse" bis 11000 ff. für „Landeszentralbank") vergeben. Da nie alle eintausend Nummern für eine Grabung ausgeschöpft wurden, ergaben sich größere Fehlstellen.

Zur Eingabe der Daten wurde die Access-Datenbank des Referats Mittelalter- und Neuzeitarchäologie am Westfälischen Museum für Archäologie verwendet. Einer kurzen Befundansprache folgen die Befundbeschreibung und Angaben zu stratigraphischen Bezügen. Unter der Rubrik „Dokumentation" sind die Nummern der Flächen- und Profilzeichnungen sowie der Fotos innerhalb der Grabungsdokumentation genannt. Die Fotonummern sind nach Fototafeln der Grabungsdokumentation vergeben, die auf Abzügen der Glasplattennegative basieren. Die Ansichten der Grabungen Hömbergs liegen in Kontaktabzügen vor, hier sind den Bildnummern häufig die Filmnummern vorangestellt. Die Abbildungs- und Beilagenverweise beziehen sich auf die Wiedergabe der entsprechenden Befunde in Teilband 1 (Text) und Teilband 3 (Beilagen).

Die abschließend angegebene Periodisierung der Befunde beruht auf einem festen Schema der Datenbank. Die Trennung zwischen Früh- und Hochmittelalter ist dort um 900 angesetzt. Die in dieser Arbeit erschlossene Phase II umfaßt jedoch den Zeitraum vom Ende des 8. bis an das Ende des 10. Jahrhunderts. Befunde, die im Katalog mit „Hochmittelalter (10.–13. Jh.)" umschrieben sind, gehören also nicht zwingend zur Phase III der hochmittelalterlichen Domburg, sondern können, sofern sie dem 10. Jahrhundert zuzuweisen sind, zur Phase II gezählt werden. Für unklare Abgrenzungen zwischen mittelalterlichen Perioden wird auch „Mittelalter allgemein" verwendet.

Abkürzungen

F:	Flächenzeichnung
Fo:	Foto
FoSt:	Foto Stieren
P:	Profilzeichnung
üNN:	über Normalnull

1000 ff. Grabung Domgasse 1953 (Domplatz 35)

1001 Laufhorizont

Dunkle belaufene Schicht, die zu Beginn der Grabung an der Südostecke der Fläche als erstes Niveau freigelegt worden ist. Es zeigte sich später, daß es sich um den Fußboden eines Steingebäudes handelt. Dieser ist unter 1216 beschrieben.

Stratigraphischer Bezug: unter 1215; über 1002 = 1217.

Dokumentation: F 1; P 31, 36; Fo 1–2; Beil. 7; Abb. 26, 35-36.

Datierung: Hochmittelalter (10.–13. Jh)

1002 Planierschicht

Ca. 0,10 m starke Aufplanierung aus hellem, marmoriertem Sand mit zahlreichen Holzkohle- und Brandanteilen, zwischen den beiden Laufhorizonten 1003 und 1001. Im Bereich über der Mitte von Grubenhaus I erheblich stärker um das Absacken der früheren Horizonte auszugleichen. Identisch mit 1217 unter 1216.

Stratigraphischer Bezug: unter 1001; über 1003.

Dokumentation: P 1, 31, 36; Beil. 7; Abb. 26, 36.

Datierung: Hochmittelalter (10.–13. Jh.)

1003 Laufhorizont

Dünnes schwarzes Band, das nur stellenweise vorhanden ist. Das Band trennt die hellere Aufschüttung 1217 von der dunkleren 1004, vermutlich eine partielle Erneuerung des früheren Horizontes 1005. Im Bereich der Nordfläche häufig nur schwer von 1001/1216 zu trennen.

Stratigraphischer Bezug: unter 1002; über 1004.

Dokumentation: P 31; Fo 5, 13, 29, 39; Beil. 7; Abb. 26, 36.

Datierung: Hochmittelalter (10.–13. Jh.)

1004 Planierschicht

Dunklere Sandschicht, wie 1003 nur in Teilbereichen des Ostprofils zu erfassen.

Stratigraphischer Bezug: unter 1003; über 1005.

Dokumentation: P 31; Fo 5, 13, 29, 39; Beil. 7; Abb. 26, 36.

Datierung: Hochmittelalter (10.–13. Jh.)

1005 Laufhorizont

Braun-schwarzes Band aus festgetretenem Sand mit hohem Ascheanteil, das nach Aufgabe des Grubenhaushorizontes entstanden ist. Über dem Grubenhaus 1 erscheint 1005 sehr stark (0,10 m) und deutlich, außerhalb der aufgegebenen Grubenhäuser verliert sich der Horizont teilweise, ein Befund, der exakt 1540 im Ost-West-Graben entspricht. Beide dürften noch unmittelbar mit der Aufgabe der Grubenhäuser zusammenhängen.

Stratigraphischer Bezug: unter 1004; über 1013, 1006.

Dokumentation: P 31, 36; Fo 5, 13, 29, 39, 42; Beil. 7; Abb. 26, 36.

Datierung: Hochmittelalter (10.–13. Jh.)

1006 Füllschicht

Dunkelgrauer Sand mit geringem Holzkohle- und Steinanteil sowie einigen helleren Sandlinsen verfüllt das Grubenhaus I. Die Schicht entspricht der Aufplanierung 1013 im Außenbereich des Grubenhauses. Mit dem gleichen Material wurde die Grube zeitgleich verfüllt.

Stratigraphischer Bezug: unter 1005; über 1007.

Dokumentation: P 1, 31, 36; F 2–3; Fo 5, 13, 16, 29, 39; Beil. 7; Abb. 18, 26.

Datierung: Hochmittelalter (10.–13. Jh.)

1007 Schicht

Sehr dünnes Ascheband im Bereich des Grubenhauses I. Es handelt sich entweder um eine bei der Aufgabe des Grubenhauses entstandene Schicht oder um eine nur kurz genutzte zweite Phase des Hauses. Wegen des starken Absackens der Schichtpakete im Bereich der Grubenhäuser zeigen die nach Planum angelegten Flächenzeichnungen (z.B. F 3) verschiedene zeitlich versetzte Horizonte. Da die Mitte der Häuser stark nachgab, sind in diesem Bereich die jüngeren Schichten und an den Randbereichen die ältesten dargestellt.

Stratigraphischer Bezug: unter 1006; über 1009.

Dokumentation: P 1; F 3; Fo 16; Abb. 18.

Datierung: Hochmittelalter (10.–13. Jh.)

1008 Füllschicht

Grauer Sand, mittlerer Teil der Verfüllung von Grubenhaus I (s. 1007/1006).

Stratigraphischer Bezug: unter 1007; über 1009.

Dokumentation: P 1; F 3; Fo 16; Abb. 18.

Datierung: Hochmittelalter (10.–13. Jh.)

1009 Laufhorizont

Dunkelbraunes Band, 0,04–0,05 m stark mit Holzanteil und vergangenem Laub (Winkelmann: „torfig"). Die Schicht zieht an den Grubenrändern nach oben. Wahrscheinlicher als ein Boden oder Laufhorizont einer zweiten Nutzungsphase mit Wänden wäre eine verstürzte Dachkonstruktion. Der Befund entspricht dem der anderen Grubenhäuser.

Stratigraphischer Bezug: unter 1008; über 1010; gehört zu Grubenhaus I.

Dokumentation: F 4; P 1; Fo 16; Abb. 18.

Datierung: Hochmittelalter (10.–13. Jh)

1010 Füllschicht

Auffüllung im unteren Bereich von Grubenhaus I, ca. 0,05–0,25 m stark, aus braungrauem Sand, steht für die Aufgabe der frühesten Nutzungsphase der Grube.

Stratigraphischer Bezug: unter 1009; über 1011; gehört zu Grubenhaus I.

Dokumentation: P 1; F 4; Fo 16; Abb. 18.

Datierung: Hochmittelalter (10.–13. Jh.)

1011 Schicht

Frühester Nutzungshorizont von Grubenhaus I. Im Profil ist ein dunklerer Streifen, der sich von der Auffüllung 1010 abhebt, an der Ostseite des Grubenhauses zu erkennen. Da sich die Verfärbung in der Mitte des Grubenhauses erstreckt, ist von einer wannenartigen Vertiefung durch eine schwere Last auszugehen, in der die Verfüllungen noch auf tieferem Niveau zu erkennen sind. Wie bei allen anderen Gruben ist ein Laufhorizont sonst kaum auszumachen, vermutlich ist er bei der Aufgabe abgenommen worden. Wenn auch ein Laufniveau nicht mehr vorhanden ist, kann man auf diese Nutzungsphase rückschließen, da eine derart tiefe Ausschachtung der Grube, um sie anschließend gleich wieder zu verfüllen, undenkbar erscheint.

Stratigraphischer Bezug: unter 1010; über 1012; gehört zu Grubenhaus I.

Dokumentation: P 1; F 6; Fo 16; Abb. 18.

Datierung: Hochmittelalter (10.–13. Jh.)

1012 Anstehender Boden

Gelblicher, leicht lehmiger Sand. Der Übergang von den unteren Kulturschichten wie 1015 oder 1532 ist fließend, da diese nach unten zunehmend heller und steriler werden; ganz frei von Einflüssen (Wurzeln oder

Tiergängen) scheint auch der freigelegte gewachsene Boden selten zu sein. Auf verschiedenen Profilzeichnungen ist wenig Wert auf eine Unterscheidung zwischen unterer Kulturschicht und 1012 gelegt worden, daher ist die Höhe des anstehenden Bodens nicht immer exakt zu ermitteln. Im Bereich des Ost-West-Grabens, etwa auf Höhe des Fundaments 1565, setzt der anstehende Boden bei 3,10 m unter der Oberfläche, in der Fläche am Ostprofil bei ca. 2,80 m unter der Oberfläche ein.

Stratigraphischer Bezug: unter 1015, 1532.

Dokumentation: P 31; Fo 29, 42–43; Beil. 7.

1013 Planierschicht

Grau-hellgraue Sandschicht, gelegentlich mit einigen Bruchsteinen (Winkelmann Schicht III). Die Schicht ist 0,15–0,30 m stark und setzt bei 0,35–0,45 m unter dem Nullpunkt des Ausgräbers ein. Sie schließt den Horizont der Grubenhäuser ab. Die Verfüllung der jüngeren Gruben erfolgte mit dem gleichen Material. Trotz einiger Holzkohlestücke kann keineswegs von einer klaren Brandschicht gesprochen werden, die in der Literatur – nicht nur bei Winkelmann – das gewaltsame Ende mutmaßlich sächsischer Grubenhäuser anzeigt. Zahlreiche Fundstücke entsprechen denen in der Verfüllung von Grubenhaus I. Das Gebäude wurde im fortgeschrittenen 10. Jahrhundert aufgegeben; anschließend entstand darüber ein Steingebäude (1286).

Stratigraphischer Bezug: unter 1005; über 1007.

Dokumentation: F 2; P 31; Fo 5, 13, 29, 39, 42–43; Beil. 7; Abb. 26, 36; mit Ausnahme der kaum verwendbaren Zeichnung F 2 keine Flächenzeichnung, obwohl vollständig abgegraben mit vielen Funden und auf allen Profilfotos gut dokumentiert.

Datierung: Hochmittelalter (10.–13. Jh.)

1014 Sonstiges allgemein

Hellbrauner Streifen zwischen 1013 und 1015 (Winkelmann Schicht IV). Die Farbe des 0,02 m starken Streifens ist durch einen hohen Eisenanteil bedingt. Es könnte sich um den Rest einer älteren Oberfläche handeln. Der Streifen erscheint nur im Südteil des Schnitts.

Stratigraphischer Bezug: unter 1013; über 1015; geschnitten von Grubenhaus I.

Dokumentation: F 2; P 31; Fo 29, 42; Beil. 7; Abb. 36.

Datierung: Mittelalter allgemein

1015 Kulturschicht

Graue sandige Schicht mit zahlreichen Holzkohleeinschlüssen, bis zu 0,35 m stark (Winkelmann: Schicht IV). Die Einschlüsse nehmen nach unten ab, die Verfärbung wird heller und nähert sich dem anstehenden Boden 1012 an. Es ist die älteste im Grabungsareal freigelegte Schicht, die von sämtlichen Gruben und Gräben, die älter als die Grubenhäuser sind, geschnitten wird. Leider offensichtlich ohne Fundmaterial. Nicht vollständig abgegraben. Vermutlich handelt es sich um ein Schichtpaket der Kulturschichten des 9. Jahrhunderts und der Kaiserzeit.

Stratigraphischer Bezug: unter 1014; über 1012; geschnitten von 1223, 1118, Grubenhaus.

Dokumentation: F 4, 6; P 31; Fo 29, 42–43; Beil. 3, 7; Abb. 10, 11, 26, 36.

Datierung: Frühmittelalter

1016 Pfostengrube

Pfostengrube mit schwacher Pfostenspur. Breite 0,28 m, Tiefe unter Grubenhaussohle 0,28 m. Breite des Pfostens 0,14 m, Tiefe 0,15 m. Pfosten und Grubensohle sind annähernd flach. Südwestlicher Eckpfosten von Grubenhaus I.
Zu 1016 ff.: Die Pfostensetzungen in den Bereichen der Grubenhäuser sind überwiegend erst nach Ausnahme der Verfüllungen und auch nach Ausnahme des Nutzungshorizontes dokumentiert worden. Da die Häuser nicht exakt stratigraphisch ergraben worden sind, sind jüngere Verfärbungen auch übersehen bzw. nicht dokumentiert worden. An einigen wenigen Beispielen im Bereich der Profilstege zeigt sich, daß Pfosten tatsächlich unter dem vermeintlichen Nutzungshorizont und auch unter der anschließenden Verfüllung lagen. Hier findet sich entweder ein Hinweis auf eine mehrphasige Nutzung der Grubenhäuser, deren früherer Laufhorizont im Bereich der Grubensohlen nur noch unscharf

vorhanden war, oder ein Beleg für die Annahme, daß es sich bei den torfigen Schichten nicht um Nutzungsniveaus handelt. Meistens ließen sich die Pfostengruben nur unter der Aufgabeverfüllung (hier 1006 = 1013) sicher zuweisen. Unmittelbar nebeneinanderliegende Gruben, die sich teilweise schneiden, sprechen für eine mehrphasige Nutzung der Grubenhäuser, bei denen die tragenden Pfosten erneuert wurden. Die Verfüllung der Gruben besteht aus grauem Sand, der sich mit dem hellem Sand des anstehenden Bodens und dem vergangenen Holz der Pfosten vermischt. Die Pfostenspuren sind durch dunkle Bereiche gekennzeichnet. Zum Teil tritt offensichtlich auch Holzkohle auf.

Stratigraphischer Bezug: unter 1006; gehört zu Grubenhaus I.

Dokumentation: F 6; P 2; Fo 17; Beil. 3, 9.

Datierung: Hochmittelalter (10.–13. Jh.)

1017 Pfostengrube

Sehr breite Grube mit deutlicher Pfostenspur am westlichen Rand. Breite 0,60 m, Tiefe 0,30 m, Breite des Pfostens 0,24 m, Tiefe 0,19 m, flache Sohle. Mittelpfosten der südwestlichen Schmalseite von Grubenhaus I. Vermutlich (unklare Zuweisung in der Dokumentation) gehört ein zweiter Pfosten mit kaum auszumachender Pfostenspur an den östlichen Rand der Grube. Dieser ist ca. 0,20 m breit und 0,55 m tief. Ein stratigraphisches Verhältnis ist nicht mehr festzustellen. Wahrscheinlicher als ein Doppelpfosten scheint eine zeitliche Differenz zwischen beiden Pfosten.

Stratigraphischer Bezug: unter 1006; gehört zu Grubenhaus I.

Dokumentation: F 6; P 2; Fo 17; Beil. 3, 9.

Datierung: Hochmittelalter (10.–13. Jh.)

1018 Pfostengrube

Pfostengrube mit klarer Pfostenspur. Die Grube ist im unteren Bereich des relativ tiefreichenden Pfostens nur sehr schmal. Breite 0,32–0,13 m, Pfosten 0,11 m, Tiefe von Grube und Pfosten 0,38m, leicht angerundete Unterkante. Südöstlicher Eckpfosten von Grubenhaus I.

Stratigraphischer Bezug: unter 1006; gehört zu Grubenhaus I.

Dokumentation: F 6; P 2; Beil. 3, 9.

Datierung: Hochmittelalter (10.–13. Jh.)

1019 Pfostenspur

Pfostenspur wie 1018. Die Pfostengrube ist nur im oberen Bereich ansatzweise zu erkennen. Breite 0,10 m, Tiefe 0,30 m, leicht angespitzt. Der Pfosten steht mit 1289 an der östlichen Längsseite von Grubenhaus I. Der vermutlich nur eingeschlagene Pfosten hängt nicht zwingend mit der Konstruktion des Grubenhauses zusammen.

Stratigraphischer Bezug: unter 1006; gehört zu Grubenhaus I.

Dokumentation: F 6; P 2; Fo 17; Beil. 3, 9.

Datierung: Hochmittelalter (10.–13. Jh.)

1020 Pfostenlöcher

Fünf Pfostenlöcher mit 0,08–0,10m Durchmesser, Tiefe 0,24–0,28 m, davon vier Pfostenlöcher in einer Reihe, lagen in der Mitte von Grubenhaus I. Eingetieft und dokumentiert auf dem Niveau des anstehenden Bodens, ist auch hier ein Zusammenhang mit der Nutzung des Grubenhaus wahrscheinlich.

Stratigraphischer Bezug: unter 1006; schneidet 1012.

Dokumentation: F 6; Fo 17; Beil. 3, 9.

Datierung: Hochmittelalter (10.–13. Jh.)

1021 Pfostengrube

Pfostengrube mit deutlicher Pfostenspur. Die Grube ist nur im oberen Bereich zu erkennen (wie 1018). Breite oben 0,37 m, Breite des Pfostens 0,12 m, Tiefe 0,39 m, leicht angespitzt. Nordöstlicher Eckpfosten von Grubenhaus I.

Stratigraphischer Bezug: unter 1006; gehört zu Grubenhaus I.

Dokumentation: F 6; P 2; Fo 17; Beil. 3, 9.

Datierung: Hochmittelalter (10.–13. Jh.)

1022 Pfostengrube

Pfostengrube mit Pfostenspur. Breite bis 0,38 m, Tiefe 0,15 m, Breite des Pfostens 0,12 m. Mittelpfosten an der nördlichen Schmalseite von Grubenhaus I.

Stratigraphischer Bezug: unter 1006; gehört zu Grubenhaus I.

Dokumentation: F 6; P 2; Fo 17; Beil. 3, 9.

Datierung: Hochmittelalter (10.–13. Jh.)

1023 Pfostengrube

Pfostengrube mit Pfostenspur. Breite bis 0,52 m, Tiefe 0,50 m, Breite des Pfostens 0,14–0,20 m, Tiefe 0,41 m. Zurückgesetzt zu 1022 an der nördlichen Schmalseite von Grubenhaus I. Jüngere Lösung dieser Seite, der Pfosten bildete ebenso eine Reihe mit 1021, 1024 wie 1022.

Stratigraphischer Bezug: unter 1006; schneidet 1023; gehört zu Grubenhaus I.

Dokumentation: F 2; P 6; Fo 17; Beil. 3, 9.

Datierung: Hochmittelalter (10.–13. Jh.)

1024 Pfostengrube

Über 0,50 m breite Grube an der Nordwestecke von Grubenhaus I, die in der Fläche nur als unscharfe Verfärbung auszumachen ist. Im Profil zeichnen sich zwei Pfosten ab. Der jüngere, etwa 0,15 m breite Pfosten ist an der deutlichen Holzspur zu erkennen. Er überlagert einen schmaleren, leicht zugespitzten 0,09 m breiten Pfosten.

Stratigraphischer Bezug: unter 1006; schneidet 1038, Grubenhaus I; gehört zu Grubenhaus I.

Dokumentation: F 6; P 2; Fo 17.

Datierung: Hochmittelalter (10.–13. Jh.)

1025 Pfostengrube

0,40m breite und 0,40m tiefe Pfostengrube ohne Pfostenspur. Die Sohle ist zugespitzt.

Stratigraphischer Bezug: unter 1006; schneidet 1034, Grubenhaus I; gehört zu Grubenhaus I.

Dokumentation: F 6; P 2; Fo 17; Beil. 3, 9.

Datierung: Hochmittelalter (10.–13. Jh.)

1026 Pfostengrube

Pfostengrube mit deutlicher Pfostenspur. Breite bis 0,30 m, Tiefe 0,24 m. Breite des Pfostens 0,10 m, Tiefe 0,20 m. Pfosten an der westlichen Längsseite von Grubenhaus I. Der Pfosten liegt unmittelbar neben 1027. Vermutlich älter.

Stratigraphischer Bezug: unter 1006; gehört zu Grubenhaus I; geschnitten von 1027.

Dokumentation: F 2; P 6; Fo 17; Beil. 3, 9.

Datierung: Hochmittelalter (10.–13. Jh.)

1027 Pfostengrube

Bis zu 0,50 m breite Pfostengrube mit schwacher Pfostenspur, Tiefe 0,47 m. Die Grube schneidet im äußersten Randbereich vermutlich den benachbarten Pfosten 1026.

Stratigraphischer Bezug: unter 1006; schneidet 1026; gehört zu Grubenhaus I.

Dokumentation: F 6; P 2; Fo 17; Beil. 3, 9.

Datierung: Hochmittelalter (10.–13. Jh.)

1028 Pfostengrube

Bis zu 0,27 m breite Pfostengrube mit mittiger Spur eines schmalen, nur 0,06 m starken Pfostens. Tiefe 0,40 m, flache Sohle. Die Grube schneidet die ältere Pfostengrube 1292. Nordöstlicher Eckpfosten von Grubenhaus II.

Stratigraphischer Bezug: unter 1054; schneidet 1292; gehört zu Grubenhaus II.

Dokumentation: F 6; P 4; Fo 19; Beil. 3, 8.

Datierung: Frühmittelalter

1029 Pfostengrube

Pfostengrube mit Pfostenspur, Breite bis 0,38 m, Tiefe 0,23 m, Breite des Pfostens 0,14 m. Mittlerer Pfosten der nördlichen Schmalseite von Grubenhaus II.

Stratigraphischer Bezug: unter 1054; gehört zu Grubenhaus II.

Dokumentation: F 6, P 4; Fo 19; Beil. 3, 8.

Datierung: Frühmittelalter

1030 Pfostengrube

Pfostengrube ohne Pfostenspur, Breite bis 0,40 m, Tiefe 0,51 m. Älterer Pfosten an der Nordwestecke von Grubenhaus II.

Stratigraphischer Bezug: unter 1054; gehört zu Grubenhaus II; geschnitten von 1031.

Dokumentation: F 6; P 4; Fo 19; Beil. 3, 8.

Datierung: Frühmittelalter

1031 Pfostengrube

Pfostengrube mit deutlicher Pfostenspur. Breite 0,30 m, Tiefe 0,25 m, Breite des Pfostens 0,14 m. Der Pfosten an der Nordwestecke von Grubenhaus II schneidet 1030.

Stratigraphischer Bezug: unter 1054; schneidet 1030.

Dokumentation: F 6; F 2; Fo 19; Beil. 3, 8.

Datierung: Frühmittelalter

1032 Pfostenspur

Spur eines 0,34 m breiten Pfostens, der nur gering (0,08 m) unter die Sohle von Grubenhaus II eingetieft war. Stratigraphisches Verhältnis zum Nachbarpfosten 1040 in der Mitte der Westseite von Grubenhaus II unklar.

Stratigraphischer Bezug: unter 1054; gehört zu Grubenhaus II.

Dokumentation: F 6; P 4; Fo 19; Beil. 3, 8.

Datierung: Frühmittelalter

1033 Pfostenspur

Spur eines schmalen, zugespitzten Pfostens. Breite 0,16 m, Tiefe 0,22 m. Vermutlich gehört er nicht zur tragenden Konstruktion des Grubenhauses, sondern zur Nutzung.

Stratigraphischer Bezug: unter 1054; schneidet 1038; gehört zu Grubenhaus II.

Dokumentation: F 6; P 4; Fo 19; Beil. 3, 8.

Datierung: Frühmittelalter

1034 Pfostengrube

Pfostengrube mit unregelmäßigen Rändern. Breite ca. 0,50 m, Tiefe 0,32 m, Breite des zugespitzten Pfostens 0,34 m. 1034 ist einer von zwei Pfosten in der Südwestecke von Grubenhaus II.

Stratigraphischer Bezug: unter 1054; schneidet 1038; gehört zu Grubenhaus II; geschnitten von 1025, Grubenhaus I.

Dokumentation: F 6; P 4; Fo 19; Beil. 3, 8.

Datierung: Frühmittelalter

1035 Pfostenspur

Schwache Spur eines 0,30 m breiten und 0,40 m tiefen Pfostens im Südosten von Grubenhaus II.

Stratigraphischer Bezug: unter 1054; gehört zu Grubenhaus II; geschnitten von 1298.

Dokumentation: F 6; P 4; Fo 19; Beil. 3, 8.

Datierung: Frühmittelalter

1036 Pfostengrube

Pfostengrube mit schwacher Pfostenspur an der Südostecke des Grubenhauses II. Breite 0,35m, Tiefe 0,36 m. Vermutlich zeigt sich am östlichen Rand der Pfostengrube ein jüngerer zugespitzter Pfosten mit geringerer Tiefe.

Stratigraphischer Bezug: unter 1054; gehört zu Grubenhaus II.

Dokumentation: F 6; P 4; Fo 19; Beil. 3, 8.

Datierung: Frühmittelalter

1037 Pfostengrube

0,30 m breite Grube eines 0,13 m starken Pfostens in der Mitte der östlichen Längsseite von Grubenhaus II.

Stratigraphischer Bezug: unter 1054; gehört zu Grubenhaus II.

Dokumentation: F 6; P 4; Fo 19; Beil. 3, 8

Datierung: Frühmittelalter

1038 Schicht

Dunkelgraue Schicht an der Sohle von Grubenhaus II. Unter dem dunkel eingefärbten torfigen Horizont liegt auch im Grubenhaus II eine über 0,20 m starke Auffüllung 1062, die sich bis zur Grubensohle hinzieht. Da sich hier das erste Nutzungsniveau des Grubenhauses befunden haben muß, ist diese Verfärbung hier gesondert aufgeführt, obgleich Farbe und Konsistenz sich kaum von 1064 unterscheiden. Da die Schicht fast nur in der Mitte des Grubenhauses dokumentiert ist, könnte sie ein Hinweis auf eine schwerere Last in der Mitte der Grube, etwa ein Webstuhl, sein.

Stratigraphischer Bezug: unter 1063; gehört zu Grubenhaus II.

Dokumentation: F 6; P 6; Fo 19; Beil. 3, 8.

Datierung: Frühmittelalter

1039 Pfostenspur

Spur eines 0,30 m breiten und 0,32 m tiefen Pfostens in der Mitte des Grubenhauses II.

Stratigraphischer Bezug: schneidet 1038; gehört zu Grubenhaus II.

Dokumentation: F 6; P 4; Fo 19; Beil. 3, 8.

Datierung: Frühmittelalter

1040 Pfostengrube

0,32 m breite und nur 0,08 m tiefe Pfostengrube mit der Spur eines 0,15 m breiten Pfostens neben 1032 an der Westseite von Grubenhaus II.

Stratigraphischer Bezug: unter 1054; gehört zu Grubenhaus II.

Dokumentation: F 6; P 4; Fo 19; Beil. 3, 8.

Datierung: Frühmittelalter

1041 Pfostengrube

Schwacher Rest einer 0,50 m breiten Pfostengrube, Tiefe 0,15 m. Einer von zwei Pfosten in der Südwestecke von Grubenhaus II.

Stratigraphischer Bezug: unter 1054; gehört zu Grubenhaus II.

Dokumentation: F 6; P 4; Fo 19; Beil. 3, 8.

Datierung: Frühmittelalter

1042 Füllschicht

Verfüllung von Grubenhaus III, ist gleichzusetzen mit 1071, weiteres s. dort.

Dokumentation: P 5; Fo 22–23.

Datierung: Hochmittelalter (10.–13. Jh.)

1043–1051 Schichten

Diese Schichten sind Verfüllungen innerhalb des Grubenhauses III. Sie sind gleichzusetzen mit 1072–1075. Die Unterscheidung der Profile in der Mitte der Grube P 5 mit 1042 ff. und dem genauer dokumentierten Profil an der Nordseite des Grubenhauses III erwies sich als nicht notwendig.

Dokumentation: P 5; Fo 22–23.

Datierung: Hochmittelalter (10.–13. Jh.)

1054 Füllschicht

Aufgabeverfüllung von Grubenhaus II, unterscheidet sich von 1006/1013 durch eine etwas dunklere Verfärbung. 1013 überlappt 1054, das Grubenhaus II ist früher aufgegeben worden.

Stratigraphischer Bezug: unter 1013; über 1055.

Dokumentation: P 6; P 36; Fo 18; Abb. 13.

Datierung: Mittelalter allgemein

1055–1058 Füllschichten

Verfüllungen des Grubenhaus II. 1055 und 1057–1058 sind braun gefärbt und weisen Holzanteile auf. 1056 ist eine helle, sandige Zwischenfüllung.

Stratigraphischer Bezug: unter 1054; über 1059.

Dokumentation: F 3–4; P 6; Fo 18; Abb. 13.

Datierung: Mittelalter allgemein

1059 Schicht

Später Nutzungshorizont oder wahrscheinlicher Abbruchschicht von Grubenhaus II mit starken Holzanteilen (vertorft), ca. 0,04–0,10 m stark.

Stratigraphischer Bezug: unter 1058; über 1060; gehört zu Grubenhaus II.

Dokumentation: F 4, 6; Fo 18; Abb. 13.

Datierung: Mittelalter allgemein

1060 Füllschicht

Braune Schicht zwischen den Horizonten 1059 und 1061, 0,10–0,20 m stark.

Stratigraphischer Bezug: unter 1059; über 1061; gehört zu Grubenhaus II.

Dokumentation: F 3–4; P 6; Fo 18; Abb. 13.

Datierung: Mittelalter allgemein

1061 Schicht

Dunkelbraunes Band mit Holzstücken, das an der Westhälfte des Grubenhauses II ausläuft. Zweites Nutzungsniveau im Bereich des Grubenhauses oder verstürztes Dach bzw. Wand. Das Band zieht an der Ostseite der Grube relativ steil nach oben; analog zu den anderen Gruben sind die Wände mit dem gleichen Material, wohl Holz/Flechtwerk, vergangenem Laub o. ä. ausgekleidet worden.

Stratigraphischer Bezug: unter 1060; über 1062; gehört zu Grubenhaus II.

Dokumentation: P 6; Fo 18; Abb. 13.

Datierung: Mittelalter allgemein

1062 Füllschicht

Untere Verfüllung von Grubenhaus II. Wie bei den anderen Gruben auch ist der Boden mit lockerem sandigen Material aufgefüllt worden (bis zu 0,30 m). Der Laufhorizont an der Sohle der Grube ist nicht mehr vorhanden. Die unteren Bereiche der Verfüllung sind als 1038 beschrieben.

Stratigraphischer Bezug: unter 1061; über 1012; gehört zu Grubenhaus II.

Dokumentation: F 6; P 6; Fo 18; Abb. 13.

Datierung: Mittelalter allgemein

1067 Planierschicht

Graue Aufplanierung mit Steinschutt über dem Grubenhaus III, entspricht 1222, 1230.

Stratigraphischer Bezug: unter 1206; über 1211.

Dokumentation: P 7, 37; Abb. 19.

Datierung: spätes Mittelalter/frühe Neuzeit (13.–16. Jh.)

1068 Laufhorizont

Laufhorizont mit Brandspuren und Steinschutt, entspricht dem Bereich von 1211.

Stratigraphischer Bezug: unter 1067; über 1228.

Dokumentation: P 7, 37; Fo 23; Abb. 19.

Datierung: Hochmittelalter (10.–13. Jh.)

1069 Planierschicht

Aufplanierungen aus graubraunem Sand oberhalb von Grubenhaus III, entspricht 1215 oder 1217, s. 1070.

Stratigraphischer Bezug: unter 1068; über 1070.

Dokumentation: P 7; Fo 23; Abb. 19.

Datierung: Hochmittelalter (10.–13. Jh.)

1070 Laufhorizont

0,04–0,08 m starkes belaufenes Band aus dunkelbraunem Material oberhalb von Grubenhaus III. Laufhorizont, der der stratigraphischen Reihenfolge nach 1216/1001 entspricht, dieser wurde jedoch als Estrich für den Innenraum des Gebäudes 1086 festgelegt. Es könnte sich um ein auf entsprechender Höhe liegendes Laufniveau (1086 war kein Keller, sondern ein Schwellbalkenfundament) im Außenbereich handeln. Die beiden Profilzeichnungen P 34 und P 37 lassen auch die Möglichkeit zu, daß hier wieder eine Aufteilung des Horizontes 1005/1003 auftritt. 1070 entspräche damit 1003.

Stratigraphischer Bezug: unter 1069; über 1071.

Dokumentation: P 7, 34, 37; Fo 23; Abb. 19.

Datierung: Hochmittelalter (10.–13. Jh.)

1071 Planierschicht

Graubraune Schicht mit Holzanteilen, ca. 0,06–0,20 m starke Schicht (über dem ehemaligen Grubenhaus III) zur Erhöhung des Geländes nach Aufgabe des Grubenhaus. Entspricht 1004 bzw. 1217. Die genannten Entsprechungen mit den Befunden am Ostprofil sind nicht mit absoluter Sicherheit festzustellen, da die Querprofile Süd und Nord nicht dokumentiert worden sind (die Fläche gar nicht).

Stratigraphischer Bezug: unter 1070; über 1072.

Dokumentation: F 3–4; P 7; Fo 23; Abb. 19.

Datierung: Hochmittelalter (10.–13. Jh.)

1072 Planierschicht

Bis zu 0,07 m starkes Band aus hellem Sand. Die Schicht wurde aufgetragen als Ausgleich zu den im Bereich des aufgegebenen Grubenhauses III nachgebenden Horizonten im mittleren Abschnitt des ehemaligen Grubenhauses.

Stratigraphischer Bezug: unter 1071; über 1073.

Dokumentation: P 7; Fo 23; Abb. 19.

Datierung: Hochmittelalter (10.–13. Jh.)

1073 Füllschicht

Dunkelgrau-brauner Sand. Verfüllung von Grube III, die sich als 0,10–0,20 m starke, vielleicht belaufene Oberfläche auch außerhalb des Grubenhauses fortsetzt. Die Verfärbung ist dunkler als die Verfüllung 1006 mit der Aufplanierung 1013 im Bereich von Grubenhaus I. Im Außenbereich ist 1073 nur sehr knapp dokumentiert worden. Eine gleichzeitige Aufgabe beider Grubenhäuser ist damit nicht sicher zu belegen. Hinweise im Fundgut lassen an eine längere Nutzungszeit von Grubenhaus III denken.

Stratigraphischer Bezug: unter 1072; über 1074.

Dokumentation: F 4–5; P 7, Fo 22–23; Abb. 19.

Datierung: Hochmittelalter (10.–13. Jh.)

1074 Schicht

Dünner, 0,02–0,05 m breiter holzig-torfiger Streifen in Grubenhaus III. Der Streifen zieht zumindest am östlichen Rand der Grube nach oben. Entweder handelt es sich um einen Laufhorizont in einer späten Nutzungsphase oder um eine Schicht, die bereits mit dem Abbruch (Wände/Dach) des Grubenhauses zusammenhängt.

Stratigraphischer Bezug: unter 1073; über 1075; gehört zu Grubenhaus III.

Dokumentation: P 7; Fo 22–23; Abb. 19.

Datierung: Hochmittelalter (10.–13. Jh.)

1075 Füllschicht

0,20–0,30 m starke Auffüllung aus braunem Material an der Sohle von Grubenhaus III. Ein Fußboden des Grubenhauses läßt sich nicht ausmachen. Er wird aber am Grubengrund vorhanden gewesen sein, da man sich kaum die Mühe gemacht hätte, eine Grube tief auszuschachten und sie dann unmittelbar anschließend mit lockerem Material 0,20–0,30 m wieder zu verfüllen (s. 1078/1079, 1011, 1038).

Stratigraphischer Bezug: unter 1074; über 1012; schneidet 1076; gehört zu Grubenhaus III.

Dokumentation: F 6; P 7; Fo 22–23; Beil. 3, 9; Abb. 19.

Datierung: Hochmittelalter (10.–13. Jh.)

1076 Füllschicht

0,50–0,60 m starke Auffüllung aus grau-braunem Sand mit einigen helleren Einschlüssen, zur Aufgabe von Grubenhaus IV. Grubenhaus IV wurde nur angeschnitten; abgesehen von der Verfüllung wurden keine weiteren Schichten dokumentiert. Unter den Funden waren einige Scherben Pingsdorfer Art. Das Gebäude wurde also erst nach 900 aufgegeben. Grubenhaus III wurde erst nach der Aufgabe von Grubenhaus IV errichtet.

Stratigraphischer Bezug: unter 1073; gehört zu Grubenhaus IV; geschnitten von Grubenhaus III.

Dokumentation: F 4–6; P 7; Fo 23; Abb. 19.

Datierung: Mittelalter allgemein

1078–1079 Schichten

Zwei größere unregelmäßige Bodenverfärbungen, die leicht und wannenförmig in den anstehenden Boden in der Mitte von Grubenhaus III zwischen 0,15 m und 0,25 m eingetieft worden sind. Es dürfte sich nicht um ältere Gräben, sondern um Vertiefungen, verursacht durch die Nutzung des Hauses (Webstuhl) im Bereich des Bodens des Grubenhauses handeln. Das Material entspricht 1075. Dieser Bereich ist hier deutlicher ausgeprägt als in den Häusern I und II (1011, 1038).

Stratigraphischer Bezug: unter 1074; gehört zu Grubenhaus III.

Dokumentation: F 6; P 7; Fo 20–23; Beil. 3, 9.

Datierung: Hochmittelalter (10.–13. Jh.)

1080 Pfostengrube

0,30 m breite Pfostengrube mit 0,20 m breiter Pfostenspur, Tiefe 0,28 m. Die Grube in der Südostecke von Grubenhaus III wird von 1081 geschnitten.

Stratigraphischer Bezug: unter 1042; gehört zu Grubenhaus III; geschnitten von 1081.

Dokumentation: F 6; P 9; Fo 41; Beil. 3, 9.

Datierung: Hochmittelalter (10.–13. Jh.)

1081 Pfostengrube

0,40 m breite Grube mit unscharfer Pfostenspur, Tiefe 0,27 m, leicht zugespitzt.

Stratigraphischer Bezug: unter 1042; schneidet 1081; gehört zu Grubenhaus III.

Dokumentation: F 6; P 9; Fo 41; Beil. 3, 9.

Datierung: Hochmittelalter (10.–13. Jh.)

1082 Pfostengrube

0,40 m breite Grube mit 0,20 m breiter Spur eines Pfostens, Tiefe 0,17 m. Pfosten in der Mitte der südlichen Schmalseite von Grubenhaus III.

Stratigraphischer Bezug: unter 1042; gehört zu Grubenhaus III.

Dokumentation: F 6; P 9; Fo 41; Beil. 3, 9.

Datierung: Hochmittelalter (10.–13. Jh.)

1083 Pfostengrube

0,40 m breite Grube mit 0,20 m breiter Pfostenspur, Tiefe 0,28 m. Südwestlicher Eckpfosten von Grubenhaus III.

Stratigraphischer Bezug: unter 1042; gehört zu Grubenhaus III.

Dokumentation: F 6; P 9; Fo 41; Beil. 3, 9.

Datierung: Hochmittelalter (10.–13. Jh.)

1084 Pfostengrube

0,40 m breite Grube mit unscharfer Pfostenspur, Tiefe 0,10 m, Pfosten an der westlichen Längsseite von Grubenhaus III. Die Pfosten 1084–1087 und die Pfostenlöcher 1309–1310 an der Westseite der Grube dürften eher zur Nutzung als zur Konstruktion des Hauses gehören.

Stratigraphischer Bezug: unter 1049; gehört zu Grubenhaus III.

Dokumentation: F 6; P 9; Beil. 3, 9.

Datierung: Hochmittelalter (10.–13. Jh.)

1085 Pfostengrube

Rest einer 0,25 m breiten Pfostengrube, Tiefe 0,06 m. Pfosten an der westlichen Längsseite von Grubenhaus III.

Stratigraphischer Bezug: unter 1042; gehört zu Grubenhaus III.

Dokumentation: F 6; P 9; Beil. 3, 9.

Datierung: Hochmittelalter (10.–13. Jh.)

1086 Pfostengrube

0,25 m breite Pfostengrube mit der deutlichen Spur eines 0,13 m breiten und 0,55 m tiefen angespitzten Pfostens, der vermutlich den älteren kleineren Pfosten 1085 ersetzt hat.

Stratigraphischer Bezug: unter 1042; schneidet 1075; gehört zu Grubenhaus III.

Dokumentation: F 6; P 9; Beil. 3, 9.

Datierung: Hochmittelalter (10.–13. Jh.)

1087 Pfostengrube

Dunkle Verfärbung in der Form eines Pfostens mit 0,35 m Breite, jedoch nur 0,04 m tief erhalten; es könnte sich auch um eine Bodenverfärbung anderer Art handeln.

Stratigraphischer Bezug: unter 1042; gehört zu Grubenhaus III.

Dokumentation: F 6; P 9; Beil. 3, 9.

Datierung: Hochmittelalter (10.–13. Jh.)

1088 Pfostengrube

Bis zu 0,40 m breite Pfostengrube mit der deutlichen Spur eines 0,18 m starken Pfostens, Tiefe 0,26 m. Im Profilschnitt der Grube erscheint mindestens eine (möglicherweise auch zwei) weitere Pfostengrube(n). Die Grube schneidet bereits die Verfüllung des tieferen Grubenhaus IV. 1088 ist der nordwestliche Eckpfosten von Grubenhaus III.

Stratigraphischer Bezug: unter 1042; schneidet 1076, Grubenhaus I; gehört zu Grubenhaus III.

Dokumentation: F 6; P 9; Fo 23; Beil. 3, 9.

Datierung: Hochmittelalter (10.– 13. Jh.)

1089 Pfostengrube

Rechteckige Pfostengrube (0,28 x 0,12 m), Tiefe 0,07 m, Mittelpfosten an der nördlichen Schmalseite von Grubenhaus III.

Stratigraphischer Bezug: unter 1042; gehört zu Grubenhaus III.

Dokumentation: F 6; P 9; Fo 23; Beil. 3, 9.

Datierung: Hochmittelalter (10.–13. Jh.)

1090 Pfostengrube

Über 0,50 m breite Grube mit der Spur eines über 0,20 m starken Pfostens, Tiefe 0,36 m. Anhand des Schnitts ist nicht auszuschließen, daß die Grube exakt an der Stelle eines älteren Pfostens entstand. Nordöstlicher Eckpfosten von Grubenhaus III.

Stratigraphischer Bezug: unter 1042; gehört zu Grubenhaus III.

Dokumentation: F 6; P 9; Fo 23; Beil. 3, 9.

Datierung: Hochmittelalter (10.–13. Jh.)

1091 Pfostengrube

0,40 x 0,12 m große und lediglich 0,05 m tiefe Verfärbung eines Pfostens(?) an der Nordostecke von Grubenhaus III. Könnte durchaus auch ein Rest der Grubensohle 1075 sein.

Stratigraphischer Bezug: unter 1042; gehört zu Grubenhaus III.

Dokumentation: F 6; P 9; Fo 23; Beil. 3, 9.

Datierung: Hochmittelalter (10.–13. Jh.)

1092 Pfostengrube

0,28 m breite Grube mit der Spur eines 0,20 m starken und 0,08 m tiefen Pfostens an der östlichen Längsseite von Grubenhaus III, der aber nicht zur Konstruktion gehört haben muß.

Stratigraphischer Bezug: unter 1042; gehört zu Grubenhaus III.

Dokumentation: F 6; P 9; Beil. 3, 9.

Datierung: Hochmittelalter (10.–13. Jh.)

1093–1094 Pfostengrube

Beide Verfärbungen stehen zusammen für nur einen 0,12 m tiefen Pfosten an der Ostseite von Grubenhaus III vor oder nach 1092.

Stratigraphischer Bezug: unter 1042; gehört zu Grubenhaus III.

Dokumentation: F 6; P 9; Beil. 3, 9.

Datierung: Hochmittelalter (10.–13. Jh.)

1096 Grube

Größere (ca. 0,60 x 0,40 m), annähernd viereckige Grube mit einer größeren Holzspur, die die Füllung von Grubenhaus V stört.

Stratigraphischer Bezug: schneidet 1097.

Dokumentation: F 7–8; Fo 15; Beil. 4.

Datierung: unbestimmt

1097 Füllschicht

Hellgrauer Sand mit Lehm vermischt, verfüllt den oberen Bereich von Grubenhaus V.

Stratigraphischer Bezug: unter 1113; über 1098; schneidet 1117.

Dokumentation: F 7; P 11, 16; Fo 27.

Datierung: Frühmittelalter

1098 Schicht

0,03–0,04 m breiter holzhaltiger, torfiger Streifen ca. 0,30 m über dem Grund von Grubenhaus V. Laufhorizont einer zweiten Nutzungsphase oder Abbruchschicht. Analog zu anderen Grubenhäusern ist die Schicht in der Mitte der Grube am tiefsten und zieht an den Rändern nach oben.

Stratigraphischer Bezug: unter 1097; über 1099; gehört zu Grubenhaus V.

Dokumentation: F 7; P 11, 16; Fo 27.

Datierung: Frühmittelalter

1099 Füllschicht

Gelbgrau marmorierte Verfüllung der älteren Nutzungsphase von Grubenhaus V, ca. 0,15–0,30 m stark. Die Schicht liegt unter dem deutlichen Laufhorizont 1098, aber über dem Pfosten 1116, der ebenfalls zum Grubenhaus gehört.

Stratigraphischer Bezug: unter 1098; über 1115; gehört zu Grubenhaus V.

Dokumentation: P 11, 16; Fo 27.

Datierung: Frühmittelalter

1100 Pfostengrube

Knapp 0,40 m breite Pfostengrube, zugespitzt, mit grauer Verfüllung, an der Ostseite von Grubenhaus V. Die Pfostengrube liegt außerhalb des Grubenhauses und paßt nicht zur Flucht der übrigen Pfosten. Sie ist zeitlich nicht exakt einzuordnen, scheint aber mit 1097 verfüllt bzw. überzogen zu sein und dürfte zumindest im Zusammenhang mit dem Grubenhaus stehen.

Stratigraphischer Bezug: unter 1097.

Dokumentation: P 11; Fo 37.

Datierung: Frühmittelalter

1101 Schuttschicht

Schuttschicht mit hohem Bruchsteinanteil, die sich auf Fotos im Bereich des Nordprofils unter der neuzeitlichen Kellermauer 1109 zeigt. Sie könnte mit der Aufgabe der Steingebäude an der zum Dom ausgerichteten Seite des Grundstücks zusammenhängen, also noch ins Mittelalter gehören oder als Aufplanierung vor dem Neubau der Kurie im 19. Jahrhundert aufgetragen worden sein.

Stratigraphischer Bezug: unter 1109; über 1111.

Dokumentation: keine Zeichnung; Fo 38, 47.

1102 Pfostengrube

Bis 0,25 m breite Grube mit deutlicher Spur eines Pfostens, Tiefe 0,20 m mit flacher Sohle. Südöstlicher Eckpfosten von Grubenhaus V.

Stratigraphischer Bezug: unter 1097; gehört zu Grubenhaus V.

Dokumentation: F 8; P 14; Fo 37; Beil. 4, 8.

Datierung: Frühmittelalter

1103 Pfostengrube

Bis 0,25 m breite Grube eines Pfostens mit Pfostenspur, Tiefe 0,30 m, leicht zugespitzt. Mittelpfosten an der südlichen Schmalseite von Grubenhaus V.

Stratigraphischer Bezug: unter 1097; gehört zu Grubenhaus V.

Dokumentation: F 8; P 14; Fo 37; Beil. 4, 8.

Datierung: Frühmittelalter

1104 Pfostengrube

0,25 m breite Grube mit Pfostenspur, Tiefe 0,30 m, leicht zugespitzt. Südwestlicher Eckpfosten von Grubenhaus V.

Stratigraphischer Bezug: unter 1097; gehört zu Grubenhaus V.

Dokumentation: F 8; P 14; Fo 37; Beil. 4, 8.

Datierung: Frühmittelalter

1105 Pfostengrube

0,30 m breite Pfostengrube mit 0,56 m tiefem, sich nach unten verjüngendem Pfosten mit flacher Sohle an der Ostseite von Grubenhaus V.

Stratigraphischer Bezug: unter 1097; gehört zu Grubenhaus V.

Dokumentation: F 8; P 15; Fo 37; Beil. 4, 8.

Datierung: Frühmittelalter

1106 Pfostengrube

0,30 m breite und 0,35 m tiefe Grube mit annähernd flacher Sohle eines Pfostens in der Mittelachse von Grubenhaus V.

Stratigraphischer Bezug: unter 1097; gehört zu Grubenhaus V.

Dokumentation: F 8; P 15; Fo 37; Beil. 4, 8.

Datierung: Frühmittelalter

1107 Pfostengrube

0,35 m breite Grube eines 0,52 m tiefen, leicht zugespitzten Pfostens an der Westseite von Grubenhaus V.

Stratigraphischer Bezug: unter 1097; gehört zu Grubenhaus V.

Dokumentation: F 8; P 15; Fo 37; Beil. 4, 8.

Datierung: Frühmittelalter

1108 Bruchsteinfundament

Fundament aus verputzten Sandsteinquadern mit einem Ziegelbankett. Es handelt sich um die Westwand, also um die zum Dom ausgerichtete Vorderfront der im Krieg zerstörten Kurie Domplatz 35 von 1854, zweifelsfrei um den Kellerbereich. Erst unter diesem Keller, der ca. 2 m tief gewesen sein dürfte, setzten die dokumentierten Befunde ein. Die dem Bau von 1854/55 zuzuordnenden Baufugen zwischen den Fundamenten 1108, 1109, 1260, 1283 usw. sind bautechnischer Art. Die Anlage ist sicher einheitlich errichtet worden.

Stratigraphischer Bezug: gehört zu Kurie 1854.

Dokumentation: F 8; Fo 45, 47; Beil. 4.

Datierung: Neuzeit allgemein

1109 Backsteinfundament

Einschließlich der Mauervorsprünge an beiden Seiten gut 0,60 m breites Fundament aus Backsteinen. Mittlere Kellerwand der Kurie von 1854.

Stratigraphischer Bezug: schneidet 1232.

Dokumentation: F 8; Fo 45, 47; Beil. 4.

Datierung: Neuzeit allgemein

1110 Backsteinfundament

Kellerwand zwischen einem ca. 2,70 x 4,20 m kleinen Keller an der Westseite und einem 7 x 4,20 m großen Keller der Kurie von 1854.

Stratigraphischer Bezug: gehört zu Kurie 1854.

Dokumentation: F 8; Fo 45–47; Beil. 4.

Datierung: Neuzeit allgemein

1111 Füllschicht

Sandige, schwarzgelb marmorierte Schicht über der Westhälfte von Grubenhaus V. Sie wird von der darüberliegenden Schuttschicht gekappt und von mehreren größeren Pfosten geschnitten (Foto). Zwischen der Schuttschicht und der das Grubenhaus abschließenden Schicht 1112 fehlen weitere Schichtpakte, so daß 1111 in etwa den Bereich von 1217–1211 am Ostprofil abdeckt.

Stratigraphischer Bezug: unter 1101; über 1112.

Dokumentation: P 16; Fo 38.

Datierung: Hochmittelalter (10.–13. Jh.)

1112 Laufhorizont

0,02 m breiter Streifen über der Verfüllung von Grubenhaus V. Leider ist weder auf dem Foto noch auf der Zeichnung zu erkennen, ob auch die unklare Schicht 1117 östlich des Grubenhauses von 1112 überzogen wird, so daß Gleichsetzungen mit 1005/1013 sehr unsicher bleiben.

Stratigraphischer Bezug: unter 1111; über 1113.

Dokumentation: P 15; Fo 38.

Datierung: Hochmittelalter (10.–13. Jh.)

1113 Planierschicht

Sandige Schicht über der Verfüllung von Grubenhaus V, die besonders die nachgebenden Teile der Verfüllung 1097 in der Mitte des ehemaligen Grubenhaus ausgleicht. Sie könnte stratigraphisch 1013 entsprechen. Da diese sich aber von der älteren Verfüllung des Grubenhauses deutlich unterscheidet, wäre ein weiterer Hinweis gegeben, daß Grubenhaus V älter als Grubenhaus I und III ist, bzw. früher aufgegeben wurde.

Stratigraphischer Bezug: unter 1112; über 1097.

Dokumentation: P 16; Fo 38.

Datierung: Frühmittelalter

1114 Kulturschicht

Graugelbe Schicht mit geringen Einschlüssen. Übergangsschicht zum anstehenden Boden, entspricht 1015 (Phase I).

Stratigraphischer Bezug: unter 1117; über 1012.

Dokumentation: P 15

Datierung: Frühmittelalter

1115 Laufhorizont

Sehr dünner schwärzlicher Streifen am Grund von Grubenhaus V. Im Gegensatz zu den anderen Gruben gelang es hier auf einem kleinen Teilstück im Norden der Grube, den frühesten Nutzungshorizont im Ansatz zu fassen.

Stratigraphischer Bezug: unter 1099; über 1012; zieht gegen 1116; gehört zu Grubenhaus V.

Dokumentation: F 8; P 16; Fo 27; Beil. 4, 8.

Datierung: Frühmittelalter

1116 Pfostenspur

Rundliche Spur eines an der Nordseite von Grubenhaus V angeschnittenen Pfostens, der definitiv unter dem vermeintlichen Nutzungshorizont 1098 und auch unter der früheren Auffüllung 1114 liegt; das gleiche scheint für die weiteren Pfosten 1102 ff. zu gelten. Der untere Laufhorizont 1115 zieht gegen den Pfosten.

Stratigraphischer Bezug: unter 1114; gehört zu Grubenhaus V.

Dokumentation: F 8; P 16; Fo 27.

Datierung: Frühmittelalter

1117 Kulturschicht

Graubraune Schicht westlich von Grubenhaus V. Vermutlich schneidet das Grubenhaus in 1117 ein und die Schicht würde damit eher 1015 als 1013 entsprechen. 1114 wäre dann der untere, zunehmend steriler werdende Bereich der Kulturschicht, 1117 der obere Abschnitt. Vielleicht ist hier die auf allen späteren Grabungsstellen mögliche Unterscheidung zwischen frühmittelalterlicher und kaiserzeitlicher Siedlungsschicht im Ansatz doch erfaßt worden.

Stratigraphischer Bezug: unter 1101; über 1114.

Dokumentation: P 15

Datierung: Frühmittelalter

1118 Graben

Großer Graben von ca. 12 m Länge von Nordwest nach Südost verlaufend. Der Graben ist im Norden 1248 durch die jüngeren Fundamente der Steinbauten geschnitten und im Süden 1183 durch das Grubenhaus I. Die Breite beträgt bis zu 0,80 m, die Tiefe bis zu 0,40 m. Die Sohle ist flach, die Ränder verbreitern sich nach oben, so daß eine halbrunde Form, ähnlich wie beim Graben 1223 entsteht. Es lassen sich zwei Verfüllungen 1186 an der Sohle und 1284 im oberen Bereich unterscheiden, die durch ein dünnes Band 1185 getrennt sind. Möglich ist ein Zusammenhang mit den kleineren Gräben 1119 ff. Für eine Deutung als Fundamentgraben spricht auch, daß der Graben in beide Richtungen keinen Abfluß hat. Dagegen spricht, daß 1118 im Gegensatz zu den kleineren Gräben kaum Pfostenspuren aufweist. Auf dem 5 m langen Querschnitt waren nur zwei Pfosten 1187 und 1188 festzustellen. Der erste dürfte zudem jünger als der Graben sein. Der Graben 1151 scheint von 1118 eher geschnitten zu werden. Ein weiterer Pfosten befindet sich am nördlichen Ende 1248 des Grabens, ein weiterer zeigt sich auf einem Dia an der ausgenommenen nördlichen Profilwand von Grubenhaus I, der eine beträchtliche Tiefe erreicht. Die Ausgräber sahen den Graben zusammen mit den kleineren Fundamentgräben als Teil eines großen Gebäudes an. Da er eindeutig älter als die „sächsischen Grubenhäuser des 8. Jahrhunderts" ist und an kaiserzeitliche Siedlungsspuren noch nicht gedacht wurde, gehörte das Gebäude damit zu einer frühen sächsischen Siedlung des 7. Jahrhunderts. Da die Lage des Gebäudes auch nicht zum anderen großen Graben 1223 paßt, der für die erste karolingische Siedlung steht, kann hier ein Gebäude des 8. Jahrhunderts, also einer möglichen sächsischen Siedlung nicht ausgeschlossen werden. Die Einordnung in die Kaiserzeit ist stratigraphisch aber ebenso möglich und erscheint aufgrund der zahlreichen anderen Befunde erheblich wahrscheinlicher. Einen fast identischen, ebenfalls nicht ganz sicher aufzulösenden Befund (6226) gab es am Horsteberg.

Stratigraphischer Bezug: unter 1013; schneidet 1015.

Dokumentation: F 3–4, 6; P 25–26, Fo 15, 45–46; Beil. 3, 6; Abb. 7, 11.

Datierung: vorgeschichtlich

1119 Graben

0,12–0,15 m breiter Graben, in der Südostecke der Grabungsfläche. Die Verfüllung ist grau verfärbt und zeichnet sich in der helleren Kulturschicht 1015 deutlich ab. Der Graben verläuft parallel zu den Gräben 1125 und 1132 und fluchtet im Osten annähernd rechtwinklig auf den großen Graben 1118, im Süden auf den Graben 1180. Die Schnittpunkte sind wegen der Störung durch Grubenhaus I bzw. wegen der Schnittgrenze nicht aufgedeckt worden. Im oberen Bereich zeichnen sich im Profilschnitt mehrere Pfostenspuren ab, die nur 0,05–0,10 m in die bereits bestehende Verfüllung eingetieft sind, im unteren Abschnitt finden sich weitere Pfosten (1120–1124), die erheblich tiefer, 0,20–0,35 m reichen. Zahlreiche Pfostenspuren im Grabenbereich lassen auch hier eine Nutzung als Fundamentgraben wahrscheinlich werden, die zu Bauten gehört haben, die deutlich vor der Errichtung der Grubenhäuser stehen.

Stratigraphischer Bezug: unter 1013; geschnitten von Grubenhaus I.

Dokumentation: F 4, 6; P 18; Fo 15; Beil. 3, 6; Abb. 11.

Datierung: vorgeschichtlich

1120–1124 Pfostenspur

Pfostenreihe im unteren Bereich des Grabens 1119. Vermutlich handelt es sich überwiegend nicht um Pfosten, sondern um hochkant in den Boden gerammte Bretter. Die Bretter sind bis zu 0,30 m unter die Sohle des Grabens geschlagen worden. Die Breite liegt zwischen 0,08 m und 0,13 m. Sie sind leicht zugespitzt.

Stratigraphischer Bezug: gehört zu 1119.

Dokumentation: P 18

Datierung: vorgeschichtlich

1125 Graben

0,20–0,30 m breiter Graben parallel zu 1119. Auch hier deutet sich im Profilschnitt eine mehrphasige Pfostensetzung an (1126–1131).

Stratigraphischer Bezug: unter 1013; schneidet 1015; geschnitten von Grubenhaus I.

Dokumentation: F 4, 6; P 19; Fo 15; Beil. 3, 6; Abb. 11.

Datierung: vorgeschichtlich

1126–1131 Pfostenspur

Bis zu 0,40 m breite Bretter mit flacher Unterkante sind in den Graben 1125 eingetieft worden. Darüber sind Reste kleinerer Pfosten oder Bretter, vermutlich einer Erneuerung, zu erkennen.

Stratigraphischer Bezug: gehört zu 1125.

Dokumentation: P 19

Datierung: vorgeschichtlich

1132 Graben

0,17–0,28 m breiter Graben, parallel zu 1119 und 1125 in der Südostecke der Grabungsfläche. Dunkelgraue Verfüllung, in der sich klar übereinanderliegende Pfosten- oder Bretterspuren abzeichnen, Tiefe bis 0,25 m. Im Südwesten trifft 1132 auf den Graben 1180, dort befindet sich ein stärkerer Pfosten 1142. 1180 läuft über 1132 hinaus (auf 1125, 1119) und ist vermutlich früher angelegt worden.

Stratigraphischer Bezug: unter 1013; schneidet 1015; geschnitten von Grubenhaus I.

Dokumentation: F 3–4, 6; P 20–21; Fo 15; Beil. 3, 6; Abb. 11.

1133–1146 Pfostenspur

Verschiedene Bretter oder Pfosten liegen im Bereich des Grabens 1132. Wiederum läßt sich eine obere Reihe mit bis zu 0,10 m eingetieften Hölzern von einer unteren mit bis zu 0,25 m tiefen unterscheiden.

Stratigraphischer Bezug: gehört zu 1132.

Dokumentation: P 20.

Datierung: vorgeschichtlich

1147 Graben

0,20–0,25 m breiter Graben, der im Osten in den großen Graben 1118 mündet, im Westen vom Grubenhaus III geschnitten wird. Die Verfüllung ist braungrau, in ihr finden sich wiederum mehrere Bretter- bzw. Pfostenspuren. Eine zeitliche Abfolge dieser Pfosten ist nicht erkennbar. Der Graben weist ein Gefälle nach Osten auf. Im Bereich der großen Pfostengrube 1149 läuft er mit dem benachbarten Graben 1155 zusammen. Wenn beide Gräben bis auf 1180 rekonstruiert werden, entsteht zusammen mit 1118(?), 1119–1132 ein viereckiges Gebäude.

Stratigraphischer Bezug: unter 1013; schneidet 1015; geschnitten von Grubenhaus III.

Dokumentation: F 4, 6; P 22; Fo 15; Beil. 3, 6; Abb. 5, 11.

Datierung: vorgeschichtlich

1148 – 1149 Pfostengrube

Große rundliche Pfostengrube von bis zu 0,60 m Durchmesser mit deutlicher Pfostenspur, die nur gering unter die Sohle der hier zusammenlaufenden Gräben 1147 und 1155 eingetieft wurde. 1149 könnte als verbindender Pfosten für die beiden Fundamentgräben gedeutet werden.

Stratigraphischer Bezug: unter 1013; schneidet 1015; geschnitten von Grubenhaus III.

Dokumentation: F 3–4, 6; P 22–23; Fo 15; Beil. 3, 6; Abb. 5, 11.

Datierung: vorgeschichtlich

1150–1154 Pfostenspur

Pfosten- oder Bretterspuren im Bereich des Grabens 1147. Alle mit flacher Sohle und kaum unter die Unterkante des Grabens eingetieft, nicht mehrphasig.

Stratigraphischer Bezug: unter 1013; gehört zu 1147.

Dokumentation: F 6; P 22.

Datierung: vorgeschichtlich

1155 Graben

0,10–0,30 m nördlich und parallel zu 1147 verlaufender Graben. Breite 0,10–0,20 m, Tiefe 0,20 m unter Planum. Wiederum mit mehreren, auch mehrphasigen Pfostensetzungen 1156–1165. Der Graben wird im Osten vor der Mündung in 1118 von einer größeren Grube 1187 geschnitten.

Stratigraphischer Bezug: unter 1013; schneidet 1015; geschnitten von Grubenhaus III, 1187.

Dokumentation: F 3–4, 6; P 23; Fo 15; Beil. 3, 6; Abb. 5, 11.

Datierung: vorgeschichtlich

1156–1165 Pfostenspur

Gruben und Spuren mehrerer Pfosten oder Bretter im Bereich des Grabens 1155. Die Hölzer 1164 und 1165 mit deutlicher Holzspur liegen unter 1161–1163. Eine mehrphasige Setzung ist also vorhanden. Der Bereich 1157/1158 entspricht dem schneidenden Pfosten 1187; 1156 ist bereits der Ansatz des Grabens 1118.

Stratigraphischer Bezug: unter 1013; gehört zu 1155.

Dokumentation: F 6; P 23; Beil. 3, 6.

Datierung: vorgeschichtlich

1167–1174 Pfostenspur

Obere Pfosten-/Bretterreihe im Graben 1180; kleinere, etwa 0,10 m breite und 0,05–0,10 m (1167: 0,20 m) eingetiefte Hölzer.

Stratigraphischer Bezug: über 1175–1179; gehört zu 1180.

Dokumentation: F 4, 6; P 24; Beil. 3, 6.

Datierung: vorgeschichtlich

1175–1179 Pfostenspuren

Untere Reihe der Holzspuren im Graben 1180. Breite 0,10–0,20 m, Tiefe bis 0,08 m unter der Sohle 1180. Die Ränder sind stark verwischt.

Stratigraphischer Bezug: unter 1167–1174.

Dokumentation: P 24.

Datierung: vorgeschichtlich

1180 Graben

Nordwest-Südost orientierter Graben im Südteil der Südfläche. Breite 0,15–0,20 m. Tiefe etwa 0,30 m unter Planum. In der dunkelgrauen oberen Verfüllung zeichnen sich deutlich mehrere kleinere Pfosten ab, im helleren Bereich darunter sind die unter die Grabensohle eingetieften Spuren älterer Pfosten zu erkennen. Der Graben ist älter als der große Graben 1223 und wohl auch früher als 1132 entstanden, hat mit diesem jedoch vermutlich gemeinsam bestanden.

Stratigraphischer Bezug: unter 1013; schneidet 1015; geschnitten von 1223, 1303.

Dokumentation: F 4, 6; P 24; Fo 15; Beil. 3, 6.

Datierung: vorgeschichtlich

1181 Graben

Graben in der äußersten Südostecke der Südfläche mit ca. 0,15 m Breite und zahlreichen Pfostenresten. Rechteckiger Verband mit 1189. Vor dem kleinen Graben endet der große Graben 1118.

Stratigraphischer Bezug: unter 1013; schneidet 1015.

Dokumentation: F 6; P 28; Fo 15; Beil. 3, 6.

Datierung: vorgeschichtlich

1183 Graben

Südlicher Abschnitt und Abschluß des Grabens 1118.

Stratigraphischer Bezug: unter 1013; schneidet 1015; geschnitten von Grubenhaus I.

Dokumentation: F 6; P 25; Fo 15; Beil. 3, 6.

Datierung: vorgeschichtlich

1184 Füllschicht

Graubrauner Lehm im oberen Bereich des Grabens 1118, ca. 0,20 m stark, ein kleiner Stein, wenig Holzkohle.

Stratigraphischer Bezug: unter 1013; gehört zu 1118; geschnitten von 1187, 1300.

Dokumentation: F 3–4, 6; P 26; Fo 15; Beil. 3.

Datierung: vorgeschichtlich

1185 Schicht

Schwarzgraues Band von ca. 0,04 m Stärke zwischen den Grabenverfüllungen 1186 und 1184. Die Schicht deckt auch den Pfosten 1188 ab.

Stratigraphischer Bezug: unter 1184; über 1186; gehört zu 1118.

Dokumentation: P 26.

Datierung: vorgeschichtlich

1186 Füllschicht

Braungrauer Horizont an der Sohle des Grabens 1118, bis zu 0,20 m stark und abgedeckt von 1185, geschnitten von 1188.

Stratigraphischer Bezug: unter 1185; gehört zu 1118; geschnitten von 1188.

Dokumentation: P 26.

Datierung: vorgeschichtlich

1187 Pfostengrube

Große Pfostengrube (Durchmesser 0,50 m) im Bereich der Schnittstelle der Gräben 1118 und 1155 mit Pfostenspur.

Stratigraphischer Bezug: unter 1013; schneidet 1300, 1118.

Dokumentation: F 4, 6; P 23, 26; Fo 15; Beil. 3.

Datierung: Mittelalter allgemein

1188 Pfostenspur

Ca. 0,30 m breite Spur eines Pfostens im unteren Bereich des Grabens 1118. Es ist der einzige dokumentierte Pfosten des Grabens.

Stratigraphischer Bezug: unter 1185; schneidet 1186; gehört zu 1118.

Dokumentation: P 26.

Datierung: vorgeschichtlich

1189 Graben

Kleiner Graben im Verband mit 1181. Breite ca. 0,10 m, Tiefe etwa 0,20 m. Der Graben wird durch die Anlage von Grubenhaus I geschnitten.

Stratigraphischer Bezug: unter 1013; gehört zu 1181; geschnitten von Grubenhaus I.

Dokumentation: F 6; P 27; Fo 15; Beil. 3, 6.

Datierung: vorgeschichtlich

1190–1197 Pfostenspuren

0,20–0,30 m breite und bis zu 0,10 m tiefe Pfosten- bzw. Bretterspuren, die den oberen Bereich des Grabens 1181 fast lückenlos ausfüllen.

Stratigraphischer Bezug: über 1198–1202; gehört zu 1181.

Dokumentation: P 28.

Datierung: vorgeschichtlich

1198–1202 Pfostengruben

Unregelmäßig ausgefranste Gruben im unteren Bereich des Grabens 1181, die bis zu 0,30 m unter das Planum reichen.

Stratigraphischer Bezug: unter 1190–1197; gehört zu 1181.

Dokumentation: P 28.

Datierung: vorgeschichtlich

1206 Planierschicht

Dunkelgraue Planierschicht, deren Abschluß nach oben nicht mehr dokumentiert wurde. Entspricht 1518 im Bereich des Ost-West-Grabens. Zwischen den Brandschichten des 12. Jahrhunderts und 1206 lagen der Laufhorizont 1207 und die Schuttschicht 1222.

Stratigraphischer Bezug: über 1222, 1207; geschnitten von 1260.

Dokumentation: P 31; Fo 13, 29, 39, 42; Beil. 7; Abb. 26, 36.

Datierung: spätes Mittelalter/frühe Neuzeit (13.–16. Jh.)

1207 Laufhorizont

Hellbraune belaufene Schicht mit Ascheeinschlüssen. Erste Oberfläche nach dem größeren Brand (s. 1211), die nur am Südabschnitt des Ostprofils zu erkennen war. Darüber folgt an den anderen Profilabschnitten schon ab 1211 eine massive Aufplanierung 1206, 1222.

Stratigraphischer Bezug: unter 1206; über 1208; geschnitten von 1218.

Dokumentation: P 31 (nur auf dem 1:2 gezeichneten Ausschnitt P 32); Fo 39; Beil. 7; Abb. 36.

Datierung: Hochmittelalter (10.–13. Jh.)

1208 Planierschicht

Schicht aus sehr hellem Sand, s. 1209.

Stratigraphischer Bezug: unter 1207; über 1209.

Dokumentation: P 31; Fo 13, 39, 42, 44; Beil. 7; Abb. 36.

Datierung: Hochmittelalter (10.–13. Jh.)

1209 Planierschicht

Planierschicht aus grauem Sand mit helleren Einschlüssen. Das Schichtpaket 1207–1209 ist zusammen etwa 0,20 m stark und schließt den Laufhorizont 1210/1211 ab.

Stratigraphischer Bezug: unter 1208; über 1210.

Dokumentation: P 31; Fo 13, 29, 39, 42, 44; Beil. 7; Abb. 36.

Datierung: Hochmittelalter (10.–13. Jh.)

1210 Brandhorizont

0,04 m starke Schicht aus schwarzem aschehaltigem Sand mit zahlreichen Holzkohleeinschlüssen. 1210 erscheint im Südteil des Schnitts und ist in Zusammenhang mit der verbrannten Oberfläche 1211 zu sehen, auf der die Schicht aufgelaufen wurde.

Stratigraphischer Bezug: unter 1209; über 1211.

Dokumentation: P 31; Fo 13, 29, 39, 42, 44; Beil. 7; Abb. 36.

Datierung: Hochmittelalter (10.–13. Jh.)

1211 Alte Oberfläche

Kompakte, ca. 0,06–0,10 m starke schwarze Schicht aus stark verbranntem Material und einigen Steinen. 1211 wurde als neue Oberfläche nach mehreren Aufplanierungen deutlich nach der Aufgabe des Gebäudes 1286 aufgetragen, könnte auch der Laufhorizont im Außenbereich des jüngeren Steingebäudes 1232 u. a. sein. An der Südseite des Nordprofils könnten auch zwei dicht übereinanderliegende Laufhorizonte verbrannt sein. Es handelt sich um eine Oberfläche des 11. Jahrhunderts, verbrannt im Jahr 1121?

Stratigraphischer Bezug: unter 1210; über 1212.

Dokumentation: P 31; Fo 13, 29, 39, 42, 44; Beil. 7; Abb. 36.

Datierung: Hochmittelalter (10.–13. Jh.)

1212 Planierschicht

Gelb-grau-braune Sandschicht.

Stratigraphischer Bezug: unter 1211; über 1214.

Dokumentation: P 31; Fo 13, 29, 39, 42, 44; Beil. 7; Abb. 36.

Datierung: Hochmittelalter (10.–13. Jh.)

1214 Schicht

Braune Schicht mit zahlreichen kleinen Steinchen. Möglicherweise belaufener Zwischenhorizont nach Aufgabe des Gebäudes 1216/1286.

Stratigraphischer Bezug: unter 1212; über 1215.

Dokumentation: P 31; Fo 13, 29, 39, 42, 44; Beil. 7; Abb. 36.

Datierung: Hochmittelalter (10.–13. Jh.)

1215 Planierschicht

Gelbe Sandschicht fast ohne Einschlüsse. Das Schichtpaket 1212/1213/1215 steht für die Aufgabe des Gebäudes 1286, 1216.

Stratigraphischer Bezug: unter 1214; über 1216.

Dokumentation: P 31; Fo 13, 29, 39, 42, 44; Beil. 7; Abb. 26, 36.

Datierung: Hochmittelalter (10.–13. Jh.)

1216 Estrich

Harte schwarzbraune 0,05 m starke Schicht (Winkelmann: Tonestrich). An der Oberkante sitzt ein dünner, 0,3 cm breiter schwarzer Streifen (Laufhorizont) auf. Es handelt sich um den Fußboden (Innenraum) des durch die Fundamentreste 1286 bekannten Gebäudes. Als erster archäologisch beobachteter Befund war er Anlaß für die weitere Grabung im Bereich der Kurie. Einige aus diesem Bereich geborgene Keramikstücke sind äußerst grob gemagert und älter als Funde aus darunterliegenden Schichten, vielleicht ein Anlaß für vorschnelle und zu frühe Datierungen des älteren Grubenhauskomplexes durch den Ausgräber.

Stratigraphischer Bezug: unter 1215; über 1217.

Dokumentation: F 22; P 31; Fo 1–4, 9–10, 13, 29, 39, 42, 44; Beil. 7; Abb. 26, 35–36.

Datierung: Hochmittelalter (10.–13. Jh.)

1217 Planierschicht

Aufgeschüttete helle Sandschicht mit Holzkohleanteilen (Winkelmann: Schicht I).

Stratigraphischer Bezug: unter 1216; über 1003.

Dokumentation: F 1; P 31; Fo 13, 29, 39, 42, 44; Beil. 7; Abb. 26, 36.

Datierung: Hochmittelalter (10.–13. Jh.)

1218 Pfostengrube

Über 0,70 m tiefe Pfostengrube mit 0,22 m Breite und relativ flacher Sohle.

Stratigraphischer Bezug: unter 1206; schneidet 1207.

Dokumentation: F 1; P 31; Fo 1–2, 13, 29, 42; Beil. 7.

Datierung: spätes Mittelalter/frühe Neuzeit (13.–16. Jh.)

1219 Pfostengrube

0,43 m breite Grube mit annähernd flacher Sohle, mit graubraunem Material verfüllt.

Stratigraphischer Bezug: unter 1211; schneidet 1215; geschnitten von 1218.

Dokumentation: P 31; Fo 13, 29, 42; Beil. 7.

Datierung: Hochmittelalter (10.–13. Jh.)

1220 Pfostengrube

0,45–0,65 m breite Pfostengrube mit flacher Sohle, mit grauem Material verfüllt.

Stratigraphischer Bezug: unter 1222; schneidet 1208.

Dokumentation: P 31; Fo 13, 29, 42; Beil. 7.

Datierung: Mittelalter allgemein

1221 Pfostengrube

An der flachen Sohle ca. 0,30 m breite, im oberen Bereich rundliche, über 0,80 m breite Pfostengrube mit Erweiterungen an den Rändern im oberen Bereich, die mit Verkeilungen zu erklären sein dürften. Eine weitere, annähernd gleiche Grube ist in der Fläche in ca. 1,50 m Entfernung zu sehen (1221b). Beide werden von Winkelmann als jüngere Störung bezeichnet. Die stratigraphische Einordnung nach oben wird aus der Dokumentation nicht deutlich. Die Trennung von 1222 und 1206 beruht auf der Auswertung von Fotos, die zeigen, daß die oberen Schichten hier keine einheitlich schwarzgrauen Sandschichten sind.

Stratigraphischer Bezug: unter 1206; schneidet 1222.

Dokumentation: F 1; P 31; Fo 13, 29, 42; Beil. 7.

Datierung: spätes Mittelalter/frühe Neuzeit (13.–16. Jh.)

1222 Schuttschicht

Massive Schuttschicht aus braungrauem Sand mit zahlreichen Bruchsteinen. Fotos zeigen den deutlichen Unterschied zwischen Süd- und Nordabschnitt im oberen Bereich. Im Norden erscheint 1222 über 1211 sehr massiv. Es handelt sich um eine der frühen Geländeerhöhungen im Zusammenhang mit der Umgestaltung der Domburg im 12./13. Jahrhundert.

Stratigraphischer Bezug: unter 1206; über 1210–1211; geschnitten von 1221.

Dokumentation: P 31; Fo 13, 29, 39, 42, 44; Beil. 7.

Datierung: Hochmittelalter (10.–13. Jh.)

1223 Graben

Größerer Ost-West orientierter Graben von mindestens 7,70 m Länge. Der Graben zieht im Westen unter die Schnittgrenze, im Osten findet er einen Abschluß in einer halbrunden Form. Die Verfüllung ist dunkelgrau, jedoch nicht besonders schlammig. Die Sohle ist flach, die Ränder verbreitern sich nach oben. Der Ausgräber hat den Graben viermal quer geschnitten. An einer Stelle deutet sich ein Pfosten unter der Verfüllung an. An den Rändern sind einige größere Pfosten zu erkennen, die zur Nutzung des Grabens gehören könnten (1224–1226). Die Funktion dieser abgeschlossenen Gräben, die also kaum zur Entwässerung genutzt worden sein können, ist unklar. Die vergleichbaren Gräben am Michaelisplatz wurden als Palisadengräben gedeutet. Sie umgrenzen und befestigen die einzelnen Parzellen noch vor Anlage der großen Befestigung der Domburg. Die Verfüllung des Grabens unterschied sich deutlich von der des vielleicht kaiserzeitlichen Grabens 1118, die erheblich blasser ausgeprägt war. An der Schnittstelle 1223/1180 läßt sich schließen, daß der Graben jünger als die kleineren Fundamentgräben ist. Die chronologische Einordnung vor die Grubenhäuser ist eindeutig. Eine Datierung ins 9. Jahrhundert ist wahrscheinlich.

Stratigraphischer Bezug: unter 1013; schneidet 1015, 1180; geschnitten von Grubenhaus III.

Dokumentation: F 3–6; P 30 A–D; Fo 14–15, 20, 24–25, 46; Beil. 3; Abb. 5, 9–11.

Datierung: Frühmittelalter

1224 Pfostengrube

Braune, wohl holzige Verfärbung zwischen 1223 und 1225, eine flache Grube mit dem Rest eines Holzpfostens. Breite 0,30 m, Tiefe 0,10 m. Der Befund liegt unter der oberen Verfüllung des Grabens 1223 und der Grube 1225. Die zweite Flächenzeichnung F 4 zeigt eindeutig, daß 1224 den Graben schneidet, die dritte untere Flächenzeichnung ließe auch den umgekehrten Schluß zu. Ein Zusammenhang mit dem hier abrupt endenden Graben ist wahrscheinlich.

Stratigraphischer Bezug: unter 1225; schneidet 1223, 1015.

Dokumentation: F 4, 6; P 30 B; Fo 15, 20; Beil. 3; Abb. 5, 9–11.

Datierung: Frühmittelalter

1225 Grube

0,90 x 0,50 m große, an der Westseite flacher auslaufende Grube mit schwarzgrauer Verfüllung am Nordostende des großen Grabens 1223. Die früheste Flächenzeichnung macht keine Unterschiede zwischen der Verfüllung des Grabens und der Grube. Ein Zusammenhang erscheint daher möglich. 1225 könnte ein Nachfolger von 1224 sein.

Stratigraphischer Bezug: unter 1013; schneidet 1224.

Dokumentation: F 3–4, 6; P 30 B, Fo 15, 20; Beil. 3; Abb. 5, 9–11.

Datierung: Frühmittelalter

1226 Pfostenspur

Braune Verfärbung eines 0,25 m breiten und 0,13 m unter Planum reichenden Holzpfostens, die auf der Profilzeichnung des Grabens 1223 am südlichen Rand zu erkennen ist. Die Füllung der Grabengrube zieht hier aus dem üblichen rundlichen Grabenprofil heraus bis gegen den Pfosten, ein Indiz für die Zugehörigkeit des Pfostens in die Zeit der Nutzung des Grabens. Siehe auch 1224–1225.

Stratigraphischer Bezug: unter 1013; schneidet 1015; gehört zu 1223.

Dokumentation: P 30 C.

Datierung: Frühmittelalter

1227 Bruchsteinfundament

Ostwand des „Steinwerks" mit 0,50 m Breite. Beschreibung wie 1232. Erheblich gestört durch das Backsteinfundament 1109 und die große rezente Störung 1278. Teilweise jedoch hervorragend und bis zu 15 Lagen der flachen Sandsteinplatten hoch erhalten. Die unteren vier bis fünf Lagen sind weniger glatt beschlagen, und es deutet sich ein schwaches Bankett an. Es liegt nahe, hier das Niveau des Fußbodens der ersten Nutzungsphase des Gebäudes zu vermuten. Nach Aussage des Tagebuchs wurde über zwei Verfüllungen (1235, 1236) von ca. 0,50 m Stärke ein höherer Fußboden aus verbrannten Holzbohlen gefunden, bei dem es sich um eine zweite Nutzungsphase handeln könnte. Die Beschreibung der Maueransicht beruht auf den Fotos. Die sauber auf Sicht geschlagenen Steine im Innenraum des Gebäudes reichen weit unter die bekannten älteren Schichten etwa 1013/1015 bis in den anstehenden Boden. Von einem eingetieften Raum ist sicher auszugehen. Das Fundament gehört zum jüngeren Steinbau an der Westseite der Parzelle. Vermutlich ist es in der ersten Hälfte des 12. Jahrhunderts zerstört worden. Der Bau dürfte ins 11. Jahrhundert fallen.

Stratigraphischer Bezug: über 1270; geschnitten von 1109, 1278.

Dokumentation: F 8; Fo 30, 34–35, 45–47, 50; Beil. 4, 12; Abb. 33, 46, 55.

Datierung: Hochmittelalter (10.–13. Jh.)

1228 Planierschicht

Dunkelgraue sandige Schicht mit Schuttanteilen, entspricht 1111 sowie den Schichten 1215–1212 oberhalb des Gebäudes 1286/1216 bis 1211 am Ostprofil.

Stratigraphischer Bezug: unter 1260, 1211; über 1216, 1286.

Dokumentation: P 34–35; Abb. 47.

Datierung: Hochmittelalter (10.–13. Jh.)

1229 Laufhorizont

0,02–0,06 m dünnes schwarzes Band im Außenbereich des Fundaments 1227. Die Dokumentation (P 35) der Anschlüsse der Bodenschichten an das Fundament läßt keine genauen Ansprachen zu, sogar die älteste Kulturschicht 1015 scheint gegen das Fundament zu ziehen. Die Baugrube ist im Außenbereich wohl kaum zu erkennen. Die Schicht 1229 steigt unmittelbar am Fundament an und zieht auf eine obere Steinlage. Möglicherweise ist hier der äußere Nutzungshorizont des Steinbaus gefaßt. Der stratigraphischen Lage nach entspricht 1229 der häufig verbrannt auftretenden Schicht 1211. Falls diese äußerst unsicheren Annahmen richtig sind, ist hiermit ein wesentlicher Ansatzpunkt für die relative Chronologie der Steingebäude 1227 und 1286 gegeben.

Stratigraphischer Bezug: unter 1230; über 1228.

Dokumentation: P 35; Abb. 47.

Datierung: Hochmittelalter (10.–13. Jh.)

1230 Planierschicht

Oberste dokumentierte graue Aufplanierung mit Schuttanteil außerhalb des Steinkellers mit 1227, entspricht 1222.

Stratigraphischer Bezug: unter 1109; über 1211.

Dokumentation: P 36.

Datierung: Hochmittelalter (10.–13. Jh.)

1231 Planierschicht

Graugelbe vermischte Schicht zwischen 1211 und 1217. Im Bereich westlich des Steingebäudes und Fußbodens 1216 liegen andere Aufplanierungen. Im unteren Bereich ist 1231 fester und war möglicherweise leicht belaufen; Außenniveau von 1216.

Stratigraphischer Bezug: unter 1211; über 1217.

Dokumentation: P 36.

Datierung: Hochmittelalter (10.–13. Jh.)

1232 Bruchsteinfundament

Nord-Süd orientiertes Fundament aus Sandsteinen mit 0,55 m Breite. Es handelt sich um helle, relativ flach geschlagene Sandsteinplatten, die in Lehm gesetzt waren. Das Fundament war bis zu acht Lagen hoch erhalten und wies eine klare und saubere Kante nach Osten zum Innenraum auf; verzahnt mit 1263. Es handelt sich um die Westseite eines großen viereckigen Steingebäudes. Der Bau wird vom Ausgräber als Steinwerk bezeichnet. Die Maße für die Schmalseiten 1232/1227 betragen 4,70–5 m und 6,50 m für die Ost-West orientierten Längsseiten 1266/1263.

Stratigraphischer Bezug: schneidet 1282, 1264; geschnitten von 1109, 1260.

Dokumentation: F 8; Fo 30–33, 36, 45–51; Beil. 4; Abb. 43–44, 55.

Datierung: Hochmittelalter (10.–13. Jh.)

1234 Schuttschicht

entspricht 1111, s. dort.

Stratigraphischer Bezug: unter 1109.

Dokumentation: P 38; Abb. 44.

Datierung: unbestimmt

1235 Schuttschicht

Gelber Sand vermischt mit zahlreichen Steinen. Wenn die nicht dokumentierte Beobachtung eines Laufhorizontes darüber richtig ist, handelt es sich hier nicht um die Aufgabe des Steingebäudes 1232, sondern um eine mit einer Erhöhung des Fußbodens verbundene Umbaumaßnahme.

Stratigraphischer Bezug: unter 1234; über 1236.

Dokumentation: P 38; Abb. 44.

Datierung: Hochmittelalter (10.–13. Jh.)

1236 Füllschicht

Schwarzgraue torfige Schicht mit Steinschutt. Winkelmann: „Knochen und Scherben 10.–11. Jhdt." Die Schicht setzt etwa 0,10–0,20 m über der Unterkante des jüngeren Fundaments 1232 ein. Die Profilzeichnung läßt 1236 gegen 1232 ziehen. Denkbar ist der Ansatz des Fußbodens etwa drei Steinlagen über der Fundamentunterkante. Auf der Zeichnung ist er jedoch nicht zu erkennen, die Fotos zeigen die entscheidende Stelle nicht. Im Tagebuch wird zu 1232/1227 ein höher über 1235 liegender Rest eines Bodens erwähnt, der auf der Profilzeichnung ebenfalls nicht zu erkennen ist. Da die Innenseiten der Fundamente auch in den unteren Lagen auf Sicht gemauert sind, ist ein tiefer Ansatz des Fußbodens des „Steinwerks", der auf der Profilzeichnung nicht erschien, wahrscheinlich. Mit dem zweiten Horizont wäre eine spätere Nutzung des Gebäudes erfaßt, die um 1100 anzusetzen wäre.

Stratigraphischer Bezug: unter 1235; über 1237.

Dokumentation: P 38; Abb. 44.

Datierung: Hochmittelalter (10.–13. Jh.)

1237 Füllschicht

Graugrüne tonige Schicht zur Auffüllung des ältesten Steinbaus 1265, vermutlich im 11. Jahrhundert. Die Schicht erreicht bereits die Unterkante von 1232, dem nachfolgenden Bau.

Stratigraphischer Bezug: unter 1236; über 1238.

Dokumentation: P 38, Abb. 44.

Datierung: Hochmittelalter (10.–13. Jh.)

1238 Schuttschicht

Weitere Verfüllung des ältesten Steingebäudes. Viele Bruchsteine, wohl vom Abbruch des Steinbaus 1265, in graubraunem Lehm.

Stratigraphischer Bezug: unter 1237; über 1265, 1239.

Dokumentation: P 38, Abb. 44.

Datierung: Hochmittelalter (10.–13. Jh.)

1239 Estrich

entspricht 1270.

Stratigraphischer Bezug: unter 1238; zieht gegen 1265.

Dokumentation: P 38; Abb. 44.

Datierung: Hochmittelalter (10.–13. Jh.)

1240 Bruchsteinfundament

entspricht 1265.

Stratigraphischer Bezug: unter 1238, 1232.

Dokumentation: P 38; Abb. 44.

Datierung: Hochmittelalter (10.–13. Jh.)

1241 Grube

Eckige Grube oder Graben von mindestens 1,40 x 0,60 m Größe, die unter die südliche Grabungsgrenze zieht, mit dunkelgrauer Verfüllung, in die der Pfosten 1242 eingetieft wurde, ohne weitere Zusammenhänge. Der Ausgräber datiert die Verfüllung in das 8. Jahrhundert, was nach aller Erfahrung auf der Parzelle fragwürdig ist. Eine Errichtung nach Aufgabe des Grabens 1223, also vermutlich erst im Zusammenhang mit dem Grubenhaushorizont, ist wahrscheinlich.

Stratigraphischer Bezug: unter 1013; schneidet 1015; geschnitten von 1242.

Dokumentation: F 3–4, 6; P 40; Fo 15; Beil. 3, 8.

Datierung: Mittelalter allgemein

1242 Pfostengrube

Rundliche Pfostengrube von 0,50 m Durchmesser mit dunkler Verfärbung und Holzkohleanteil, in größeren Teilen außerhalb der südlichen Grabungsgrenze. 0,10 m in die Verfüllung der älteren Grube 1241 eingetieft.

Stratigraphischer Bezug: unter 1013; schneidet 1241.

Dokumentation: F 3–4, 6; P 40; Fo 15; Beil. 3, 8.

Datierung: Mittelalter allgemein

1243 Estrich

0,06 m starker schwarzer Streifen, vom Ausgräber als Estrich bezeichnet. Darüber sind Kalkspuren, direkt anschließend folgt eines der Ziegelfundamente der Kurie des 19. Jahrhunderts. Es kann sich nicht um einen der Fußböden des Gebäudes 1227/1232 handeln. Das Niveau dieser Keller- oder eingetieften Räume müßte erheblich tiefer liegen. Außerdem spricht die darunterliegende Stratigraphie mit 1246/1247 klar gegen einen Kellerbereich. Es dürfte sich um einen Innenraum eines nicht unterkellerten Bereichs der Steinbauten handeln. Bisher war hier nur der Bau 1286 mit dem Estrich 1001/1217 bekannt, der im Osten der Südfläche lag und bis auf das Fundament 1227 fluchtet. Alle Überlegungen zur Lage des Profils 41 wie die stratigraphischen Anschlüsse an die Südfläche bleiben damit aber weiter spekulativ.

Stratigraphischer Bezug: unter Bau 1854; über 1244.

Dokumentation: P 41

Datierung: Hochmittelalter (10.–13. Jh.)

1244 Schicht

Graubraune Schicht, ca. 0,18 m stark, mit größerem Holzkohleanteil.

Stratigraphischer Bezug: unter 1243; über 1245.

Dokumentation: P 41, s. 1247.

Datierung: Hochmittelalter (10.–13. Jh.)

1245 Alte Oberfläche

Schwarze, 0,02 m starke belaufene Schicht, vom Ausgräber als Oberfläche bezeichnet, evtl. 1005 entsprechend, zur Problematik s. 1247.

Stratigraphischer Bezug: unter 1244; über 1246.

Dokumentation: P 41, s. 1247.

Datierung: Hochmittelalter (10.–13. Jh.)

1246 Schicht

Graue, leicht dunklere Schicht als 1247 mit Holzkohlestücken.

Stratigraphischer Bezug: unter 1245; über 1247.

Dokumentation: P 41, s. 1247.

Datierung: Mittelalter allgemein

1247 Kulturschicht

Graubraune Schicht über dem anstehenden Boden, wird nach unten heller. Die Schicht dürfte dem oberen Abschnitt von 1015 entsprechen. Winkelmann datiert sie ins 8. Jahrhundert. Die Zeichnung P 41 ist ein winziges Profil in der Nordostecke der Nordfläche. Trotz einer Lageskizze läßt sich der genaue Standort nicht ermitteln. Das ist bedauerlich, denn das Profil böte mit seinen zwei Laufhorizonten vermutlich Anhaltspunkte zur Gleichsetzung der Stratigraphie in der Nord- und Südfläche.

Stratigraphischer Bezug: unter 1246; über 1012.

Dokumentation: P 41.

Datierung: Frühmittelalter

1248 Graben

Es handelt sich um das mit braungrauem Material verfüllte nördliche Ende des Grabens 1118. Der Graben ist hier weniger tief (0,20 m) und fast 1,50 m breit. Er liegt z. T. unter dem Fundament 1232 und wird von der Grube 1279 beschnitten. An seiner Sohle liegt unter der Verfüllung die Pfostenspur 1249.

Stratigraphischer Bezug: unter 1232; schneidet 1015.

Dokumentation: F 8; P 42; Fo 15, 36, 45–46; Beil. 4, 6; Abb. 20.

Datierung: vorgeschichtlich

1249 Pfostenspur

0,25 m breite Pfostenspur, ca. 0,15 m unter die Sohle des Grabens 1248/1118 eingetieft. Der Pfosten liegt unter der Verfüllung des Grabens.

Stratigraphischer Bezug: gehört zu 1248.

Dokumentation: P 42, s. 1247.

Datierung: vorgeschichtlich

1250 Grube

Grube in der Südwestecke der Nordfläche, westlich von Grubenhaus V. Auf der früheren Flächenzeichnung mit rundlicher Form (Pfostengrube?) mit 0,50 m Durchmesser und grauer Verfüllung dargestellt, auf der späteren Zeichnung mit einer bräunlichen Verfärbung, die zudem den gesamten höherliegenden dreieckigen Steg neben dem Grubenhaus einnimmt. Daher wird sie vermutlich von Grubenhaus V geschnitten. Eine jüngere Störung ist jedoch nicht auszuschließen.

Stratigraphischer Bezug: geschnitten von Grubenhaus V.

Dokumentation: F 7–8; Beil. 4.

1251 Schicht

entspricht 1115.

1253–1256 Pfostengruben

Pfosten oder Pfostengruben im Bereich von Grubenhaus V, zusätzlich zur festen Linie der großen Pfosten 1102–1107, möglicherweise handelt es sich um Vorgänger. Wiederum scheinen sie sämtlich unter dem Nutzungshorizont 1098 zu liegen (oder sie sind in diesem nicht erkannt worden).

Stratigraphischer Bezug: unter 1097; gehört zu Grubenhaus V.

Dokumentation: F 8; Fo 27; Beil. 4, 8.

Datierung: Frühmittelalter

1257 Pfostengrube

entspricht 1116.

1258 Backsteinfundament

Ca. 0,80 m breites und 1,50 m langes Backsteinfundament (Sockel) im kleinen Anbau im Norden der Kurie, vermutlich im Zusammenhang mit dem Zugang zum Keller.

Stratigraphischer Bezug: schneidet 1261.

Dokumentation: F 8; Fo 51–52; Beil. 4; Abb. 54.

Datierung: Neuzeit allgemein

1259 Bruchsteinfundament

Fundament aus sauber und regelmäßig beschlagenen Sandsteinen. Ostwand der Kurie von 1854. Nur als Schnittgrenze dokumentiert.

Stratigraphischer Bezug: gehört zu Kurie 1854.

Dokumentation: F 8; Fo 45; Beil. 4, Abb. 54.

Datierung: Neuzeit allgemein

1260 Backsteinfundament

Südwand der Kurie von 1854 mit Mauervorsprüngen, ca. 1 m breit. Klare Baugrube schneidet (Foto) die jüngste dokumentierte Aufplanierung 1206. Gleichzeitig Schnittgrenze zwischen Nord- und Südfläche.

Stratigraphischer Bezug: über 1067; schneidet 1206; gehört zu Kurie 1954.

Dokumentation: F 8; Fo 30, 45; Beil. 4; Abb. 54.

Datierung: Neuzeit allgemein

1261a Bruchsteinfundament

Fundament an der Nordseite des Steingebäudes. Sandsteinplatten in Lehm gesetzt. Der Mauerzug wurde auf einer Länge von 2 m dokumentiert und verläuft parallel zu 1261b und dem jüngeren Backsteinfundament 1258, von dem es teilweise überbaut ist. Nach der Flächenzeichnung scheint es von 1232/1262 geschnitten worden zu sein. Der Ausgräber bezeichnet 1260/1261 allerdings nur in einer Fotounterschrift als „2 parallel verlaufende karol. Mauern". Das erscheint ausgeschlossen. Sichere Auskunft zur Chronologie der Mauerzüge in der Norderweiterung geben auch die Fotos nicht. Es zeigt sich jedoch, daß die Ecke 1232/1263 ebenfalls stark gestört, regelrecht aufgerissen worden ist, vermutlich durch einen modernen Ziegelschacht. Die beste Auskunft gibt eine kunstvolle Bleistiftzeichnung von E. Preis. Der älteste Fundamentbereich mit 1262/1264 wird überlagert von 1232/1263, darüber das Backsteinfundament 1258. Das Fundament 1261 a schließt hier anders als auf der Zeichnung direkt an 1232 an. Es ist von erheblich schlechterer Qualität. Von 1263 sind im Bereich der Südostecke nur die unteren Lagen erhalten, der obere

Bereich könnte bei der Anlage von 1261 ausgebrochen sein. Auch ist zu erkennen, daß 1261 nicht älter als 1232 sein kann. Am wahrscheinlichsten ist eine Deutung der beiden Fundamente als Eingangsbereich in das Steinwerk 1232/1263 in einer späteren Nutzungsphase. Der Eingang erscheint hier auch beim Neubau der Kurie im 19. Jahrhundert wieder.

Stratigraphischer Bezug: unter 1258; geschnitten von 1284.

Dokumentation: F 8; Fo 51–52; Beil. 4, 12; Abb. 54.

Datierung: Hochmittelalter (10.–13. Jh.)

1261b Bruchsteinfundament

0,70 m breites Fundament aus unregelmäßig großen Sandsteinplatten, Nord-Süd orientiert, parallel zu 1261a (s. dort).

Stratigraphischer Bezug: unter 1258; zieht gegen 1262; geschnitten von 1284.

Dokumentation: F 8; Fo 51–52; Beil. 4, 12; Abb. 54.

Datierung: Hochmittelalter (10.–13. Jh.)

1262 Bruchsteinfundament

Rest eines stark gestörten Fundaments in der Flucht von 1264 nach Norden, s. dort.

Stratigraphischer Bezug: geschnitten von 1263, 1261.

Dokumentation: F 8; Beil. 4, 10; Abb. 34.

Datierung: Hochmittelalter (10.–13. Jh.)

1263 Bruchsteinfundament

Nordwand des jüngeren Steingebäudes in der Nordfläche. Unregelmäßig große, zu Platten geschlagene und in Lehm gesetzte Sandsteine. Die Steine an der Südkante zum Innenraum sind sehr sorgfältig bearbeitet. Das Fundament ist mit fast 0,70 m breiter als die 0,50–0,60 m breiten Mauerstücke an den übrigen Seiten des Steingebäudes.

Stratigraphischer Bezug: über 1264, 1270.

Dokumentation: F 8; Fo 45, 47–51; Beil. 4, 12; Abb. 45.

Datierung: Hochmittelalter (10.–13. Jh.)

1264 Bruchsteinfundament

0,35–0,50 m breites, Nord-Süd orientiertes Fundament, ein- bis dreilagig erhalten, aus flachen unregelmäßig großen, in Lehm gesetzten Sandsteinplatten. Trotz des schlechten Erhaltungszustandes ist eine saubere Kante nach Osten sicher. Als Andeutung erhalten ist ein Eckverband mit 1265. 1264 setzt sich auch nach Süden in etwas breiterer Fundamentstärke fort (ein späterer Ansatz kann dafür nicht ausgeschlossen werden) und zieht unter 1266. Die Südseite des Gebäudes wurde hier nicht erfaßt. Im Norden zieht 1264 unter 1263. Vieles spricht dafür - insbesondere Flucht und Tiefe der Mauer - das kleine Fundamentstück 1262 nördlich von 1263 zu 1264 zu rechnen. Durch die starke Überbauung durch 1263 und wohl auch 1261, sowie durch eine moderne Störung ist eine sichere Aussage nicht möglich. Es handelt sich um die Westseite des ersten Steingebäudes an der Westseite der Parzelle.

Stratigraphischer Bezug: unter 1266, 1263; geschnitten von 1109.

Dokumentation: F 8; Fo 32–33, 44–49; Beil. 4, 10; Abb. 32.

Datierung: Hochmittelalter (10.–13. Jh.)

1265 Bruchsteinfundament

Ca. 0,35 m breites Ost-West orientiertes Fundament, im Westen ausgebrochen. Gehört mit 1264 zum ältesten Steinbau, der nicht vollständig erfaßt wurde und mindestens 6,50 x 5 m groß war. Zum Bau gehört der Estrich 1270.

Stratigraphischer Bezug: unter 1227.

Dokumentation: F 8; Fo 30–35, 45–47; Beil. 4, 10; Abb. 33.

Datierung: Hochmittelalter (10.–13. Jh.)

1266 Bruchsteinfundament

Bruchsteinfundament wie 1232/1227. Südwand des großen zweiten Steingebäudes, stark gestört durch das Backsteinfundament 1260 der Kurie von 1854, verzahnt mit 1227 an der Südostecke. Entgegen dem durch den Ausbruch durch 1260 bedingten Eindruck der Flächenzeichnung hat 1266 nichts mit 1265 zu tun, sondern zieht eindeutig darüber hinweg und ist bis auf 1232 zu rekonstruieren.

Stratigraphischer Bezug: über 1265; geschnitten von 1260.

Dokumentation: F 8; Fo 30, 32–35, 47; Beil. 4, 12; Abb. 33.

Datierung: Hochmittelalter (10.–13. Jh.)

1267 Bruchsteinfundament

Ost-West orientiertes Fundament, das nur im Ansatz freigelegt wurde. Nach Süden sauber beschlagene Steine und glatte Kante wie 1263. Es setzt den Verlauf von 1263 nach Osten in gleicher Flucht und exakt der gleichen Bauart fort. Der Maueransatz sitzt auf 1227 auf, die 0,40 m breite Lücke zwischen 1263 und 1267 ist nach Norden versetzt durch 1285 geschlossen. Die Kante von 1263 ist auf Sicht gesetzt worden, ein Ausbruch ist daher unwahrscheinlich. Es dürfte sich um eine Erweiterung des Steingebäudes nach Osten handeln, möglicherweise ist dabei ein kleines Teilstück von 1227 bereits aufgegeben worden.

Stratigraphischer Bezug: unter 1259; über 1227.

Dokumentation: F 8; Fo 50; Beil. 4, 12.

Datierung: Hochmittelalter (10.–13. Jh.)

1270 Estrich

Schwärzlicher festgestampfter Lehm, gut erhalten, wohl einige Zentimeter stark. Es handelt sich um den Fußboden des Gebäudes 1264/1265. Er ist klar durch 1265 begrenzt.

Stratigraphischer Bezug: über 1273; zieht gegen 1265; geschnitten von 1227.

Dokumentation: F 8; Fo 30, 32–35, 45–47; Beil. 4, 10; Abb. 32–33, 44.

Datierung: Hochmittelalter (10.–13. Jh.)

1271 Laufhorizont

Dünnes graues Band, das den Laufhorizont des ältesten Steinbaus südlich von 1265 angibt. Dieser Horizont liegt (geschätzt) ca. 0,20 m höher als 1270 nördlich von 1265. Auf den Fotos ist deutlicher zu erkennen, daß er einige ältere Pfosten überlagert (1273, 1276, 1275). Bei 1272 handelt es sich sicher um den gleichen Befund; auch 1274 und 1277 sind vielleicht keine Gruben, sondern Reste des Laufhorizontes.

Stratigraphischer Bezug: über 1273; zieht gegen 1265.

Dokumentation: F 8; Fo 30, 32–35, 47; Beil. 4, 10; Abb. 32–33.

Datierung: Hochmittelalter (10.–13. Jh.)

1272 Laufhorizont

Siehe 1271.

1273 Pfostengrube

Ca. 0,45 m breite Pfostengrube unterhalb des älteren Steingebäudes, verfüllt mit dunkelgrauem Material.

Stratigraphischer Bezug: unter 1265, 1271; schneidet 1015.

Dokumentation: F 8; Fo 35, 47; Beil. 4; Abb. 33.

Datierung: Mittelalter allgemein

1274 Pfostengrube

Rundliche, bis zu 0,50 m messende Verfärbung an 1265. Könnte sowohl der Rest einer geringer eingetieften Pfostengrube sein als auch ein etwas dunkler gefärbter Abschnitt von 1271.

Stratigraphischer Bezug: geschnitten von 1278.

Dokumentation: F 8; Fo 35, 47; Beil. 4.

1275 Pfostengrube

Rundliche Pfostengrube mit bis zu 0,40 m Durchmesser und schwacher Pfostenspur.

Stratigraphischer Bezug: unter 1271; schneidet 1015.

Dokumentation: F 8; Fo 35, 47; Beil. 4; Abb. 33.

Datierung: Mittelalter allgemein

1276 Pfostengrube

Kleinere Pfostengrube mit bis zu 0,25 m Breite, unterhalb der Störung 1278 freigelegt, überlagert von 1274.

Stratigraphischer Bezug: unter 1274; schneidet 1015.

Dokumentation: F 8; Fo 35, 47; Beil. 4; Abb. 33.

Datierung: Mittelalter allgemein

1277 Schicht

Bräunliche Verfärbung im Bereich des älteren Steingebäudes, südlich von 1265. Möglicherweise gleich 1271.

Dokumentation: F 8; Fo 35, 47.

Datierung: Hochmittelalter (10.–13. Jh.)

1278 Störung

Größerer breiter, vermutlich neuzeitlicher Graben, der bis auf die Unterkante des ältesten Steinbaus zieht und die Ostwand 1227 des jüngeren Steinbaus durchbrochen hat. Funktion nicht mehr zu erkennen.

Dokumentation: F 8; Fo 47; Beil. 4; Abb. 32–33.

Datierung: Neuzeit allgemein

1279 Grube

Größere viereckige 1,50 x 1,70 m messende Grube mit bräunlicher Verfüllung. Die Grube erstreckt sich unter den Fundamenten der jüngeren Steingebäude, schneidet den Befund 1248, bei dem es sich um die Fortsetzung von 1118 handelt. Sie gehört auch in ihrer Form und Ausrichtung exakt in den Horizont der Grubenhäuser. Für die Annahme eines weiteren Grubenhaus erscheint sie jedoch zu klein.

Stratigraphischer Bezug: unter 1264; schneidet 1248;

Dokumentation: F 8; Fo 36; Beil. 4, 9; Abb. 20.

Datierung: Mittelalter allgemein

1280 Pfostengrube

Längliche, 0,60 x 0,40 m große Grube mit der schwachen Spur eines 0,30 m großen Pfostens, möglicherweise auch von zwei Pfosten. Einordnung nicht möglich, da bereits in die untersten Bereiche von 1015 heruntergegraben.

Stratigraphischer Bezug: schneidet 1015, 1012.

Dokumentation: F 8; Beil. 4.

1281 Grube

Viereckige Grube mit brauner Verfüllung, wie 1279, an deren Westecke. Welche Grube älter ist, wird aus der Dokumentation nicht sicher deutlich. Könnte zum gleichen Komplex gehören.

Stratigraphischer Bezug: schneidet 1015.

Dokumentation: F 8; Fo 36; Beil. 4, 9.

Datierung: Mittelalter allgemein

1282 Schicht

Grauer Horizont oberhalb der Kulturschicht 1015, von Winkelmann auch als Kulturschicht angesprochen. Beim Ausnehmen der Nordfläche blieb die Schicht nur auf einem kleinen Teilstück zwischen 1232 und 1110 erhalten. M. E. spricht trotz der fehlenden Anschlüsse alles für eine Gleichsetzung mit 1013 (Winkelmann: Schicht III) in der Südfläche, also jenem Horizont, der als Aufgabeverfüllung der karolingischen Grubenhäuser und als Aufplanierung zur Neugestaltung des Geländes deutlich wurde. 1282 dürfte auch über Grubenhaus V liegen.

Stratigraphischer Bezug: über 1015; geschnitten von 1232.

Dokumentation: F 8; Beil. 4.

Datierung: Hochmittelalter (10.-13. Jh.)

1283–1284 Bruchsteinfundamente

Fundamente aus regelmäßig beschlagenen Sandsteinquadern an der Nordseite der Kurie von 1854. Breite unklar, da gleichzeitig Schnittgrenze. Die Nordwand verspringt für einen kleinen Anbau ca. 1,50 m nach Norden. Dieser Befund erscheint nicht auf dem ergänzten Urkataster, welches das aufgehende Gebäude anzeigt. Es dürfte sich bei der Erweitung um den Kellereingang handeln. Interessanterweise liegt hier auch der Vorgängerbau 1261.

Stratigraphischer Bezug: über 1261; gehört zu Kurie 1854.

Dokumentation: F 8; Fo 45, 47; Beil. 4; Abb. 54.

Datierung: Neuzeit allgemein

1285 Bruchsteinfundament

Kleines, nur im Ansatz dokumentiertes Sandsteinfundament an der Nordseite des großen Steingebäudes. Es setzt die Lücke zwischen 1263 und 1267 in der Flucht nach hinten versetzt zu.

Dokumentation: F 8; Fo 50; Beil. 4; Abb. 46.

Datierung: Hochmittelalter (10.–13. Jh.)

1286 Bruchsteinfundament

0,30–0,40 m breites Fundament aus größeren, in Lehm gesetzten Sandsteinen. Das Fundament ist nur eine Lage breit und nur noch in Resten vorhanden. Es ist die westliche Begrenzung des durch den Estrich 1216 bereits erfaßten Gebäudes, sicherlich eines Fachwerkbaus mit Schwellbalkenfundament. Das Niveau des Fundaments und auch des zugehörigen Fußbodens 1216 liegt erheblich über dem von 1264–1265/1270. Hier wurde ein eingetiefter Raum angenommen. Der Bau dürfte nach 1264/1265 entstanden sein, aber vor 1227/1232. Älter war auch das erste Gebäude an der Ostseite der Parzelle, das sogenannte Torhaus. Es scheint sich bei 1286 um einen Anbau an 1264/1265 gehandelt zu haben.

Stratigraphischer Bezug: unter 1215; schneidet 1217.

Dokumentation: F 1, 2; Fo 1–2, 4; Beil. 10; Abb. 35.

Datierung: Hochmittelalter (10.–13. Jh.)

1287 Pfostengrube

Pfostengrube mit 0,25 m Breite und Holzspur, die in die Zeit nach Errichtung des Gebäudes 1286 gehört.

Stratigraphischer Bezug: schneidet 1216.

Dokumentation: F 1; Fo 1–2; Beil. 7; Abb. 35.

Datierung: unbestimmt

1288 Schicht

Schicht am Grund von Grubenhaus I, dürfte 1011 entsprechen, jedoch beeinflußt und kaum abzugrenzen von den Pfostengruben 1023/1024, die z. T. mehrere Pfosten enthielten.

Stratigraphischer Bezug: unter 1010; gehört zu Grubenhaus I.

Dokumentation: F 6; Beil. 3, 9.

Datierung: Hochmittelalter (10.–13. Jh.)

1289 Pfostenspur

0,14 m breite Spur eines kleineren Pfostens an der Ostseite von Grubenhaus I, Tiefe nicht dokumentiert.

Stratigraphischer Bezug: unter 1006; gehört zu Grubenhaus I.

Dokumentation: F 6; Beil. 3, 9.

Datierung: Hochmittelalter (10.–13. Jh.)

1291 Pfostengrube

0,30 m breite Pfostengrube mit 0,15 m breiter Pfostenspur an der nördlichen Schmalseite von Grubenhaus II. Vermutlich der Vorgänger von 1029. Sie bildet mit 1039, 1297, 1296 und 1298 jedoch auch eine Reihe.

Stratigraphischer Bezug: unter 1054.

Dokumentation: F 6; Fo 19; Beil. 3, 8.

Datierung: Frühmittelalter

1292 Pfostengrube

0,20 m breite Grube mit 0,11 m breiter Spur eines Pfostens an der Nordostecke von Grubenhaus II.

Stratigraphischer Bezug: unter 1054; gehört zu Grubenhaus II; geschnitten von 1028.

Dokumentation: F 6; P 4; Fo 19; Beil. 3, 8.

Datierung: Hochmittelalter (10.–13. Jh.)

1293–1295 Pfostenspuren

Drei kleinere Pfostenreste mit 0,10–0,17 m Durchmesser in der Nordostecke von Grubenhaus II. 1295 könnte ein Zwischenpfosten an der östlichen Längsseite sein.

Stratigraphischer Bezug: unter 1054.

Dokumentation: F 6; Fo 19; Beil. 3, 8.

Datierung: Frühmittelalter

1296 Pfostengrube

Ovale dunkle Verfärbung (0,30 x 0,15 m) an der Westseite von 1038, vermutlich ein weiterer Pfosten.

Stratigraphischer Bezug: unter 1054; schneidet 1038; gehört zu Grubenhaus II.

Dokumentation: F 6; Fo 19; Beil. 3, 8.

Datierung: Frühmittelalter

1297 Pfostengrube

Unscharfe Grube mit der deutlichen Spur eines großen, 0,25 m starken Pfostens. Der Pfosten liegt versetzt neben 1037, gleichzeitig auch in einer Reihe in der Mitte des Grubenhauses.

Stratigraphischer Bezug: unter 1054; gehört zu Grubenhaus II.

Dokumentation: F 6; Fo 19; Beil. 3, 8.

Datierung: Frühmittelalter

1298 Pfostengrube

Rechteckige, 0,48 x 0,30 m große Pfostengrube, Tiefe 0,20 m. Die Füllung überzieht den benachbarten Pfosten 1035, beide gehören zur Pfostenreihe in der Mitte von Grubenhaus II.

Stratigraphischer Bezug: unter 1054; schneidet 1035; gehört zu Grubenhaus II.

Dokumentation: F 6; P 4; Fo 19; Beil. 3, 8.

Datierung: Frühmittelalter

1299 Pfostenspur

Spur eines kleineren, ca. 0,10 m starken Pfostens.

Stratigraphischer Bezug: unter 1054; gehört zu Grubenhaus II.

Dokumentation: F 6; Fo 19; Beil. 3, 8.

Datierung: Frühmittelalter

1300 Pfostengrube

Rundliche Pfostengrube mit ca. 0,50 m Durchmesser, verfüllt mit hellem Material, Holzspuren am Rand. Die südliche Hälfte fehlt. Der Befund könnte zur Anlage des Grabens 1118 gehören. Er schneidet zwar den Graben, liegt jedoch unter dessen Verfüllung 1154.

Stratigraphischer Bezug: unter 1013, 1154; schneidet 1118; geschnitten von 1187.

Dokumentation: F 6; Beil. 3.

Datierung: Frühmittelalter

1301 Pfostenspur

Pfostenspur mit 0,28 m Breite, rundlich ohne erkennbare Grube. Der Befund steht in einer Reihe mit 1302–1303 und ist wie diese teilweise unter dem Südprofil verborgen. Erkennbare Zusammenhänge nach Norden sind nicht vorhanden. Die Reihe dürfte daher zu einem nach Süden ausgreifenden Befund gehören. Zur stratigraphischen Einordnung s. 1303.

Stratigraphischer Bezug: unter 1013; schneidet 1015.

Dokumentation: F 4, 6; Beil. 3, 9.

Datierung: Hochmittelalter (10.–13. Jh.)

1302 Pfostengrube

0,35 m breite Pfostengrube mit 0,28 m breiter Pfostenspur.

Stratigraphischer Bezug: unter 1013; schneidet 1015.

Dokumentation: F 4, 6; Beil. 3, 9.

Datierung: Mittelalter allgemein

1303 Pfostengrube

0,32 m breite Pfostengrube mit 0,20 m breiter Pfostenspur. Die Grube bildet mit 1301–1302 eine Pfostenreihe unmittelbar an der südlichen Grabungsgrenze. Der Pfosten schneidet die Gräben 1223 und 1180, sowie die älteste Kulturschicht 1015 und liegt unter der Aufplanierung 1013. Damit gehört er in den Horizont der Grubenhäuser. Die Abstände zwischen den Pfosten (ca. 0,70 m) lassen durchaus an ein weiteres Grubenhaus denken, dessen nördliche Randbegrenzung dann nicht erfaßt worden wäre.

Stratigraphischer Bezug: unter 1013; schneidet 1015, 1223.

Dokumentation: F 4, 6; Beil. 3, 9.

Datierung: Hochmittelalter (10.–13. Jh.)

1304 Sonstiges allgemein

Grauer Erdbefund an der Südseite von Grubenhaus III. Der Befund ist bei der Ausschachtung des Grubenhauses III freigelegt worden, die hier deutlich über die historische Randbegrenzung des Grubenhauses hinausging. Wahrscheinlich handelt es sich nur um eine ca.

0,25 m tiefer dokumentierte Verfüllung des Grabens 1223, der hier durch die Anlage des Grubenhauses gestört wurde. Möglich ist auch die Annahme einer Grube, die zeitlich zwischen der Aufgabe des Grabens und der Anlage des Grubenhauses liegt.

Stratigraphischer Bezug: unter 1013; über 1015; geschnitten von Grubenhaus III.

Dokumentation: F 4, 6; Beil. 3; Abb. 5, 10.

Datierung: Frühmittelalter

1305 Grube

Grube mit ovaler Form von mindestens 0,54 x 0,60 m Größe. Erhalten ist nur der nördliche Abschnitt. Die Grube zeichnet sich mit ihrer hellgrauen Verfüllung nur schwach im Bereich der Kulturschicht 1015 und der Grabenverfüllung 1154 ab. Auf den einzelnen Flächenzeichnungen variiert die Größe der Grube, so ist sie auf der zeitlich mittleren Zeichnung F 4 erheblich kleiner. Möglicherweise besteht ein Zusammenhang mit 1187.

Stratigraphischer Bezug: unter 1013; schneidet 1015, 1154; geschnitten von Grubenhaus II.

Dokumentation: F 3–4, 6; Beil. 3.

Datierung: Frühmittelalter

1306 Grube

Viereckige längliche Grube, 1,15 x 0,30 m groß, mit dunkler Verfüllung. Die Grube schneidet den Graben 1118. Die Einordnung nach oben ist nicht gesichert, vermutlich liegt sie jedoch auch unter 1013.

Stratigraphischer Bezug: unter 1013; schneidet 1154.

Dokumentation: F 3, 4, 6; Fo 15; Beil. 3.

1307 Sonstiges allgemein

Dunkle, ca. 0,30 x 0,12 m große Verfärbung östlich von Grubenhaus III. Isoliert stehender Befund, evtl. Tiergang, auch Pfostengrube möglich.

Stratigraphischer Bezug: unter 1013; schneidet 1015.

Dokumentation: F 6; Fo 15; Beil. 3.

Datierung: unbestimmt

1308 Grube

0,50 x 0,45 m große Grube, geschnitten von Grubenhaus III, ohne weitere Zusammenhänge.

Stratigraphischer Bezug: unter 1013; schneidet 1015; geschnitten von Grubenhaus III.

Dokumentation: F 3–4, 6; Fo 15; Beil. 3.

Datierung: Frühmittelalter

1309–1314 Pfostenlöcher

Pfostenlöcher im Randbereich von Grubenhaus III mit 0,05–0,12 m Durchmesser.

Stratigraphischer Bezug: unter 1073; gehört zu Grubenhaus III.

Dokumentation: F 6; Beil. 3, 9.

Datierung: Hochmittelalter (10.–13. Jh.)

1315–1317 Pfostenlöcher

Drei kleine Pfostenlöcher mit bis zu 0,08 m Durchmesser im mittleren Bereich von Grubenhaus III.

Stratigraphischer Bezug: unter 1073; gehört zu Grubenhaus III.

Dokumentation: F 6; Beil. 3, 9.

Datierung: Hochmittelalter (10.–13. Jh.)

1500–1507 Pfostengruben

Acht dokumentierte Pfosten, 1500–1507 gehören zur Konstruktion von Grubenhaus VI. Im anstehenden hellen Sand zeichnen sich die Grubengrenzen klar ab, ebenso die Verfüllung aus dunklem Material und meistens auch die schwarzbraune Spur des Pfostens. Die Gruben sind bis zu 0,30 m unter das Niveau des Grubenhauses eingetieft. Das Grubenhaus liegt unter dem ersten Steinbau, dem sogenannten Torhaus. Es dürfte noch im 10. Jahrhundert aufgegeben worden sein.

Stratigraphischer Bezug: unter 1558; schneidet 1032; gehört zu Grubenhaus VI/1559.

Dokumentation: F 9; Fo 77; Beil. 5, 9.

Datierung: Mittelalter allgemein

1508 Pfostengrube

Pfostengrube mit flacher Sohle und annähernd senkrecht abfallenden Rändern. Tiefe 0,30 m unter Planum, Durchmesser ca. 0,15 m. Am Grund des ausgeschachteten Nordwestgrabens wurden an mehreren Stellen Gruben, vor allem Pfostengruben dokumentiert. Mit wenigen Ausnahmen wurde der Graben beim Primäraushub bis auf die untere Kulturschicht 1531/1532 ausgenommen. Eine stratigraphische Einordnung nach „oben" ist daher meistens nicht möglich. Die wenigen genauer zu beschreibenden Befunde liegen unter den Laufhorizonten 1540 und 1529, die bereits das Grubenhaus überziehen und machen eine Einordnung der weiteren Pfosten in die Zeit des Grubenhauses oder davor wahrscheinlich. In jedem Einzelfall bleibt die Datierung unsicher.

Stratigraphischer Bezug: unter 1540?; über 1012; schneidet 1531.

Dokumentation: F 9; Beil. 5; Abb. 8.

1509 Pfostengrube

Mit dunklem Sand verfüllte Grube eines großen Pfostens mit ca. 0,35 m Durchmesser. Die Grube ist ca. 0,45 m unter Niveau des Planums eingetieft. Zur Einordnung s. 1508, Phase II oder älter.

Stratigraphischer Bezug: unter 1540?; schneidet 1531.

Dokumentation: F 9; Beil. 5; Abb. 8.

1510–1512 Pfostenlöcher

Eine „Reihe" von drei kleinen Pfostenlöchern mit ca. 0,10 m Durchmesser liegt parallel vor der Nordwand des Steingebäudes. Denkbar ist die Deutung als Gerüstpfosten. 1510 schneidet die große Pfostengrube 1509 und ist ca. 0,10 m unter Planum in diese eingetieft.

Stratigraphischer Bezug: schneidet 1509.

Dokumentation: F 9; Beil. 5; Abb. 8.

Datierung: Mittelalter allgemein

1513 Pfostengrube

Die Verfüllung der Grube besteht aus dunklem Sand. Die Sohle ist flach. Der Rand verjüngt sich nach unten. Der Durchmesser beträgt ca. 0,20 m, die Tiefe unter Planum ca. 0,15 m.

Stratigraphischer Bezug: schneidet 1515; geschnitten von 1514.

Dokumentation: F 9; Beil. 5; Abb. 8.

Datierung: Mittelalter allgemein

1514 Grube

Die nur in geringer Tiefe (0,10 m) vorhandene, ca. 0,45 m breite Grube ist mit verziegeltem Lehm verfüllt. Die Form spräche durchaus für eine weitere Pfostengrube. Gegen die Annahme als Teil der Verfüllung von 1515 spricht, daß 1514 die Grube 1513 schneidet, die wiederum 1515 schneidet.

Stratigraphischer Bezug: unter 1540?; schneidet 1515, 1514.

Dokumentation: F 9; Beil. 5, 8; Abb. 8.

Datierung: Mittelalter allgemein

1515 Grube

Es handelt sich um eine 1,50 m breite Grube, die sich am westlichen Rand im oberen Bereich stark ausdehnt. Der östliche Rand fällt steiler ab. Die Grube wird überlagert von den mittelalterlichen Pfostengruben 1513 ff., schneidet jedoch ebenfalls die Kulturschicht 1532.

Stratigraphischer Bezug: unter 1513; schneidet 1532.

Dokumentation: F 9; Beil. 5, 6; Abb. 8.

1516 Pfostengrube

Rechteckige, mit grauem Material verfüllte Pfostengrube (0,60 x 0,25 m) mit dunkler Verfärbung (Pfostenspur) im Osten. Sie schneidet 1515, jedoch nicht das Fundament 1545. Die Flächenzeichnung ist hier irreführend. Ein Foto des Bereichs zeigt eindeutig, daß 1516 sowohl unter dem Fundament liegt, als auch vom Laufhorizont 1540 abgedeckt wird. Das Fundament muß beim Freilegen des Schnitts gekappt worden sein.

Stratigraphischer Bezug: unter 1540; schneidet 1515, 1532.

Dokumentation: F 9; P 49; Beil. 5, 9; Abb. 8.

Datierung: Mittelalter allgemein

1517 Pfostengrube

Rundliche Pfostengrube mit dunkler Verfüllung (Asche, Holzkohle). Durchmesser ca. 0,50 m, Ostkante gekappt. Nur ca. 0,05 m unter Planumsniveau eingetieft. 1517 schneidet den Laufhorizont 1540 und liegt unter der Abbruchschicht 1546, die die Aufgabe des Fundaments 1545 kennzeichnet; sie dürfte also in den Horizont des Mauerwerks gehören.

Stratigraphischer Bezug: unter 1546; schneidet 1530, 1540.

Dokumentation: F 9; Beil. 5; Abb. 8.

Datierung: Hochmittelalter (10.–13. Jh.)

1518 Planierschicht

1518 setzt ca. 1,20–1,50 m über der Grabensohle ein und ist vom Ausgräber als dunkle Planierung gezeichnet worden. Es ist die oberste „dokumentierte" Schicht am Profil, alle jüngeren, tiefer reichenden Gruben sind nach den Zeichnungen mit dem gleichen Material verfüllt. Wenige Fotoausschnitte legen nahe, 1518 nicht weiter zu differenzieren, sondern darin die oberen undokumentierten Horizonte vom Hochmittelalter bis zur Neuzeit anzusehen (s. auch 1206).

Stratigraphischer Bezug: unter allem.

Dokumentation: P 45; Fo 40, 82–86, 88–90; Beil. 11.

1519 Schicht

entspricht 1520.

Stratigraphischer Bezug: unter 1518; über 1521.

Dokumentation: P 45; Beil. 11.

Datierung: Hochmittelalter (10.–13. Jh.)

1520 Schicht

0,03–0,05 m starkes graues Band am Nordprofil unter der großen Aufplanierung 1518, vermutlich von dieser gekappter Laufhorizont, entspricht wohl 1549 am Ostabschnitt des Profils.

Stratigraphischer Bezug: unter 1518; über 1521.

Dokumentation: P 45; Beil. 11.

Datierung: Hochmittelalter (10.–13. Jh.)

1521 Planierschicht

Graue sandige Planierung zur Anhebung des Geländes, Stärke 0,10–0,25 m. Die Schicht ist flächendeckend aufgetragen worden. Über den nachgebenden Schichten oberhalb des Grubenhauses noch stärker (bis 0,45 m) zum Niveauausgleich 1544. Auch in der Süderweiterung an den Profilen erfaßt: 1571.

Stratigraphischer Bezug: unter 1520; über 1522; geschnitten von 1535/1538/1539.

Dokumentation: P 45; Fo 84–86, 88–89; Beil. 11.

Datierung: Hochmittelalter (10.–13. Jh.)

1522 Brandhorizont

Ein dünnes rotes Band (verziegelter Lehm?) liegt in einigen Abschnitten des Profils über der Steinplanierung 1523. Vermutlich eher aufplaniert oder aufgelaufen als ein größerer Brandvorgang in situ.

Stratigraphischer Bezug: unter 1521; über 1523.

Dokumentation: P 45; Beil. 11.

Datierung: Hochmittelalter (10.–13. Jh.)

1523 Pflaster

Eine ein- bis zweilagige Reihe aus kleinen Steinen liegt über der Aufplanierung 1524. Es handelt sich um eine Befestigung der Oberfläche, von Pflasterung im Sinn einer angelegten Straße oder eines Platzes kann nicht gesprochen werden. Über dem Fundamentrest 1545 vermischen sich die Steine mit dem Abbruchschutt des Fundaments. Planierung 1524 und die „Pflasterung" gehören also zur Neugestaltung des Areals nach Abbruch des Fundaments.

Stratigraphischer Bezug: unter 1522; über 1524, 1545; geschnitten von 1564.

Dokumentation: P 45; Fo 84–86, 88–89; Beil. 11.

Datierung: Hochmittelalter (10.–13. Jh.)

1524 Planierschicht

Gelbbraune, sandige Schicht zur Anhebung des Geländes. Stratigraphisch entspricht 1524 dem Abbruchhorizont 1546. Stärke 0,10–0,30 m.

Stratigraphischer Bezug: unter 1523; über 1525.

Dokumentation: P 45; Fo 84–86, 88–89; Beil. 11; Abb. 39.

Datierung: Hochmittelalter (10.–13. Jh.)

1525 Laufhorizont

Graubrauner Sandstreifen, 0,02–0,12 m stark mit Holzkohlespuren, nur westlich von 1545/1546 auftretend, als Oberfläche im Außenbereich zum Fundament zu deuten.

Stratigraphischer Bezug: unter 1524; über 1526; geschnitten von 1546.

Dokumentation: P 45; Fo 84–86, 88–89; Beil. 11; Abb. 39.

Datierung: Hochmittelalter (10.–13. Jh.)

1526 Planierschicht

Gelbbraun marmorierte Sandfüllung zwischen den Laufhorizonten 1525 und 1527, ebenfalls nur westlich von 1545/1546 auftretend. Abschnittsweise erscheint 1526 nur sehr dünn oder verschwindet, so daß die Laufhorizonte 1525 und 1527 kaum zu trennen sind. Alle drei Schichten gehören in die Zeit der Nutzung von 1545.

Stratigraphischer Bezug: unter 1525; über 1527; geschnitten von 1546.

Dokumentation: P 45; Fo 84–86, 88–89; Beil. 11.

Datierung: Hochmittelalter (10.–13. Jh.)

1527 Laufhorizont

Dunkelbraunes Band mit zahlreichen Holzkohleeinschlüssen im Westen, geht hier in einen stark verbrannten Bereich über. Der Befund ist wie 1525 als Oberfläche in der Nutzungszeit von 1545 zu deuten. Winkelmann: Niveau I.

Stratigraphischer Bezug: unter 1525; über 1528.

Dokumentation: P 45; Fo 84–86, 88–89; Beil. 11; Abb. 39.

Datierung: Hochmittelalter (10.–13. Jh.)

1528 Planierschicht

Braungelber Sand mit Holzkohlespuren. Planierschicht zwischen den Laufhorizonten 1527 und 1529. Winkelmann: Niveau Ib.

Stratigraphischer Bezug: unter 1527; über 1529.

Dokumentation: P 45; 84–86, 88–89; Beil. 11; Abb. 39.

Datierung: Hochmittelalter (10.–13. Jh.)

1529 Laufhorizont

0,04–0,07 m dünne belaufene Schicht aus Sand mit Asche und Holzkohleanteilen. Der Laufhorizont wird aufgelaufen nach der Aufplanierung von 1530. Das Fundament 1545 scheint 1529 zu schneiden, vermutlich war 1529 ein Laufhorizont im Außenbereich des Vorgängers von 1545, also des „Torhauses" 1583/1600. Winkelmann: Niveau II.

Stratigraphischer Bezug: unter 1528; über 1530; geschnitten von 1545.

Dokumentation: P 45; 84–86, 88–89; Beil. 10–11; Abb. 39.

Datierung: Hochmittelalter (10.–13. Jh.)

1530 Planierschicht

Braungelb marmorierte Sandschicht, die bereits unter das Fundament 1545 zieht, aber über 1540 liegt und daher 1013 in etwa entspricht.

Stratigraphischer Bezug: unter 1529; über 1540, 1532; geschnitten von 1537.

Dokumentation: P 45; 84–86, 88–89; Beil. 11; Abb. 37, 39.

Datierung: Hochmittelalter (10.–13. Jh.)

1531 Kulturschicht

Hellgraue Sandschicht mit Asche und geringem Holzkohleanteil, die keine Steine oder andere Materialien enthält. Wie in der Nordfläche wurde die bis zu 0,50 m starke Schicht vom Ausgräber teilweise – aber nicht durchgehend – in einen oberen dunkleren Bereich und in einen unteren helleren Bereich, der in den anstehenden Boden übergeht, unterschieden. Hier sind es 1531 und 1532. Die Übergänge zwischen beiden Schichten sind unscharf. Auf einem kleinen Abschnitt westlich des Grubenhauses sind sie durch ein dünnes Band 1543 (Laufhorizont?) getrennt. Die darüberliegende Schicht ist dort nicht sicher als 1531 anzusprechen. Winkelmann: Niveau IV.

Stratigraphischer Bezug: unter 1540, 1543; über 1532.

Dokumentation: P 45; 84–86, 88–89; Beil. 11.

Datierung: Frühmittelalter

1532 Kulturschicht

Hellgraue Sandschicht fast ohne Einschlüsse. Der Übergang zum anstehenden Boden 1012 ist unscharf. Die gesamte Schicht unterscheidet sich jedoch deutlich von diesem. Es dürfte sich um eine lange (über Jahrhunderte?) durch Pflanzenwuchs und geringes Belaufen angewachsene Schicht handeln. Der obere dunklere Bereich 1531 zeigt eine langsam zunehmende Nutzung.

Stratigraphischer Bezug: unter 1531, 1543; über 1012.

Dokumentation: P 45, 57–58, 72–73, 77, 84–89; Beil. 11; Abb. 30, 37, 39.

Datierung: vorgeschichtlich

1534 Sonstiges allgemein

Auf einem Teilabschnitt westlich des Grubenhauses verläuft unterhalb des Laufhorizontes 1540 ein weiteres dünnes Band 1543. Dazwischen liegt die dünne helle Schicht 1534.

Stratigraphischer Bezug: unter 1540; über 1543.

Dokumentation: P 45; Beil. 11.

Datierung: Mittelalter allgemein

1535 Pfostengrube

Grube eines großen Pfostens, oben 0,80 m breit, die sich nach unten verjüngt. Die Verfüllung entspricht laut Zeichnung 1518. Wie bei den entsprechenden Gruben 1539 und 1547 ist Vorsicht geboten. Die Gruben können wegen der ungenauen Einordnung von 1518 auch erheblich jünger sein. Fest steht nur, daß sie den Horizont 1521 schneiden.

Stratigraphischer Bezug: unter 1518?; schneidet 1521.

Dokumentation: P 45; Beil. 11.

Datierung: spätes Mittelalter/frühe Neuzeit (13.–16. Jh.)

1537 Grube

Gut 1 m breite Grube mit dunkelgrauer Verfüllung, die sich sowohl am Nordprofil als auch in der Fläche abzeichnet. Sie liegt unter dem Laufhorizont 1529 und schneidet den Laufhorizont 1540.

Stratigraphischer Bezug: unter 1529; schneidet 1530, 1540.

Dokumentation: F 9; P 45; Fo 86–87, 89; Beil. 11.

Datierung: Hochmittelalter (10.–13. Jh.)

1538 Pfostengrube

Siehe 1535, Grube mit flacher Sohle.

Stratigraphischer Bezug: unter 1518?; schneidet 1521.

Dokumentation: P 45; Beil. 11.

Datierung: spätes Mittelalter/frühe Neuzeit (13.–16. Jh.)

1539 Pfostengrube

Fast 0,70 m breite Grube mit flacher Sohle. Gleiches Aussehen, Form und Lage sprechen für einen Zusammenhang mit der benachbarten Grube 1538. Zur stratigraphischen Einordnung s. 1535.

Stratigraphischer Bezug: unter 1518?; schneidet 1521/1544.

Dokumentation: P 45; Beil. 11.

Datierung: spätes Mittelalter/frühe Neuzeit (13.–16. Jh.)

1540 Laufhorizont

Schwarzgrauer Streifen, Sand, Holzkohle. Über dem Grubenhaus 0,20 m stark, sonst 0,04–0,07 m, nach Westen auslaufend. 1540 ist der älteste nennenswerte Laufhorizont im Areal. Zeitlich liegt er klar vor der Anlage des Fundaments 1545 und nach der Aufgabe des Grubenhauses VI. Damit liegt er in der gleichen Zeitspanne wie die Fundamente des „karolingischen Torhauses" 1583, 1600–1603. Eine Zuweisung von 1540 zu diesem Befund ist jedoch anhand der Dokumentation nicht möglich, da 1540 am Südprofil nicht erscheint. Da die entsprechende Schicht 1005 als

Abdeckung des Grubenhaushorizontes gedeutet wurde, dürfte das Steingebäude erst danach entstanden sein, vermutlich mit 1529 im Außenbereich.

Stratigraphischer Bezug: unter 1530, 1545; über Grubenhaus VI; geschnitten von 1564.

Dokumentation: P 45; Fo 57, 83–89; Beil. 10–11; Abb. 22, 38–39.

Datierung: Hochmittelalter (10.–13. Jh.)

1541 Schicht

Helle Lehmverfärbung im Bereich der Horizonte 1521. Denkbar ist, daß es sich um eine Ausgleichschicht oder Planierung handelt, aber auch die Deutung als tief gekappte Verfüllung einer Pfostengrube scheint möglich.

Stratigraphischer Bezug: unter 1521; über 1522; geschnitten von 1537.

Dokumentation: P 45; Beil. 11.

Datierung: Hochmittelalter (10.–13. Jh.)

1542 Pfostengrube

Ca. 0,60 m breite Grube eines Pfostens, flache Sohle mit dunkler Verfüllung. Grube und Verfüllung wurden bei der Anlage des Laufhorizontes 1529 gekappt, daher nur 0,15 m hoch erhalten. Laufzeit beginnt nach 1540 und ist damit wie 1537 eng begrenzt.

Stratigraphischer Bezug: unter 1529; über 1540; schneidet 1530.

Dokumentation: P 45; Fo 84; Beil. 11.

Datierung: Hochmittelalter (10.–13. Jh.)

1543 Laufhorizont

Auf einem kleinerem Teilabschnitt westlich von Grubenhaus VI liegt unter dem Laufniveau 1540 eine weiteres sehr dünnes dunkles Band in den helleren 1531/1532 entsprechenden Bereichen, das vermutlich als kurzzeitig genutzter Laufhorizont anzusprechen ist.

Stratigraphischer Bezug: unter 1534; über 1532.

Dokumentation: P 45, 84–86, 88–89; Beil. 11.

Datierung: Frühmittelalter

1544 Planierschicht

Bis zu 0,50 m starke Aufplanierung mit dunklem und hellem Sand, Holzkohle, Brandspuren und Steinen. Entspricht 1521, ist jedoch im Ostabschnitt über dem Grubenhaus und dem Abbruch von Fundament 1545 erheblich stärker aufgetragen worden als 1521, um einen Geländeausgleich zu schaffen (s. auch 1574–1576 in der Süderweiterung).

Stratigraphischer Bezug: unter 1549, 1552; über 1522.

Dokumentation: P 45; Fo 56, 84–85; Beil. 11; Abb. 38–39.

Datierung: Hochmittelalter (10.–13. Jh.)

1545 Bruchsteinfundament

Nord-Süd orientiertes Fundament aus dünnen Sandsteinplatten, in Lehm gesetzt. 0,45–0,50 m breit, auf einer Länge von 0,90 m und einer Höhe von 0,30 m (vier Lagen) dokumentiert. Das Fundament wurde vom Ausgräber als karolingische Befestigungslinie der Domburg (Ringmauer) im Zusammenhang mit dem Torhaus angesprochen. Das Fundament verläuft in annähernd gleicher Flucht wie die Ostwand 1583 des „Torhauses". Es war weniger tief fundamentiert und dürfte auf das bereits abgebrochene Fundament 1583 gezogen sein und damit für einen Neubau stehen. Die Planierung 1578 und der Laufhorizont 1577 überziehen 1583 ebenfalls, die entsprechenden Schichten 1528/1529 werden aber von 1545 geschnitten. Die Aufgabe des Fundaments, die mit dem Abbruchhorizont 1546, der Steinschutt und Brandspuren aufweist, erreicht ist, bringt der Ausgräber in Zusammenhang mit der Zerstörung der Domburg im Jahr 1121. 1525–1527 sind Horizonte, die zur Nutzung des Fundaments gehören; sie passen durchaus ins 11. Jahrhundert Die Deutung als Befestigung ist auszuschließen (s. Text). Nach den späteren Ausgrabungen auch von Winkelmann müßte diese über 15 m weiter östlich ansetzen. Es könnte sich um eine Grundstücksgrenze handeln. Wahrscheinlicher scheint ein Steingebäude. Bei einem Gebäude wäre der Innenraum mit dem Abbruchschutt 1546 verfüllt. Dies ist an der Ostseite der Fall. Der Laufhorizont 1577 verläuft weiter südlich jedoch auch westlich von 1545. Ob es sich um einen jüngeren Anbau oder um einen nicht in gerader Flucht verlaufenden gleichzeitigen Bau handelt, wird nicht sicher deutlich.

Stratigraphischer Bezug: unter 1546, 1527; schneidet 1529.

Dokumentation: F 9; P 45, 49; Fo 55–57, 84–85, 88–89; Beil. 5, 11–12; Abb. 37–39.

Datierung: Hochmittelalter (10.–13. Jh.)

1546 Abbruchschicht

Die mit zahlreichen Steinen durchsetzte Schicht verfüllt auch die Ausbruchgrube von 1545. Sie schneidet die Horizonte 1525–1527. Ein entsprechendes Schichtpaket findet sich mit 1574–1576 in der Süderweiterung, hier auch mit erheblichen Brandspuren, die 1546 entgegen der Publikation auf Fotos und Zeichnungen nur in geringem Umfang aufweist. Die Annahme einer größeren Zerstörung wird auch durch die Neugestaltung des gesamten Areals mit der entsprechenden Aufplanierung 1524/1544 und dem darüberliegenden Pflaster 1523 bestätigt.

Stratigraphischer Bezug: unter 1523; über 1545; schneidet 1525.

Dokumentation: P 45; Fo 84–85, 88–89; Beil. 11; Abb. 38–39.

Datierung: Hochmittelalter (10.–13. Jh.)

1547/1548 Grube

Eine relativ einheitlich mit grauem Material verfüllte Grube mit flacher Sohle. Nach Ansicht des Fotos scheint die Grube vom oberen Profilrand eingetieft worden zu sein, dürfte also neuzeitlich sein. 1548 ist eine hellere Verfärbung am östlichen Rand, die auf unterschiedliche Verfüllung, vielleicht auch auf einen gezogenen Balken im Randbereich hinweist.

Stratigraphischer Bezug: schneidet 1518.

Dokumentation: P 45; Fo 84–85; Beil. 11.

Datierung: spätes Mittelalter/frühe Neuzeit (13.–16. Jh.)

1549–1551 Planierschichten

Zwischen der Aufplanierung 1544 und 1518 liegen im Osten Schichten aus grauem Sand (1549) und aus hellem Sand (1550/1551), die stratigraphisch etwa 1520 entsprechen.

Stratigraphischer Bezug: unter 1518; über 1544.

Dokumentation: P 45; Fo 84–85; Beil. 11; Abb. 22.

Datierung: Hochmittelalter (10.–13. Jh.)

1552 Planierschicht

Hellerer Sand, vermischt mit zahlreichen kleinen Steinen. Diese Schicht ist zum Bereich der Aufplanierungen 1521/1544 zu zählen. 1552 ist die jüngste Schicht, die von der Baugrube 1564 des massigen Fundaments 1565 geschnitten wird.

Stratigraphischer Bezug: unter 1551; über 1544; geschnitten von 1564.

Dokumentation: P 45; Fo 82; Beil. 11.

Datierung: Hochmittelalter (10.–13. Jh.)

1553 Füllschicht

Dunkle Sandstreifen mit Spuren vergangenen Holzes. Die Schicht liegt über den Verfüllungen 1554, 1556–1557 des Grubenhauses und unter dem abdeckenden Laufhorizont 1540. Da sich die Sandstreifen außerhalb der eigentlichen Vertiefung des Grubenhauses fortsetzen und der Pfosten 1555 senkrecht und in situ über den anderen erwähnten Verfüllungen steht, scheint hier eine kurzfristige spätere Nutzung des Grubenhauses möglich. 1553 wäre dann als Nutzungshorizont anzusprechen.

Stratigraphischer Bezug: unter 1540; über 1557.

Dokumentation: P 45; Fo 83; Beil. 11; Abb. 22.

Datierung: Mittelalter allgemein

1554/1556 Füllschichten

Beide Schichten gehören zur oberen Verfüllung des im 10. Jahrhundert aufgegebenen Grubenhauses im Ost-West-Graben. Der etwas dunklere Bereich 1554 ist auch mit größeren Bruchsteinen durchsetzt. 1556 wird im Osten durch 1555 begrenzt.

Stratigraphischer Bezug: unter 1540; über 1557; gehört zu Grubenhaus VI.

Dokumentation: P 45; Fo 83; Beil. 11; Abb. 22.

Datierung: Hochmittelalter (10.–13. Jh.)

1555 Pfostengrube

Ca. 0,35 m breite Pfostengrube mit flacher Sohle und deutlicher, 0,10 m breiter Pfostenspur. Die Grube wurde in die Verfüllung 1557 des Grubenhauses eingetieft und begrenzt die Schicht 1553. Es könnte sich um eine spätere Nutzung des Grubenhauses oder um eine Abgrenzung während des Verfüllens handeln.

Stratigraphischer Bezug: unter 1540; schneidet 1557.

Dokumentation: P 45; Fo 83; Beil. 11; Abb. 22.

Datierung: Hochmittelalter (10.–13. Jh.)

1557 Füllschicht

Graubrauner Sand deckt das Schichtpaket 1558 aus der Nutzungszeit des Grubenhauses ab.

Stratigraphischer Bezug: unter 1554–1556; über 1558; gehört zu Grubenhaus.

Dokumentation: P 45; Fo 83; Beil. 11; Abb. 22.

Datierung: Hochmittelalter (10.–13. Jh.)

1558 Schicht

Es handelt sich um eine 0,40 m breite dunkle Schicht im unteren Bereich des Grubenhauses. Zahlreiche braune, durch Holzspuren geprägte Streifen würden die Nutzung als häufig erneuerter Fußboden des Grubenhauses belegen. Allerdings liegt die zur Konstruktion des Hauses gehörende große Pfostengrube 1500 unter diesem Horizont, ebenso die kleinen Pfosten 1562. Es kann sich bei 1558 also auch bereits um eine Füllschicht des Grubenhauses handeln.

Stratigraphischer Bezug: unter 1557; über 1560, 1562.

Dokumentation: P 45; Fo 83; Beil. 11; Abb. 22.

Datierung: Mittelalter allgemein

1559 Grubenhaus

Grubenhaus VI. Das Grubenhaus ist über das Fundgut schwer zu datieren, da nur wenig Material vorliegt. Es ist im 10. Jahrhundert aufgegeben worden, um einem Steinbau Platz zu machen.

Stratigraphischer Bezug: unter 1540; schneidet 1532.

Dokumentation: F 9; P 45; Fo 72–77, 83; Beil. 5, 9, 11; Abb. 21–22.

Datierung: Mittelalter allgemein

1560 Laufhorizont

1560 ist ein dünner, 0,03–0,04 m breiter Streifen aus grauem Sand am Grund des Grubenhauses. Stratigraphisch läßt er sich mit 1501 in Verbindung bringen. Die Pfosten 1562–1563 schneiden ihn.

Stratigraphischer Bezug: unter 1558; gehört zu Grubenhaus VI; geschnitten von 1562–1563.

Dokumentation: P 45; Fo 83; Beil. 11; Abb. 22.

Datierung: Mittelalter allgemein

1561 Pfostengrube

entspricht 1500.

Stratigraphischer Bezug: unter 1558; schneidet 1012; gehört zu 1559.

Dokumentation: P 45; Beil. 11; Abb. 22.

Datierung: Mittelalter allgemein

1562 Pfosten

Eine von zahlreichen Spuren kleinerer Pfosten, meistens Pfostenlöcher, am Grund des Grubenhauses.

Stratigraphischer Bezug: unter 1558; schneidet 1560; gehört zu Grubenhaus VI.

Dokumentation: P 45; Fo 77, 83; Beil. 11; Abb. 22.

Datierung: Mittelalter allgemein

1563 Pfostengrube

Knapp 0,40 m breite Pfostengrube, mit grauem Sand verfüllt. Lage und Größe sprechen für eine Zuordnung zur Konstruktion des Grubenhauses 1500–1509, die wegen der Lage unmittelbar am Profil auf der Flächenzeichnung nicht dokumentiert wurde.

Stratigraphischer Bezug: unter 1558; schneidet 1012:

Dokumentation: P 45; Fo 83; Beil. 11; Abb. 22.

Datierung: Mittelalter allgemein

1564 Baugrube

Über 1 m breite Baugrube für das Fundament 1565, die sich nach unten verjüngt, dort aber bei flacher Sohle immer noch 0,70 m breit ist. Die stratigraphische Einordnung ist wegen sich widersprechender Zeichnungen nicht ganz einfach. Der Bereich mit der starken Aufplanierung 1544 wird sicher von der Grube geschnitten, vermutlich auch der Horizont 1552, nicht endgültig festzumachen ist der Zusammenhang mit 1551. In jedem Fall zieht 1518 über die Baugrube.

Stratigraphischer Bezug: unter 1518, 1551; schneidet 1544, 1552.

Dokumentation: P 45, 52; Fo 82; Beil 11; Abb. 49.

Datierung: Hochmittelalter (10.–13. Jh.)

1565 Bruchsteinfundament

Ost-West verlaufendes Sandsteinfundament von ca. 1 m Breite. Auf dem anstehenden Boden liegt eine Reihe länglicher Sandsteine, darüber acht gegeneinander versetzte, hochkant gestellte dünne Sandsteinplatten. Die Form der Fundamentierung wird vom Ausgräber als opus spicatum oder Fischgrätenmauer bezeichnet. Über diesen Lagen folgen zwei bis drei Reihen größerer Sandsteine, dann verspringt das Fundament 0,11 m zurück. Einer weiteren Reihe größerer Sandsteinblöcke folgen sauber bearbeitete kleinere Steine und Platten, die den Bereich des aufgehenden Mauerwerks angeben dürften. Eine versuchte Erweiterung des Schnitts nach Süden zeigt, daß das Fundament hier – wohl durch einen Bombentrichter – zerstört war. Auf einer Länge von 1,60 m und einer Höhe von 2,10 m zieht das Fundament durch den vom Ausgräber angelegten Graben. Die Qualität des Mauerwerks war hervorragend („sagenhaft schön" laut Tagebuch) und führte zu einer aufwendigen Dokumentation des Mauerprofils, unter anderem mit einer Bleistiftzeichnung im Maßstab 1:10 durch E. Preis vom Landesdenkmalamt. Eine brauchbare Flächenzeichnung, die insbesondere die Zusammenhänge mit dem darüber liegenden Fundament 1617/1620 klären könnte, gibt es leider nicht. In der Dokumentation interpretiert der Ausgräber die Mauer als Befestigung der Domburg und datiert sie ins 10. Jahrhundert. Die Annahme einer Befestigung liegt bei der Tiefe des Fundaments nahe, jedoch läßt sich die Mauerflucht nicht mit der später an der Frontseite des karolingischen Walls freigelegten verbinden. Auf keinen Fall gehört das Mauerwerk ins 10. Jahrhundert. Nicht nur die Schichten 1546 und 1523, die Winkelmann selber mit dem Brand von 1121 in Verbindung bringt, sondern auch zumindest die darüberliegende Aufplanierung 1544 wird von der Baugrube geschnitten. Eine Einordnung vor dem 12. Jahrhundert ist daher auszuschließen. Dazu paßt auch die generelle Datierung der Fischgrätenfundamente/Packlagen in Westfalen nicht vor dem 12. Jahrhundert. Das Fundament bildete später im Verband mit dem dagegengesetzten Fundament 1618/1620 die Westseite zu einem Kuriengebäude, das an der Ostseite der Parzelle im heutigen Garten der Kurie errichtet wurde.

Stratigraphischer Bezug: unter 1518, 1617; schneidet 1552.

Dokumentation: F 9; Profil Preis, P 45; Fo 31, 53–55, 72, 78; Beil. 11, 13; Abb. 48–49, 52–53.

Datierung: Hochmittelalter (10.–13. Jh.)

1566 Pfostengrube

Pfostengrube mit Pfostenspur. Die Breite beträgt oben ca. 0,55 m, unten nur 0,15 m. Die Grube ist nicht exakt zu lokalisieren. Sie dürfte laut Zeichnung/Skizze unmittelbar östlich vor 1545 liegen. Auf der genauen Flächenzeichnung ist hier der Laufhorizont 1540 dokumentiert, der Pfosten ist also älter.

Stratigraphischer Bezug: unter 1540; schneidet 1532.

Dokumentation: Skizze

Datierung: Mittelalter allgemein

1567 Pfostengrube

Pfostengrube im stratigraphischen Zusammenhang mit 1516 und 1566. Der Befund erscheint nicht auf der Flächenzeichnung.

Stratigraphischer Bezug: unter 1540; schneidet 1532.

Dokumentation: P 49; Abb. 37.

Datierung: unbestimmt

1568/1569 Backsteinmauer

1568 und 1569 sind zwei schmale Backsteinfundamente im Klosterformat (Winkelmann) unmittelbar an der Domgasse, auf Höhe der Süderweiterung des Ost-West-Grabens. Sie dürften zu einem späten Nebengebäude der um 1850 abgebrochenen Kurie gehört haben. Die Fundamentierung reicht ca. 1,60 m unter die Oberfläche. Es könnte sich um einen Keller handeln.

Stratigraphischer Bezug: schneidet 1571.

Dokumentation: P 47; Abb. 30.

Datierung: Neuzeit allgemein

1570 Füllschicht

Durch Brand beeinflußte Verfüllung des Gebäudes/Kellers 1568/1569.

Stratigraphischer Bezug: unter 1568.

Dokumentation: P 47; Abb. 30.

Datierung: Neuzeit allgemein

1571 Planierschicht

1571 ist eine unterschiedlich starke Aufplanierung aus dunkelgrau-braunem Material mit kleinen Steinen, die eine erneute jüngere Geländeerhöhung nach den Brandschichten 1576 ff. angibt. Sie entspricht 1521/1544 am Nordprofil.

Stratigraphischer Bezug: unter 1568, 1518; über 1573; geschnitten von 1572.

Dokumentation: P 47, 58, 61, 53; Abb. 30, 40.

Datierung: Hochmittelalter (10.–13. Jh.)

1572 Grube

1572 ist eine große Grube in der Südwestecke der Süderweiterung des Grabens. Der Durchmesser im oberen Bereich beträgt mindestens 2 m, unten sind es mindestens 1,10 m. Die Grube ist mit dunkelgrauem Material verfüllt, im unteren Bereich liegt ein starker brauner Streifen (Holz?), vermutlich aus der Nutzungszeit. 1572 schneidet 1518.

Stratigraphischer Bezug: unter 1590; schneidet 1518.

Dokumentation: P 47, 58; Abb. 30.

Datierung: spätes Mittelalter/frühe Neuzeit (13.–16. Jh.)

1573 Schicht

0,05–0,20 m starker schwarzer Steifen mit vielen kleinen Steinen und Holzkohlestücken. Die Schicht deckt die Brandschutthorizonte 1574–1576 ab. Sie entspricht dem Bereich 1572/1523 am Nordprofil. Die Anordnung der Steine spricht hier noch weniger für eine länger genutzte Pflasterung.

Stratigraphischer Bezug: unter 1571; über 1574; geschnitten von 1572.

Dokumentation: P 47, 53; Abb. 30, 40.

Datierung: Hochmittelalter (10.–13. Jh.)

1574 Brandschuttschicht

Am Südprofil erscheint der Brand über 1577 auf einer Stärke von bis zu 0,50 m. Zahlreiche Steine sprechen auch hier wie beim Pendant 1546 am Nordprofil für die Vermischung von Brand- und Abbruchschutt. Vom unteren Bereich 1576 ist 1574 teilweise durch das stark verkohlte Niveau 1575 getrennt.

Stratigraphischer Bezug: unter 1573; über 1575.

Dokumentation: P 47, 53; Fo 64–65, 71; Abb. 30, 40.

Datierung: Hochmittelalter (10.–13. Jh.)

1575 Brandhorizont

Dünner Streifen mit viel Holzkohle, der die Brandschuttschichten 1574 und 1576 teilweise trennt. Sie dürften jedoch alle zu einem Brandvorgang bzw. zu dessen Bereinigung gehört haben.

Stratigraphischer Bezug: unter 1574; über 1576.

Dokumentation: P 47, 53, 61; Fo 64–64, 71; Abb. 30, 40.

Datierung: Hochmittelalter (10.–13. Jh.)

1576 Brandschuttschicht

Zahlreiche Steine und verziegelter Lehm mit Holzkohlestücken prägen die Brandschicht. Der Ausgräber ordnete die Schichten der durch den Angriff Herzog Lothars von Süpplingenburg im Jahr 1121 bedingten Zerstörung der Domburg zu. Die Keramik ließe diesen Ansatz zu. Das „Torhaus" ist eindeutig bereits vorher aufgegeben worden (s. 1583), das jüngere Fundament 1545 ist dagegen mit den Schuttschichten verbunden (s. 1546).

Stratigraphischer Bezug: unter 1575; über 1577.

Dokumentation: P 47, 53, 61, 58; Fo 64–65, 71; Abb. 30, 40.

Datierung: Hochmittelalter (10.–13. Jh.)

1577 Laufhorizont

1577 ist ein dunkler, sehr regelmäßig verlaufender und belaufener Streifen mit Holzkohlestücken. Er überzieht das Fundament 1583, den östlichen Flügel des „Torhauses", die sogenannte Spannriegelmauer und auch dessen Abbruchschutt 1581. Er kann nicht als Laufhorizont eines Torhausdurchgangs gedeutet werden. 1577 ist zeitlich mit 1545, 1527 am Nordprofil gleichzusetzen. Es handelt sich um einen Fußboden eines 1121 zerstörten Gebäudes, dessen Reste ebenfalls mit 1545 erfaßt sein könnten. Jedoch zeigt sich der Laufhorizont auch westlich der Verlängerung des Fundaments. Die Stelle am Südprofil ist der einzig verbliebene Hinweis zur stratigraphischen Einordnung der Steingebäude.

Stratigraphischer Bezug: unter 1576; über 1581, 1578.

Dokumentation: P 47, 53, 58, s. auch P 50, 57; Fo 62–71; Beil. 12; Abb. 28–30, 40.

Datierung: Hochmittelalter (10.–13. Jh.)

1578 Planierschicht

Braune Sandschicht im Bereich der Süderweiterung, die stratigraphisch 1530 am Nordprofil entspricht. Zahlreiche kleine Steine in 1578 dürften im Zusammenhang mit dem Abbruch von 1583 stehen.

Stratigraphischer Bezug: unter 1577; über 1532, 1579/1580; geschnitten von 1581.

Dokumentation: P 47; Abb. 30.

Datierung: Hochmittelalter (10.–13. Jh.)

1579/1580 Pfostengruben

Zwei ca. 0,30 m breite Pfostengruben am Südprofil unter 1578, nicht bis zur Unterkante dokumentiert.

Stratigraphischer Bezug: unter 1578; schneidet 1582 = 1532.

Dokumentation: P 47; Abb. 30.

Datierung: Frühmittelalter

1581 Abbruchschicht

Brauner Sand und zahlreiche Bruchsteinfragmente liegen über dem Fundament 1583 und westlich davon. Im Bereich von 1578 liegen weitere Steine, die zum Abbruch gehören dürften. Der Abbruch und die Auftragung der Planierung gehören also unmittelbar zusammen.

Stratigraphischer Bezug: unter 1577; über 1583; schneidet 1578.

Dokumentation: P 47; Abb. 30.

Datierung: Hochmittelalter (10.–13. Jh.)

1582 Kulturschicht

1582 im Süden ist der entsprechende Befund zu 1532 am Nordprofil. Hier fehlt jedoch der am Nordprofil noch so klare Laufhorizont 1540, der gerade zur exakten Einordnung des „Torhauses" erforderlich wäre. Am Ostprofil ist nur bis zum Niveau von 1577 dokumentiert worden. Am jedoch nur schwer auszuwertenden Westprofil erscheint einer dünner schwarzer Streifen, der 1530 und 1532/1582 trennt.

Stratigraphischer Bezug: unter 1578; über 1012; geschnitten von 1579, 1580.

1583 Bruchsteinfundament

Das Fundament aus relativ flachen, in Lehm gesetzten Sandsteinen war auf etwa vier bis fünf Lagen erhalten. Die Breite liegt zwischen 0,31 m und 0,40 m. Es handelt sich um die Ostseite eines Steingebäudes, dessen Errichtung noch ins 10. Jahrhundert gehören könnte. Sicher handelt es sich nicht um ein Spannfundament eines karolingischen Torhauses.

Stratigraphischer Bezug: unter 1581, 1577.

Dokumentation: F 9; P 47; Fo 62–68, 71; Beil. 5, 10; Abb. 28–30.

Datierung: Hochmittelalter (10.–13. Jh.)

1584/1585 Backsteinmauer

Zwei kleine, rudimentär erhaltene Ziegelfundamente bereits weit im Ostteil des Grundstücks, möglicherweise eines Schuppens im Gartenareal. Sie gehören vermutlich zu einem kleinen, um 1930 errichteten Gartengebäude (Urkatasteränderung).

Stratigraphischer Bezug: unter 1586; über 1518.

Dokumentation: P 52; Abb. 41.

Datierung: Neuzeit allgemein

1586 Planierschicht

Aufplanierung aus hellem Lehm/Sand mit größeren Bruchsteinen über den Ziegelfundamenten 1584/1585.

Stratigraphischer Bezug: unter 1590; über 1584.

Dokumentation: P 52; Abb. 41.

Datierung: Neuzeit allgemein

1587 Schicht

Gelbgraue Schicht mit kleineren Bruchsteinen, wie 1581, jedoch auf tieferem Niveau und unmittelbar westlich von 1583. Neben der Deutung als Abbruchschutt ist auch die Interpretation als Verfüllung der Baugrube des Fundaments 1583 möglich.

Stratigraphischer Bezug: unter 1581; über 1012.

Dokumentation: P 47; Abb. 41.

Datierung: Hochmittelalter (10.–13. Jh.)

1588 Ausgleichsschicht

Aufplanierter brauner Sand unter dem Laufhorizont 1520.

Stratigraphischer Bezug: unter 1520; über 1571.

Dokumentation: P 53; Fo 87; Abb. 40.

Datierung: Hochmittelalter (10.–13. Jh.)

1589 Sonstiges allgemein

Nicht näher anzusprechende helle Schicht in der Südostecke der Süderweiterung. Möglicherweise wurde die Planierung 1588 für diese Konstruktion angelegt.

Stratigraphischer Bezug: über 1588.

Dokumentation: P 53; Fo 87; Abb. 40.

Datierung: unbestimmt

1590 Planierschicht

Graubraunes Füllmaterial mit Steinen. An wenigen Stellen wurden auch höhere Bereiche der Profile dokumentiert. Die Schicht 1590 läßt sich dort von 1518 trennen. Überwiegend ist die Dokumentation mit 1518 abgeschlossen worden.

Stratigraphischer Bezug: unter der Oberfläche; über 1586.

Dokumentation: P 52, P 58; Abb. 40.

Datierung: Neuzeit allgemein

1592 Grube

Große Grube mit mindestens 1,60 m Durchmesser im oberen Bereich, unten mindestes 0,70 m bei flacher Sohle. 1518 zieht bereits über die Verfüllung, die damit noch ins 12./13. Jahrhundert fallen dürfte.

Stratigraphischer Bezug: unter 1518; schneidet 1551.

Dokumentation: P 52; Abb. 41.

Datierung: Hochmittelalter (10.–13. Jh.)

1593 Grube

Ca. 0,30 m breite und 0,25 m tief unter den Laufhorizont 1577 eingetiefte Grube am Westprofil der Süderweiterung.

Stratigraphischer Bezug: unter 1577; schneidet 1578.

Dokumentation: P 58.

Datierung: Hochmittelalter (10.–13. Jh.)

1594 Pfostenloch

Spitzes, ca. 0,30 m unter den Laufhorizont 1577 eingeschlagenes Pfostenloch, verfüllt mit dem Material von 1578.

Stratigraphischer Bezug: unter 1578; schneidet 1577.

Dokumentation: P 54.

Datierung: Hochmittelalter (10.–13. Jh.)

1595 Pfostengrube

Pfostengrube am westlichen Ansatz des Grabens; verfüllt mit dunklem Material und einer schwachen mittigen Pfostenspur. Durchmesser 0,80 m. Der gesamte westliche Bereich wurde nur einmal in der Fläche dokumentiert. Verstürzte Steine in rötlichem, offensichtlich stark durch Brand beeinflußtem Lehm (1613) liegen um die Gruben 1595, 1612/1614. Alle vier Gruben scheinen die Brandschicht zu schneiden. In der Dokumentation des Nordprofils erscheint auch 1595 nicht, so daß eine genauere Einordnung der Gruben nicht möglich ist. Das geringe Interesse des Ausgräbers (keine Profilschnitte) spricht für eine relativ junge Einordnung durch ihn.

Stratigraphischer Bezug: schneidet 1613.

Dokumentation: F 9; Beil. 5.

Datierung: Hochmittelalter (10.–13. Jh.)

1597 Graben

Schmales, ca. 0,15 m breites Gräbchen im Westabschnitt des Grabens. Das Gräbchen ist mit grauem Material verfüllt und zieht auf einer Länge von 1 m diagonal durch den ausgebaggerten Graben. Es zieht unter den Brandschutt 1613 und schneidet einen Pfosten 1598 am östlichen Rand. Graben und Pfosten sind in die Kulturschicht 1532 eingetieft und dürften zu den ältesten Befunden im Schnitt gehören. Am Nordprofil erscheint das Gräbchen aus unersichtlichen Gründen nicht, eine sichere Einordnung ist daher nicht möglich.

Stratigraphischer Bezug: unter 1613; schneidet 1598.

Dokumentation: F 9; Beil. 5–6.

Datierung: vorgeschichtlich

1598 Pfostengrube

Schwache Spur einer Pfostengrube, eingetieft in die Kulturschicht 1532. Der Pfosten liegt am Rand des kleinen Grabens 1597 und scheint von diesem geschnitten zu sein. Ein Zusammenhang mit dem Gräbchen (Randbegrenzung) ist möglich.

Stratigraphischer Bezug: schneidet 1532; geschnitten von 1597.

Dokumentation: F 9; Beil. 5–6.

Datierung: vorgeschichtlich

1599 Schicht

Dunkelgrau-schwarze Verfärbung mit einer nach Westen parallel zu 1597 verlaufenden Begrenzung. Nach Osten ohne Abgrenzung dokumentiert. Die Hinzunahme des Nordprofils läßt eher auf einen dünnen Rest des Laufniveaus 1540 schließen, das hier auch am Profil unregelmäßiger ausläuft als auf einen zweiten Graben.

Stratigraphischer Bezug: über 1532.

Dokumentation: F 9.

Datierung: vorgeschichtlich

1600 Bruchsteinmauer

Das Fundament besteht aus überwiegend flach beschlagenen Sandsteinplatten und bildet den nördlichen Abschluß des „Torhauses". Es ist 3,70 m lang und 0,30–0,40 m breit. Erhalten waren vier Lagen Sandsteine, die nach Süden sauberer beschlagen sind. Auch die Außenkante verläuft hier regelmäßiger. Somit ist ein Hinweis auf einen Innenraum gegeben. Im Osten ist es mit 1583 und mit 1602 verzahnt. Zum Abschluß im Westen s. 1601 und 1610. Die stratigraphische Einordnung ist wegen der zur Freilegung des Fundaments angelegten Gräben nicht möglich. Einen Hinweis gibt jedoch der Zusammenhang mit 1583. An 1600 selbst wird nur deutlich, daß 1532 älter ist.

Stratigraphischer Bezug: schneidet 1532; gehört zu 1583.

Dokumentation: F 9; Fo 57–61; Beil. 5, 10; Abb. 27, 29.

Datierung: Hochmittelalter (10.–13. Jh.)

1601 Bruchsteinfundament

1601 ist einer von zwei westlichen Abschlüssen des „Torhauses" und zwar der jüngere. Das Fundament ist ebenfalls gut 0,30 m breit und konnte nur auf einer Länge von 0,50 m dokumentiert werden; es ist wohl beim Primäraushub stärker beschädigt worden. Im Gegensatz zur Flächenzeichnung zeigt ein erstes Foto, daß 1600 und 1601 miteinander verzahnt sind. Die ältere Lösung des Westabschlusses 1610 war ausgebrochen worden, dabei muß auch der obere Bereich von 1600 an der Westecke bis auf die unteren beiden Lagen gekappt worden sein, um einen neuen Verbund mit 1601 zu schaffen. Das Gebäude ist dadurch um ca. 0,60 m verkleinert worden.

Stratigraphischer Bezug: unter 1529; schneidet 1540?; gehört zu 1600, 1583.

Dokumentation: F 9; P 50; Fo 60–61; Beil. 5, 10; Abb. 27.

Datierung: Hochmittelalter (10.–13. Jh.)

1602–1603 Bruchsteinfundamente

Zwei kleine, bis zu 1 m lange und 0,30 m schmale Fundamente verlaufen parallel vor der Nordostecke des Gebäudes nach Osten. Der Raum zwischen beiden Fundamenten beträgt ca. 1,20 m. Sie sind nach innen sauber beschlagen und weisen hier eine glatte Kante auf. Die Interpretation als Türzarge für einen Eingang in das leicht eingetiefte Gebäude ist naheliegend. Das Fundament 1583 ist zwischen den beiden Zargen nur einlagig, weniger tief und weniger hoch vorhanden und hat hier die Funktion als Türschwelle. Die Stärke der Fundamentierung nimmt nach Osten ab. Das könnte für eine Rampe sprechen. Das Niveau innerhalb des Gebäudes liegt unter dem Niveau außerhalb der Ostseite. Die nördliche Türzarge 1602 weist keinen glatten Ostabschluß auf. Der letzte Stein fehlt. Er könnte durch die Pfostengrube 1607 ausgebrochen sein, die exakt an dieser Stelle liegt. Möglich ist jedoch auch ein Ausbruch beim Abbruch des Gebäudes oder beim Ausbaggern des Grabens.

Stratigraphischer Bezug: gehört zu 1583, 1600.

Dokumentation: F 9; Fo 62–63, 65, 67–68; Beil. 5, 10; Abb. 28–29.

Datierung: Hochmittelalter (10.–13. Jh.)

1604 Pfostengrube

Die Pfostengrube ist ca. 0,25 x 0,35 m groß und mit schwärzlichem Material verfüllt. Sie liegt außerhalb des Grubenhauses VI. Sie schneidet 1532, die weitere Einordnung nach oben ist nicht gesichert.

Stratigraphischer Bezug: schneidet 1532.

Dokumentation: F 9; Beil. 5.

1605 Pfostengrube

Angeschnittene, ca. 0,40 m breite Pfostengrube mit braunem Material verfüllt. Einordnung wie 1604.

Stratigraphischer Bezug: schneidet 1532.

Dokumentation: F 9; Beil. 5.

1606 Pfostengrube

Pfostengrube, verfüllt mit dunklem Material. Durchmesser ca. 0,50 m, mit der klaren Spur eines ca. 0,15 m starken Holzpfostens. Die Grube wird von 1576/1575 und wohl auch von 1577 überzogen, ebenso wie 1617 und 1618.

Stratigraphischer Bezug: unter 1577; schneidet 1532.

Dokumentation: F 9; Beil. 5.

Datierung: Mittelalter allgemein

1607 Pfostengrube

0,30 m breite Pfostengrube, verfüllt mit braunem Material, am Ausbruch von 1602. Es ist wenig wahrscheinlich, daß der Pfosten für den Ausbruch verantwortlich ist. Eine stratigraphische Einordnung ist daher nach oben nicht möglich.

Stratigraphischer Bezug: schneidet 1532.

Dokumentation: F 9; Beil. 5.

Datierung: Mittelalter allgemein

1608–1609 Pfostengrube

Zwei sauber gerundete Pfostengruben mit fast 0,50 m Durchmesser innerhalb des Steingebäudes werden vom Ausgräber als modern eingestuft.

Dokumentation: F 9; Beil. 5.

Datierung: unbestimmt

1610 Ausbruchgrube

Steinschutt und dunkles Material kennzeichnen den Ausbruch des älteren Westabschlusses des Steingebäudes. Im hellen Bereich von 1532 zeichnet sich die Abgrenzung des ausgebrochenen Fundamentes klar ab. Das Ausbruchmaterial vermischt sich mit dem der Füllung der früher aufgegebenen Grube 1611 unmittelbar westlich anschließend. Beim Ausbruch wurde ebenfalls der Westabschnitt von 1600 auf einer Länge von mindestens 0,60 m abgerissen. Die untere verbliebene Lage des Fundaments zeigt, daß es sich bei 1610 um den älteren Abschluß vor 1601 handelt.

Stratigraphischer Bezug: unter 1601; über 1611; schneidet 1632; gehört zu 1600.

Dokumentation: F 9; Fo 62–63; Beil. 5, 10; Abb. 27.

Datierung: Hochmittelalter (10.–13. Jh.)

1611 Grube

Unmittelbar vor dem Westprofil des „Grabenkopfs" liegt eine mindestens 0,70 m breite Grube, die weder nach Westen noch nach Süden vollständig erfaßt werden konnte. Das Foto des Westprofils zeigt eine ca. 0,50 m starke Verfüllung aus braunem Lehm, die von einer dünnen Schicht aus hellem Sand mit wenigen Steinen abgedeckt wird. Darüber verläuft der Laufhorizont 1540, die Grube gehört also in den zeitlichen Bereich des Grubenhauses VI. Sie schneidet 1532.

Stratigraphischer Bezug: unter 1540; schneidet 1532.

Dokumentation: P 57; Fo 86–87; Beil. 5.

Datierung: Mittelalter allgemein

1612 Grube

Der Innendurchmesser dieser angeschnittenen Grube beträgt mindestens 0,75 m. Am Rand verläuft ein 0,15 m breiter dunkler Streifen, bei dem es sich um die Baugrube handeln könnte. Von einer Steinfundamentierung ist nichts zu erkennen, ein Foto ist nicht vorhanden. Nicht auszuschließen ist, daß es sich um einen im Tagebuch des Ausgräbers erwähnten Brunnen handelt, der grob in diesem Bereich zu lokalisieren wäre.

Stratigraphischer Bezug: schneidet 1613.

Dokumentation: F 9; Beil. 5.

Datierung: Mittelalter allgemein

1613 Brandschuttschicht

Grober Steinschutt und rot verfärbtes Erdmaterial liegen im Westteil des Grabens, unmittelbar an die Südfläche mit den Grubenhäusern anschließend. Auch im Profil erscheint diese Schicht als massiv brandgestört. Allerdings ist die Brandstelle begrenzt. Eine Gleichsetzung mit den Brandhorizonten 1546/1574–1576 ist schwer möglich, da der Laufhorizont 1525, der von den Brandschichten 1546, 1576 geschnitten wird, diese Brandschicht 1613 überzieht. Denkbar ist, daß es sich um einen Brand und um den nachfolgenden Abbruch des Gebäudes 1286 handelt.

Stratigraphischer Bezug: unter 1525; über 1528; schneidet 1527; geschnitten von 1595, 1612/1604/1605.

Dokumentation: F 9; P 45; Beil. 5, 11.

Datierung: Hochmittelalter (10.–13. Jh.)

1614 Grube

Angeschnittene Grube im Westteil des Grabens, verfüllt mit braunem Material, mindestens 0,70 m breit.

Stratigraphischer Bezug: schneidet 1613.

Dokumentation: F 9; Beil. 5.

1615 Grube

Grube mit knapp 0,50 m Durchmesser neben 1612. Sie ist mit graubraunem Material verfüllt und schneidet 1613. Die Einordnung nach oben ist wie bei den anderen Gruben 1612/1614 und 1595 in diesem Bereich nicht möglich.

Stratigraphischer Bezug: schneidet 1613.

Dokumentation: F 9; Beil. 5.

Datierung: Hochmittelalter (10.–13. Jh.)

1617 Bruchsteinfundament

Nord-Süd orientiertes Fundament aus Sandsteinen und Sandsteinplatten. Das Fundament liegt vor und auf dem älteren Fundament 1565 und nimmt dessen Flucht nach Norden auf. Es verbindet den langen Fundamentzug 1620/1618 mit 1565. Der Fundamentansatz liegt auf dem Fundament 1618 auf bzw. zieht im unteren Bereich dagegen. Ob es sich dabei um eine technische Fuge handelt oder ob der Eckbereich zwischen 1618/1565 später erneuert wurde, ist nicht zu klären. Eine genaue Einordnung nach oben ist nicht möglich.

Stratigraphischer Bezug: unter 1518; über 1565.

Dokumentation: Fo 53–55; Abb. 48.

Datierung: spätes Mittelalter/frühe Neuzeit (13.–16. Jh.)

1618/1620 Bruchsteinfundament

Auf einer Länge von 7,10 m liegt das unregelmäßig breite Mauerwerk in der Mitte des Suchgrabens. Es besteht im oberen Bereich aus flachen, sauber beschlagenen Sandsteinplatten, die mit Mörtel verbunden sind. Der Fundamentbereich ist durch einen ca. 0,15 m breiten Mauerversprung gekennzeichnet, der etwas höher als das Bankett von 1565 ansetzt. Mit 1618 ist der westliche Abschnitt bezeichnet worden. 1618 ist eindeutig gegen 1565 gesetzt. Die anders zu deutende Flächenzeichnung geht entweder auf einen Meßfehler zurück, oder bei der angegebenen Linie der Ostseite von 1565 handelt es sich um den Verlauf des rekonstruierten, von 1618 überbauten, nach Osten vorspringenden Banketts. Ein ehemaliger Durchgang 1619 ist während der Nutzung des Gebäudes zugesetzt worden. Im weiteren Verlauf nach Osten verbreitert sich 1620 von ursprünglich 1 m auf 1,50 m, auf dem abschließenden Teil nach Osten ist es wiederum nur noch 1 m. Der Schnitt ist (laut Foto) bis zu einem Gebäude/Keller aus jungen Backsteinen gezogen worden. Bei diesem Gebäude handelt es sich um die Rückwand der Parzelle 135, die bereits zum Besitz der Bürger am Prinzipalmarkt zählt. Die zeichnerische Dokumentation endet jedoch vorher an einem parallel zu dem modernen Gebäude verlaufenden Fundament 1621. Zeichnung und Foto sind wenig exakt, jedoch deutet sich an, daß 1620 gegen bzw. auf dieses Fundament zieht. 1620 ist die südliche Wand eines langgestreckten Gebäudes der ehemaligen Domkurie zwischen 1564 und 1621. Wie auch andere Grundstücke zeigen, wurden diese Gebäude häufig an der zum Prinzipalmarkt ausgerichteten Rückseite der Parzellen errichtet. Damit kann man erst nach der Aufgabe der Befestigung im 12/13. Jahrhundert begonnen haben. Auf dem Alerdinckplan ist der Bau sehr gut zu erkennen. Aufgegeben wurde das Gebäude vermutlich vor 1800. Das Urkataster zeigt ein leicht geändertes Gebäude. Das ältere Gebäude bestand mit 1620 also sicher im 17. Jahrhundert, die Errichtung liegt deutlich nach dem Bau von 1565 im 12. Jahrhundert.

Stratigraphischer Bezug: über 1621, 1565.

Dokumentation: F 9; Fo 53, 78–81, 92; Beil. 5; Abb. 48, 51–53.

Datierung: spätes Mittelalter/frühe Neuzeit (13.–16. Jh.)

1619 Bruchsteinfundament

1619 ist ein alter Durchgang im Bereich des Fundaments 1618/1620, der später zugesetzt wurde. Das Material der Zusetzung ließ sich von den Ausgräbern offensichtlich sauber entfernen. Es kamen klare beschlagene Kanten zum Vorschein, an der Unterkante lagen größere, ebenfalls sauber geglättete Sandsteinplatten.

Stratigraphischer Bezug: gehört zu 1618/1620.

Dokumentation: F 9; Fo 80–81; Beil. 5; Abb. 48, 51–53.

Datierung: spätes Mittelalter/frühe Neuzeit (13.–16. Jh.)

1621 Bruchsteinfundament

1621 ist ein Nord-Süd orientiertes Mauerwerk im äußersten Osten des Schnitts. Seine Westkante bildet den Abschluß der zeichnerischen Dokumentation, nur ein Foto zeigt, daß der Schnitt noch um 1–2 m nach Osten verlängert wurde. 1621 läuft in jedem Fall über die Südseite von 1620 hinaus nach Süden, ebenso nach Norden. Es ist ein massiv errichtetes Fundament von erheblicher Breite. Ein Ausschnitt des Südprofils zeigt, daß es von zahlreichen Schichten, auch Laufhorizonten, überzogen wird. Der Bereich wäre von besonderem Interesse, da nach den späteren Grabungen hier und nicht etwa am „Torhaus" der Ansatz der frühen Befestigung der Domburg zu erwarten wäre. Eine auch von Winkelmann an anderer Stelle gefundene steinerne Befestigungsmauer hat den älteren karolingischen Holz-erdewall vor dem Graben ersetzt. Diese Burgmauer könnte mit 1621 erfaßt worden sein. Eine Bestätigung bringt die Lage der von Hömberg freigelegten Befestigung auf dem Nachbargrundstück südlich der Domgasse. 1621 diente nach Aufgabe der Befestigung als Ostseite einer Domherrenkurie mit der Westseite 1565. Dieser Bau wurde nie bis auf die Immunitätsmauer verlängert.

Stratigraphischer Bezug: unter 1620.

Dokumentation: F 9; Fo 91; Beil. 5, 10, 31.

Datierung: Hochmittelalter (10.–13. Jh.)

2000 ff. Grabung Post 1954 (Domplatz 6–7)

2001 Schuttschicht

Hellerer Sand mit zahlreichen Bruchsteinfragmenten.

Stratigraphischer Bezug: über 2002.

Dokumentation: Ostprofil; Fo 2; Beil. 17; Abb. 64–65.

Datierung: Neuzeit allgemein

2002 Pflaster

Massige Bruchsteinreihe zwischen den Schuttschichten 2001 und 2003. Neuzeitliches Straßenpflaster, evtl. bis 1945.

Stratigraphischer Bezug: unter 2001; über 2003.

Dokumentation: Ostprofil; Fo 2; Beil. 17; Abb. 65–66.

Datierung: Neuzeit allgemein

2003 Schuttschicht

Bruchsteine und Sand. Insgesamt dürften die Schichten 2001–2003 deutlich über 1 m breit sein. Wo das Pflaster auf den Fotos nicht sichtbar war, ist 2001 von 2003 nicht zu trennen.

Stratigraphischer Bezug: unter 2002; über 2004 ff.

Dokumentation: Ostprofil; Fo 2; Beil. 17; Abb. 65–66.

Datierung: Neuzeit allgemein

2004 Füllschicht

Dunkler Lehm im unteren Bereich von Grube 2005, der möglicherweise Spuren einer Nutzung enthält. Im oberen Bereich vermischt sich die Füllung aus hellerem Lehm mit dem Schutt von 2003 (der obere Profilbereich ist auch kaum geputzt worden).

Stratigraphischer Bezug: unter 2003; gehört zu 2005.

Dokumentation: Ostprofil; Fo 2; Beil. 17; Abb. 65–66.

Datierung: spätes Mittelalter/frühe Neuzeit (13.–16. Jh.)

2005 Grube

Über 2 m breite Grube mit höherem Niveau an der Südseite, an der Nordseite leicht abfallender Grubenrand. Am rechten südlichen Rand der Grube könnte sich ein Pfosten befunden haben, am östlichen Rand wird die Grube vom Laufhorizont 2006 überzogen und datiert damit ins Mittelalter. Der obere Bereich der Verfüllung entspricht dem (früh)neuzeitlichen Abbruchschutt von 2003.

Stratigraphischer Bezug: unter 2003, 2006; schneidet 2011, 2014.

Dokumentation: Ostprofil; Fo 2; Beil. 17; Abb. 65–66.

Datierung: spätes Mittelalter/frühe Neuzeit (13.–16. Jh.)

2006 Laufhorizont

Dunkler Streifen mit verschiedenen Einschlüssen, vermutlich mit Brandspuren, der im gesamten Bereich des Ostprofils sichtbar wird. Evtl. ein Nutzungshorizont im Außenbereich der verschiedenen Steingebäude (2018 u. a.) im Südabschnitt. Häufig treten viele kleine Steine und andere Einschlüsse auf. Der Bereich erinnert an die Schichten 1211–1214, die in das 11./12. Jahrhundert datiert wurden und möglicherweise mit einem Brand endeten. Auch hier lagen nicht mehr zu differenzierende Schuttschichten und Aufplanierungen darüber.

Diese Einordnung widerspricht der weiteren Schichtenfolge des Profils an der Post nicht. Sie bleibt unsicher und kann wegen des fehlenden Materials nicht bestätigt werden.

Stratigraphischer Bezug: unter 2003; über 2007; geschnitten von 2006.

Dokumentation: Ostprofil; Fo 2; Beil. 17; Abb. 65–66.

Datierung: Hochmittelalter (10.–13. Jh.)

2007 Planierschicht

Hellerer Lehm mit einigen Einschlüssen: kleine Steine, Mörtel, Holzkohle. Relativ kompakt und geschätzt ca. 0,20–0,40 m stark. Die Schicht erscheint auf dem Foto erheblich heller als auf der Zeichnung, gerade im Unterschied zur darunterliegenden 2011.

Stratigraphischer Bezug: unter 2006, 2018; über 2014, 2011.

Dokumentation: Ostprofil; Fo 2; Beil. 17; Abb. 65–66.

Datierung: Hochmittelalter (10.-13. Jh.)

2008 Füllschicht

Verfüllung von Grube 2010. Heller und dunkler Lehm, vermischt mit Holzkohle, Mörtel und kleinen Steinen. An der Südseite ein schwacher dunkler Streifen unter dem hellen Lehm. Evtl. ist hier eine weitere Grube in die ältere eingetieft worden. Die Schicht 2007 zieht über den südlichen Grubenrand und vermischt sich mit der Verfüllung.

Stratigraphischer Bezug: unter 2006; schneidet 2010.

Dokumentation: Ostprofil; Fo 2, 6; Beil. 17; Abb. 65–66.

Datierung: Mittelalter allgemein

2009 Boden

Der Grund der Grube 2010 zeigt sich als ca. 0,05–0,10 m starker dunkler Streifen, der an den Rändern hochzieht, ähnlich den bekannten torfigen Schichten in den Grubenhäusern.

Stratigraphischer Bezug: unter 2008; gehört zu 2010.

Dokumentation: Ostprofil; Fo 6; Beil. 17; Abb. 65–66.

Datierung: Mittelalter allgemein

2010 Grube

Grube mit einer Breite von ca. 1 m, mit flacher Sohle, im Süden mit fast senkrecht ansteigender Wand, im Norden mehr angewinkelt. Die Grube wird geschnitten von der jüngeren Grube 2005 und liegt unter der Schicht 2007. Die dunkle Schicht 2011 wird von ihr geschnitten, am Südrand zieht jedoch ein kleiner Streifen von 2011 auch über den Grubenrand (s. 2017). Eine genauere Einordnung ist schwierig. Rückschlüsse aus besser dokumentierten Befunden sprechen für eine Einordnung ins Mittelalter. Sie steht im Zusammenhang mit der ähnlich strukturierten Grube 2017, die im Süden des Profils anschließt. Form und Parallelität beider Gruben könnten auch auf eine Ausbruchgrube schließen lassen. Dagegen sprechen die deutlichen, auf eine Nutzung verweisenden dunklen Streifen 2009 und 2016 an den Unterkanten.

Stratigraphischer Bezug: unter 2007; schneidet 2011.

Dokumentation: Ostprofil; Fo 2, 6; Beil. 17; Abb. 65–66, 67.

Datierung: Mittelalter allgemein

2011 Schicht

Dunkelgraue Schicht mit wenigen Einschlüssen, die sowohl an der Oberkante wie auch an der Unterkante sehr unregelmäßig verläuft. Lediglich an einem kleinen Abschnitt im Süden ist die Oberkante glatt abgeschlossen und als belaufen zu erkennen. Es dürfte sich um eine längere Zeit offene Geländeoberfläche handeln, die sich durch ihre intensivere Nutzung deutlich von der erheblich heller gefärbten darunterliegenden Sandlage 2012 unterscheidet. Außer der Grube bzw. dem Grubenhaus 2041 konnte kein älterer Befund festgestellt werden. Trotz dieser im Vergleich zu den Grubenhäusern an der Domgasse vergleichbaren stratigraphischen Einordnung unterscheidet sich 2011 deutlich von 1013, die als Planierschicht nach Aufgabe des Grubenhaushorizontes gedeutet wurde. 2011 entspräche eher einem intensiver genutzten Bereich an der Oberkante von 1015, der später als Kulturschicht-Oberfläche des 9. Jahrhunderts erkannt wurde.

Stratigraphischer Bezug: unter 2007; über 2012; geschnitten von 2010, 2017, 2044.

Dokumentation: Ostprofil; Fo 1–6; Beil. 17; Abb. 65–66.

Datierung: Frühmittelalter

2012 Kulturschicht

Heller lehmiger Sand mit vielen, allesamt nur schwach konturierten Einschlüssen. Anthropogene Spuren der ersten Siedlungsphase sind nicht deutlich auszumachen. Am Nordabschnitt dokumentierte der Ausgräber sie auf 0,70 m Breite bis zu einer Tiefe von 2,70 m unter der Oberfläche, ehe eine sterile Sandlage ansetzte. Hier dürfte sich neben der kaiserzeitlichen Kulturschicht auch anstehender Boden verbergen.

Stratigraphischer Bezug: unter 2011.

Dokumentation: Ostprofil; Fo 1–6; Beil. 17; Abb. 65–66.

Datierung: vorgeschichtlich

2013 Ausbruchgrube

Kleinere, mit Schuttmaterial von 2003 verfüllte jüngere Grube von 0,60 m Breite, die bereits die Schicht 2006 schneidet, entspricht 2052. Bei beiden dürfte es sich um Ausbruchgruben neuzeitlicher Fundamente handeln.

Stratigraphischer Bezug: unter 2003.

Dokumentation: Ostprofil; Fo 2, 6; Beil. 17; Abb. 65–66.

Datierung: Neuzeit allgemein

2014 Füllschicht

Schuttverfüllung für den schmalen Streifen zwischen den Fundamenten 2064 und 2020, mit Ziegelanteil.

Stratigraphischer Bezug: unter 2001; zieht gegen 2020, 2064.

Dokumentation: Ostprofil; Fo 2, 6; Beil. 17; Abb. 65–66.

Datierung: unbestimmt

2015 Füllschicht

Graues sandiges Material zur Verfüllung der Grube 2017.

Stratigraphischer Bezug: unter 2007; über 2016.

Dokumentation: Ostprofil; Fo 6; Beil. 17; Abb. 65–66.

Datierung: Mittelalter allgemein

2016 Grube

Dunklerer Bereich am unteren Grubenrand von 2017, entspricht 2009.

Stratigraphischer Bezug: unter 2015; gehört zu 2017.

Dokumentation: Ostprofil; Fo 6; Beil. 17; Abb. 65–66.

Datierung: Mittelalter allgemein

2017 Grube

Ca. 1 m breite Grube mit annähernd senkrecht abfallenden Grubenrändern und flacher Sohle, bis 2,30 m unter die Oberfläche eingetieft. Form, Ausrichtung und stratigraphische Lage entsprechen der 1 m nördlich liegenden Grube 2010. Aus der Zeichnung wäre abzulesen, daß anders als bei 2010 der obere Abschnitt von 2011 eindeutig über die Grube zieht, die damit in das Frühmittelalter gehört.

Stratigraphischer Bezug: unter 2007; schneidet 2012, 2011.

Dokumentation: Ostprofil; Fo 6; Beil. 17; Abb. 65–67.

Datierung: Frühmittelalter

2018 Fundament

0,70 m breites Fundament aus dünnen, vermörtelten Sandsteinplatten. Darunter liegt auf nur noch 0,30 m Breite ein Ziegelfundament von 0,80 m Höhe, das exakt die gleiche Kante nach innen, d. h. nach Süden aufweist. An dessen Nordseite ist eine 0,05–0,10 m mit Sand verfüllte Baugrube zu erkennen. Das vermutliche Gegenfundament 2020 weist die Ziegelfundamentierung nicht auf.

Stratigraphischer Bezug: unter 2002; schneidet 2006.

Dokumentation: Ostprofil; Fo 2; Beil. 17; Abb. 65.

Datierung: Neuzeit allgemein

2019 Füllschicht

1,20 m breite Schuttverfüllung (Abbruchschutt) zwischen den Fundamenten 2018 und 2020.

Stratigraphischer Bezug: unter 2002.

Dokumentation: Ostprofil; Fo 2; Beil. 17; Abb. 65.

Datierung: Neuzeit allgemein

2020 Fundament

Fundament aus Sandsteinblöcken und Platten, ca. 0,75 m breit. Die Zuordnung der zahlreichen Fundamentstücke südlich von 2018 ist allein anhand des Profils nicht immer eindeutig zu treffen. Der Abbruchschutt 2019 verfüllt jedenfalls einen schmalen schachtartigen (Keller-)Raum zwischen 2020 und 2018.

Dokumentation: Ostprofil; Fo 2; Beil. 17; Abb. 65.

Datierung: Neuzeit allgemein

2021 Füllschicht

Dunkelgraue Schicht unter den Fundamenten 2018/2020. Sie verfüllt die ältere Grube 2023. Die Schicht 2007 fällt in den Grubenbereich ab; dieses Material stellt einen wesentlichen Teil der Verfüllung.

Stratigraphischer Bezug: unter 2018, 2007; über 2022.

Dokumentation: Ostprofil; Fo 2; Beil. 17; Abb. 65.

Datierung: Mittelalter allgemein

2022 Boden

Dunkler Streifen von 0,04 m Breite am Grund der Grube 2023; Nutzungshorizont, der jedoch wiederum über den Pfosten 2024 zu ziehen scheint.

Stratigraphischer Bezug: unter 2021; über 2024; gehört zu 2023.

Dokumentation: Ostprofil; Fo 2; Beil. 17; Abb. 65.

Datierung: Mittelalter allgemein

2023 Grube

2,50 m breite Grube, bis 2,50 m unter die Oberfläche eingetieft, flache Sohle mit fast senkrecht ansteigender Nordwand und einem Pfosten 2024 im Süden. Die Grube schneidet 2011. Es handelt sich wahrscheinlich um ein weiteres Grubenhaus des 9./10. Jahrhunderts.

Stratigraphischer Bezug: unter 2007, 2018; schneidet 2011.

Dokumentation: Ostprofil; Fo 2; Beil. 17; Abb. 65.

Datierung: Mittelalter allgemein

2024 Pfostengrube

0,35 m breite Grube für einen bis 0,25 m unter die Grubensohle von 2023 eingetieften Pfosten, leichte Holzspur am Grund noch zu erkennen. Auffallend ist, daß der vermeintliche Nutzungshorizont der Grube 2022 über die Füllung der Pfostengrube zieht.

Stratigraphischer Bezug: unter 2022; schneidet 2012; gehört zu 2025.

Dokumentation: Ostprofil; Fo 2; Beil. 17; Abb. 65.

Datierung: Mittelalter allgemein

2025a/b Bruchsteinfundamente

Zwei Fundamente aus Sandsteinplatten mit 0,45 m bis knapp 0,70 m Breite. An beiden befindet sich unten ein nach innen ausgerichteter Fundamentvorsprung, während sie sich im Außenbereich nach unten leicht verschmälern. Die Fundamente begrenzen einen 1,65 m breiten Kellerraum mit dem Backsteinfußboden 2027. Zu 2025a gehört möglicherweise als Stütze das unterfangende Ziegelfundament 2064.

Stratigraphischer Bezug: unter 2002; über 2030, 2028.

Dokumentation: Ostprofil; Fo 2; Beil. 17; Abb. 65.

Datierung: Neuzeit allgemein

2026 Füllschicht

Verfüllung aus Bauschutt/Ziegeln des Kellers 2025.

Stratigraphischer Bezug: unter 2002; über 2027.

Dokumentation: Ostprofil; Fo 2; Beil. 17; Abb. 65.

Datierung: Neuzeit allgemein

2027 Boden

Fußboden aus Backsteinen des Kellers 2025 von bis zu 0,29 x 0,11 m Größe.

Stratigraphischer Bezug: unter 2026; über 2028; gehört zu 2025.

Dokumentation: Ostprofil; Fo 2; Beil. 17; Abb. 65.

Datierung: Neuzeit allgemein

2028 Bettung

0,14–0,15 m starkes sandiges Bett für die Fußbodensetzung 2027, die Unterkante deckt sich mit der der Kellerfundamente bei ca. 2,20 m unter der Oberfläche.

Stratigraphischer Bezug: unter 2028; über 2029; zieht gegen 2025.

Dokumentation: Ostprofil; Fo 2; Beil. 17; Abb. 65.

Datierung: Neuzeit allgemein

2029 Schicht

Dunkelgraue Schicht unter dem Keller 2025. Konsistenz und Färbung gleichen 2007. Am ehesten handelt es sich um die bei Anlage des Kellers verrutschte 2007 oder doch zumindest um eine durch den Bau des Kellers (tiefe Baugrube) beeinflußte Schicht. Ganz ausgeschlossen werden kann nicht, daß es sich um den unteren Bereich einer weiteren, durch 2025 gekappten Grube handelt.

Stratigraphischer Bezug: unter 2028, 2025; über 2011, 2030.

Dokumentation: Ostprofil; Fo 6; Beil. 17; Abb. 65.

2030 Füllschicht

Verfüllung aus Steinschutt, überwiegend Sandsteinen und zwei Backsteinen der Kloake 2031.

Stratigraphischer Bezug: unter 2029; über 2050; gehört zu 2031.

Dokumentation: Ostprofil; Fo 2; Beil. 17; Abb. 66.

Datierung: Neuzeit allgemein

2031a/b Bruchsteinfundament

Fundamente aus Sandsteinblöcken und Platten. Die Nordseite 2031a ist wegen der Störung durch den jüngeren Keller 2025 weniger hoch erhalten. Beide Fundamente scheinen jeweils nur eine Lage, d. h. höchstens 0,30 m breit zu sein. Sie reichen bis 3,20 m unter die Oberfläche. Der Zwischenraum ist ca. 1,80 m breit. Am Grund liegt eine humosige Schicht 2050, darüber Abbruchschutt 2030. Es dürfte sich um eine spätestens mit dem Bau des Kellers 2025 aufgegebene Latrine handeln.

Stratigraphischer Bezug: unter 2030, 2029; schneidet 2007.

Dokumentation: Ostprofil; Fo 1; Beil. 17; Abb. 66.

Datierung: frühe Neuzeit (ca. 1500–1700)

2032 Baugrube

Im oberen Bereich bis zu 0,85 m, unten nur 0,05 m breite Baugrube für das südliche Fundament 2031b der Latrine. Die Grube schneidet bereits 2006. Sie ist mit dunkelgrauem, sandigem Material verfüllt.

Stratigraphischer Bezug: unter 2003; schneidet 2006.

Dokumentation: Ostprofil; Fo 1; Beil. 17; Abb. 66.

Datierung: spätes Mittelalter/frühe Neuzeit (13.–16. Jh.)

2033 Grube

Mindestens 1,20 m breite Grube mit flacher Sohle und senkrecht ansteigender Nordwand. Im Süden deutet sich eine Stufe an, dann wird die Grube geschnitten durch das Fundament 2035. Die Grube ist mit braunem, offensichtlich holzreichem Material verfüllt, das an der Unterkante eine Spur dunkler ist. Sie liegt unter 2006 und zeitlich nach der Aufgabeschicht des Grubenhauses 2041.

Stratigraphischer Bezug: unter 2006; über 2036; schneidet 2007.

Dokumentation: Ostprofil; Fo 1, 3; Beil. 17; Abb. 66.

Datierung: Hochmittelalter (10.–13. Jh.)

2035 Bruchsteinfundament

Massiges, oben 1,75 m, unten 1,05 m breites Fundament aus Sandsteinen. Es wechseln Lagen aus kräftigen Blöcken mit loser in die Baugrube geworfenen Steinschuttlagen.

Stratigraphischer Bezug: unter 2002; schneidet 2006.

Dokumentation: Ostprofil; Fo 1, 3; Beil. 17; Abb. 66.

Datierung: Neuzeit allgemein

2036 Füllschicht

Graubrauner Lehm mit geringen Einschlüssen. Es handelt sich um den oberen Teil der Verfüllung von Grubenhaus 2041.

Stratigraphischer Bezug: unter 2033, 2007; über 2037; geschnitten von 2035.

Dokumentation: Ostprofil; Fo 1, 3; Beil. 17; Abb. 65–66.

Datierung: Mittelalter allgemein

2037 Schicht

0,03–0,04 m starkes holziges, deutlich von den Verfüllungen des Grubenhauses abgesetztes Band. Bei der Interpretation stellen sich die gleichen Fragen wie bei den Grubenhäusern an der Domgasse. Handelt es sich wirklich um Laufhorizonte unterschiedlicher Nutzungsphasen des Grubenhauses oder um verstürzte Deckenkonstruktionen Für eine reine Verfüllung sind beide Bänder 2037/2039 zu scharf begrenzt. Deutlich ist jedoch auch hier wiederum, daß der ursprüngliche Nutzungshorizont nicht mehr vorhanden ist.

Stratigraphischer Bezug: unter 2036; über 2038; gehört zu 2041.

Dokumentation: Ostprofil; Fo 1, 3; Beil. 17; Abb. 66–67.

Datierung: Mittelalter allgemein

2038 Schicht

Verfüllung, ca. 0,20 m stark, mit Holzspuren des Grubenhauses 2041.

Stratigraphischer Bezug: unter 2037; über 2039.

Dokumentation: Ostprofil; Fo 1, 3; Beil. 17; Abb. 66–67.

Datierung: Mittelalter allgemein

2039 Schicht

Füllschicht aus der Zeit der Aufgabe oder des zweiten Nutzungshorizontes des Grubenhauses 2041. Zur Problematik s. 2037. 0,02–0,03 m dünnes holziges Band, an der Nordseite etwas verwischt, an der Südseite etwas breiter, möglicherweise bedingt durch die Vermischung mit einer Pfostenspur.

Stratigraphischer Bezug: unter 2038; über 2040; gehört zu 2041.

Dokumentation: Ostprofil; Fo 1, 3; Beil. 17; Abb. 66–67.

Datierung: Mittelalter allgemein

2040 Schicht

Hellere Füllschicht, bis zu 0,25 m breit mit Sand und Holzanteil und einzelnen Steinen über dem Grund des Grubenhauses 2041. An der Unterkante ist auf dem Foto deutlicher als in der Fläche ein dünner schwärzlicher Streifen, vermutlich der Rest des ältesten Nutzungshorizontes, zu erkennen. Unter diesem liegen zwei kleinere Pfostenlöcher 2042b/c, während die größeren Pfosten an den Ecken 2042a/d davon nicht überlagert sind.

Stratigraphischer Bezug: unter 2039; über 2042b/c; gehört zu 2041.

Dokumentation: Ostprofil; Fo 1, 3; Beil. 17; Abb. 66–67.

Datierung: Mittelalter allgemein

2041 Grubenhaus

Grubenhaus mit den von der Domgasse bekannten Merkmalen. Die Breite beträgt oben 3,50 m, unten 3,20 m. Die Grube ist ca. 3,20 m unter die heutige Oberfläche eingetieft. An der Südseite liegt eine Art Stufe. Die Sohle ist überwiegend flach, steigt aber im Norden leicht an. Die Befundzeichnung zeigt, daß das Grubenhaus unter 2007 liegt, jedoch 2011 schneidet. Das Foto ist hier weniger eindeutig, ein Überziehen von 2011 deutet sich an. Der nördliche Rand ist wegen der Störung durch die Baugrube 2032 des jüngeren Fundaments 2031b nicht klar auszuwerten.

Stratigraphischer Bezug: unter 2007; über 2012; schneidet (2011).

Dokumentation: Ostprofil; Fo 1, 3; Beil. 17; Abb. 66–67.

Datierung: Mittelalter allgemein

2042a–d Pfostengrube

Die Pfosten 2042b und 2042c sind eher Pfostenlöcher und liegen unter 2040. Sie könnten also älter als das Grubenhaus sein, oder wahrscheinlicher zu dessen Bauzeit gehören. Die breiteren Gruben a und d an den Seiten der Grube dürften zur Dachkonstruktion gehören. Sie sind nur gering (0,10–0,15 m) unter die Sohle der Grube eingetieft.

Stratigraphischer Bezug: unter 2039/2040; gehört zu 2041.

Dokumentation: Ostprofil; Fo 3; Abb. 64, 67.

Datierung: Hochmittelalter (10.–13. Jh.)

2043 Füllschicht

Braungraue, relativ homogene Verfüllung der Grube 2044 von ca. 0,60–0,70 m Stärke.

Stratigraphischer Bezug: unter 2007; gehört zu 2044.

Dokumentation: Ostprofil; Fo 1, 5; Beil. 17; Abb. 66.

Datierung: Hochmittelalter (10.–13. Jh.)

2044 Grubenhaus

2,20 m breite Grube, mit einiger Sicherheit eines Grubenhauses mit flacher Sohle, ca. 2,70 m unter die heutige Oberfläche eingetieft. An der Südseite deutet sich unten ein kleiner Pfosten an. Die Grube liegt unter 2007 und schneidet - diesmal eindeutig - 2011.

Stratigraphischer Bezug: unter 2007; schneidet 2011.

Dokumentation: Ostprofil; Fo 1, 5; Beil. 17; Abb. 66.

Datierung: Hochmittelalter (10.–13. Jh.)

2045 Ausbruchgrube

Ausbruchgrube eines knapp 1 m breiten Fundaments, verfüllt mit 2003. Am südlichen Rand liegt die Spur eines Holzpfostens.

Stratigraphischer Bezug: unter 2003; schneidet 2006.

Dokumentation: Ostprofil; Fo 1; Beil. 17; Abb. 66.

Datierung: Neuzeit allgemein

2046 Backsteinfundament

Massives Fundament aus Backsteinen von ca. 0,27 m Länge. Das Fundament schneidet die Schuttschicht 2003 und liegt sicher nicht unter der Pflasterung 2002; es dürfte zur unmittelbaren Vorgängerbebauung aus der Zeit um 1900 (bis 1945) des heutigen Postgebäudes gehören. Sowohl die fotografische als auch die zeichnerische Dokumentation des Profils endet hier, obschon die Baugrube für den Neubau der Post verlängert wurde.

Stratigraphischer Bezug: unter 2001; über 2047.

Dokumentation: Ostprofil; Fo 1; Beil. 17; Abb. 66.

Datierung: Neuzeit allgemein

2047 Füllschicht

Graubraune homogene Füllung der Grube 2051.

Stratigraphischer Bezug: unter 2006, 2046; über 2048, 2049; gehört zu 2051.

Dokumentation: Ostprofil; Fo 1; Beil. 17; Abb. 66.

Datierung: Mittelalter allgemein

2048 Pfostengrube

Pfostengrube mit angerundeter Sohle, die Verfüllung entspricht 2047.

Stratigraphischer Bezug: unter 2047; gehört zu 2051.

Dokumentation: Ostprofil; Fo 1; Beil. 17; Abb. 66.

Datierung: Mittelalter allgemein

2049 Laufhorizont

Dunkelbrauner, 0,05–0,06 m breiter Streifen am Grund der Grube 2051. Der Pfosten 2048 wird tatsächlich nicht(!) vom Laufniveau überzogen, so daß sich ausgerechnet bei der nur rudimentär erhaltenen Grube ein Nutzungshorizont der ersten Phase zeigt.

Stratigraphischer Bezug: unter 2047; über 2012.

Dokumentation: Ostprofil; Fo 1; Beil. 17; Abb. 66.

Datierung: Mittelalter allgemein

2050 Schicht

Dunkelbrauner humosiger Streifen am Grund der Kloake 2031, der aus deren Nutzungszeit stammen dürfte.

Stratigraphischer Bezug: unter 2030; gehört zu 2031.

Dokumentation: Ostprofil; Fo 1; Beil. 17; Abb. 66.

Datierung: frühe Neuzeit (ca. 1500–1700)

2051 Grube

Angeschnittene Grube am Südende des Ostprofils, die ca. 2,60 m unter die Oberfläche eingetieft ist. Der Pfosten 2048 und der Laufhorizont 2049 belegen die aufwendigere Nutzung. Die tiefe Lage und die Art der Verfüllung 2047 entsprechen der benachbarten Grube 2044, es könnte sich um ein weiteres Grubenhaus handeln.

Stratigraphischer Bezug: unter 2007; schneidet 2011.

Dokumentation: Ostprofil; Fo 1; Beil. 17, 18; Abb. 66.

Datierung: Mittelalter allgemein

2052 Ausbruchgrube

0,65 m breite Grube mit Schutt von 2003 verfüllt, ähnlich 2005.

Stratigraphischer Bezug: unter 2002; schneidet 2006.

Dokumentation: Ostprofil; Fo 2; Beil. 17; Abb. 65.

Datierung: Neuzeit allgemein

2053 Grube

Knapp 0,60 m breite, mit Schutt verfüllte Grube.

Stratigraphischer Bezug: unter 2001.

Dokumentation: Ostprofil; Beil. 17.

Datierung: Neuzeit allgemein

2054 Planierschicht

Statt der Schuttschicht 2003 liegen an der Nordecke des Ostprofils noch einige erhaltene Schichten der neuzeitlichen Nutzung. 2054 besteht aus braunem, sandigem Material und ist ca. 0,30 m stark aufgetragen worden.

Stratigraphischer Bezug: unter 2001, 2056.

Dokumentation: Ostprofil; Beil. 17.

Datierung: frühe Neuzeit (ca. 1500–1700)

2055 Backsteinfundament

Gut 0,30 m breites Backsteinfundament, das bis unmittelbar unter die Platzoberfläche reicht, damit zu einem bis 1945 stehenden Gebäude gehören dürfte.

Stratigraphischer Bezug: über 2056.

Dokumentation: Ostprofil; Beil. 17.

Datierung: Neuzeit allgemein

2056 Füllschicht

Sandige Schicht nördlich des Fundaments 2055, zieht auch darunter (Bettung).

Stratigraphischer Bezug: unter 2055; über 2054.

Dokumentation: Ostprofil; Beil. 17.

Datierung: Neuzeit allgemein

2057 Ausgleichsschicht

Schmaler sandiger, 0,07–0,08 m starker Streifen zur Abdeckung der Grube 2058. Die darüberliegende Schicht 2006 zeigt sich hier am Nordteil des Profils deutlich als verbrannter Laufhorizont.

Stratigraphischer Bezug: unter 2006; über 2007, 2058.

Dokumentation: Ostprofil; Beil. 17.

Datierung: Mittelalter allgemein

2058 Grube

0,40 m breite (Pfosten-)Grube, deren dunkle Verfüllung an den Rändern über 2007 zieht.

Stratigraphischer Bezug: unter 2057; schneidet 2007.

Dokumentation: Ostprofil; Beil. 17.

Datierung: Mittelalter allgemein

2059 Grube

0,50 m breite, flache Grube, die nur auf 0,30 m Höhe erhalten war, mit dunkelgrauer Verfüllung.

Stratigraphischer Bezug: unter 2007; schneidet 2060.

Dokumentation: Ostprofil; Beil. 17.

Datierung: Mittelalter allgemein

2060 Grube

1,05 m breite Grube mit flacher Sohle und senkrecht ansteigenden Rändern. An der Unterkante liegen mehrere Bruchsteinplatten. Es dürfte sich um die Ausbruchgrube eines mittelalterlichen Fundaments handeln. Das anzunehmende Gebäude hat sich weiter nach Norden erstreckt. Stratigraphisch gehört die Grube in den Bereich von 2010 und 2017.

Stratigraphischer Bezug: unter 2061, 2058; schneidet 2011.

Dokumentation: Ostprofil; Beil. 17.

Datierung: Mittelalter allgemein

2061 Schicht

Planierung mit hellerem Material an der Nordseite des Ostprofils zwischen 2007 und 2006, denkbar ist eine Gleichsetzung mit 2007.

Stratigraphischer Bezug: unter 2006, 2057; über 2007, 2059.

Dokumentation: Ostprofil; Beil. 17.

Datierung: Hochmittelalter (10.–13. Jh.)

2062 Schicht

Braune Schicht zwischen den Gruben 2051 und 2045, dürfte 2007 entsprechen.

Stratigraphischer Bezug: unter 2006; über 2011, 2051; geschnitten von 2045.

Dokumentation: Ostprofil; Beil. 17; Abb. 66.

Datierung: Hochmittelalter (10.–13. Jh.)

2063 Schicht

Vermischte Schicht aus sandigem Material über der Grube 2044, dürfte 2007 entsprechen.

Stratigraphischer Bezug: unter 2003; über 2043.

Dokumentation: Ostprofil; Beil. 17; Abb. 65.

Datierung: Hochmittelalter (10.–13. Jh.)

2064 Backsteinfundament

Ca. 0,30 m breites Backsteinfundament zwischen 2020 und 2025. Im unteren Bereich um einen halben Backstein verbreitert, unterfängt hier 2025. Damit dürfte auch die Funktion als Stütze erklärt sein.

Stratigraphischer Bezug: unter 2001; gehört zu 2025.

Dokumentation: Ostprofil; Beil. 17; Abb. 65.

Datierung: Neuzeit allgemein

2100 Grube

0,90 m breite und mindestens 2,90 m lange Grube oder Nord-Süd orientierter Graben mit dunkelgrauer Verfüllung.

Stratigraphischer Bezug: unter 2151, 2111; schneidet 2102, 2105.

Dokumentation: F 1; Fo 11–12, 20–23; Beil. 15; Abb. 62.

Datierung: Mittelalter allgemein

2101 Pfostengrube

Rundliche Pfostengrube mit 0,25 m Durchmesser am westlichen Rand von 2100.

Stratigraphischer Bezug: unter 2111; gehört zu 2101.

Dokumentation: F 1; Fo 11–12, 20–23; Beil. 15; Abb. 62.

Datierung: Mittelalter allgemein

2102 Grube

Ca. 3 x mindestens 2 m große Grube mit dunkler Verfüllung. Eine genaue stratigraphische Einordnung ist nicht möglich, da im Osten das Fundament 2153 stört und im Westen nicht dokumentiert worden ist. Nach Größe und Form dürfte es sich um ein Grubenhaus handeln. Dazu paßt auch der Pfosten 2109 an der Westseite. Die dunkle Verfüllung ist sehr einheitlich, von einem Nutzungsniveau keine Spur.

Stratigraphischer Bezug: unter 2111; über 2158.

Dokumentation: F 1, 3; Nordprofil; Fo 11–12, 19–23; Beil. 15-16; Abb. 61–62.

Datierung: Mittelalter allgemein

2103 Pfostengrube

0,80 m breite, eher rechteckige Grube mit der Spur eines 0,32 m starken Pfostens.

Stratigraphischer Bezug: unter 2156; schneidet 2158.

Dokumentation: F 1; Fo 11–12, 20–23; Beil. 15; Abb. 62.

Datierung: Mittelalter allgemein

2104 Grube

1,30 x 0,70 m große Grube mit hellgrauer, sich nur schwach in 2157 abzeichnender Verfüllung.

Stratigraphischer Bezug: unter 2156; schneidet 2157; geschnitten von 2110.

Dokumentation: F 1; Fo 11–12, 20–23; Beil. 15; Abb. 62.

Datierung: Mittelalter allgemein

2105 Graben

0,15–0,22 m breites Gräbchen, das zwischen den Gruben 2100 und 2130 Ost-West orientiert verläuft. Das Gräbchen ist ca. 0,15 m in den anstehenden Boden eingetieft. Im Verlauf werden einige kleine Pfostengruben (2106–2107 und 2113) sichtbar. Vermutlich handelt es sich um einen Fundamentgraben. Klare Parallele zu den Gräbchen an der Domgasse (Phase I). Die hellgraue Verfüllung deutet sich nur schwach in der Fläche an. 2105 dürfte unter 2156 liegen, das Verhältnis zu 2157 bleibt ungeklärt.

Stratigraphischer Bezug: unter 2156; schneidet 2158; geschnitten von 2100, 2130, 2119.

Dokumentation: F 1; P 3; Fo 11–12, 20–23; Beil. 15; Abb. 62.

Datierung: vorgeschichtlich

2106 Pfostengrube

Eckige Pfostengrube im Zusammenhang mit dem Graben 2105. An beiden Seiten des Grabens zeigt sich eine Verbreiterung um 0,20–0,25 m. Es könnte sich auch um zwei Pfosten handeln. Die Spur eines Pfostens ist ebenso wie der Graben und die weiter dazugehörenden Pfosten 2112, 2113 nur schwach zu erkennen. Die Breite spricht hier gegen die Deutung als hochkant gesetztes Brett.

Stratigraphischer Bezug: gehört zu 2105.

Dokumentation: F 1; Fo 11–12, 20–23; Beil. 15; Abb. 62.

Datierung: vorgeschichtlich

2107/2108 Pfostengruben

Zwei kleinere rundliche Pfostengruben östlich von 2102, gestört durch 2110.

Stratigraphischer Bezug: schneidet 2158.

Dokumentation: F 1; Fo 11–12, 20–23; Beil. 15; Abb. 62.

Datierung: Mittelalter allgemein

2109 Pfostengrube

Größere Pfostengrube mit mindestens 0,70 m Durchmesser und einer rundlichen, 0,40 m breiten Pfostenspur. Die Verfüllung der Grube enthält leicht helleres Material als die große Grube 2102. Die dunklere Verfüllung überzieht die Pfostengrube.

Stratigraphischer Bezug: unter 2156; schneidet 2158; geschnitten von 2153.

Dokumentation: F 1; Nordprofil; Fo 11–12; 19–23; Beil. 15-16; Abb. 61–62.

Datierung: Mittelalter allgemein

2110 Fundament

0,80 m breites, stark vermörteltes Bruchsteinfundament. Sichtbar sind kaum größere Steine, sondern die mit Sand, Mörtel und Kleinsteinen verfüllte Ausbruchgrube des Fundaments. Ganz ähnlich wirkt 2122. 2110 wird jedoch von der Schuttschicht 2151 überzogen, war also vor deren Auftrag bereits aufgegeben. 2106 liegt über dem stärkeren Fundamentrest 2153. Der Nord-Süd orientierte Streifen dürfte zu einem auf dem Alerdinckplan eingetragenen Nebengebäude der Dompropstei an der Nordwestecke des Grundstücks gehören.

Stratigraphischer Bezug: unter 2151; schneidet 2106.

Dokumentation: F 1; Nordprofil; Fo 11–12, 19–23; Beil. 15–16; Abb. 61–62.

Datierung: frühe Neuzeit (ca. 1500–1700)

2111 Schicht

Dunkelbrauner bis schwärzlicher Bereich, der am gesamten Profilbereich auftritt. Die Oberkante ist häufig gestört durch mehr oder weniger tiefreichende Abschnitte der Schuttplanierung 2151. Die neuzeitlichen Fundamentstücke 2210, 2122, 2132 u. a. schneiden sämtlich 2111. Der Bereich entspräche 2106 am Ostprofil, ist aber noch weniger als belaufene Oberfläche anzusprechen. Hier ist bereits über eine Verbindung mit den Zerstörungen durch den Brand von 1121 und den überlieferten Umbaumaßnahmen, die mit der Errichtung von Kurien auf dem Domplatz zusammenhängen, spekuliert worden.

Stratigraphischer Bezug: unter 2151; über 2155, 2154, 2175.

Dokumentation: Nordprofil; Fo 19; Beil. 16; Abb. 61.

Datierung: Hochmittelalter (10.-13. Jh.)

2112 Pfostengrube

An beiden Seiten des Grabens 2105 liegt unmittelbar östlich von 2110 eine Verbreiterung um 0,05–0,10 m vor, die auf einen Pfosten für den Fundamentgraben zurückgehen dürfte.

Stratigraphischer Bezug: schneidet 2158; gehört zu 2105.

Dokumentation: F 1; Fo 11–12, 20–23; Beil. 15; Abb. 62.

Datierung: vorgeschichtlich

2113 Pfostengrube

Verbreiterung des Grabens 2105 nach Süden, die auf einen Pfosten zurückgehen dürfte, gestört durch 2119, 2120.

Stratigraphischer Bezug: schneidet 2158; gehört zu 2105; geschnitten von 2119.

Dokumentation: F 1; Fo 11–12, 20–23; Beil. 15; Abb. 62.

Datierung: vorgeschichtlich

2114 Pfostengrube

Rundliche, ca. 0,25–0,30 m breite Pfostengrube mit dunkler Verfüllung, ca. 0,20 m in den anstehenden Boden eingetieft.

Stratigraphischer Bezug: unter 2156; schneidet 2158.

Dokumentation: F 1; P 3; Fo 11–12, 20–23; Beil. 15; Abb. 62.

Datierung: Mittelalter allgemein

2115 Pfostengrube

Rundliche, knapp 0,50 m breite Grube mit deutlicher rechteckiger Pfostenspur und flacher Sohle. Der Pfosten steht in einer Reihe mit 2103, 2116 und 2118.

Stratigraphischer Bezug: unter 2156; schneidet 2158; geschnitten von 2110.

Dokumentation: F 1; P 3; Fo 11–12, 20–23; Beil. 15; Abb. 62.

Datierung: Mittelalter allgemein

2116 Pfostengrube

0,40 x 0,50 m große rechteckige Pfostengrube mit angerundeter Sohle.

Stratigraphischer Bezug: unter 2156: schneidet 2158.

Dokumentation: F 1; P 3; Fo 11–12, 20–23; Beil. 15; Abb. 62.

Datierung: Mittelalter allgemein

2117 Pfostengrube

Annähernd rechteckige Pfostengrube mit ca. 0,35 x 0,25 m, wie 2154 unmittelbar südlich vor der Pfostenreihe bzw. dem Gebäude 2118 ff. Nur 0,10 m in den anstehenden Boden eingetieft.

Stratigraphischer Bezug: unter 2156; schneidet 2158.

Dokumentation: F 1; Fo 11–12, 20–23; Beil. 15; Abb. 62.

Datierung: Mittelalter allgemein

2118 Pfostengrube

Rechteckige Pfostengrube mit mindestens 0,60 x 0,55 m. Die Grube enthält die Spuren von zwei Pfosten mit 0,25 m und 0,35 m Durchmesser. Sie steht in einer Reihe mit 2115 und 2116 und wohl auch 2103. Ob die nicht sicher als Pfostengrube zu definierende Grube

2123 dazugehört, bleibt offen; damit bleibt auch ungewiß, ob es sich bei 2118 um den südöstlichen Eckpfosten eines Gebäudes von erheblicher Größe und Stärke gehandelt hat. Die Verfüllung des östlich anschließenden Grubenhauses 2130 wurde nicht weiter abgetragen. Im Westen bietet sich bis zu dem ziemlich gewaltigen Pfosten 2194 (s. auch 2193/2195) eine weitere Ausdehnung des Gebäudes an. Die stratigraphische Einordnung ist unsicher. Die Profilschnitte der Pfosten zeigen sie 0,20–0,30 m in den anstehenden Boden 2158 eingetieft. Daß sie älter ist als die dunkle Schicht 2156, die in der Fläche nicht zu erkennen ist, scheint sicher. Unsicher bleibt der Zusammenhang mit der Kulturschicht 2157 wie bei anderen Befunden, etwa dem Graben 2105. Immerhin kann festgehalten werden, daß das Gebäude älter als die große Grube/das Grubenhaus 2130 ist und damit ins 9. Jahrhundert gehören könnte.

Stratigraphischer Bezug: unter 2156; schneidet 2158; geschnitten von 2122.

Dokumentation: F 1–3; P 3; Fo 11–12, 20–23; Beil. 15; Abb. 62.

Datierung: Mittelalter allgemein

2119 Grube

Grube mit dunkelgrauer Verfüllung, an der Südseite mit glattem Abschluß. An der Westseite stufenförmige Verjüngung. Am südwestlichen Rand befinden sich ein oder zwei Pfosten (2120). Die Grube wird geschnitten von 2122 und setzt sich östlich des Mauerwerks nicht weiter fort. Sie schneidet den Graben 2105.

Stratigraphischer Bezug: unter 2156; schneidet 2105.

Dokumentation: F 1; Fo 11–12, 20–23; Beil. 15; Abb. 62.

Datierung: Mittelalter allgemein

2120 Pfostengruben

Zwei kleinere rundliche Pfosten an der Südwestecke der Grube 2119, die zur Grube gehören. Die westliche Grube ist die ältere und wird von der östlichen ersetzt. Der Durchmesser beider Gruben beträgt ca. 0,20 m.

Stratigraphischer Bezug: unter 2156; schneidet 2105; gehört zu 2119.

Dokumentation: F 1; Fo 11–12; 20–23; Beil. 15; Abb. 62.

Datierung: Mittelalter allgemein

2121 Sonstiges allgemein

Grube oder Verfärbung an der Südkante der Nordfläche, wie 2124. Beide Befunde tauchen auf der Profilzeichnung nicht auf. Es könnte sich daher um die Unterkante eines dunkler gefärbten Horizontes, etwa 2157, handeln.

Dokumentation: F 1; Fo 11–12, 20–23; Beil. 15; Abb. 62.

2122 Bruchsteinfundament

Fundament mit starken Mörtelspuren und wenigen erkennbaren Steinen, Nord-Süd orientiert, Breite 0,60 m. Das Fundament ist sehr tief bis in den anstehenden Boden eingetieft. Der untere Bereich der Schuttschicht 2151 überzieht das Fundament nicht. Es könnte daher jünger als 2110 sein oder auch nur weniger hoch ausgebrochen sein. Form und Bauart sprechen für eine Gleichsetzung. Der Abstand zwischen den Fundamentstreifen beträgt 1,80 m.

Stratigraphischer Bezug: unter 2001; schneidet 2111.

Dokumentation: F 1; Nordprofil; Fo 11–12; 19–23; Beil. 15–16; Abb. 61–62.

Datierung: Neuzeit allgemein

2123 Grube

Die Grube liegt unmittelbar vor der nördlichen Kante des Grubenhauses 2130. Sie ist ca. 1 m breit und nur im südlichen Teil erfaßt. Die Verfüllung hat eine braungelbe Farbe. Die Ausrichtung entspricht der des Grubenhauses.

Stratigraphischer Bezug: schneidet 2158; geschnitten von 2122.

Dokumentation: F 1; Fo 11–12, 20–23; Beil. 15; Abb. 62.

Datierung: Mittelalter allgemein

2124 Sonstiges allgemein

Grube oder Verfärbung an der südlichen Profilkante, s. auch 2121.

Dokumentation: F 1; Fo 11–12, 20–23; Beil. 15; Abb. 62.

Datierung: unbestimmt

2125 Füllschicht

Graubraune sandige lockere Verfüllung von 2130.

Stratigraphischer Bezug: unter 2111; gehört zu 2131.

Dokumentation: F 1; Fo 11–12, 20–23; Beil. 15; Abb. 62.

Datierung: Mittelalter allgemein

2126 Sonstiges allgemein

Dunkelbrauner holzig-(torfiger) dünner Streifen am westlichen Grubenrand von 2130, der sich auch am nördlichen Grubenrand fortsetzt und dann wiederum nach Süden abknickt. Hier im Bereich der Gruben 2130/2160 beginnt die Profilzeichnung von den Befunden der Flächenzeichnung deutlich abzuweichen. So erscheint bereits das unmittelbar östlich an die Grube anschließende Fundament 2132 nicht mehr auf der Profilzeichnung. Die einzelnen Befunde werden durch die jeweiligen Fotos bestätigt, so daß kein Dokumentationsfehler vorliegt. Das Profil = die Südgrenze der Fläche wurde vermutlich zurückverlegt, so daß etwa 2132 aber auch 2131 und die meisten der östlich anschließenden Befunde auf der Profilzeichnung nicht erscheinen, da sie nicht so weit nach Süden reichten. Die großen Gruben des Profilbereichs östlich von 2160 erscheinen dagegen nicht auf der Flächenzeichnung.

Stratigraphischer Bezug: unter 2125; schneidet 2131; gehört zu 2130.

Dokumentation: F 1; Fo 11–12, 20–23; Beil. 15; Abb. 61.

Datierung: Mittelalter allgemein

2127 Störung

Graben für eine Wasserleitung.

Stratigraphischer Bezug: schneidet 2111.

Dokumentation: Nordprofil; Fo 19, 24; Beil. 16; Abb. 61, 64.

Datierung: Neuzeit allgemein

2128 Graben

0,15 m breiter Graben mit einer unregelmäßigen Verbreiterung, die von 2130 geschnitten wird, und der viereckigen Verbreiterung bzw. Pfostengrube 2129 im Osten. Der Graben ist Ost-West orientiert, und der Verlauf weicht leicht von dem der Straße vor der Post = Schnittkante ab. Er gleicht aber exakt 2105 und ist eines der bekannten dünnen Fundamentgräbchen aus der Frühphase der Besiedlung des Platzes.

Stratigraphischer Bezug: unter 2156; schneidet 2158.

Dokumentation: F 1; Fo 11–12, 20–23; Beil. 15; Abb. 62.

Datierung: vorgeschichtlich

2129 Grube

Der Graben 2128 mündet in die mindestens 0,50 x 0,45 m große Grube 2129. Möglicherweise handelt es sich um eine Gebäudeecke. Die Übereinstimmung der Kante mit der östlich von 2132 verlaufenden Befundgrenze ist zufällig durch die Ausmaße der jüngeren Störung 2133 in der Oberfläche 2157/2158 gegeben.

Stratigraphischer Bezug: schneidet 2128; geschnitten von 2133.

Dokumentation: F 1; Fo 11–12, 20–23; Beil. 15; Abb. 61.

2130 Grubenhaus

Die Grube ist ca. 1,90 m breit und 4,20 m breit. Sie schneidet 2156 und 2131. Für ein Grubenhaus ist sie relativ schmal.

Stratigraphischer Bezug: unter 2111; schneidet 2131, 2156.

Dokumentation: F 1; Fo 11–12, 20–23; Beil. 15, 18; Abb. 61–62.

Datierung: Mittelalter allgemein

2131 Grube

Mindestens 4,10 x 3,70 m großer Bereich mit bräunlicher Verfärbung, der nur in der Fläche dokumentiert wurde, vermutlich nicht weit über dem anstehenden Boden. Westlich von 2132 schließt passend ein etwas dunkler dokumentierter Befund an, der aber auch nach Auswertung des Fotos zu 2131 zu rechnen ist. Die Breite des Befundes beträgt damit mehr als 7 m! Er wird von 2130 geschnitten. Ob es sich um ein größeres Grubenhaus oder um eine Schicht, etwa einen Abschnitt von 2156 handelt, der hier etwas tiefer liegen könnte, ist anhand der Dokumentation nicht zu ermitteln. Auch ein Zusammenhang mit 2160 scheint nicht ausgeschlossen.

Stratigraphischer Bezug: unter 2156; schneidet 2158; geschnitten von 2130.

Dokumentation: F 1; Fo 11–12, 20–23; Beil. 15, 18; Abb. 62.

Datierung: Mittelalter allgemein

2132 Fundament

0,50 m breites Fundament, das wie 2110/2112 zu den (früh-)neuzeitlichen Gebäuden an der Straßenseite der Parzelle zu rechnen ist. Es erscheint auf dem nach Süden verspringenden Profil nicht mehr, kann also nicht weit über die spätere Schnittkante hinaus nach Süden verlaufen sein.

Stratigraphischer Bezug: unter 2001; schneidet 2111.

Dokumentation: F 1; Fo 11–12, 20–23; Beil. 15; Abb. 62.

Datierung: Neuzeit allgemein

2133 Fundament

4,40 x 2,20 m großer Fundamentblock östlich des kleinen Fundamentstreifens 2132, vermutlich als Träger schwerer Last errichtet, vom Ausgräber als moderne Störung mit Ziegelschutt bezeichnet.

Stratigraphischer Bezug: unter 2001; schneidet 2111.

Dokumentation: F 1; Fo 11–12, 20–23; Beil. 15; Abb. 62.

Datierung: Neuzeit allgemein

2134 Graben

0,10–0,20 m breites Gräbchen, das ca. 0,25 m in den anstehenden Boden eingetieft war. An der Westseite gestört durch 2131 mit einer größeren Ausfransung nach Norden, die jedoch nur sehr unscharf dokumentiert worden ist (es könnte auch eine Pfostengrube sein). An der Ostseite geschnitten von der großen Störung, deutet sich eine Abzweigung nach Süden an. Ein vom Ausgräber vorgenommener Schnitt an einer schwachen Ausbuchtung zeigt eine sehr gerade, ca. 0,25 m breite und 0,30 m tiefe Holzspur, bei der es sich um die Reste eines Bretts handeln dürfte.

Stratigraphischer Bezug: geschnitten von 2137, 2131.

Dokumentation: F 2; P 3; Fo 11–12, 20–23; Beil. 15; Abb. 62.

Datierung: vorgeschichtlich

2135 Grubenhaus

Die 3,20 m breite Grube ist erheblich geringer als 2160 eingetieft. Die Verfüllung stimmt weitgehend mit 2171 überein. An der östlichen Kante findet sich die jüngere Grube 2153 mit gehäuft kleinen Steinen und hellerem Lehm, der untere Bereich ist etwas dunkler. Die Oberkante der Verfüllung entspricht in etwa dem Horizont 2156. Am westlichen Grubenrand ist die Unterkante von 2156 deutlich konturiert, was wiederum die Vermutung nahelegt in ihr, wie auch an der Ostseite von 2160, die Nutzungszeit der Grubenhäuser zu suchen.

Stratigraphischer Bezug: unter 2111; schneidet 2156.

Dokumentation: Nordprofil; Fo 10, 19; Beil. 16; Abb. 60, 62.

Datierung: Mittelalter allgemein

2136 Pfostengrube

Über 1,10 m und 0,60 m breite längliche Grube mit einer Pfostenspur von 0,35 m Durchmesser. Sie ist nur noch auf sehr geringer Höhe im anstehenden Boden zu erkennen. Vermutlich liegt ein zweiter Pfosten an der Südseite der Grube an der Profilkante. Die hellbraune Verfüllung zieht über das Gräbchen 2134.

Stratigraphischer Bezug: unter 2156; über 2134; schneidet 2158.

Dokumentation: F 3; P 3; Fo 11–12, 20–23; Beil. 15; Abb. 62.

Datierung: Mittelalter allgemein

2137 Grube

1,10 x 0,70 m große Grube, mit rundlichem schmalerem Abschluß im Westen, die 0,35 m in den anstehenden Boden eingetieft war. Vermutlich eine Pfostengrube.

Stratigraphischer Bezug: unter 2156; über 2134; schneidet 2158.

Dokumentation: F 3; P 3; Fo 11–12, 20–23; Beil. 15; Abb. 62.

Datierung: Mittelalter allgemein

2138 Pfostengrube

Knapp 0,50 m breite, rundliche Grube mit der Spur eines zentralen Pfostens.

Stratigraphischer Bezug: unter 2156; über 2134; schneidet 2158.

Dokumentation: F 3; Fo 11–12, 20–23; Beil. 15; Abb. 62.

Datierung: Mittelalter allgemein

2139 Pfostengrube

Rundliche, ca. 0,40 m breite Pfostengrube mit der Spur eines Pfostens, die nur 0,07 m in den anstehenden Boden eingetieft war. Ein Zusammenhang mit 2136 und 2138 ist wahrscheinlich.

Stratigraphischer Bezug: unter 2156; schneidet 2158.

Dokumentation: F3; P 3; Fo 11–12, 20–23; Beil. 15; Abb. 62.

Datierung: Mittelalter allgemein

2140 Bruchsteinfundament

Nord-Süd verlaufendes Fundament aus Sandsteinplatten, Breite ca. 0,75 m. Auf der Flächenzeichnung zur großen Störung gerechnet, jedoch bei der Dokumentation der Grube/Feuerstelle 2148 ansatzweise gezeichnet. Der Bau gehört sicher auch zu den Nebengebäuden der Kurie der Dompropstei an der Straßenseite, läßt sich jedoch nicht mit einem Gebäude auf dem Alerdinckplan in Verbindung bringen.

Dokumentation: F 4; Fo 11–12, 20–23; Beil. 15.

Datierung: spätes Mittelalter/frühe Neuzeit (13.–16. Jh.)

2141–2145 Gruben

(Pfosten-?)Gruben in der Nordfläche. Die vier Gruben 2141–2143 und 2145 liegen in einer Reihe. Die äußeren Pfosten 2141 (gestört durch 2133) und 2145 sind erheblich größer: Durchmesser ca. 0,80 m gegenüber 0,40 m der beiden kleineren Gruben. Die Grube 2144 liegt südlich vor der Reihe und gleicht den beiden kleineren Gruben. Alle vier Gruben weisen eine relativ dunkle schwärzliche Verfüllung auf. Siehe auch 2118.

Stratigraphischer Bezug: unter 2156; schneidet 2158; geschnitten von 2133.

Dokumentation: F 3; Fo 11–12, 20–23; Beil. 15; Abb. 62.

Datierung: Mittelalter allgemein

2146 Brandhorizont

Randbereich der Grube 2148. Stark verziegelter Bereich. Der anstehende Boden ist auf einer Stärke von bis zu 0,20 m an den Rändern und 0,07 m an der Unterkante der Grube durchgebrannt.

Stratigraphischer Bezug: unter 2156; geschnitten von 2140.

Dokumentation: F 3–4; P 3; Fo 15–16; Beil. 15, 18; Abb. 60.

Datierung: Mittelalter allgemein

2147 Füllschicht

Füllung der Grube 2148. Hellerer Lehm mit starken Brandspuren/Verziegelungen, als Füllung der ca. 0,30 m in den anstehenden Boden eingetieften Grube 2148.

Stratigraphischer Bezug: unter 2156; über 2146.

Dokumentation: F 3–4; P 3; Fo 15–16; Beil. 15, 18; Abb. 60.

Datierung: Mittelalter allgemein

2148 Grube

Wannenförmige Grube mit flacher Sohle, ca. 0,30 m in den anstehenden Boden eingetieft. Die Grube ist annähernd kreisrund mit einem Durchmesser von 1,80 m. Die starken regelmäßigen Verziegelungen an den Rändern sprechen für eine Feuerstelle. Ob ein Zusammenhang mit den Pfostensetzungen 2136/2137/2138 oder 2141–2145 besteht, läßt sich anhand der Dokumentation nicht mehr sagen. Der Bereich war bereits bis unmittelbar auf den anstehenden Boden gekappt. Nutzungshorizonte lassen sich weder zu den Pfosten noch zur Feuerstelle ermitteln.

Stratigraphischer Bezug: unter 2156; schneidet 2158.

Dokumentation: F 3–4; P 3; Fo 15; Beil. 15, 18; Abb. 60.

Datierung: Mittelalter allgemein

2149 Grube

Isoliert dokumentierte Grube im Ostteil der Nordfläche. Breite (unregelmäßig) ca. 1,10 m, Länge mindestens 2 m.

Dokumentation: F 3; Beil. 15.

Datierung: unbestimmt

2150 Bruchsteinfundament

0,30–0,55 m breites, isoliert dokumentiertes Fundamentrechteck, das einen kleinen Raum von mindestens 2,40 x 1,50 m umfaßt, sicher im Zusammenhang mit einem Nebengebäude/einer Abfallgrube der Kurie der Dompropstei.

Dokumentation: F 3; Beil. 15.

Datierung: spätes Mittelalter/frühe Neuzeit (13.-16. Jh.)

2151 Schuttschicht

Aufplanierte Schuttschicht über den mittelalterlichen Horizonten, auch über den älteren der schmalen Fundamentzüge wie 2110. Ob sie gegen andere Fundamente wie 2122 zieht oder von diesen geschnitten wird, ist nicht deutlich. Im Vergleich mit dem im oberen Bereich besser dokumentierten Ostprofil ist von mindestens zwei Phasen größerer Schuttplanierungen auszugehen 2001/2003, wobei 2151 der älteren Schicht 2003 entsprechen würde.

Stratigraphischer Bezug: über 2110.

Dokumentation: Nordprofil; Fo 19, 24–26; Beil. 16; Abb. 61, 63–64.

Datierung: spätes Mittelalter/frühe Neuzeit (13.–16. Jh.)

2152 Ausgleichsschicht

Heller Sand, der über dem aufgegebenen Fundament 2153 ca. 0,20 m stark aufgetragen wurde.

Stratigraphischer Bezug: unter 2111; über 2153.

Dokumentation: Nordprofil; Fo 19; Beil. 16; Abb. 61.

Datierung: Mittelalter allgemein

2153 Bruchsteinfundament

1,70 m breites Fundament, aus kleinen in Lehm gesetzten Steinen, die nicht steingerecht dokumentiert worden sind (auch kein Foto). Das Fundament liegt unter der Schicht 2111, schneidet 2156. Es dürfte sich um einen Teil eines mittelalterlichen Gebäudes handeln.

Stratigraphischer Bezug: unter 2111; schneidet 2156, 2101.

Dokumentation: Nordprofil; Fo 19; Beil. 16; Abb. 61.

Datierung: Hochmittelalter (10.–13. Jh.)

2154 Grube

Kleinere, ca. 0,80 m breite Grube am Ostrand des Grubenhauses 2135. Die Grube ist mit hellerem Material als das Grubenhaus verfüllt, und die Verfüllung weist zahlreiche kleine Steine auf. Sie ist in die Verfüllung 2171 des Grubenhauses eingetieft worden.

Stratigraphischer Bezug: unter 2111; schneidet 2175, 2171.

Dokumentation: Nordprofil; Fo 9–10, 19; Beil. 16; Abb. 61.

Datierung: Hochmittelalter (10.–13. Jh.)

2155 Planierschicht

Helle sandige Aufplanierung mit kleinen Steinen östlich von 2153, die vor 2111 und nach Abbruch des Fundaments 2153 aufgetragen worden ist.

Stratigraphischer Bezug: unter 2111; über 2152; geschnitten von 2122.

Dokumentation: Nordprofil; Fo 19; Beil. 16; Abb. 61.

Datierung: Hochmittelalter (10.–13. Jh.)

2156 Schicht

Dunkelgrauer lehmig-sandiger Streifen, der den gesamten Profilbereich abdeckt. Er ist zwischen 0,20 m und 0,40 m stark. Mit 2011 findet die Schicht ihre Entsprechung am Ostprofil. Sie ist stratigraphisch nicht einfach einzuordnen. So erscheint sie an der Westseite von Grubenhaus 2160 klar von der Grube geschnitten, während die Ostseite 2156 eher als Laufhorizont zur Grube ausweist. Diese Interpretation wäre auch für die Westkante von 2135 möglich. Grubenhaus 2172 wird eindeutig von 2156 überzogen. Die wenigen Funde sprechen gegen eine deutliche Trennung der Gruben. Zumindest in ihrer Aufgabe hat es jedoch leichte zeitliche Differenzen gegeben. Zu bedenken bleibt, ob nicht bei der Aufgabe der Grubenhäuser an den Rändern auch weiter abgegraben (ausgebrochen) worden ist, etwa um Holz an den Rändern und am Fußboden zu bergen. Eine ähnliche Problematik hatte sich bereits am Ostprofil gezeigt (2007). Die Schicht 2156 war bei Anlage der Nordfläche mit geringen Ausnahmen am Westabschnitt um 2102 bereits vollständig abgetragen. Bei den schmalen Fundamentgräbchen wie 2105 und 2134 kann als sicher angenommen werden, daß sie älter als 2156 sind, da bei einer dokumentierten Eintiefung von ca. 0,25 m in den anstehenden Boden oder in 2157 zusätzlich 0,20–0,45 m Tiefe bei einem nur 0,15–0,20 m breiten Gräbchen hinzukämen. Außerdem schneiden einige Gruben (so 2119) die Gräbchen, werden aber von 2156 überlagert. Für die zahlreichen dokumentierten Gruben und Pfosten, insbesondere für die größeren Pfostenbauten, ist dies ebenfalls wahrscheinlich, aber nicht sicher. Deutete sich in Teilbereichen des Profils ein Laufhorizont aus der Nutzungszeit der Grubenhäuser an der Unterkante der Schicht an, so ist im Ostabschnitt ein Laufniveau an der Oberfläche unter 2111 zu erkennen (2175).

Stratigraphischer Bezug: unter 2155, 2175; über 2157, 2175.

Dokumentation: Nordprofil; Fo 7–10, 19, 24–26; Beil. 16; Abb. 61, 63–64.

Datierung: Mittelalter allgemein

2157 Kulturschicht

Graugelber Bereich, der den Übergang zum anstehenden Boden markiert. Die Trennung von 2156 ist relativ deutlich durchzuführen. Soweit am Profil zu erkennen, gibt es stratigraphisch keine Unterschiede zum anstehenden Boden. Die Dokumentation der Fläche ist überwiegend auf diesem wenig aussagekräftigen Horizont durchgeführt worden, der sowohl die kaiserzeitlichen als auch die frühmittelalterlichen Siedlungsspuren umfassen dürfte.

Stratigraphischer Bezug: unter 2156; über 2158; geschnitten von 2134 u. a.

Dokumentation: F 1–4; Nordprofil; alle Profilfotos; Beil. 16; Abb. 61, 63–64.

Datierung: vorgeschichtlich

2158 Sonstiges allgemein

Anstehender Boden aus gelbem Sand. Die Trennung von 2157 ist schärfer gezeichnet als sie auf den Profilfotos erscheint. Soweit erkennbar, ist der Boden nicht frei von dunklen Einschlüssen, die auf Pflanzenwuchs, Tiergänge und auch lockeres (vorgeschichtliches) Belaufen zurückgehen könnten. Die Höhe des Horizontes setzt bei 1,90 m unter der dokumentierten Oberfläche ein, was sehr wenig aussagekräftig ist, da die oberen Schuttschichten (s. 2001) nicht in die Dokumentation eingeschlossen wurden. Am Ostprofil setzt der anstehende Boden etwa bei 2,50 m unter der Oberfläche ein. Zum einen ist bis zur Oberfläche dokumentiert worden, zum anderen ist die Kulturschicht/Übergangsschicht 2012 mit ca. 0,60 m annähernd doppelt so stark wie 2157 dokumentiert worden.

Stratigraphischer Bezug: unter 2157.

Dokumentation: Nordprofil; alle Profilfotos; Beil. 16; Abb. 61, 63–64.

2159 Füllschicht

Verfüllung des Grubenhauses 2160. Schwarzgraue Schicht mit hellen Sandlinsen, Holzkohle und einigen Verziegelungen sowie einem angedeuteten schwarzen Holzkohlestreifen etwa 0,20 m über der Oberfläche, auf dessen Interpretation als torfiger Nutzungshorizont wegen zu großer Unsicherheit verzichtet wird. Insgesamt ist die Verfüllung des unteren Bereichs etwas dunkler gefärbt, was mit Resten der Nutzung (Holz) zusammenhängt. Die Trennung der Verfüllung von 2111 im oberen Bereich ist nicht exakt zu treffen.

Stratigraphischer Bezug: unter 2111; gehört zu 2160.

Dokumentation: Nordprofil; Fo 8, 19, 24; Beil. 16; Abb. 61, 63–64.

Datierung: Mittelalter allgemein

2160 Grubenhaus

Ca. 3,70 m breites Grubenhaus mit flacher Sohle. Die Seiten sind etwas tiefer eingegraben, dahinter könnten sich Randpfosten verbergen. Der Befund ist jedoch nicht so deutlich wie beim Grubenhaus 2172 ausgeprägt. 2160 ist das am tiefsten in den anstehenden Boden eingetiefte Gebäude. An der Westkante schneidet die Grube 2156, an der Ostseite erscheint die Unterkante von 2156 als ein Laufhorizont im Außenbereich zwischen den Grubenhäusern 2135 und 2160. Möglicherweise hängt der Widerspruch mit einer Erweiterung der Grube (Ausbruch) bei der Aufgabe zusammen.

Stratigraphischer Bezug: unter 2111; schneidet 2157.

Dokumentation: Nordprofil; Fo 8, 19, 24; Beil. 16, 18; Abb. 61, 63–64.

Datierung: Mittelalter allgemein

2161 Grube

Ca. 0,60 m breite und 0,70 m tiefe Grube mit dunkler Verfüllung, die im unteren Bereich sich an beiden Seiten um 0,10 m verschmälert und hier eine etwas hellere Verfüllung aufweist. Sie dürfte die Spur eines Pfostens sein, damit handelt es sich um eine jüngere Pfostengrube. Es dürfte ein Zusammenhang mit 2163 bestehen.

Stratigraphischer Bezug: unter 2163, 2151; schneidet 2111.

Dokumentation: Nordprofil; Fo 19; Beil. 16; Abb. 61.

Datierung: Neuzeit allgemein

2162 Planierschicht

Auf einem schmalen Abschnitt ist zwischen 2111 und 2151 eine Zwischenschicht dokumentiert worden, die vor der Auftragung der großen Schuttschicht 2151 liegt.

Stratigraphischer Bezug: unter 2151; über 2111.

Dokumentation: Nordprofil; Fo 19; Beil. 16; Abb. 61.

Datierung: spätes Mittelalter/frühe Neuzeit (13.–16. Jh.)

2163 Grube

Grube, die in wesentlichen Teilen bei der Auftragung von 2151 abgetragen worden sein muß.

Stratigraphischer Bezug: unter 2151; schneidet 2161.

Dokumentation: Nordprofil; Fo 19; Beil. 16; Abb. 61.

Datierung: spätes Mittelalter/frühe Neuzeit (13.–16. Jh.)

2164 Schuttschicht

Stärker eingetiefter Bereich von 2151, mit höherem Ziegelanteil.

Stratigraphischer Bezug: über 2111; geschnitten von 2165.

Dokumentation: Nordprofil; Fo 19; Beil. 16; Abb. 61.

Datierung: frühe Neuzeit (ca. 1500–1700)

2165 Graben

Leitungsgraben der Vorkriegszeit.

Stratigraphischer Bezug: schneidet 2151, 2164.

Dokumentation: Nordprofil; Fo 19; Beil. 16; Abb. 61.

Datierung: Neuzeit allgemein

2166 Störung

1,80 m breite Störung, unter anderem für einen Leitungsgraben über der Feuerstelle 2148.

Stratigraphischer Bezug: unter 2001; über 2111; schneidet 2151.

Dokumentation: Nordprofil; Fo 19; Beil. 16; Abb. 61.

Datierung: Neuzeit allgemein

2167 Pfostengrube

Schmale, 0,15 m breite aber fast 0,60 m tiefe Pfostengrube an der Ostseite des Grubenhauses 2135. Die Verfüllung entspricht der des Grubenhauses 2171.

Stratigraphischer Bezug: unter 2171; schneidet 2158; gehört zu 2135.

Dokumentation: Nordprofil; Fo 9–10, 19, 26; Beil. 16; Abb. 61.

Datierung: Mittelalter allgemein

2168 Pfostenspur

Spuren von drei kleinen, 0,10–0,20 m breiten Pfosten unter dem Niveau des Grubenhauses 2135 auf 0,05–0,08 m zu erkennen. Sie könnten auch älter als 2135 sein.

Stratigraphischer Bezug: unter 2171; schneidet 2158.

Dokumentation: Nordprofil; Fo 9–10, 26; Beil. 16; Abb. 61.

Datierung: unbestimmt

2169 Ausbruchgrube

Grauer bis gelblicher Sand mit Ziegelstücken wie 2151 auf ca. 1,30 m Breite. Ausbruchbereich von 2170.

Stratigraphischer Bezug: unter 2151; schneidet 2111.

Dokumentation: Nordprofil; Fo 19; Beil. 16; Abb. 60, 62.

Datierung: spätes Mittelalter/frühe Neuzeit (13.–16. Jh.)

2170 Fundament

Vermörteltes Bruchsteinfundament mit einigen eingeschlossenen Ziegelsteinen. Breite 0,60 m. Es könnte zu 2176 knapp 5 m östlich gehören. Beide dürften zu einem spätmittelalterlichen/frühneuzeitlichen Gebäude gehört haben.

Stratigraphischer Bezug: unter 2151; über 2111.

Dokumentation: Nordprofil; Fo 19; Beil. 16; Abb. 60, 62.

Datierung: spätes Mittelalter/frühe Neuzeit (13.–16. Jh.)

2171 Füllschicht

Verfüllung des Grubenhauses 2135. Einheitlich braun gefärbt mit Holzkohlespuren, leicht dunklere Verfärbung im unteren Bereich.

Stratigraphischer Bezug: unter 2111; über 2168, 2158; gehört zu 2135.

Dokumentation: Nordprofil; Fo 9–10, 19, 26; Beil. 16; Abb. 61.

Datierung: Mittelalter allgemein

2172 Grubenhaus

Großes, ca. 5 m breites Grubenhaus mit zwei deutlich ausgeprägten Eckpfosten 2177 und 2180 und einem erkennbaren Nutzungshorizont. Stratigraphisch eindeutig zieht 2156 über die Verfüllung 2179 des Grubenhauses, das damit zu den früheren Grubenhäusern auf der Parzelle gehört.

Stratigraphischer Bezug: unter 2156; schneidet 2157.

Dokumentation: Nordprofil; Fo 7, 19, 25; Beil. 16; Abb. 61, 63.

Datierung: Frühmittelalter

2173 Planierschicht

Aufplanierung zwischen 2111 und 2151 aus grauem, sandigem Material mit Ziegelspuren, das auch die Pfostengrube 2174 verfüllt.

Stratigraphischer Bezug: unter 2151; über 2111, 2175.

Dokumentation: Nordprofil; Fo 19; Beil. 16; Abb. 61.

Datierung: spätes Mittelalter/frühe Neuzeit (13.–16. Jh.)

2174 Pfostengrube

Ca. 0,80 m breite Grube mit der Spur eines großen gerundeten Pfostens.

Stratigraphischer Bezug: unter 2173; schneidet 2111.

Dokumentation: Nordprofil; Fo 7, 19, Beil. 16; Abb. 61, 63.

Datierung: Neuzeit allgemein

2175 Laufhorizont

Schmaler schwarzgefärbter Streifen, teilweise mit kleinen Steinen (evtl. zur Wegbefestigung) zwischen 2156 und 2111, der nur im Ostabschnitt des Profils sichtbar wird.

Stratigraphischer Bezug: unter 2111; über 2156.

Dokumentation: Nordprofil; Fo 7; Beil. 16.

Datierung: Hochmittelalter (10.-13. Jh.)

2176 Ausbruchgrube

0,70 m breite Grube, verfüllt mit kleinen Steinen und Ziegelschutt, könnte ein Pendant zu 2170 sein.

Stratigraphischer Bezug: unter 2173; schneidet 2111.

Dokumentation: Nordprofil; Fo 7, 25; Beil. 16; Abb. 63.

Datierung: spätes Mittelalter/frühe Neuzeit (13.–16. Jh.)

2177 Pfostengrube

Ca. 0,65 m breite Pfostengrube an der Ostseite des Grubenhauses 2172, die fast 0,70 m unter die Sohle der Grube eingetieft worden ist. Die Verfüllung entspricht der des Grubenhauses.

Stratigraphischer Bezug: unter 2179; schneidet 2158; gehört zu 2172.

Dokumentation: Nordprofil; Fo 7, 25; Beil. 16; Abb. 63.

Datierung: Frühmittelalter

2178 Pfostengrube

0,25 m breite Pfostengrube im Bereich von Grubenhaus 2172. Im Gegensatz zu den Randpfosten 2177 und 2180 liegt dieser Pfosten unter dem Laufhorizont 2181 des Grubenhauses. Er könnte also älter sein oder zu einer früheren Phase des Grubenhauses gehören oder mit dem Bau des Hauses zusammenhängen.

Stratigraphischer Bezug: unter 2181; schneidet 2158.

Dokumentation: Nordprofil; Fo 7, 25; Beil. 16; Abb. 63.

Datierung: Frühmittelalter

2179 Füllschicht

Verfüllung des Grubenhauses 2172. In das graubraune Material mischen sich helle Sandstreifen.

Stratigraphischer Bezug: unter 2156; über 2180–2181.

Dokumentation: Nordprofil; Fo 7, 25; Beil. 16; Abb. 63.

Datierung: Frühmittelalter

2180 Pfostengrube

Ca. 0,50 m breite und 0,20 m unter die Sohle des Grubenhauses 2172 eingetiefte Pfostengrube an dessen Westseite, damit erheblich kleiner als 2177 an der Ostseite.

Stratigraphischer Bezug: unter 2179; gehört zu 2172.

Dokumentation: Nordprofil; Fo 7, 25; Beil. 16; Abb. 63.

Datierung: Mittelalter allgemein

2181 Schicht

Dunkelbrauner, eher holziger als torfiger Streifen an der Unterkante des Grubenhauses 2172. Die Oberkante verläuft unregelmäßig. Vermutlich handelt es sich um ein Nutzungsniveau des Gebäudes. Der kleine Pfosten 2178 liegt jedoch unter der Schicht, gehört aber möglicherweise nicht zum Grubenhaus 2172.

Stratigraphischer Bezug: unter 2179; über 2178; gehört zu 2172.

Dokumentation: Nordprofil; Fo 7, 25; Beil. 16; Abb. 63.

Datierung: Frühmittelalter

2182 Störung

Annähernd 5 m breite, nicht näher zu definierende moderne Störung.

Stratigraphischer Bezug: unter 2001.

Dokumentation: Nordprofil; Fo 19; Beil. 16; Abb. 61.

Datierung: Neuzeit allgemein

2183 Grube

1,80 m breite Grube, im oberen Bereich mit dunklem Sand verfüllt, darunter liegen kleine Steine, Ziegel; möglicherweise eine Ausbruchgrube.

Stratigraphischer Bezug: unter 2151; schneidet 2111, 2173.

Dokumentation: Nordprofil; Fo 19; Beil. 16; Abb. 61.

Datierung: Neuzeit allgemein

2184 Füllschicht

Verfüllung des Kellers 2186/2187. Im oberen Bereich steriler heller Sand, darunter brauner Sand.

Stratigraphischer Bezug: unter 2173; über 2185; gehört zu 2186/2187.

Dokumentation: Nordprofil; Beil. 16.

Datierung: spätes Mittelalter/frühe Neuzeit (13.–16. Jh.)

2185 Boden

Rußige schwärzliche Schicht am Grund des Kellers 2186/2187. Am westlichen Rand zieht sie ansteigend über zwei Backsteine, die den Rest eines Fußbodens darstellen könnten.

Stratigraphischer Bezug: unter 2184; zieht gegen 2186/2187; gehört zu 2186/2187.

Dokumentation: Nordprofil; Beil. 16.

Datierung: spätes Mittelalter/frühe Neuzeit (13.–16. Jh.)

2186 Bruchsteinfundament

0,30 m breite Westwand (eine Lage) eines Kellers aus Sandsteinblöcken.

Stratigraphischer Bezug: unter 2173; schneidet 2156.

Dokumentation: Nordprofil; Beil. 16; Abb. 62.

Datierung: spätes Mittelalter/frühe Neuzeit (13.–16. Jh.)

2187 Bruchsteinfundament

Mit knapp 0,50 m breiter als 2186 fundamentierte Ostwand des Kellers aus Sandsteinblöcken und Platten. Gehört mit 2186 und 2189 zu den spätmittelalterlich/neuzeitlichen Gebäuden an der Ostseite der Parzelle.

Stratigraphischer Bezug: unter 2173; schneidet 2111.

Dokumentation: Nordprofil; Beil. 16.

Datierung: spätes Mittelalter/frühe Neuzeit (13.-16. Jh.)

2188 Baugrube

Gut 0,40 m breite Baugrube des tiefen Backsteinfundaments 2189, die mit hellem Sand verfüllt wurde.

Stratigraphischer Bezug: unter 2151; schneidet 2173.

Dokumentation: Nordprofil; Beil. 16.

Datierung: frühe Neuzeit (ca. 1500–1700)

2189 Backsteinfundament

0,26 m breites Backsteinfundament aus einem horizontal oder zwei vertikal vermauerten Backsteinen. 2189 ist auffallend tief fundamentiert. Die Dokumentation endet hier.

Stratigraphischer Bezug: unter 2151; schneidet 2173.

Dokumentation: Nordprofil; Beil. 16.

Datierung: frühe Neuzeit (ca. 1500–1700)

2190 –2192 Pfostengruben

Drei unregelmäßige Pfostengruben im Raum zwischen dem Pfostenbau 2103/2194 und der Grube 2102. Die Befunde 2190 ff. sind auf einer kleinen Anschlußzeichnung an der Westseite der Nordfläche dokumentiert.

Dokumentation: F 4; Abb. 62.

2193 Pfostenspur

Dunkle Spur eines 0,20 x 0,22 m großen Pfostens. Könnte zum Bau 2103, 2194 gehören.

Stratigraphischer Bezug: unter 2156.

Dokumentation: F 4; Abb. 62.

Datierung: Mittelalter allgemein

2194 Pfostengrube

Mindestens 1,40 x 1 m große Pfostengrube. Die Spur des Pfostens ist mit mindestens 0,75 x 0,55 m ebenfalls sehr groß. Es dürfte ein Zusammenhang mit den gleich orientierten großen Pfostengruben 2103 und 2118, sowie mit 2115, 2116 und 2193, 2195 bestehen. Eine Möglichkeit diesen Bau stratigraphisch einzuordnen, etwa den Zusammenhang mit den Gruben(häusern) wie 2102 herzustellen, gibt die Dokumentation nicht her.

Stratigraphischer Bezug: unter 2156; schneidet 2158.

Dokumentation: F 4; Abb. 62.

Datierung: Mittelalter allgemein

2195 Grube

Angeschnittene (Pfosten-?)Grube, wohl im Zusammenhang mit 2194, 2103 u. a.

Dokumentation: F 4; Beil. 16.

3000 ff. Grabung Markt-WC 1955

3001 Schicht

Schwarzbraune Schicht mit Schutt und Humusanteil (deutet auf Baumbewuchs) unter dem Pflaster des Domplatzes.

Stratigraphischer Bezug: über 3002.

Dokumentation: P 1; Fo 11; Abb. 77–78.

Datierung: Neuzeit allgemein

3002 Schuttschicht

Graubrauner Sand vermischt mit zahlreichen kleineren Steinen, ca. 0,30–0,40 m stark. Die Schicht gehört zu den typischen spätmittelalterlich-neuzeitlichen Aufplanierungen auf dem Domplatz (s. auch 1018 u. a.). Teilweise wird deutlich, daß diese Aufplanierungen nicht einheitlich sind, sondern in verschiedenen Zeiten vorgenommen wurden (s. auch 2001/2003). Die früheren Aufplanierungen werden 3005 zugerechnet.

Stratigraphischer Bezug: unter 3001; über 3003, 3007, 3017.

Dokumentation: P 1; Fo 11; Abb. 77–78.

Datierung: frühe Neuzeit (ca. 1500–1700)

3003 Ausgleichsschicht

0,05–0,10 m starke Schicht zur Abdeckung der Grube 3004 aus dunklem Material.

Stratigraphischer Bezug: unter 3002; über 3004, 3005.

Dokumentation: P 1; Fo 11; Abb. 77–78.

Datierung: Neuzeit allgemein

3004 Grube

Die mindestens 0,90 m breite Grube wurde an der Südseite des Westprofils freigelegt. Ausdehnung, Tiefe und Stratigraphie sind wegen der durch die Verschiebung der Profile entstandenen Abweichungen auf den Zeichnungen nicht eindeutig zu fassen. Auf der Zeichnung des Ostprofils ist die Grube 0,90 m breit und fast 1,20 m tief mit einer stufenartigen Verjüngung über der Grubensohle.

Stratigraphischer Bezug: unter 3003; schneidet 3005.

Dokumentation: P 1; Fo 11; Abb. 77–78.

Datierung: Neuzeit allgemein

3005 Planierschicht

Unterer, ca. 0,30 m starker Teil der Aufplanierungen unter der Oberfläche des Domplatzes mit Schuttanteil. Das Verhältnis zur Grube 3017 bleibt unklar, da in diesem Bereich 3002 und 3005 nicht zu trennen sind.

Stratigraphischer Bezug: unter 3003; über 3006, 3016; geschnitten von 3004, 3008.

Dokumentation: P 1; Fo 11, 17–19; Abb. 77–78.

Datierung: spätes Mittelalter/frühe Neuzeit (13.–16. Jh.)

3006 Pflaster

Schwach ausgeprägte Pflasterung aus kleinen Steinen (Kiesel?) über der Abdeckung des Friedhofshorizontes 3007. Die Pflasterung ist nicht überall zu erkennen, tritt aber stellenweise sowohl am Ost- als auch am Westprofil auf, so daß von einer großflächigeren Oberfläche ausgegangen werden kann. Diese gehört in die Zeit nach der Aufgabe des Friedhofes in diesem Bereich, spätestens im 17. Jahrhundert.

Stratigraphischer Bezug: unter 3005, 3017; über 3007; geschnitten von 3008.

Dokumentation: P 1, 3; Fo 11,17–19; Abb. 77–78.

Datierung: spätes Mittelalter/frühe Neuzeit (13.–16. Jh.)

3007 Planierschicht

Dunkelbraune humose Schicht, die das Friedhofsareal abdeckt. Sie enthält wenige Steine und ist ca. 0,25 m am Westprofil und bis zu 0,45 m am Ostprofil stark.

Stratigraphischer Bezug: unter 3006; über 3009; geschnitten von 3008, 3017, 3016.

Dokumentation: P 1, 3; Fo 11, 17–19; Abb. 77–78.

Datierung: spätes Mittelalter/frühe Neuzeit (13.–16. Jh.)

3008 Grube

1,80 m breite Grube mit flacher Sohle, verfüllt mit hellerem Sand.

Stratigraphischer Bezug: unter 3002; schneidet 3005.

Dokumentation: P 1; Fo 11, 17–19; Abb. 77–78.

Datierung: Neuzeit allgemein

3009 Planierschicht

Schicht aus hellem sandigem Material, mit vielen dunklen Einschlüssen. 3009 ist eine Abdeckung des Friedhofshorizontes.

Stratigraphischer Bezug: unter 3007; über 3010.

Dokumentation: P 1; Fo 17–19; Abb. 77–78.

Datierung: spätes Mittelalter/frühe Neuzeit (13.–16. Jh.)

3010 Alte Oberfläche

0,08–0,15 m breiter dunkelbrauner Streifen, der sich zwischen den helleren Schichten 3009 und 3012 am Ostprofil deutlich abhebt. Mit 3010 ist eine belaufene Fläche erfaßt. Sie dürfte dem oberen Bereich der auf der Flächenzeichnung als 3023 benannten Schicht entsprechen. Die feststellbaren Grabgruben liegen darunter. Es könnte sich daher um eine Oberfläche nach der Aufgabe des Friedhofs handeln.

Stratigraphischer Bezug: unter 3009; über 3011, 3013.

Dokumentation: F 1; P 1; Fo 11, 17–19; Abb. 77–78.

Datierung: spätes Mittelalter/frühe Neuzeit (13.–16. Jh.)

3011 Schicht

Hellere Schicht, ähnlich 3009, am Ostprofil unter 3010, die ebenfalls viele dunkle Einschlüsse aufweist. Der gesamte mögliche Friedhofhorizont könnte am Ostprofil bis zu 0,80 m stark sein, am Westprofil jedoch nur 0,30 m. Die Unterscheidung von den Auffüllungen im Zusammenhang mit der Aufgabe des Gebäudes 3050, 3038 ist nicht eindeutig zu treffen. 3011 zieht auf der Profilzeichnung über die Grabgrube 3013 und gehört damit zum Friedhof. Auf der Flächenzeichnung mit der Erweiterung an der Südostecke, die sich durch die Höhenangabe „1,58 m unter der Oberfläche" nicht unter 3011 einordnen läßt, ist die Grabgrube jedoch bereits zu erkennen. Vom Ausgräber wird der gesamte Bereich 3011/3023 auf einer Fundbeschreibung als Schicht des 12. Jahrhunderts bezeichnet. Einzelbefunde, die dem Friedhofshorizont zuzuordnen sind, gibt es jedoch nicht, die Angabe ist nicht zu überprüfen. In jedem Fall sind die Funde aus den darunterliegenden Planierungen/Auffüllungen 3012/3014 in das 11./12. Jahrhundert zu setzen, so daß die Angabe möglich erscheint. Damit wäre die Jacobikirche früher zu datieren als bisher angenommen.

Stratigraphischer Bezug: unter 3010; über 3012.

Dokumentation: P 1; Fo 11, 17–19; Abb. 77–78.

Datierung: Hochmittelalter (10.–13. Jh.)

3012 Schicht

Dunkles, zwischen 0,20 m und 0,40 m breites Schichtpaket mit unregelmäßigen Grenzen. Nach der Profilzeichnung könnte es über 3013 ziehen und damit zum Friedhofsbereich gehören. Die Fotos nach der Profilverlegung lassen diese Schicht jedoch noch undeutlicher und vermischt mit der darunterliegenden helleren Schicht 3014 erscheinen, die als Aufplanierung oder Ausgleichsschicht nach der Aufgabe des Gebäudes 3050; 3038 zu deuten ist. So auch die Flächenzeichnung der Südosterweiterung zu 3011. Über den Rändern des aufgegebenen Gebäudes zieht 3012 nach oben: ein Indiz für ein Nachgeben der Verfüllung des Hauses. Funde aus diesem Bereich (K 2) sind einheimische Scherben und Pingsdorfer Ware, die nicht mehr in das 12. oder sogar 13. Jahrhundert gehören können.

Stratigraphischer Bezug: unter 3011; über 3014.

Dokumentation: P 1; Fo 11, 17–19; Abb. 77–78.

Datierung: Hochmittelalter (10.–13. Jh.)

3013 Grab

Fast 1,30 m breite Grabgrube. Die Spur des Holzsarges ist kaum 0,50 m breit. Die Grube ist geostet, ihre Flucht weicht leicht aber deutlich von der Mehrheit der anderen Gruben nach Süden ab. Eine Dokumentation des Skeletts gibt es – wie bei allen anderen Gräbern – nicht.

Stratigraphischer Bezug: unter 3010; schneidet 3012.

Dokumentation: F 4–6; P 1; Fo 11, 17–19; Beil. 19; Abb. 77–78.

Datierung: spätes Mittelalter/frühe Neuzeit (13.–16. Jh.)

3014 Planierschicht

Hellere sandige Schicht über dem aufgegebenen Gebäude 3050 und wohl auch über dem jüngeren Fundament 3038.

Stratigraphischer Bezug: unter 3012; über 3015, 3038; geschnitten von 3013, 3017.

Dokumentation: P 1–2; Fo 9, 11, 17–19; Abb. 77–78.

Datierung: Hochmittelalter (10.–13. Jh.)

3015 Brandschicht

Brandschicht mit hohem Holzkohleanteil und verziegeltem Lehm, insbesondere wohl über den verbrannten Pfosten des Gebäudes 3050. Trotz einiger Unsicherheiten ist sie hier vom verbrannten Fußboden 3018 des Gebäudes getrennt worden. Sie ist im oberen Bereich stärker mit Sand vermischt. Entscheidender ist, ob 3015 auch über dem Fundament 3038 zu erkennen ist. Dort liegt eine vergleichbare schwarze Brandschicht. Am Profil ist sie nicht durchgehend zu fassen, dort liegt auch die Störung durch Grab 3013 vor. Auch in der Fläche ist keine deutliche Brandspur außerhalb von 3050 zu erfassen. Der verbrannte Fußboden 3018 umfaßt sicher nur den Bereich des Gebäudes 3050, er ist durch die Holzkante 3040 scharf begrenzt. Der Pfostenbau 3050 ist älter als die Steinfundamentierung 3038. Der Ausgräber spricht jedoch von einem steinummantelten Pfostenbau. Die Steinmauer ist später hinzugekommen und hat die Pfosten ersetzt. 3015 dürfte die Aufgabe der zweiten Phase kennzeichnen. Bei der Einordnung des Fundguts war dies zu berücksichtigen.

Stratigraphischer Bezug: unter 3014; über 3018.

Dokumentation: F 3, 6; P 1; Fo 9, 17–19; Abb. 77–79.

Datierung: Hochmittelalter (10.–13. Jh.)

3016 Grube

0,60 m breite Grube mit flacher Sohle, verfüllt mit grauem Sand.

Stratigraphischer Bezug: unter 3005; schneidet 3006.

Dokumentation: P 1; Fo 11; Abb. 77–78.

Datierung: frühe Neuzeit (ca. 1500–1700)

3017 Grube

Mindestens 4,50 x 5,30 m große und 2,20 m tiefe Grube mit schwärzlicher Verfüllung und zahlreichen Bruchsteinen, die an der erfaßten Südseite stufenförmig abgetieft ist. Sie liegt unter der jüngeren Schuttschicht 3002, könnte auch unter der älteren Schicht 3005 liegen. Sie ist aber erst nach der Aufgabe des Friedhofs angelegt worden. Hinweise auf eine Funktion, etwa als Latrine, gibt es nicht.

Stratigraphischer Bezug: unter 3002; über 3006.

Dokumentation: F 1; P 1; Fo 11; Beil. 19; Abb. 77.

Datierung: spätes Mittelalter/frühe Neuzeit (13.–16. Jh.)

3018 Estrich

Verbrannter Holzfußboden oder Estrich des Gebäudes 3050. Der Boden ist durch 3040 scharf begrenzt und deutlich dem Bereich von 3050 zugewiesen. Es handelt dabei um den Fußboden des älteren Pfostenbaus. Dieser ist massiv verbrannt, und der zerstörte Fußboden vermischt sich mit einer mehrere Zentimeter starken Brandschicht, die zahlreiche Funde enthält. Über dieser setzt sich die mit geringem Brandschutt durchsetzte Schicht 3015 ab. Die Abgrenzung ist sicher nicht immer eindeutig möglich. Im Brandbereich fand sich in großer Zahl ausschließlich die bekannte einheimische Ware des 9. und 10. Jahrhunderts (K 14); ein vollständiger Kugeltopf, wohl 10. Jahrhundert, ist auch auf der Fotodokumentation zu sehen. Die Datierung der Aufgabe des Holzbaus im 10. Jahrhundert scheint somit belegt, jedoch fanden sich einige kleine Pingsdorfer Fundstücke im Bereich unter der Brandschicht, wo eigentlich anstehender Boden zu erwarten gewesen wäre. Es gibt mehrere Deutungsmöglichkeiten: 1. Die Scherben sind beim Bau des Hauses und vor der Anlage des Fußbodens dorthin gelangt, das ergäbe eine sehr kurze Laufzeit des Holzbaus. 2. Sie kommen aus der Verfüllung verschiedener (Pfostengruben), die zum Holzbau gehören, und sind im Zusammenhang mit dem Brand und dem Abbruch des Holzbaus dorthin gelangt. 3. Beim Brand sind sie durch den zerstörten Fußboden eingetreten worden. 4. Es handelt sich um einen Dokumentationsfehler.

Stratigraphischer Bezug: unter 3015; über 3022; zieht gegen 3040; gehört zu 3050.

Dokumentation: F 4; P 1; Fo 19–22; Abb. 75–78.

Datierung: Mittelalter allgemein

3021 Schicht

Sandige, anthropogen beeinflußte Schicht unter dem Fußboden des Steingebäudes 3039. Es fanden sich mehrere Fundstücke (K 13, K 15), die aus der Aufgabe des Holzbaus und nicht von der Gründung des Steinbaus stammen dürften.

Stratigraphischer Bezug: unter 3039; über 3022.

Dokumentation: P 2.

Datierung: Hochmittelalter (10.–13. Jh.)

3023 Sonstiges allgemein

Friedhofshorizont. Die Schicht in der Fläche des ersten Planums entspricht den am Profil festgestellten oberen Horizonten 3010–3011. Sie stellt sich im wesentlichen als dunkle, aber sehr unregelmäßig verlaufende Schicht dar. Durch das häufige Umgraben des Horizontes, aber auch durch unterschiedliche Niveauansätze des ersten Planums sind diese zu erklären. Eine genaue Trennung in verschiedene Friedhofshorizonte ist nicht möglich. Die Schicht überzieht überwiegend die Grabgruben, teilweise wird sie von ihnen geschnitten.

Stratigraphischer Bezug: unter 3007; über 3050; geschnitten von 3017.

Dokumentation: F 1; Beil. 19.

Datierung: spätes Mittelalter/frühe Neuzeit (13.–16. Jh.)

3024 Grab

Ca. 0,80 m breite Grabgrube, teilweise von 3023 überzogen, geostet.

Stratigraphischer Bezug: unter 3023.

Dokumentation: F 1; Beil. 19.

Datierung: spätes Mittelalter/frühe Neuzeit (13.–16. Jh.)

3025 Grab

Grabgrube mit dunkler Verfüllung, ca. 0,70 m breit, geostet.

Stratigraphischer Bezug: unter 3023.

Dokumentation: F 1; Beil. 19.

Datierung: spätes Mittelalter/frühe Neuzeit (13.–16. Jh.)

3026 Grube

Ca. 0,55 m breite und mindestens 1,40 m lange Grube, vermutlich Grabgrube, die zwar geostet ist, aber in ihrer Flucht gegenüber 3024 ff. deutlich nach Süden ausweicht.

Dokumentation: F 1; Beil. 19.

Datierung: spätes Mittelalter/frühe Neuzeit (13.–16. Jh.)

3027 Schicht

Schicht oder auch Füllung einer Grube, aus schwarzem Material mit Ziegelspuren, die den Friedhofsbereich 3010/3011 in der Nähe des Ostprofils schneidet. Das Verhältnis zu 3023 ist wegen der vielen Niveauunterschiede im Schnittbereich, bedingt durch mehrere Profilstege, nicht zu klären. Denkbar ist auch eine Zugehörigkeit zu 3023.

Stratigraphischer Bezug: schneidet 3010.

Dokumentation: F 1; Beil. 19.

Datierung: spätes Mittelalter/frühe Neuzeit (13.–16. Jh.)

3028 Grube

Rundlich-eiförmige Grube mit 1,10 x 1,30 m Durchmesser, vermutlich eine Pfostengrube; sie schneidet das Grab 3084 und dürfte zur Nachfriedhofszeit gehören.

Stratigraphischer Bezug: schneidet 3084.

Dokumentation: F 1; Beil. 19.

Datierung: frühe Neuzeit (ca. 1500–1700)

3029 Grube

Rundliche angeschnittene Grube wohl eines Pfostens mit 0,60 m Durchmesser; Stratigraphie unklar, da im Bereich der Profilstege.

Dokumentation: F 1; Beil. 19.

3033 Grube

Größere Grube, die nur im Ansatz dokumentiert wurde, verfüllt mit grauschwarzem sandigem Material und einigen Ziegelstücken. Die Grube schneidet 3007 und die Pflasterung 3006, könnte ähnlich der großen Grube 3017 an der Nordseite eingeordnet werden. Die großen Aufplanierungen, die vom Spätmittelalter bis zum 19. Jahrhundert reichen dürften, sind am Südprofil jedoch nicht getrennt worden. Denkbar ist daher auch, daß es sich bei 3033 um eine relativ neue Grube bzw. Störung handelt.

Stratigraphischer Bezug: unter 3002; schneidet 3006.

Dokumentation: P 2.

3034 Grube

Über 1 m breite Grube mit dreieckiger, unten spitzer Form, die direkt unter 3007 anschließt und damit den jüngeren Bereich des Friedhofs schneidet (3023). Gegen die Annahme einer Grabgrube spricht auch die dreieckige Form.

Stratigraphischer Bezug: unter 3007; schneidet 3023.

Dokumentation: P 2.

Datierung: spätes Mittelalter/frühe Neuzeit (13.–16. Jh.)

3035 Abbruchschicht

0,10–0,20 m starke graue Schicht mit Brandspuren, die das Fundament 3038, aber auch die Steine 3037 abdeckt. Interessant ist hier, ob ein Zusammenhang mit 3015 und 3014 besteht, dem Brandschutt im Bereich des Gebäudes 3050 und der Auffüllung darüber. Möglich ist, daß der Raum nach der Umfassung durch Steinfundamente 3038 weiter genutzt worden ist. Der Horizont 3018/3015 unterscheidet sich zwar deutlich von 3039 dem Estrich neben 3038, das wäre jedoch durch die frühere Nutzung von 3018/3050 zu erklären. Der direkte Anschluß der beiden Schichten ist durch den Friedhofsbereich gestört, unter anderem müßte hier Grab 3013 ansetzen, auch wenn das die Profilzeichnung P 2 nicht belegt. 3035 zieht über die Steine

3037, die anhand der Flächenzeichnungen nicht als Fundament, sondern als Abbruchschutt des Fundaments 3037 gedeutet worden sind. Daher könnte der Bereich 3035 auch als ein etwas dunkler gefärbter Abschnitt von 3014 gedeutet werden.

Stratigraphischer Bezug: über 3037, 3039.

Dokumentation: P 2.

Datierung: Hochmittelalter (10.–13. Jh.)

3036 Schicht

Gelbe, leicht grau gefärbte Schicht, westlich von 3037, die nicht exakt vom Friedhofsbereich 3012 bzw. von 3014 zu trennen ist.

Stratigraphischer Bezug: unter 3012.

Dokumentation: P 2.

Datierung: Hochmittelalter (10.–13. Jh.)

3037 Abbruchschicht

Östlich des Fundaments 3038 liegen zahlreiche Sandsteine, die vom Abbruch des Fundaments stammen dürften; am Profil P 2 wirken sie wie ein Fundament. Der Fußbodenestrich 3039 des Gebäudes 3038 liegt darunter.

Stratigraphischer Bezug: unter 3014; über 3039.

Dokumentation: F 2, 3, 7; P 2; Abb. 79.

Datierung: Hochmittelalter (10.–13. Jh.)

3038 Bruchsteinfundament

Fundament aus in Lehm gesetzten, überwiegend kleineren Sandsteinen. Das Mauerwerk wurde auf ca. 3,40 m Länge freigelegt. Es war stark beschädigt, nur auf zwei Lagen Höhe erhalten und ca. 0,35–0,40 m breit. Die Steine an der Westseite sind sehr unregelmäßig bearbeitet, die an der Ostseite dagegen gerade beschlagen und liegen exakter in einer Flucht, ein klarer Hinweis auf den nach Osten sich erstreckenden Innenraum, der auch durch 3039 den Fußboden und den im Westen anschließenden anstehenden Boden gegeben ist. Der Bereich 3073 dürfte die nach Osten anschließende Fundamentlinie als Ausbruchsgrube angeben, der Bereich 3039 dürfte der Fußboden des Raumes sein. 3038/3073 umfassen den älteren Pfostenbau 3050, dessen Innenraum weiter genutzt wurde. Das ältere Gebäude wurde um ca. 1,20 m erweitert.

Stratigraphischer Bezug: unter 3014; schneidet 3022.

Dokumentation: F 2, 3, 7; P 1; Abb. 79–81.

Datierung: Hochmittelalter (10.–13. Jh.)

3039 Estrich

Grauer fester Horizont nördlich von 3073 und östlich des Fundaments 3038. Vom Ausgräber als Estrich oder sogar als Kalkestrich gekennzeichnet. Auf den Zeichnungen eher unscharf als graue Verfärbung zu erkennen. Im Osten schneidet die Grabgrube 3013 den Horizont. Auch im weiteren Verlauf nach Norden unterscheidet sich der graue Horizont, obwohl unschärfer, noch deutlich vom anstehenden Boden südlich des Fundaments 3038. Das Niveau entspricht dem von 3015, beide Schichten sind durch die Spur der Holzwand 3040 getrennt. Nach Abbruch der Wand könnten sie die gemeinsame Grundlage für einen neuen Laufhorizont des vergrößerten Gebäudes gegeben haben. An der Südseite werden die Verfärbungen der Pfosten 3047/48 sichtbar. Diese liegen jedoch eindeutig unter dem Fundament 3038, können daher auch nicht jünger als der dazugehörende Fußboden sein. An der Nordseite stört 3017 den Estrich. Die Ausdehnung des Steingebäudes kann damit sowohl im Norden als auch im Osten nicht erfaßt werden.

Stratigraphischer Bezug: unter 3038, 3035; zieht gegen 3040; geschnitten von 3013.

Dokumentation: F 2, 3, 7; P 2; Abb. 79.

Datierung: Hochmittelalter (10.–13. Jh.)

3040 Holzbauelement

0,03–0,05 m breiter Holzstreifen, der das Gebäude 3050 begrenzt. Dokumentiert an der Westseite als braune Holzspur, z. T. aber schwarz als verbranntes Holz. Spuren von kleinen Pfosten sind nicht zu erkennen. Die größeren Pfosten wie 3042 und 3044 sitzen innen vor der Holzwand und dürften zur Konstruktion gehören. Andererseits ist die Holzspur auf den sehr großen Pfosten an der Westseite deutlich als über die Pfosten ziehend zu erkennen. Ob hieraus eine Mehrphasigkeit des Gebäudes abzuleiten ist, oder ob die älteren Pfosten eine andere Funktion hatten, wird nicht deutlich. Jedenfalls müssen sie bei der Anlage von 3040 bereits aufgegeben worden sein. 3040 begrenzt die verbrannten Schichten, 3018 den Fußboden des Gebäudes und 3015 die Aufgabeschicht. Der Fußbodenestrich des Steingebäudes 3039 zieht gegen 3040. Er ist durch die fehlenden Brandeinflüsse deutlich von 3018 zu trennen.

Stratigraphischer Bezug: unter 3014; über 3043; gehört zu 3050.

Dokumentation: F 3, 7, 8; Abb. 74–76.

Datierung: Mittelalter allgemein

3041 Brandschicht

Starke, scharf begrenzte Holzkohlespuren innerhalb des Gebäudes 3050, die sich von dem übrigen ebenfalls verbrannten Bereich des Fußbodens 3018 noch abhebt. Die scharfen Linien könnten auf verbranntes Mobiliar, etwa Regale oder o. ä. zurückgehen, die innerhalb der tragenden Pfosten wie 3042 gestanden haben.

Stratigraphischer Bezug: unter 3014–3015; über 3018; gehört zu 3050.

Dokumentation: F 7; Abb. 75.

Datierung: Mittelalter allgemein

3042 Pfostengrube

Pfostengrube mit ca. 0,60 m Durchmesser und 0,60 m Tiefe, mit flacher, aber schräg nach Süden auf 3040 tiefer ziehender Sohle. Der Pfosten war unmittelbar an die Wand 3040 angesetzt und scheint leicht beschlagen gewesen zu sein, um ihn passend vor die Wand einsetzen zu können. Im Profil des Pfostenschnitts setzt unmittelbar südlich der Wand der Pfosten 3066 ein, der auf der Flächenzeichnung erst um 0,20 m versetzt erscheint.

Stratigraphischer Bezug: unter 3014; zieht gegen 3040.

Dokumentation: F 7, 9; P 4; Abb. 72–75.

Datierung: Mittelalter allgemein

3043 Pfostengrube

Sehr große Pfostengrube mit ca. 1,20 m Durchmesser, die bis zu 0,60 m unter das Niveau des Gebäudes 3050 eingetieft wurde. Die Pfostensohle verjüngt sich nach unten, ist dort nur noch 0,27 m breit und flach. Ein zweiter Pfosten an der Nordseite der Grube kann nicht ausgeschlossen werden. Die Grube wird ebenso wie 3051 von der Wand des Gebäudes 3040 überzogen, auch der Fußboden 3018 überzieht ihre Osthälfte. Sie gehört damit zu einer älteren Phase. Westlich schneidet sie die kleinere Pfostengrube 3052. Vermutlich verbirgt sich an der Ostseite ein weiterer Pfosten, der für den Bau des Gebäudes 3050 erforderlich wäre.

Stratigraphischer Bezug: unter 3040, 3018; schneidet 3052.

Dokumentation: F 7, 9; P 4; Abb. 72–74.

Datierung: Frühmittelalter

3044 Pfostengrube

Pfosten vergleichbar mit 3042. Der Pfosten liegt an der Nordseite des Gebäudes 3050, wiederum innerhalb der Holzwand 3040. Auf der Flächenzeichnung des Gebäudes hat er nur ca. 0,30 m Durchmesser. Die darunterliegende Flächenzeichnung mit der Dokumentation aller Pfostengruben spricht für die Annahme eines zweiten Pfostens (3071). Der etwa 0,80 m breit und ca. 0,40 m tiefe Profilschnitt spricht für die Annahme eines einzigen Pfostens, der auf den Flächenzeichnungen jeweils nicht vollständig erfaßt wäre.

Stratigraphischer Bezug: zieht gegen 3040.

Dokumentation: F 7, 9; P 4; Abb. 72–74.

Datierung: Mittelalter allgemein

3045–3046 Pfostengrube

Zwei Pfostengruben von 0,50–0,60 m Durchmesser mit dunkler Verfüllung, an der Südkante des Schnitts vor dem Fundament 3038 angeschnitten. Die Pfosten liegen sicher außerhalb des Gebäudes 3050 und außerhalb der davorliegenden Reihe mit 3070. Eine weitere Einordnung ist stratigraphisch nicht möglich. Denkbar ist, daß es sich um ein weiteres Pfostengebäude oder um Baupfosten für das Steingebäude 3038 handelt.

Stratigraphischer Bezug: schneidet 3022.

Dokumentation: P 4; Abb. 74.

Datierung: Mittelalter allgemein

3047 Pfostengrube

Rundlicher Pfosten mit 0,35 m Durchmesser, der teilweise unter dem Fundament 3038 liegt, in einer Reihe mit 3048 und evtl. mit 3070 und 3068.

Stratigraphischer Bezug: unter 3038; schneidet 3022.

Dokumentation: F 2–3; Abb. 74.

Datierung: Mittelalter allgemein

3048 Pfostengrube

Pfostengrube mit 0,50–0,70 m Breite, geschnitten von 3100/3017, die in einer Reihe mit 3047/3070 steht. Tiefe ca. 0,40 m mit flacher Grubensohle.

Dokumentation: F 2–3, 7; Abb. 74.

Datierung: Mittelalter allgemein

3050 Sonstiges allgemein

Haus/Gebäude. Der ältere Bau ist begrenzt durch die Holzwand 3040. Mit 3018 ist der verbrannte Holzfußboden in denselben Grenzen erfaßt. Zahlreiche Pfostengruben gehören zu dem ersten Bau: 3061–3064 im Osten, 3042 im Süden, 3044/3054–3055 im Norden sowie die Westreihe mit 3058, 3043 und 3051. Hier scheinen sich jedoch auch ältere Gruben zu verbergen, denn die Holzwand 3040 zieht über die großen Gruben 3043, 3051, so daß nur die östlichen Teile Pfostengruben zu 3050 sein können. Der Bau wurde später von einem Fundament 3038 eingefaßt. Dafür muß die Holzwand 3040 aufgegeben worden sein. Der Estrich 3039 außerhalb des älteren Gebäudes weist keine Brandspuren auf. Er dürfte zeitlich mit 3015 über 3018 zusammengehören. Die hier auftretenden Brandspuren sind durch dünn aufplanierten Brandschutt des älteren Gebäudes zu erklären. Ein Außenniveau beider Phasen ist nicht erfaßt worden. Es dürfte oberhalb des Fußbodens 3018 im Innenraum gelegen haben. Von einem eingetieften Gebäude ist also auszugehen.

Stratigraphischer Bezug: unter 3014; über 3022; geschnitten von 3013, 3017.

Dokumentation: F 2, 7; P 1; Abb. 72–74.

Datierung: Mittelalter allgemein

3051 Pfostengrube

Rundliche Grube mit über 1 m Durchmesser, 0,60 m tiefe, wohl mit flacher Sohle. Dokumentiert sind zwei unvollständige Pfostenschnitte. Da die Pfostengrube von 3040 überzogen wird, ist wie bei 3043 auch an zwei zeitlich getrennte Pfosten zu denken.

Stratigraphischer Bezug: unter 3040; schneidet 3022.

Dokumentation: F 9; P 4; Abb. 72–74.

Datierung: Frühmittelalter

3052 Pfostengrube

Viereckige Pfostengrube mit mindestens 0,70 m x 0,50 m Durchmesser, die ca. 0,10 m unter das Niveau von 3050 eingetieft war. Sie wird von der großen Grube 3043 geschnitten und gehört damit zu den ältesten Befunden des Schnitts.

Stratigraphischer Bezug: schneidet 3022; geschnitten von 3043.

Dokumentation: F 9; P 4; Abb. 74.

Datierung: Frühmittelalter

3053 Pfostengrube

Rundliche Pfostengrube mit bis zu 0,70 m Durchmesser und über 0,60 m Tiefe unter 3050 an der Nordseite des Gebäudes. Die Grubenwand fällt schräg ab.

Stratigraphischer Bezug: unter 3015; gehört zu 3050.

Dokumentation: F 7, 9; P 4; Abb. 72–74.

Datierung: Mittelalter allgemein

3054 Pfostengrube

Pfostengrube an der Nordseite von 3050 mit zwei Pfostenspuren, 0,20–0,40 m tief und zugespitzt, stark verbrannt.

Stratigraphischer Bezug: unter 3015; gehört zu 3050.

Dokumentation: F 7, 9; Abb. 72–74.

Datierung: Mittelalter allgemein

3055–3057 Pfostenlöcher

Drei kleinere Pfosten innerhalb des Gebäudes 3050.

Stratigraphischer Bezug: unter 3015.

Dokumentation: F 9; Abb. 74.

Datierung: Mittelalter allgemein

3058 Pfostengrube

0,75 m breite Pfostengrube mit der deutlichen Spur eines 0,32 m breiten Pfostens. Der Pfosten war flach.

Stratigraphischer Bezug: unter 3015; gehört zu 3050.

Dokumentation: F 9; P 4; Abb. 72–74.

Datierung: Mittelalter allgemein

3059–3060 Pfostengruben

Zwei langgestreckte Pfostengruben, innerhalb des Gebäudes 3050, in denen sich vermutlich mehrere Pfosten verbergen, die entweder als Zwischenwand/Stütze zum Gebäude gehört haben, aber auch älter sein können, da sie auf der Zeichnung F 7 mit dem Fußboden 3018 noch nicht zu erkennen sind.

Stratigraphischer Bezug: unter 3015.

Dokumentation: F 9; P 4; Abb. 74.

Datierung: Mittelalter allgemein

3061–3064 Pfostengruben

Vier Pfostengruben an der Ostseite des Gebäudes 3050. 3061 und 3064 sind Eckpfosten. Die Pfosten wurden mit kleinen Suchschnitten über die Ostkante des Schnitts hinaus angeschnitten. Ein Profilschnitt wurde nicht angelegt.

Stratigraphischer Bezug: gehört zu 3015.

Dokumentation: F 9; Abb. 74.

Datierung: Mittelalter allgemein

3065–3068 Pfostengruben

Vier Pfosten in Reihe südlich des Gebäudes 3050, klar unter dem Fußboden 3039 des Steinbaus. Sie weichen in der Flucht auch von den Pfosten 3064, 3042 und 3051 an der Südseite des Gebäudes 3050 ab, so daß bereits an die Nordseite eines weiteren Pfostenbaus gedacht werden kann, der hier angeschnitten wurde.

Stratigraphischer Bezug: unter 3039, 3013; schneidet 3022.

Dokumentation: F 9; P 4; Abb. 72–74.

Datierung: Mittelalter allgemein

3069 Pfostengrube

Pfostengrube, relativ zentral innerhalb des Gebäudes 3050 gelegen. Im Bereich des Fußbodens 3018 höchstens als Andeutung zu erkennen, also möglicherweise älter als das Haus, s. 3059–3060. Dafür spricht auch, daß die „Kalkgrube 3071" wohl unter dem Fußboden liegt. 3069 wird geschnitten von 3071.

Stratigraphischer Bezug: unter 3018; geschnitten von 3071.

Dokumentation: F 9; Abb. 74.

Datierung: Frühmittelalter

3070 Pfostengrube

0,40 x 0,95 m große Pfostengrube, etwa 0,30 m eingetieft, schräg zulaufende Grubenwände mit rundlicher Bodenform. Der Pfosten liegt westlich von 3050 unter Fundament 3038, in einer Linie mit 3047–3048.

Stratigraphischer Bezug: unter 3038.

Dokumentation: F 9; Abb. 74.

Datierung: Mittelalter allgemein

3071 Kalkwanne

Grube im Bereich der Pfostensetzung 3040 ff., die nach einer Beschriftung des Ausgräbers auf der Zeichnung offensichtlich Kalk enthielt. Sie war jünger als der Pfosten 3069, aber älter als 3018, der Fußboden des Gebäudes 3050. Damit dürfte sie spätestens in das 9. Jahrhundert gehören.

Stratigraphischer Bezug: unter 3018; schneidet 3069.

Dokumentation: F 9.

Datierung: Frühmittelalter

3074 Abbruchschicht

Grauer Horizont in der Nordwestecke des Schnitts im Bereich des Friedhofshorizontes 3023. Die Schicht überzieht den Fundamentrest 3089 und dürfte mit der Aufgabe dieses Baus zusammenhängen.

Stratigraphischer Bezug: unter 3007; über 3089.

Dokumentation: F 1, 10; Beil. 19.

Datierung: spätes Mittelalter/frühe Neuzeit (13.–16. Jh.)

3075 Schicht

Dunkle Schicht nördlich von 3074 und 3089; könnte mit dieser Struktur (Latrine?) zusammenhängen, aber auch zum Friedhofsareal 3023 gehören.

Stratigraphischer Bezug: unter 3007.

Dokumentation: F 1, 10; Beil. 19.

Datierung: spätes Mittelalter/frühe Neuzeit (13.–16. Jh.)

3076 Grab

entspricht 3086.

Dokumentation: F 10; Beil. 19.

3077 Grube

Im äußersten Randbereich auf dem kleinen freigelegten Streifen (F 10) an der Westseite des Schnitts dokumentierte Grube, vermutlich Grabgrube, die mit 1,20 m relativ breit wäre.

Stratigraphischer Bezug: unter 3092, 3023.

Dokumentation: F 10; Beil. 19.

Datierung: spätes Mittelalter/frühe Neuzeit (13.–16. Jh.)

3078 Grab

0,80 m breite Grabgrube mit dunkler Verfüllung, deren Verfüllung die des Nachbargrabes 3079 zu überziehen scheint.

Stratigraphischer Bezug: unter 3023; über 3079.

Dokumentation: F 10; Beil. 19.

Datierung: spätes Mittelalter/frühe Neuzeit (13.–16. Jh.)

3079 Grab

Angeschnittene Grube, vermutlich Grabgrube mit 0,90 m Breite.

Stratigraphischer Bezug: unter 3023, 3078.

Dokumentation: F 10; Beil. 19.

Datierung: spätes Mittelalter/frühe Neuzeit (13.–16. Jh.)

3080 Grab

Die Grube ist ca. 0,90 m breit und mindestens 1,40 m lang, die Spur im unteren Bereich ist 0,50 m breit, evtl. Skelett angedeutet.

Stratigraphischer Bezug: unter 3023.

Dokumentation: F 1, 10; Beil. 19.

Datierung: spätes Mittelalter/frühe Neuzeit (13.–16. Jh.)

3081 Grab

0,75 m breite Grabgrube, die 3082 schneidet, mit dunkler Verfüllung.

Stratigraphischer Bezug: unter 3023; schneidet 3082.

Dokumentation: F 10; Beil. 19.

Datierung: spätes Mittelalter/frühe Neuzeit (13.–16. Jh.)

3082 Grube

0,60–0,70 m breite Grube mit unregelmäßigem Rand und braungrauer Verfüllung, die durchaus für ein weiteres Grab spricht. Die Ausrichtung hat sich gegenüber den Gräbern jedoch nach Süden verschoben, ähnlich 3026.

Stratigraphischer Bezug: unter 3023; geschnitten von 3081.

Dokumentation: F 10; Beil. 19.

Datierung: spätes Mittelalter/frühe Neuzeit (13.–16. Jh.)

3083 Grab

0,60 m breite Grabgrube, geschnitten von 3028 und von Grab 3025.

Stratigraphischer Bezug: geschnitten von 3025.

Dokumentation: F 1; Beil. 19.

Datierung: spätes Mittelalter/frühe Neuzeit (13.–16. Jh.)

3084 Grab

0,70 m breite und etwa 2 m lange Grabgrube.

Stratigraphischer Bezug: geschnitten von 3028.

Dokumentation: F 1; Beil. 19.

Datierung: spätes Mittelalter/frühe Neuzeit (13.–16. Jh.)

3085 Grab

Nur unscharf getrennt von 3023 wird die 0,60 m breite Grube sichtbar. Als Grabgrube nicht gesichert.

Stratigraphischer Bezug: geschnitten von 3084.

Dokumentation: F 1; Beil. 19.

Datierung: spätes Mittelalter/frühe Neuzeit (13.–16. Jh.)

3086 Grab

0,70 m breite Grabgrube am Westprofil, geschnitten von 3092 und 3094, dort als 3076 dokumentiert. Deutliche Spur eines Holzbretts oder Sargs unter der dunklen Verfüllung.

Stratigraphischer Bezug: unter 3023; geschnitten von 3094.

Dokumentation: F 1; Beil. 19.

Datierung: spätes Mittelalter/frühe Neuzeit (13.–16. Jh.)

3087 Grab

0,65 m breite, auf 1 m Länge freigelegte Grabgrube am Westprofil.

Dokumentation: F 1; Beil. 19.

Datierung: spätes Mittelalter/frühe Neuzeit (13.–16. Jh.)

3088 Grab

Nur in einem kleinen Teilbereich dokumentierte (Grab-)Grube.

Stratigraphischer Bezug: unter 3023.

Dokumentation: F 1; Abb. 13.

Datierung: spätes Mittelalter/frühe Neuzeit (13.–16. Jh.)

3089 Bruchsteinfundament

0,20 m breites, Ost-West orientiertes Sandsteinfundament. Steinschutt spricht für einen weiteren Verlauf nach Westen, während sich im Osten durch eine Nord-Süd gesetzte Sandsteinplatte eine Ecke andeutet. Das Fundament wurde auf einem 0,50 m breiten Suchstreifen an der Westseite des Schnitts dokumentiert. Der Bereich deutete sich bereits mit 3074 auf dem ersten Planum der Dokumentation des Friedhofshorizontes an. Im Norden schließt eine schwarze humose Schicht an. Es könnte sich um eine Abfallgrube aus der Zeit des Friedhofes handeln.

Stratigraphischer Bezug: unter 3074.

Dokumentation: F 10; Beil. 19.

Datierung: spätes Mittelalter/frühe Neuzeit (13.–16. Jh.)

3090 Grab

0,40 m schmale, angeschnittene (Grab-)Grube an der Südwestecke des Schnitts.

Dokumentation: F 1; Beil. 19.

Datierung: spätes Mittelalter/frühe Neuzeit (13.–16. Jh.)

3091 Grab

0,50 m breite Grube mit der angedeuteten Spur eines Skeletts.

Stratigraphischer Bezug: unter 3023.

Dokumentation: F 1; Beil. 19.

Datierung: spätes Mittelalter/frühe Neuzeit (13.–16. Jh.)

3092 Grab

0,85 m breite Grube, die das ältere Grab 3086 schneidet. In der Flucht von diesem leicht nach Süden verschoben, ähnlich dem Grab 3025, das Grab 3083 schneidet. Möglicherweise sind die jüngeren Gräber geringfügig anders ausgerichtet worden.

Stratigraphischer Bezug: unter 3023.

Dokumentation: F 1; Beil. 19.

Datierung: spätes Mittelalter/frühe Neuzeit (13.–16. Jh.)

4000 ff. Grabung Pferdegasse 1949/1967

4001 Schuttschicht

0,50–1,20 m starke Schuttschicht aus Sand, Ziegeln und Sandsteinbrocken. Typische spät- und nach mittelalterliche Aufplanierung. Das stratigraphische Verhältnis zu den Fundamenten 4002–4004 des Gebäudes Domplatz 18 ist nicht sicher festzustellen. Auch hier liegt zwischen den Fundamenten erheblicher Schutt 4001b. Von mehrphasigen Aufschüttungen bzw. Verfüllungen zwischen Spätmittelalter und Neuzeit ist auch hier auszugehen.

Stratigraphischer Bezug: über 4007.

Dokumentation: Westprofil; Beil. 21.

4002 Bruchsteinfundament

Fundament aus Sandsteinplatten. Breite ca. 1,30 m, Höhe der Oberkante ca. 58,10 m üNN. Tiefe der Fundamentierung 1,60 m. Nach 0,90 m verjüngt sich das Fundament um eine Lage, so daß es unten nur noch 1 m breit ist. Die besondere Tiefe der Fundamentierung im Gegensatz zu 4003–4004 hängt mit der darunterliegenden Grabenverfüllung (4005/4006) zusammen. Das Fundament dürfte die Nordwand des quer (also Ost-West ausgerichtet) zur Pferdegasse stehenden Gebäudes Domplatz 18 sein. Die entsprechende Südwand wäre 4003. Die Datierung ist unklar, sie liegt zwischen dem 12. und dem 14. Jahrhundert.

Stratigraphischer Bezug: über 4006; schneidet 4007.

Dokumentation: Westprofil; Beil. 21.

Datierung: Mittelalter allgemein

4003 Bruchsteinfundament

1 m breites und 0,80 m tiefes Fundamentstück aus Sandsteinplatten, bei dem es sich um die Südwand des Gebäudes Domplatz 18 handelt. Die Fundamentbreite beträgt 1,40 m. Nach Geisberg spiegelt sich in der Flucht dieser Mauer die ältere Burgmauer wieder. Diese Überlegung ist durch den Befund des Grabens 4015 und der Ausbruchgrube 4010 nicht mehr zu halten. Die Mauer lag knapp 5 m weiter südlich.

Stratigraphischer Bezug: über 4008; schneidet 4007.

Dokumentation: Westprofil; Beil. 21.

Datierung: Mittelalter allgemein

4004 Bruchsteinfundament

2 m breites Fundament aus Sandsteinplatten, mit einigen Ziegeln. Das Fundament liegt nur 0,80 m nördlich der Südwand des Gebäudes Nr. 18, also innerhalb des Gebäudes. Der geringe Abstand spricht gegen eine gleichzeitige Nutzung als Wandunterlage mit 4003. Wenn man keinen älteren Bau annehmen will, und der Ausgräber lehnt dies wohl zu Recht wegen der Existenz und der Form der verwendeten Ziegel ab, könnte der Block als Unterlage für eine schwerere Last innerhalb des Hauses genutzt worden sein.

Stratigraphischer Bezug: über 4008.

Dokumentation: Westprofil; Beil. 21.

Datierung: Neuzeit allgemein

4005 Graben

Graben oder Grube mit brauner Füllmasse (4006). Der nördliche Grabenrand fällt muldenförmig ab, die Sohle ist nicht flach, die Form spricht eher für einen ausgeschwemmten spitzen Graben. An der Südseite schneidet das Fundament 4002 den Graben, die darunterliegende Füllung 4006b war offensichtlich heller, dürfte aber zum Graben zu rechnen sein. Der Graben ist mindestens 3,50 m, mit 4006b 4,80 m breit und bis zu 2,20 m unter die Schuttschicht 4001 eingetieft (= ca. 55 m üNN). Eine Interpretation ist nicht möglich. Der Graben ist vor der mittelalterlichen Kurie 4002/4003 zu datieren.

Stratigraphischer Bezug: unter 4001; über 4017; geschnitten von 4002.

Dokumentation: Westprofil; Beil. 21.

Datierung: Mittelalter allgemein

4006 Füllschicht

Verfüllung des Grabens aus dunklem „muddigem" Material, wirkt auf der Zeichnung recht einheitlich, mit Ausnahme der Südseite (4006b), die heller gefärbt war.

Stratigraphischer Bezug: unter 4002; gehört zu 4005.

Dokumentation: Westprofil; Beil. 21.

Datierung: Mittelalter allgemein

4007 Schicht

0,30–0,40 m starke Schicht, die nur auf einem kleinen Teilabschnitt des Profils südlich von 4003 zu erkennen war. Die Schuttschicht 4001 war hier nur 0,50 m stark aufplaniert, stellenweise lag ihre Stärke jedoch über 1 m. Die Schicht wird vom Fundament 4003 geschnitten (s. auch 4008). Die Verfüllung der Gruben 4009 und 4010 unterschied sich deutlich von 4007. 4007 dürfte zumindest nicht jünger sein. Es dürfte sich also um einen Siedlungshorizont vor der Errichtung der Immunitätsmauer im späten 13. Jahrhundert handeln.

Stratigraphischer Bezug: unter 4001; über 4008; geschnitten von 4003.

Dokumentation: Westprofil; Beil. 21.

Datierung: Hochmittelalter (10.–13. Jh.)

4008 Schicht

Dunkle 0,10–0,40 m starke Schicht, die unter den Fundamenten des Gebäudes Domplatz 18 liegt und auch von den Gruben 4009–4010 geschnitten wird. Leider blieb das Verhältnis zu 4005 unklar, ebenso der Zusammenhang mit dem Burggraben 4015. Einiges spricht hier für die Deutung als Oberfläche des 9./10. Jahrhunderts. Trotz der Feststellungen zu Abtragungen im Grabungsareal dürfte die Stratigraphie mit lediglich zwei Schichten 4007–4008 zwischen der Schuttplanierung 4001 und dem anstehenden Boden 4018 nur ungenau angegeben bzw. dokumentiert worden sein. Das gleiche gilt für die Abgrenzungen nach unten. Die folgende Schicht 4018 war bereits als anstehender Boden zu erkennen. 4008 könnte also auch die kaiserzeitlichen Horizonte einschließen.

Stratigraphischer Bezug: unter 4007, 4002; über 4018; geschnitten von 4009–4010.

Dokumentation: Westprofil; Beil. 21.

Datierung: Frühmittelalter

4009 Grube

Mit trockenem braunem Humus verfüllte Grube. Die Grube ist oben 1,40 m breit und verjüngt sich beutelartig nach unten. Die Verfüllung steigt bis auf das Niveau von 4007 an. Die Grube schneidet 4008. Die Verfüllung unterscheidet sich auf der Umzeichnung nicht von der der Grube 4010 und von einer dünnen Lage über 4011b. Sie steigt deutlich an. Die grobe Stratigraphie der Umgebung läßt keine genaue Interpretation zu. Als Möglichkeit bietet sich an, daß sich hier auch noch Reste des Walls (Wallpfostengrube) vor dem großen Graben verbergen, der mit dem Bau der Wallmauer abgetragen worden ist, dann muß die Grube älter als 4007 sein. Die Existenz der Wallpfosten in diesem Bereich ist aber sonst nicht zu sichern. Möglich ist auch die Annahme einer jüngeren großen Grube, ebenso kommt die Interpretation als Ausbruchgrube eines Fundaments, etwa der Burgmauererneuerung des 12. Jahrhunderts in Frage.

Stratigraphischer Bezug: unter 4001; schneidet 4008.

Dokumentation: Westprofil; Beil. 21.

Datierung: Mittelalter allgemein

4010 Ausbruchgrube

Scharf begrenzte Grube mit viereckiger Form und 1,60 m Breite, die ca. 1,80 m unter die Oberfläche (= ca. 56,05 m üNN) eingetieft wurde. Die Form spricht eindeutig für eine Ausbruchgrube, auch der Ausgräber dachte zunächst daran, verwarf die Überlegung aber wieder als er bei der Anlage eines Suchschnittes, in gerader Linie nach Osten 9 m entfernt, keinen analogen Fundamentrest fand. Spätere Befunde legen es trotzdem nahe, in dem Fundamentstück die Wallmauer der Domburgbefestigung zu sehen. Diese wäre im weiteren Verlauf nach Osten nach Süden abknickend zu vermuten, so daß der Suchschnitt des Ausgräbers kein

Beweis dagegen sein kann. Die Grube schneidet die Schicht 4008. Die Kante ist hier sehr scharf, so daß es sich vielleicht nicht nur um die Ausbruchgrube, sondern um die Baugrube des Fundaments handeln könnte. Die aus der Grabenfüllung herausziehende schwärzliche Schicht 4011 teilt sich laut Zeichnung in zwei Arme, von denen der untere (4011a) unter die Grubenunterkante zieht, der obere (4011b) dagegen bis in die Füllung der Ausbruchgrube hineinzuragen scheint, ein mögliches Indiz für eine längere Laufzeit des Grabens.

Stratigraphischer Bezug: unter 4001; über 4011; schneidet 4008.

Dokumentation: Westprofil; Beil. 21.

Datierung: Hochmittelalter (10.–13. Jh.)

4011 Schicht

Schwarze torfige Schicht, die sich von der bereits sehr dunklen Verfärbung der unteren Füllung 4013 des Grabens 4015 abhebt. Die Schicht setzt unscharf am nördlichen Rand des Grabens ein, verläuft dann etwa 3,50 m lang, auch außerhalb des Grabens bis zum Fundament 4010. Ca. 1 m davor gabelt sie sich, getrennt durch die helle Schicht 4014. Der untere Arm verläuft sehr dünn, aber deutlich sichtbar unter der Grube 4010 her, der obere, etwas stärkere Arm zieht über 4014 bis an oder sogar auf die Verfüllung von 4010. Schlußfolgerung: Der Graben existierte bereits vor 4010 und hat während der Laufzeit des Fundaments weiter bestanden. 4011 entspricht den sogenannten Plaggenschichten an anderen Stellen der Befestigung der Domburg. Auch dort war die eigentliche Schicht älter als die Burgmauer. Sie diente zur Befestigung des Walls oder war sogar die eigentliche Außenkante der Anlage. Da Wall und Graben auch mit dem Bau der Mauer weiterbestanden haben, lassen sich die übrigen Plaggenlagen als Ausbesserungen erklären.

Stratigraphischer Bezug: unter 4012; über 4019.

Dokumentation: Westprofil; Beil. 21.

Datierung: Hochmittelalter (10.–13. Jh.)

4012 Füllschicht

Dunkelbraune „muddige", ca. 1 m starke Schicht, die obere Füllung des Grabens 4015. Direkt darüber schließt bereits die Schuttplanierung 4001 an.

Stratigraphischer Bezug: unter 4001; über 4011, 4013.

Dokumentation: Westprofil; Beil. 21.

Datierung: Hochmittelalter (10.–13. Jh.)

4013 Füllschicht

Bis zu 2,20 m tiefe untere Verfüllung des Grabens 4015. Die schwarze „muddige" Masse spricht für einen ehemals feuchten Graben. Darunter sind noch 0,30–0,50 m starke Verfärbungen durch Einschwemmungen im anstehenden Boden zu erkennen. Die dokumentierte Verfüllung ist sehr einheitlich, es fanden sich nur Tierknochen darin.

Stratigraphischer Bezug: unter 4012; über 4016; gehört zu 4015.

Dokumentation: Westprofil; Beil. 21.

Datierung: Hochmittelalter (10.–13. Jh.)

4014 Schicht

Ca. 1 m lange und 0,20–0,30 m breite Schicht zwischen Burgmauer und Grabenkante, also im Bereich einer kleinen Berme. Da sie sich zwischen den Plaggenlagen von 4011 erstreckt, ist es vielleicht eine Aufschüttung im Zusammenhang mit der Errichtung der Burgmauer 4010.

Stratigraphischer Bezug: unter 4011b; über 4011; geschnitten von 4010.

Dokumentation: Westprofil; Beil. 21.

Datierung: Hochmittelalter (10.–13. Jh.)

4015 Graben

Der Graben ist an der Oberfläche ca. 13,5 m breit, die Sohle liegt bis zu 4,20 m unter der Geländeoberfläche (= ca. 53,40 m üNN). Das Profil ist muldenförmig, der südliche äußere Rand steigt etwas stärker als der nördliche innere Rand an. An der Südseite steht eine Reihe spitzer Pfosten 4016, an der Nordseite zieht die schwarze Schicht 4011 aus der Füllung heraus. Die Schuttschicht 4001 reicht bis auf die Verfüllung 4012. Es ist aber nicht davon auszugehen, daß sie direkt nach der schriftlich überlieferten Aufgabe des Grabens nach 1277 aufgetragen wurde, da zwischenzeitliche Abtragungen wahrscheinlich sind. Der Ausgräber hat den Graben als Befestigung der Immunität nach 1110 bis 1277 interpretiert. Spätere Grabungen haben dies widerlegt.

Stratigraphischer Bezug: unter 4001; über 4018.

Dokumentation: Westprofil; Beil. 21.

Datierung: Hochmittelalter (10.–13. Jh.)

4016 Pfosten

Das Südufer des Grabens 4015 war durch „zwei Reihen etagenförmig gestaffelter zugespitzter Pfähle von 5–10 cm Durchmesser und 70–80 cm Länge" gesichert. Dokumentiert sind auf der Zeichnung nur drei Pfähle.

Stratigraphischer Bezug: schneidet 4017; gehört zu 4015.

Dokumentation: Westprofil; Beil. 21.

Datierung: Hochmittelalter (10.–13. Jh.)

4017 Schicht

Verfärbung am Südrand des Grabens, die unter die Verfüllungen 4012–4013 zieht. Möglicherweise keine alte Verfüllung, sondern durch Einschwämmungen und durch das Eintiefen und Verfaulen der Holzpfosten 4016 entstandene Verfärbung.

Stratigraphischer Bezug: unter 4012; gehört zu 4015; geschnitten von 4016.

Dokumentation: Westprofil; Beil. 21.

Datierung: Hochmittelalter (10.–13. Jh.)

4018 Anstehender Boden

Gelber, etwas lehmiger gewachsener Sandboden.

Stratigraphischer Bezug: unter 4001 ff.

Dokumentation: Westprofil; Beil. 21.

4501 Bruchsteinfundament

Das ca. 2 m breite Mauerstück aus in Lehm verlegten Sandsteinen wurde an beiden Profilen der Grabung von 1967 und auch in der Fläche erkannt. Es handelt sich um die ältere Burgmauer. Auf ihr wurde später die Südseite eines großen viereckigen Steinbaus errichtet.

Stratigraphischer Bezug: unter 4503; über 4519; schneidet 4509.

Dokumentation: F 1; P 1–2; Beil. 25–27.

Datierung: Hochmittelalter (10.–13. Jh.)

4502 –4503 Bruchsteinfundament

Von dem großen quadratischen Gebäude südlich der ehemaligen Kapelle St. Margaretha wurden an mehreren Stellen Fundamentstücke erkannt, so daß sich der Bau rekonstruieren läßt. Die Mauerstücke sind bis zu 2 m breit. Die Sandsteine sind mit Mörtel verbunden. Sie sitzen auf der Burgmauer 4501 auf.

Stratigraphischer Bezug: über 4501.

Dokumentation: F 1; P 1–2; Beil. 25–27.

Datierung: Hochmittelalter (10.–13. Jh.)

4504–4505 Bruchsteinfundament

Die Ansätze eines westlich an 4502–4503 errichteten Anbaus waren auf der Flächenzeichnung angedeutet. Der Anbau hatte nach einer Notiz auf der Zeichnung einen Fußbodenestrich.

Stratigraphischer Bezug: über 4501; zieht gegen 4502–4503.

Dokumentation: F 1; Beil. 25.

Datierung: spätes Mittelalter/frühe Neuzeit (13.–16. Jh.)

4506 Abfallgrube

Viereckige, mit Steinen eingefaßte Grube, die erst nach dem Abbruch von 4502–4503 im 18. Jahrhunderts entstanden sein dürfte.

Dokumentation: F 1; Beil. 27.

Datierung: Neuzeit allgemein

4507 Schicht

Dünner, sehr dunkler Streifen im unteren Bereich der Grabenverfüllung, vermutlich Rest einer Plaggenlage. Eine weitere Plagge liegt in der darüberliegenden Schicht 4508.

Stratigraphischer Bezug: unter 4508; gehört zu 4518.

Dokumentation: P 1; Beil. 26.

Datierung: Hochmittelalter (10.–13. Jh.)

4508–4510 Füllschichten

Unterschiedliche Füllschichten des Burggrabens 4518 vor dem Bau von 4501. Es wechseln Einfüllungen und dunkle Schwemmschichten.

Stratigraphischer Bezug: unter 4511; über 4507; gehört zu 4518.

Dokumentation: P 1–2; Beil. 26–27.

Datierung: Hochmittelalter (10.–13. Jh.)

4511–4516 Füllschichten

Jüngere Füllschichten des Burggrabens (11.–13. Jh.). Es wechseln helle Einfüllungen und dunkle Schwemmschichten. Auffallend ist der hohe Anteil von Steinschutt in den Einfüllungen 4511 und 4513.

Stratigraphischer Bezug: unter 4517; über 4510; zieht gegen 4501; gehört zu 4518.

Dokumentation: P 1; Beil. 26.

Datierung: Hochmittelalter (10.–13. Jh.)

4517 Schuttschicht

Dunkle Schuttschicht mit Ziegeln. Es könnte sich eine jüngere Abbruchschicht mit der oberen Verfüllung des Burggrabens vermischen. Am Westprofil war 4517 bis zu 3 m hoch dokumentiert.

Stratigraphischer Bezug: über 4516; zieht gegen 4503.

Dokumentation: P 1–2; Beil. 26–27.

Datierung: spätes Mittelalter/frühe Neuzeit (13.–16. Jh.)

4518 Graben

Der Burggraben mit den Verfüllungen 4507–4517 wurde an beiden Profilen erfaßt, jedoch nicht bis zur Unterkante. Er schnitt die Oberfläche 4519. Der Abstand zur Burgmauer 4501 beträgt fast 4 m, so daß eine größere Berme vorliegt.

Stratigraphischer Bezug: schneidet 4509.

Dokumentation: P 1–2; Beil. 26–27.

Datierung: Hochmittelalter (10.–13. Jh.)

4519 Schicht

Braune, 0,20 m starke mit Holzkohle durchsetzte Schicht, die nur am Ostprofil sichtbar wird. Die Schicht wird vom Graben 4518 geschnitten und liegt direkt auf dem anstehenden Boden auf. Weitere Siedlungsschichten der Kaiserzeit sind auf den Zeichnungen nicht zu erkennen.

Stratigraphischer Bezug: unter 4501; geschnitten von 4518.

Dokumentation: P 1; Beil. 26.

Datierung: Frühmittelalter

4520 Schicht

Humosige dunkle Schicht, die am Westprofil an der Unterkante des Grabenansatzes sichtbar wird.

Stratigraphischer Bezug: unter 4508; gehört zu 4518.

Dokumentation: P 1; Beil. 26.

Datierung: Hochmittelalter (10.–13. Jh.)

4521 Pfostengrube

Die Grube ist an der Sohle 0,75 m breit und weist die Spur eines 0,45 m breiten Pfostens auf. An der Westseite verbreitert sich die Grube erheblich. Denkbar ist hier einen Pfosten der Holzbefestigung zu lokalisieren. In Frage kommt auch die Interpretation als Teil eines Gebäudes vor der Anlage der Befestigung.

Stratigraphischer Bezug: unter 4510; schneidet 4519.

Dokumentation: P 2.

Datierung: Mittelalter allgemein

4522 Estrich

Ansatzweise wurde am Westprofil der Fußboden des Wohnturmes erfaßt.

Stratigraphischer Bezug: unter 4523; zieht gegen 4502–4503.

Dokumentation: P 2; Beil. 25.

4523a–d Füllschicht

Verschiedene Füllschichten des Gebäudes 4502–4503, das im 18. Jahrhundert aufgegeben wurde.

Stratigraphischer Bezug: über 4522; zieht gegen 4502–4503.

Dokumentation: P 2; Beil. 25.

Datierung: Neuzeit allgemein

5000 ff. Grabung Michaelisplatz 1950–1961

5001 Backsteinfundament

1,90 x 0,95 m großer Backsteinblock. Das Fundament wurde zunächst bei der Anlage des nördlichen Suchgrabens freigelegt. Der Block liegt im Bereich des nördlichen, 1855 stark umgebauten Flügels. Höhe 60,44 m üNN.

Stratigraphischer Bezug: schneidet 5026, 5004.

Dokumentation: F 2; P 50; Fo 9–13, 15; Beil. 39, 44; Abb. 134.

Datierung: Neuzeit allgemein

5002 Backsteinfundament

Fundament für einen Kamin. Die Rückwand ist 3 x 0,60 m groß, nach Westen schließen zwei etwas breitere Seitenflügel an. Der Kamin war an der Westseite geöffnet. Höhe 60,34–60,46 m üNN.

Stratigraphischer Bezug: schneidet 5005, 5026.

Dokumentation: F 2; P 3, 6, 10–12; Beil. 39, 44; Abb. 131.

Datierung: Neuzeit allgemein

5003 Bruchsteinfundament

Plattige, sauber beschlagene Sandsteine sind an der Ostseite des Fundaments bis zu zehn Lagen hoch erhalten, darunter liegen drei bis vier Lagen gröberer, weniger bearbeiteter Steine. Sie sind in Sand gebettet. Der westliche Teil 5026 des Fundamentabschnitts ist stark beschädigt bzw. ausgebrochen. 5026 ist der ältere, erheblich breitere Vorgänger, 5003 die jüngere Erneuerung an der Ostseite. 5003 schneidet die „Plaggenschicht" 5013/5054 und auch die darüberliegende Füllschicht 5014, die ebenfalls aus dem Graben 5076 herauszieht. Die jüngere Füllschicht 5074 zieht bereits über den Ausbruch des Fundaments. Das Fundament ist Nord-Süd orientiert und verläuft anfangs parallel zu 5043 der rückwärtigen östlichen Wand der Kurie Domplatz 40/41. Bei diesem Mauerzug handelt es sich um die Immunitätsmauer des 13. Jahrhunderts; bei 5003/5026 um die ältere Steinbefestigung der Domburg, die die Holzpalisade ablöste. Die Dokumentation der Südfläche zeigt das Fundament 5003 nicht, das möglicherweise schon sehr weit ausgebrochen war. Außerdem nähern sich die Fundamente 5043 und 5003 deutlich an, da 5043 nach Westen abknickt. Der Zusammenschluß, der mit der Anlage des Tores zusammenhängt, wurde leider nicht dokumentiert. Der saubere Ostabschluß von 5003 ist die Außenseite der Befestigung. 5003 wird geschnitten von 5008 und von der Ausbruchgrube des Packlagenfundaments 5011. Zu datieren wäre der Bau als Erneuerung der Burgmauer 5026 ins 12. Jahrhundert, möglicherweise nach der Zerstörung der älteren Befestigung 1121, oder im Zusammenhang mit der möglichen Erneuerung der Befestigung durch Bischof Burchard kurz zuvor. Höhe der Oberkante: 59,49–60,29 m üNN.

Stratigraphischer Bezug: unter 5009; schneidet 5022; geschnitten von 5001/5002/5009/5011.

Dokumentation: F 2–3, 18; P 48–49; zahlreiche Fotos, unter anderem 51 ff.; Beil. 39; Abb. 132, 143–145, 148.

Datierung: Hochmittelalter (10.–13. Jh.)

5004 Bruchsteinfundament

Nur in ganz geringen Resten an der äußersten Nordkante des Schnitts in zwei bis drei Lagen erhaltenes Sandsteinfundament, das nach Westen eine klare Kante gegen die Ausbruchgrube 5007 aufweist. Es dürfte sich um die Westseite einer mittelalterlichen Kurie an der Nordseite des Grundstücks handeln; s. auch Alerdinckplan 1636. Die anschließende Südseite ist mit 5008 erfaßt. Unmittelbar anschließend im Westen von 5004 liegt die Ausbruchgrube 5007. Die deutliche Kante spricht für eine jüngere Ansetzung von 5004 gegenüber 5007. Das Gebäude wäre dann um eine Fundamentbreite verkleinert worden. Vermutlich korrespondieren 5004/5005 mit den Fundamenten 5044/5051 in der Ostfläche. 5008 findet seine Fortsetzung im Fundament 5047, das für die barocke Kurie zumindest noch genutzt wurde. Es ergeben sich also einige deutliche Hinweise, in 5004/5005 den jüngeren spätmittelalterlichen/frühneuzeitlichen Bau einer Kurie gegenüber 5007/5011 anzunehmen. Höhe 60 m üNN.

Stratigraphischer Bezug: unter 5165; zieht gegen 5007; geschnitten von 5001.

Dokumentation: F 2; P 50; Fo 6–7, 63; Beil. 39, 43; Abb. 134, 147.

Datierung: spätes Mittelalter/frühe Neuzeit (13.–16. Jh.)

5005 Ausbruchgrube

Ausbruchgrube des Nord-Süd orientierten Fundaments 5004 = Westseite einer spätmittelalterlichen Kurie. Die Grube ist exakt 1 m breit. Höhe der Unterkante geschätzt bei 59,75 m üNN.

Stratigraphischer Bezug: schneidet 5022; gehört zu 5008; geschnitten von 5001/5002.

Dokumentation: F 2; P 3, P 50; Fo 6–7, 63; Beil. 39, 43; Abb. 134, 147.

Datierung: spätes Mittelalter/frühe Neuzeit (13.–16. Jh.)

5006 Bruchsteinfundament

Äußerst rudimentäre Spuren eines Nord-Süd orientierten Bruchsteinfundaments, das sich im wesentlichen durch seine Ausbruchgrube 5007 darstellt. Als Fundamentrest erkennbar ist eine Stelle an der Südseite, weniger der ebenfalls als Bruchstein dokumentierte Bereich ganz im Norden an 5004, bei dem es sich nur um Abbruchschutt handelt. Winkelmann hat das Fundament im Eckverband mit 5011/5054, das nach Osten parallel zu 5008 abknickt, gesehen. Die Bauweise beider Fundamente ist grundverschieden, 5011 ist per Foto eindeutig als Packlagenfundament ausgewiesen, 5006 besteht dagegen aus flach gelegten Sandsteinplatten. Ein Foto an der Schnittstelle (5006 war jedoch schon fast vollständig ausgebrochen) zeigt, daß das Packlagenfundament über die zwei verbliebenen Steine zieht. Bei dem östlichen Randstein handelt es sich um einen größeren relativ sauber beschlagenen Sandsteinblock, bei dem durchaus eine Zweitverwendung denkbar ist. Die dichte Folge unmittelbar anschließender jüngerer Fundamente in Ost-West-Richtung 5029, 5034 verhindert den Nachweis. 5011/5054 ist über 5006/5007 hinaus nach Westen nicht weiter zu fassen, so daß die Überlegung des Ausgräbers, beide Fundamente zu verbinden, trotz der abweichenden Bauweise sinnvoll ist. Allerdings scheint ein früherer Ansatz des Fundaments 5006 nicht ausgeschlossen. Es handelt sich um den zweiten Bau einer Kurie auf der Parzelle nach 5022/5046 und vor 5005/5008/5044. Er ist vermutlich nicht vor, aber zusammen mit der Errichtung der Immunitätsmauer Ende des 13. Jahrhunderts entstanden.

Stratigraphischer Bezug: unter 5011; über 5018; schneidet 5022, 5018.

Dokumentation: F 2–3; P 50; Fo 36; Beil. 39, 42; Abb. 134.

Datierung: Hochmittelalter (10.–13. Jh.)

5007 Ausbruchgrube

1,30–1,50 m breite Ausbruchgrube des Fundaments 5006, die nach der Dokumentation in deutlichem Zusammenhang mit 5011/5054 steht. Der Grund der Ausbruchgrube hebt sich durch seine graue Verfärbung von der helleren Umgebung 5019 ab.

Stratigraphischer Bezug: schneidet 5003/5006/5010/5026.

Dokumentation: F 2; P 2, 4–5, 50; Fo 36, 63; Beil. 39, 42; Abb. 134.

Datierung: Mittelalter allgemein

5008 Ausbruchgrube

Ausbruchgrube eines Ost-West orientierten Fundaments. Die Grube ist 1–1,10 m breit. Die graue Verfärbung gleicht der der weiteren Ausbruchgruben 5007 und 5005. Der Zusammenhang mit 5004/5005 ist gesichert. Das Gebäude, zu dem auch 5044 in der Ostfläche zu rechnen ist, war in seiner Ost-West-Ausdehnung gut 5 m groß, die Nord-Süd-Seite war mindestens 6,50 m lang, der Ansatz des weiteren Verlaufs nach Norden ist hier gesichert. Es dürfte sich um eine spätmittelalterliche Kurie handeln.

Stratigraphischer Bezug: über 5009; schneidet 5026, 5019.

Dokumentation: F 2; Beil. 39, 43.

Datierung: spätes Mittelalter/frühe Neuzeit (13.–16. Jh.)

5009 Brandschicht

Verziegelter Lehm, Holzkohle und Steinschutt wurden auf einem etwa 1,10 x 1,10 m kleinen Block freigelegt, dessen Ausdehnung exakt der der Verlängerung der Ausbruchgrube 5008 nach Osten entspricht und zwar am Schnittpunkt der Fundamente 5003/5026 und 5008. 5003 ist an der Schnittstelle klar ausgebrochen. Es ist noch ein kleiner Bereich über dem Graben 5076 zu erkennen, der nicht bis auf die Grabenverfüllung abgetieft war. Dort zeigt sich die Brandschicht im Osten deutlich begrenzt durch die Verlängerung der Flucht von 5003. Dies verweist auf eine kleinere Brandzerstörung dieser Mauer und nicht der Kuriensüdwand 5008, die erst nach dem Brand errichtet wurde.

Stratigraphischer Bezug: unter 5008; über 5026.

Dokumentation: F 2–3; P 7; Fo 41–43, 46–47; Beil. 39; Abb. 96.

Datierung: Hochmittelalter (10.–13. Jh.)

5010 Planierschicht

Ca. 0,15 m starke, braun-dunkelbraune Schicht zwischen den Ausbruchgruben 5011 und 5008, von beiden bereits geschnitten. Vermutlich ist sie zu jenen Aufschüttungen über den Frontpfosten des Walls zu rechnen, die sich durch ihre dunklere Verfärbung von der helleren Schicht 5024 im Bereich der Pfosten unterscheidet. Diese in der Fläche dokumentierte Schicht dürfte 5058 am Wallprofil entsprechen. Höhe 59,95 m üNN.

Stratigraphischer Bezug: unter 5019; über 5072; geschnitten von 5011, 5005, 5008.

Dokumentation: F 2–3; P 3; Abb. 96.

Datierung: Hochmittelalter (10.–13. Jh.)

5011 Ausbruchgrube

1,20–1,40 m breite Ausbruchgrube eines Packlagenfundaments. Das Fundament selber ist nicht gezeichnet worden, sondern nur die Ausbruchgrube, die auf F 2 im üblichen Grau der weiteren Ausbruchgruben gehalten ist, auf F 3 in sehr unklarer Struktur erscheint. Nach dem Primäraushub war das Fundament noch drei bis vier Lagen hoch erhalten, aus gegeneinandergesetzten, hochkant gestellten Steinplatten. Die beiden untersten Lagen sind z. T. senkrecht gestellt oder in die gleiche Richtung geneigt, die oberen im Winkel von ca. 45 Grad gegeneinandergestellt. Darunter liegt eine Lage flach gelegter Sandsteinplatten. Das Fundament überzieht eindeutig 5053 = 5026, auch liegt es über der untersten Lage von 5006 (zur Einordnung s. dort). Es handelt sich um die Südwand eines Kurienbaus. Einen möglichen Datierungshinweis bietet die Errichtung der Immunitätsmauer in der zweiten Hälfte des 13. Jahrhunderts.

Stratigraphischer Bezug: schneidet 5026/5003.

Dokumentation: F 2–3; Fo 33–37; Beil. 39, 42; Abb. 146.

Datierung: Hochmittelalter (10.–13. Jh.)

5012 Alte Oberfläche

Graubrauner Horizont östlich des Fundaments 5003, der an seiner unteren Seite eher unscharf in die hellere Schicht 5077 übergeht. 5012 weist nur wenige Holzkohleeinschlüsse auf. Die Schicht zieht unter die Domburgmauer 5003/5026 und entspricht 5108 westlich von Mauer und Wall. Sie unterscheidet sich durch ihre dunklere Färbung, die jedoch nur auf die Beeinflussung durch die darüberliegende feucht-schwarze Schicht 5013/5054 zurückzuführen ist. Der Burggraben wurde in diese Schicht eingetieft, ebenso wie die Pfosten der Befestigung in 5108. Es handelt sich um die Oberfläche des 9. Jahrhunderts. Ein deutlicher Laufhorizont (5073/5079) ist an der Oberkante nur partiell zu erkennen. Höhe der Oberkante 59,25 m, der Unterkante ca. 58,75 m üNN.

Stratigraphischer Bezug: unter 5012, 5003; über 5109; gehört zu 5108; geschnitten von 5076.

Dokumentation: F 2–3,10; P 1, 14; Fo 30–32, 39–40, 85–86, 93, 97, 102–103, 109; Beil. 32–35; Abb. 111, 143.

Datierung: Frühmittelalter

5013 Füllschicht

Schwarze lehmig-torfige Schicht mit einigen helleren Sandstreifen in den Zwischenräumen. Die für den Domburggraben charakteristische Schicht zieht ansteigend aus dem Graben heraus und verläuft dann nur leicht ansteigend (bezeichnet als 5054) bis an die Front des Walls. Sie wird häufig als Plaggenschicht bezeichnet. Sogenannte Plaggen, abgestochene Gras-/Wiesenstücke, sind hier nicht ohne weiteres zu erkennen. Die Bezeichnung stammt wohl eher vom analogen Befund am Horsteberg, wo die Grasplaggen deutlich sichtbar waren und die aus dem Graben ziehende Schicht der Schüttung des Walls glich. Es handelte sich bei 5013 wohl eher um feuchtes schlammiges Material, das nach einer Reinigung des Grabens an den Rändern und auf der Berme aufgetragen wurde. Dafür spricht, daß 5013 nicht der untere Teil der Verfüllung des Grabens ist. Auf der Profilzeichnung des Grabenprofils sind keine Plaggen dokumentiert. Erst auf der Umzeichnung des Nordprofils geht 5013 nach dem Austritt aus dem Graben in eine Schicht von Grasplaggen über. Hier dürften einige Plaggen vor der Wallkante aufgeschüttet worden sein. Auch die Grabenkante könnte mit Plaggen belegt worden sein. Auf der Flächenzeichnung ist 5013 nur als Streifen erkennbar. Dies ist bedingt durch die Anlage eines Planums, das keine ansteigenden Schichten berücksichtigt hat. Höhe 58,30–59,45 m üNN, im Verlauf der Berme bis zu den Wallpfosten auf 59,85 m üNN ansteigend, in der Südfläche über dem Graben bis 59,76 m üNN.

Stratigraphischer Bezug: unter 5069/5070, 5026; über 5071/5072; gehört zu 5076 und Berme.

Dokumentation: s. 5012.

Datierung: Hochmittelalter (10.-13. Jh.)

5014 Füllschicht

Helle, im oberen Bereich graue sandige Verfüllung des Grabens 5076, bis zu 0,40 m stark, die aber noch nicht die endgültige Aufgabe des Grabens angibt. Die jüngere Phase der Burgmauer 5003 schneidet 5014. Höhe 58,75–59,65 m üNN.

Stratigraphischer Bezug: unter 5015; über 5069, 5015.

Dokumentation: F 2; P 1, 48; Fo 30–31, 39–40, 86, 93, 97, 102–103, 109; Beil. 32, 34; Abb. 111–113, 134.

Datierung: Hochmittelalter (10.-13. Jh.)

5015 Schicht

Dunkelgrauer Horizont, der wie alle anderen Füllschichten ansteigend aus dem Graben herauszieht, vermutlich noch die ca. 0,15 m starken Reste einer verschlammten Grabensohle aus späterer Nutzungszeit. Die Schicht ist gekappt von der Anlage des Kellers der barocken Kurie. Das Verhältnis zur Burgmauer ist unklar. Die darunterliegende Schicht 5014 von 5003 geschnitten wird und die darüberliegende Verfüllung 5074 bereits über den Ausbruch der zweiten Phase der Burgmauer zieht, erscheint eine Aufschwemmung in der Nutzungszeit von 5003, also im 12. Jahrhundert wahrscheinlich. Höhe 59,05–59,75 m üNN.

Stratigraphischer Bezug: unter 5074; über 5014; gehört zu 5076.

Dokumentation: wie 5014.

Datierung: Hochmittelalter (10.-13. Jh.)

5016 Backsteinfundament

Westseite der im Zweiten Weltkrieg zerstörten Kurie. Das Mauerwerk ist nicht dokumentiert, auch nicht fotografisch, nur die Umrisse sind gezeichnet, auf einer Skizze als Ziegelmauerwerk bezeichnet. Die Breite des Fundaments schwankt zwischen 1,10 und 1,20 m, in regelmäßigem Abstand erscheinen kleinere Vorsprünge, wohl Vorlagen für die Anlage repräsentativer Fenster. Am südlichen Abschnitt, an eine leichte Fluchtänderung anschließend, sind diese Vorsprünge größer. Hier dürfte eine Umbaumaßnahme von 1857 gefaßt sein, als der Nordflügel erneuert und der Eingangsbereich nach Norden verschoben wurde (Geisberg II, S. 200). Möglicherweise gehört der Nordabschnitt bereits zu einem Flügelanbau von 1737, der J. C. Schlaun zugeschrieben wird. Der südliche ältere Abschnitt (Geisberg II, Abb. 442) gehört in das 17. Jahrhundert

Dokumentation: F 2–3; P 50; Beil. 39, 44; Abb. 134.

Datierung: Barock

5017 Störung

Bombentrichter mit mindestens 5 m Durchmesser an der Nordwestecke der Parzelle. Der Einschlag der Bombe vor der Nordwestecke der Kurie Nr. 40 wird das Gebäude schwer beschädigt haben.

Dokumentation: F 2; Beil. 39.

Datierung: Neuzeit allgemein

5018 Bruchsteinfundament

Nord-Süd orientiertes Fundament aus Bruchsteinen. Die Breite beträgt mindestens 0,90 m. Die Westkante verschwindet unter der Schnittgrenze. Die Einordnung des „in Sand gelegten plattigen (Bruch)steinmauerwerks" ist nicht einfach. Bereits das Fehlen auf den doch relativ dicht folgenden Stadtplänen seit 1636 spricht für eine Einordnung ins Mittelalter. Das Fundament 5023, dokumentiert als Packlagen- oder Fischgrätenmauerwerk, wird vom Zeichner des Planums deutlich als „Diese Mauer liegt darüber" bezeichnet. Das früheste Steinfundament 5022 – am Schnittpunkt mit 5018 jedoch ausgebrochen – könnte im Zusammenhang mit 5018 stehen. Ebenso ist ein Zusammenhang mit 5029 nicht ganz auszuschließen. Beides setzt einen Vorgänger zu 5007/5011/5003 voraus. 5018 könnte auch zu einem nach Westen, also zum Domplatz an der Vorderseite der Parzelle ausgerichteten Gebäude gehören, das bei den späteren Grabungen aber nicht gefunden wurde. 5018 ist im weiteren Verlauf nach Süden über 5023 hinaus angedeutet. Es endet vor der Schicht 5028, die aber bereits erheblich tiefer liegt und in deren Bereich auch das Fundament 5016, also die Außenwand der Kurie nicht erscheint, die mit Sicherheit weitergelaufen ist. Der Höhenunterschied geht auf einen Schnitt des Ausgräbers zurück. 5022 ist nach 5003 entstanden, aber vor 5043. Das Gebäude als Teil einer frühen Kurie auf der Parzelle datiert vermutlich in das 12. Jahrhundert.

Stratigraphischer Bezug: unter 5023; schneidet 5022.

Dokumentation: F 2–3; Beil. 39, 41.

Datierung: Hochmittelalter (10.–13. Jh.)

5019 Schicht

Schmaler, 0,30–0,40 m breiter Streifen aus gelbem Sand, zwischen den Fundamentzügen 5006/5007 und 5004/5005. Das Fehlen an der äußersten Nordseite des Schnitts hat nichts mit einer Verbreiterung von 5006 zu tun; hier wurde mit einer klaren Kante nicht die Fundamentkante des älteren Fundaments 5006 gegenüber dem jüngeren 5004 dokumentiert, sondern Abbruchschutt. Heller Sand erscheint stellenweise auch auf anderen Teilstücken der Zeichnungen F 2 und F 3. Sicher handelt es sich nicht um anstehenden Boden, höchstens um umgelagerten, denn die Pfostengruben des Walls liegen darunter. Möglicherweise ist dies eine 5057 entsprechende Grundplanierung, die nach Anlage der ersten Befestigung aufgetragen wurde und die sich auch in 5072 an der Ostseite des Schnitts wiederfindet. Höhe der Unterkante ca. 60 m üNN.

Stratigraphischer Bezug: unter 5006; über 5108.

Dokumentation: F 2–3; Beil. 39.

Datierung: Hochmittelalter (10.–13. Jh.)

5020–5021 Pfostengruben

Kleinere, annähernd quadratische Pfostengruben mit 0,18 m Kantenlänge im Bereich der Ausbruchgrube 5007. Diese Pfostengruben könnten mit dem Fundament in Verbindung stehen. Profil 5 hat die Ausbruchgrube im Süden angeschnitten, hier deutet sich ein weiterer Pfosten an, dessen Grube mit dem gleichen Material verfüllt ist wie 5007.

Stratigraphischer Bezug: schneidet 5007.

Dokumentation: F 2; P 5.

Datierung: Hochmittelalter (10.–13. Jh.)

5022 Bruchsteinfundament

Ca. 0,55 m breites, Ost-West orientiertes Fundament aus plattigen Sandsteinen. Zu größeren Teilen war der Mauerzug nur als Ausbruchgrube erkennbar. Im Bereich der jüngeren Ausbruchgrube 5007 wird eine leichte Fluchtänderung erkennbar. Im Westen endet 5022 bzw. sein Ausbruch am Fundament 5018. Im Osten steht 5022 in deutlichem Verband mit 5046, das im Abstand von 0,70–0,90 m parallel zur Burgmauer 5003 verläuft. Sinn ergibt diese Anordnung nur, wenn 5003 bei der Errichtung von 5022/5046 bereits aufgegeben war. Die gerade Mauerkante an der östlichen Außenfront der Burgmauer unterbricht den Verlauf von 5022. Ein Schnittverhältnis war nicht eindeutig festzustellen. Vermutlich hat der erhaltene Rest von 5003 aber als Fundamentierung in diesem Abschnitt zum Fundament 5022 gedient, das von beiden Seiten gegen die Burgmauer gesetzt wurde.

Stratigraphischer Bezug: unter 5005; über 5013/5050; gehört zu 5046; geschnitten von 5006/5007.

Dokumentation: F 1, 3, 22; P 4; Fo 25–29; Beil. 39, 41; Abb. 144.

Datierung: Hochmittelalter (10.–13. Jh.)

5023 Bruchsteinfundament

0,90 m breites Bruchsteinfundament, das von 5018 ausgehend nach Westen zieht, also nur in einem geringen Teilstück an der Westseite des Schnitts freigelegt wurde. Nach Angabe des Zeichners zieht 5023 über 5018. Im weiteren Verlauf nach Osten läßt es sich nicht mehr nachweisen. Wahrscheinlicher ist ein Zusammenhang mit 5018 als Teil eines nach Westen orientierten Anbaus. Die Zeichnung spricht (Foto fehlt), mit aller Vorsicht, für ein Packlagenfundament, was die Datierung um 1200 bestätigen würde.

Stratigraphischer Bezug: über 5018.

Dokumentation: F 3; Beil. 39, 41.

Datierung: Hochmittelalter (10.–13. Jh.)

5024 Planierschicht

Gelblich-grauer sandiger Horizont, der sich mit dunklen Schichten (5054) vermischt. Durch die vielen ausgeräumten Ausbruchgruben und zusätzlich angelegte Schnitte erscheint die Schicht auf der ersten Flächenzeichnung sehr unscharf. Es handelt sich hier um eine Schicht der Wallschüttung. An einem kleinen Profilsteg A liegt die ca. 0,20 m starke Schicht über dem schwarzen Band 5054/5063, darüber befindet sich wiederum ein schwarzes Band 5061 ähnlich 5013, das ebenfalls zur Wallschüttung gehören dürfte. Die Grube des Pfostens 5114 schneidet alle drei Schichten. Die auf der Fläche dokumentierte Schicht dürfte der Wallschüttung 5066 am Wallprofil entsprechen.

Stratigraphischer Bezug: unter 5062; über 5054, 5506; geschnitten von 5022/5026/5011.

Dokumentation: F 3; P 2; Fo 47, 49, 50.

Datierung: Hochmittelalter (10.–13. Jh.)

5026 Bruchsteinfundament

Fundament bzw. überwiegend ausgebrochenes Fundament. An verschiedenen Stellen des gesamten Verlaufs finden sich Reste der unteren Lagen von 5026. Die Sandsteine sind unterschiedlich groß und nur gering bearbeitet. Überwiegend dürfte es sich auch bei den dokumentierten Steinen um Abbruchschutt handeln. Die Breite des Fundaments ist schwer zu fassen, da seine Ostkante kaum von 5003 zu trennen ist. Sie dürfte aber bei mindestens 1,80 m, vermutlich jedoch bei über 2 m gelegen haben. 5026 ist die Burgmauer, die nach der Aufgabe der Holzbefestigung zum Schutz der Domburg errichtet wurde. Ihre Unterkante liegt über bzw. schneidet die Graben-/Bermeschicht 5013/5054. Der Zusammenhang mit den darüberliegenden Grabenschichten 5014/5015 war leider nicht zu klären. 5074 zog bereits über die Ausbruchgrube der Erneuerung 5003. Die Datierung bleibt daher unklar zwischen dem 10. und 11. Jahrhundert. Der Neubau oder die Erneuerung 5003 schneidet in den älteren Ausbruch ein. Das Bindematerial im Bereich 5026 „in fettem Ton gebettet" unterscheidet sich deutlich von 5003. In der gesamten Südfläche wurde das Fundament nicht dokumentiert, aber auf einer Umzeichnung im Verlauf wiedergegeben. Höhe der Unterkante bei ca. 59,90 m üNN.

Stratigraphischer Bezug: unter 5003; über 5012/5054; geschnitten von 5011.

Dokumentation: F 2–3, 10, 18; P 3, 6–7, 9–10, 48–49; Fo 7–13, 15, 41–43, 46–49, 52–61, 94–99; Beil. 39; Abb. 131–134, 146.

Datierung: Hochmittelalter (10.–13. Jh.)

5027 Backsteinfundament

Rechteckige, 2,60 x 1,70 m große Grube/Latrine, aus Backsteinen gemauert und verputzt. Die nördliche Außenseite war gleichzeitig die Trennwand der Kurien Nr. 40 und 41 nach 1857 und vorher eine Innenwand der südlichen Kurie. Ob die Grube dem barocken Bau des 17. Jahrhunderts zuzurechnen oder erst später entstanden ist, bleibt unklar. Die Backsteine sind nur angedeutet.

Stratigraphischer Bezug: über 5008; schneidet 5015 ff.

Dokumentation: F 3; Fo 20–21; Beil. 39, 44; Abb. 148.

Datierung: Neuzeit allgemein

5028 Planierschicht

Dunkelbraune Schicht, die ohne Einschlüsse gezeichnet worden ist. Sie gehört zu den Aufschüttungen nach der Aufgabe der Wallpfosten. An der Grenze zum helleren Horizont 5024 ist eine dünne Holzspur erkennbar, die einen ersten Hinweis auf die Querverbindung 5138 zwischen den Frontpfosten des Walls gibt. Die Schicht entspricht 5061.

Stratigraphischer Bezug: unter 5005; über 5024; geschnitten von 5007.

Dokumentation: F 3, P 4–5; Fo 43, 46, 49–50.

Datierung: Hochmittelalter (10.–13. Jh.)

5029–5030 Bruchsteinfundament

Ost-West orientiertes, 0,85 m breites Fundament aus Bruchsteinen. Von der westlichen Schnittkante ca. 1,40 m lang als Fundament, dann als Ausbruchgrube 5030 mit Steinschutt und östlich von 5016 als kaum sichtbare Verfärbung etwas schmaler (0,70m) dokumentiert. Der Schnittpunkt 5016/5029 ist komplett ausgebrochen. Der Ausgräber hielt 5029 für älter. Am wahrscheinlichsten ist die Annahme einer Trennwand zwischen dem durch 5022/5046/5018 erkennbaren nördlichen Bau und dem durch 5031/5032 angedeuteten südlichen Gebäude; eine Trennung, die noch oder wieder im 17./18. Jahrhundert erscheint.

Dokumentation: F 3; Beil. 39.

5031 Bruchsteinfundament

Plattig gelegtes Sandsteinfundament in nordsüdlicher Ausrichtung. Breite ca. 0,90 m. Bei Anlage des Südplanums wurde der weitere Verlauf nicht gefunden oder dokumentiert. Im Norden deutet sich ein Eckverband mit einem nach Osten abknickenden Fundament 5031b an, dessen Verlauf nach 1 m durch die barocke Wand 5034 abgeschnitten wird. Diese Wand nimmt die Flucht der älteren Mauer auf; zwischen beide Fundamente wurde die Ausgleichsschicht 5208 aus Ziegelschutt gelegt. Eine Ausrichtung des Gebäudes nach Osten wird auch durch den Fundamentrest 5032 bestätigt. Flucht und Aussehen bei dürftiger Dokumentation passen eher (aber nicht exakt) zur Burgmauer 5003/5026 und zu 5018 als zur Immunitätsmauer 5043. Der Bau wurde daher den Steinbauten vor der Errichtung von 5043 zugeordnet. Er könnte der Rest einer ersten Kurie im Südteil der Doppelparzelle Domplatz 40/41 sein.

Stratigraphischer Bezug: geschnitten von 5034.

Dokumentation: F 3, P 49; Beil. 39, 41.

Datierung: Hochmittelalter (10.–13. Jh.)

5032 Bruchsteinfundament

Kleiner, z. T. auch ausgebrochener Rest eines ca. 0,95 m breiten Fundaments in Ost-West-Ausrichtung. Im Osten von 5052 geschnitten, im Westen endet es ca. 0,20 m vor 5031, vermutlich ein sehr junger Ausbruch.

Stratigraphischer Bezug: geschnitten von 5052.

Dokumentation: F 3; Beil. 39.

Datierung: Mittelalter allgemein

5033 Fundament

Kelleraufgang. Von der Kellertreppe der Südkurie wurden zwischen den Fundamenten 5034 und 5052 zwei Stufen freigelegt. Eine Materialbeschreibung fehlt.

Stratigraphischer Bezug: zieht gegen 5052, 5034.

Dokumentation: F 3; Beil. 39, 44.

Datierung: Neuzeit allgemein

5034 Fundament

0,40–0,50 m breites Fundament mit einem Vorsatz nach Süden, auf über 8 m Länge von Westen nach Osten verlaufend. Es diente als Trennwand des im 17. Jahrhundert errichteten Gebäudes in zwei Kurien. Ein Knick nach Norden auf 5016 zu ist klar zu erkennen, obgleich hier größere Ausbrüche vorgenommen wurden. Nach Süden schließt 5052 an, jedoch unterbrochen durch die Treppe 5033. In der Suchgraben-Mitte, am Schnittpunkt mit 5016, erscheinen Teile des nach Norden abknickenden Mauerwerks unter größeren, sauber beschlagenen Blöcken und Backsteinen fast wie die Reste eines Packlagenfundaments. Die Fundamentierung reicht hier erheblich tiefer als bei 5034. Damit dürfte das Fundament 5031 in ostwestlicher Richtung erfaßt sein.

Stratigraphischer Bezug: über 5031.

Dokumentation: F 3; Beil. 39, 44.

Datierung: Barock

5035 Schicht

Hellgrau-gelbliche Schicht an der Ostseite von F 3. Zahlreiche kleine, vom Ausgräber angelegte Schnitte erschweren auch hier die Deutung. 5035 liegt unter 5009 und wird von 5026/5003 geschnitten. Die Schicht unterscheidet sich durch ihre hellere Färbung von 5012. Sie dürfte damit in etwa 5072/5057 der Planierung nach Anlage der Wallpfosten und vor der Aufschüttung des Walls entsprechen, bzw. der aus dem Graben herausziehenden Schicht 5014.

Stratigraphischer Bezug: unter 5009, 5013; über 5012; geschnitten von 5026.

Dokumentation: F 3.

Datierung: Hochmittelalter (10.–13. Jh.)

5036 Schicht

Dunkelgrauer, zwischen 5026 und 5037 abgetiefter Bereich, der wohl 5012/5108 entspricht.

Stratigraphischer Bezug: unter 5026.

Dokumentation: F 3.

Datierung: Frühmittelalter

5037 Fundament

1 m breites Fundament aus plattigen Sandsteinen, das in Suchgraben-Mitte auf gut 1 m Länge und mit zwei Lagen in der Höhe erhalten freigelegt wurde. Trotz des geringen Teilstücks läßt sich eine Nord-Süd-Ausrichtung parallel zu 5026 nachvollziehen. Unter dem Fundament haben sich sowohl die Planierschicht 5024/5035 als auch die Wallschichten 5013 erhalten. Ein weiterer Verlauf des Fundaments nach Norden war nicht festzustellen. In Frage kommt ein Zusammenhang mit dem ebenfalls nicht zu datierenden 5029/5030. Ebenso möglich wäre ein Zusammenhang mit 5034, das mit 5031 älter als seine spätere Funktion als barocke Gebäudetrennung sein könnte.

Stratigraphischer Bezug: über 5024.

Dokumentation: F 3; Fo 4–8; Beil. 39.

Datierung: Mittelalter allgemein

5038 Fundament

Auf F 4 und der Südfläche F 10 jeweils angedeutetes, ca. 0,80 m breites Ost-West orientiertes Fundament, dessen Material und Beschaffenheit (vermutlich Backsteine) nicht sicher erschlossen werden kann. Es handelt sich um ein Zwischenmauerwerk innerhalb der Südhälfte der frühneuzeitlichen Kurie, das gleichzeitig nach Süden das Treppenhaus in die oberen Stockwerke begrenzte. Im Süden lag eine breite Baugrube 5181.

Stratigraphischer Bezug: gehört zu 5032.

Dokumentation: F 4; Beil. 39, 44.

Datierung: Neuzeit allgemein

5040–5042 Backsteinfundamente

Drei Backsteinblöcke mit 0,80–90 m Breite haben als Fundamente für Pfeiler, ebenfalls aus Backsteinen, vor der Immunitätsmauer gedient. Mit der Gebäudewand 5047 folgt eine weitere Stütze. Auch die Immunitätsmauer ist hier mit Ziegeln verkleidet. Zu ihrer Abstützung war es bei der Errichtung der unterkellerten Kurie des 17. Jahrhunderts erforderlich, Stützpfeiler zu errichten.

Stratigraphischer Bezug: über 5046; zieht gegen 5043, 5044.

Dokumentation: F 1; Fo 58; Abb. Beil. 39, 44; Abb. 148.

Datierung: Barock

5043 Fundament

Bruchsteinfundament, überwiegend aus sauber beschlagenen Sandsteinen. Die Mauer war zwischen 1 und 1,60 m breit, bedingt durch mehrere Vorsprünge und Ansätze. Sie war bei Beginn der Grabung noch mehrere Meter hoch erhalten, auch deutlich über die Oberkante des Kellerniveaus der 1945 zerstörten Kurie hinaus. Zahlreiche Fugen von jüngeren Einbauten sind auf den Fotos zu erkennen, unter anderem für die tiefer fundamentierten Stützpfeiler wie 5040 ff. Besonders im Nordabschnitt war die Mauer mit einer Lage glasierter, industriell gefertigter Backsteine verblendet. An der Ostseite zum Prinzipalmarkt ist eine hoch aufragende Mauer aus Backsteinen dagegengesetzt, die als Stütze für 5043 und als Fundament für Gebäude im Hinterhof der Prinzipalmarkthäuser gedient hat. Unter der Fundamentunterkante liegt an mehreren Stellen massiver Steinschutt, an einer Stelle ist auch eine Reihe hochkant gestellter Sandsteine (5083) zu erkennen, an anderer Stelle finden sich große Gruben. Es handelt sich um die Begrenzungsmauer der Domimmunität, die von den Domherren bald nach 1270 hier errichtet worden ist. Höhe der Unterkante 60,05–60,70 m üNN. Das Niveau der Unterkante liegt damit erheblich über dem der Burgmauer und spiegelt so die Geländeerhöhungen im Zusammenhang mit der Umgestaltung der Domburg ab dem 12. Jahrhundert wider, die Ende des 13. Jahrhunderts bereits abgeschlossen waren.

Stratigraphischer Bezug: über 5076, 5012.

Dokumentation: F 21; Fo 1–3, 94–95, 111 u. a.; Beil. 39, 42–44; Abb. 148.

5044 Bruchsteinfundament

1 m breites Fundament aus Sandsteinen mit starkem Mörtelverband. Das Fundament ist Nord-Süd orientiert und war nur zwei bis drei Lagen hoch erhalten. Ein Verband mit 5051, das im Norden nach Westen abknickt, ist belegt. Im Süden ist das Fundament bis auf 5047 rekonstruiert worden. Hier liegen jedoch auch jüngere Umbauten vor, denn 5047 gehört mit Sicherheit erst zur Kurie des 17. Jahrhunderts. Unter dem ebenfalls jüngeren Fundamentstück 5045 liegen einige Bruchsteine, die einen weiteren Verlauf von 5044 bis an 5047 belegen und so auch die Rekonstruktion des Gebäudes bis auf die darunterliegende ausgebrochene Südwand 5008 erlauben. Auch die Flucht des Fundaments 5051 läßt sich auf 5004/5005 rekonstruieren. Es dürfte sich um ein spätmittelalterliches Kuriengebäude handeln, das dem von Alerdinck gezeichneten Herrenhauses nahe an der Immunitätsmauer entsprechen könnte.

Befundkatalog Domburg

Stratigraphischer Bezug: unter 5048; über 5003, 5046.

Dokumentation: F 1; Fo 20–22; Beil. 39, 43; Abb. 148.

Datierung: spätes Mittelalter/frühe Neuzeit (13.–16. Jh.)

5045 Bruchsteinfundament

1 m breites Fundamentstück, das über 5044/5049 nach Westen und über die Burgmauer 5003 zieht. Die Ostecke ist durch 5048 gestört. An der Unterkante des Fundaments sind nach Süden ziehend noch einige Steine sichtbar, die zum überbauten Fundament 5044 gehören dürften. Möglich erscheint ein Zusammenhang mit 5049 als später Einbau im Bereich der Kurie seit dem Spätmittelalter (5044/5008).

Stratigraphischer Bezug: über 5003, 5044; geschnitten von 5048.

Dokumentation: F 1; Fo 20–24; Beil. 39, 44; Abb. 148.

Datierung: Neuzeit allgemein

5046 Bruchsteinfundament

Nord-Süd orientiertes Bruchsteinfundament aus relativ flachen beschlagenen Sandsteinplatten von 1,10 m Breite, wohl in Lehm gesetzt oder mit sehr geringem Kalkmörtelanteil. Das Fundament lag versetzt unter dem spätmittelalterlichen Kurienbau 5044 und konnte vom Ausgräber nach Abtrag von 5044 noch in Resten dokumentiert werden. Klar war der Verband mit 5022, das nach Westen abknickte. Das kleine Fundamentstück 5050 zieht gegen 5046, ist jedoch ähnlich gebaut und könnte zum Gebäude 5046/5022 gehören.

Stratigraphischer Bezug: unter 5044; über 5076, 5012; geschnitten von 5003.

Dokumentation: F 1, 22; Fo 21–26; Beil. 39, 41; Abb. 144.

Datierung: Hochmittelalter (10.–13. Jh.)

5047 Backsteinfundament

0,40 m breites, verputztes Mauerwerk mit einem 0,10 m breiten Vorsatz im Norden. Ursprünglich eine Wand innerhalb der Kurie des 17. Jahrhunderts, nach 1855 die Trennwand zwischen den Gebäuden Nr. 40 und 41. Im Süden setzt die Abfallgrube 5027 an, im Norden das schmale Backsteinfundament 5048. 5047 entstand anstelle der Südseite der spätmittelalterlichen Kurie (Verlängerung von 5008), setzt sich aber über diese hinaus bis an die Immunitätsmauer 5043 fort.

Stratigraphischer Bezug: zieht gegen 5043.

Dokumentation: F 1; Fo 21–22; Beil. 39, 44; Abb. 148.

Datierung: Neuzeit allgemein

5048 Backsteinfundament

Schmales Fundament aus Backsteinen zwischen 5049 und 5045, das bis auf den Pfeiler 5042 gelaufen sein wird und so einen kleinen Raum vor 5043 abgetrennt hat. Die Mauer besteht aus einer Lage von Backsteinen von bis zu 0,27 m Länge (nicht exakt vermessen).

Stratigraphischer Bezug: über 5049; zieht gegen 5047; schneidet 5045.

Dokumentation: F 1; Fo 20–21; Beil. 39, 44; Abb. 148.

Datierung: Neuzeit allgemein

5049 Bruchsteinfundament

Im südlichen Abschnitt von 5044 liegt eine 0,65 m breite Mauerstruktur, ebenfalls aus plattigen Sandsteinen im Mörtelverband auf 5044. Nach Osten verschmälert sich das Fundament im höheren Bereich damit um über 0,30 m. Eine relativ deutliche Kante hebt 5049 von der weiter verlaufenden Flucht von 5044 nach Süden ab. Im oberen Bereich ist 5049 nicht von 5044 etwa durch eine Fuge zu trennen. Die Änderung der Fundamentierung hängt vermutlich mit der Überbauung von 5046 zusammen und nicht mit einer späteren Umbauphase von 5044/5045/5049.

Stratigraphischer Bezug: unter 5048; über 5046.

Dokumentation: F 1; Fo 20–24.

Datierung: spätes Mittelalter/frühe Neuzeit (13.–16. Jh.)

5050 Bruchsteinfundament

Ein ca. 0,40 m breites Fundament aus plattigen Sandsteinen, ohne erkennbaren Kalkmörtel in Ost-West-Orientierung wurde auf 0,40 m Länge zwischen 5003 und 5046 freigelegt. Das Fundament zieht gegen 5046. Ein Zusammenhang mit 5046/5022 ist möglich, allerdings ist der Raum zwischen 5022 und 5050 dann auf knappe 0,70 m begrenzt. Aussehen und die leicht schräg (südlich versetzt) auf 5003 laufende Flucht gleichen 5022. Eine Fortsetzung über 5003/5026 hinaus war nicht festzustellen.

Stratigraphischer Bezug: unter 5049; zieht gegen 5046.

Dokumentation: F 1, 22; Fo 21–26; Beil. 39, 41; Abb. 144.

Datierung: Hochmittelalter (10.–13. Jh.)

5051 Bruchsteinfundament

Das nur auf einem kleinen Teilstück dokumentierte Fundament zieht von 5044 nach Westen, parallel zu 5008. Es war mit 5044 im Verband und zieht über 5003, die beim Bau von 5051 schon aufgegebene Burgmauer. Eine Einordnung des gesamten Komplexes 5044/5004/5005/5008/5051 in die Zeit nach der Errichtung der Immunitätsmauer 5043 ist damit gegeben.

Stratigraphischer Bezug: über 5003; gehört zu 5044.

Dokumentation: F 1; Fo 20–22; Beil. 39, 43; Abb. 148.

Datierung: spätes Mittelalter/frühe Neuzeit (13.–16. Jh.)

5052 Fundament

Ein 1,10 m breites Fundament setzt südlich der Kellertreppe 5033 in Verlängerung der Flucht von 5016 an. Es ist also der südliche Abschnitt der Westwand der Kurie des 17. Jahrhunderts. Dokumentiert wurde nur der Umriß. Nach einer Skizze ist das Mauerwerk der Südkurie aus „kantigen Bruchsteinen, im Fundament Ziegel" zusammengesetzt. An der Westseite liegt eine ca. 0,20 m breite Baugrube. Das Fundament 5032 wird hier geschnitten.

Stratigraphischer Bezug: schneidet 5032.

Dokumentation: F 3; Beil. 39, 44.

Datierung: Barock

5053 Fundament

entspricht 5026, Restbereich mit Versturz der Burgmauer im Süden der Fläche von 1958.

Stratigraphischer Bezug: über 5013; geschnitten von 5034.

Dokumentation: F 3; Beil. 39.

5054 Schicht

Die aus dem Graben herausziehende Schicht 5013, Plaggenschicht genannt, zieht nur noch gering ansteigend unter 5026 her und dann 2 m nach Westen über die sogenannte Berme. Sie ist an verschiedenen Stellen erfaßt worden, auch am Nordprofil, wo sie über die äußeren Grubenränder der Wallpfosten zieht und im vorderen Bereich des Walls in den Flächenzeichnungen F 3, 5 erscheint. Auch hier wird deutlich, daß sie mit 5013 gleichzusetzen ist. Im weiteren Verlauf nach Süden wird die Schicht unschärfer. Die Umzeichnung des Nordprofils läßt zwei bis vier Lagen von Grasplaggen im Bereich der Berme erkennen, die sich in Verlängerung von 5069/5013 westlich des Grabens erstrecken und gegen die Frontpfosten des Walls gesetzt sind. In der Flächendokumentation sind beide Schichten nicht zu trennen.

Stratigraphischer Bezug: unter 5026, 5024; über 5108; geschnitten von 5055.

Dokumentation: F 3; P 10; Fo 46, 48–50; Beil. 34; Abb. 96, 108, 131, 143.

Datierung: Hochmittelalter (10.–13. Jh.)

5055 Pfostenspur

Dunkelgraue, mit Sand und einem Stein in der Füllung vermischte Spur eines rundlichen Pfostens mit ca. 0,45 m Durchmesser. Die Pfostenspur bzw. die dunklere Verfüllung an der Stelle des Pfostens schneidet die Schichten 5072, 5054 und 5024. Der Pfosten liegt exakt an der Stelle des auf den späteren Plana dokumentierten großen Wallpfostens 5104. Die Pfostengrube wird von den genannten Schichten eindeutig überzogen. Ein zweiter Pfosten ist auf dem späteren Planum nicht erkennbar. Der Widerspruch ist zu lösen, wenn man annimmt, daß die genannten Schichten über die große Pfostengrube, aber gegen den bereits aufgerichteten Pfosten gezogen sind. Schließlich hat das Herausziehen des Pfostens aus dem Pfostenloch den vermeintlichen Schnitt bewirkt.

Stratigraphischer Bezug: gehört zu 5104.

Dokumentation: F 3; Fo 46, 48; Beil. 32–33; Abb. 96.

Datierung: Hochmittelalter (10.–13. Jh.)

5056 Füllschicht

Füllschicht im oberen Bereich der Wallschüttung, die sich auf dem Ausschnitt des Wallprofils P 21 über 5067 und direkt unter der Aufplanierung für die neuzeitlichen Keller zeigt. Auch auf dem abfallenden Wallstück westlich der inneren Pfosten ist die Schüttung aus hellem sandigem Material zu sehen. Höhe der Unterkante am Wall 60,65 m üNN, der Oberkante 61 m üNN; hinter 5137 Höhe der Oberkante 60,80 m üNN.

Stratigraphischer Bezug: unter 5017; über 5067; gehört zu 5065.

Dokumentation: P 1, 21, 51; Beil. 34; Abb. 115.

Datierung: Neuzeit allgemein

5057 Schicht

Heller, sandiger Bereich mit nur geringen Einschlüssen, der bereits die untere Schicht oder Planierung der Wallschüttung bildet. Entspricht 5072 im Bereich zwischen Graben und Wall und auch 5058 am Auslauf des Walls zum Inneren der Domburg.

Stratigraphischer Bezug: unter 5013, 5010; über 5108/5112.

Dokumentation: F 3; P 10; Fo 46, 48–50; Beil. 32; Abb. 131.

Datierung: Hochmittelalter (10.–13. Jh.)

5058 Schicht

Schicht aus hellerem Material im unteren Bereich der nach Westen (innen) auslaufenden Wallschüttung. 5058 wurde dokumentiert auf P 21 und P 1. Die Schicht entspricht 5057/5072. Diese zeigte sich an den dokumentierten Stellen jedoch kompakter und mit weniger grauen Einschlüssen. 5057/5072 setzen auf einer Höhe von 59,30–59,40 m üNN an, während 5058 z. T. über 60 m üNN reicht. Dies entspricht dem nach Westen leicht ansteigenden Gelände.

Stratigraphischer Bezug: unter 5063; über 5057; gehört zu 5065.

Dokumentation: P 1, 21; Beil. 34.

Datierung: Mittelalter allgemein

5059 Sonstiges allgemein

Plaggen. Abgestochene Grasplatten, sogenannte Plaggen, fanden sich an vielen Stellen der Wallanlage. Die dunkle torfige Verfärbung entspricht den Schwemmschichten im Bereich des Grabens. Charakteristisches Merkmal für Plaggen am Horsteberg ist, daß die einzelnen Lagen voneinander zu trennen sind. Dies ist am Michaelisplatz weniger der Fall. Insbesondere die Schicht 5054, die in Verlängerung von 5013 aus dem Graben heraus über die Berme zieht, weist diese Merkmale zumindest im dokumentierten unteren Bereich nicht auf. Auf einer Umzeichnung hat der Ausgräber hier jedoch deutlich voneinander abgesetzte Plaggen eingetragen. Nur im Bereich des Wallprofils und vermutlich in Resten am Westende von P 1 und P 51 sind Grasplaggen im Bereich der Schüttung 5066 deutlicher zu erkennen.

Stratigraphischer Bezug: gehört zu 5065.

Dokumentation: P 1; Fo 82–83, 57; Beil. 34; Abb. 115.

Datierung: Mittelalter allgemein

5060 Brandschicht

0,01–0,02 m dünner Streifen, als Brandschicht bezeichnet, der nur auf der Zeichnung eines kleinen Profilsteges A in der Nordfläche nördlich des Fundaments bzw. der Ausbruchgrube 5011 erscheint. 5060 liegt über der Schicht 5061, die von 5008 geschnitten wird. Da es sich bei 5008 jedoch um eine Ausbruchgrube handelt, ist der Befund chronologisch nur bedingt verwertbar. Ein Zusammenhang mit 5011, der Ansatz der Schicht soll 0,20 m unter der „Steinoberkante" gelegen haben, ist vorstellbar.

Stratigraphischer Bezug: über 5061.

Dokumentation: P 2; Fo 46.

Datierung: Mittelalter allgemein

5061 Planierschicht

0,05–0,10 m starke graue Schicht mit kleineren Steinchen, die über der Grube des gezogenen Pfostens 5114 liegt, also nach der Aufgabe der Holzwand, die mit der Errichtung der Burgmauer zusammenhängen dürfte.

Stratigraphischer Bezug: unter 5060; über 5062, 511; geschnitten von 5008.

Dokumentation: P 2; Fo 46.

Datierung: Hochmittelalter (10.–13. Jh.)

5062 Schicht

Dunkler, ca. 0,05 m starker Streifen, der 5054 sehr ähnelt. Zwischen 5054 und 5062 liegt jedoch die immerhin fast 0,20 m breite Schicht 5024. Das Profilfoto zeigt zweifelsfrei, daß 5062 nicht über die Grube des Pfostens 5114 zieht, obwohl der Ausgräber dies auf der Profilskizze angedeutet hat, da sich in der Verfüllung der Grube einige Spuren des typischen tiefschwarzen Materials fanden. Diese dürften beim Ziehen des Wallpfostens entstanden sein. Die Schicht entspricht 5067 am Wallprofil, ist also eine der oberen Wallschüttungen.

Stratigraphischer Bezug: unter 5061; über 5024.

Dokumentation: P 2; Fo 46.

Datierung: Mittelalter allgemein

5063 Schicht

Dunkle schwärzliche Streifen im unteren Wallbereich, welche die Merkmale von 5054 und 5013 aufweisen. Der dunkle Streifen setzt sich auch jenseits der Wallschüttung nach Westen fort in Richtung auf den später aufgedeckten Bohlenweg. Es dürfte sich neben Plaggen um verschlammten Boden handeln, der dem Graben entnommen worden ist.

Stratigraphischer Bezug: unter 5066; über 5058; gehört zu 5065.

Dokumentation: P 1, 21, 51; Fo 57, 62, 70, 82; Beil. 34; Abb. 115.

Datierung: Mittelalter allgemein

5064 Sonstiges allgemein

Berme. Als Berme gilt das flache Stück zwischen Graben und Wall. Wie bereits erwähnt, ziehen die aus dem Graben ansteigenden Schichten 5054/5069 leicht ansteigend über das flache Stück der Berme. Westlich der Pfostenreihe 5100 wird die Schicht breiter, das Niveau steigt deutlicher an, so daß sich eine auf die Wallfront zulaufende Steigung ergibt, die verteidigungstechnisch ziemlich unsinnig ist. Möglicherweise war es notwendig, die Wallpfosten von außen zu stabilisieren.

Die Bermepfosten 5100 hätten in dem Fall zur Befestigung dieser Lagen gedient. Ob sie 5013 tatsächlich geschnitten haben, ist jedoch keineswegs sicher. Zum ersten Zustand dürfte die Planierung 5072/5057 gehören, die unmittelbar nach Errichtung der Frontpfosten über und in deren Gruben eingegeben wurde und die nicht zu den Füllungen des Grabens gehört. Sie hat im Bereich der Berme ein Niveau von 51,35 m üNN am Graben und 51,40 m üNN am Wall, also nur einen geringen Anstieg.

Stratigraphischer Bezug: über 5108; geschnitten von 5026.

Dokumentation: P 1; Beil. 34.

Datierung: Mittelalter allgemein

5065 Sonstiges allgemein

Wall. Die Dokumentation des Walls ist unbefriedigend, da an keiner Stelle ein vollständiger Schnitt durchgehend vom Graben bis zum Wallende vorliegt. Ansatzweise erscheint der Wall auf der zusammenfassenden Zeichnung des Nordprofils P 1 in seinem westlichen Ende und über der Berme, nicht jedoch zwischen hinterer und vorderer Pfostenreihe. Auf einer weiteren Zeichnung P 21 sind das Südprofil und der Anschluß an der Südwestecke der Fläche nach Westen dokumentiert. Bei beiden handelt es sich nur um eine Anschlußzeichnung an eine verlorene Profilzeichnung. Außerdem reicht die Oberfläche der barocken Keller bis in die Stratigraphie des Grabens hinein, so daß keine Aufschlüsse zur Einordnung der Stratigraphie zu erhalten waren. Eine Dokumentation in der Fläche oder an Zwischenprofilen wird es kaum gegeben haben, da die Höhe der Walloberkante bereits deutlich über der ungefähren Durchschnittshöhe der beim Primäraushub freigelegten Flächen lag. Eine Ausnahme sind Profilstege vor der Westkante des Südschnitts, unter anderem P 51, die für den Wall eine Oberkante von 61,13 m üNN aufweist, das sind ca. 1,40 m über der Oberfläche 5108. Die höchste Stelle dürfte damit keineswegs erfaßt sein. Die ansteigende Schüttung an der Außenseite an der Berme zieht über die Grube der Wallpfosten und liegt hier etwa 0,60 m über der karolingischen Oberfläche 5108/5012. Sie liegt deutlich über dem Rand der Grube des Wallpfostens 5139, muß jedoch gegen den Pfosten selbst gezogen sein. Die Oberkante des Walls liegt hier deutlich über 60,80 m üNN und damit auch über den frühneuzeitlichen Kurienkellern und Kaminschächten. Der Wall endet schräg abfallend westlich der hinteren Pfostenreihe und zieht über die Ostkante der Straße im Bereich der Siedlung. Die Schüttung über der Planierung 5057 besteht aus der helleren Schicht 5058, es folgt mit 5063 eine tiefdunkle Schwemmschicht, wie 5054; dann folgt die große Schüttung 5066, die überwiegend aus hellem Material besteht, in der unregelmäßig dunklere Verfärbungen und Plaggen zu erkennen sind. Die sogenannte Plaggenschicht 5013/5054, die aus dem Graben heraus über die Frontpfostengruben zieht, findet sich ähnlich auch im unteren Drittel der Wallschüttung (5063). Von den klarer erkennbaren Plaggen im oberen Bereich (P 43 /Fo 57) unterscheidet sie sich doch auch hier deutlich. Im oberen Bereich liegt wieder eine dunkle Schicht 5067, die Aushub aus dem Graben sein dürfte, darüber folgt mit 5056 wieder helleres Material, das bis zu einer Höhe von 61 m üNN nachweisbar war. 5054 lag unter dem Burgmauerfundament 5026. Die oberen Wallschichten liegen nicht unter 5026. Es ist davon auszugehen, daß der Wall mit Errichtung der Burgmauer anstelle der Palisade seine Funktion keineswegs sofort verloren hat. Anzunehmen ist ein Bestand bis ins 12. Jahrhundert. Diese Vermutung läßt sich jedoch anhand der Dokumentation nicht überprüfen, weil 5026 komplett ausgebrochen war.

Stratigraphischer Bezug: über 5111, 5116; geschnitten von 5026.

Dokumentation: F 10; P 1, 21, 43; Fo 57, 62, 70, 82–83, 2–8/1960; Beil. 32–34; Abb. 115–116.

Datierung: Mittelalter allgemein

5066 Planierschicht

5066 ist die Wallschüttung, die nach Errichtung der Wallpfosten über der ersten Planierung 5057 aufgetragen wurde. Im unteren Bereich finden sich dunkle Streifen (5063), die an 5054/5013 erinnern, darüber z. T. schwarze, bis zu 0,10 m starke Pakete (5059), bei denen es sich tatsächlich um Plaggen handelt. Die eigentliche Füllschicht besteht aus einem helleren sandigen Material, das umgelagerter anstehender Boden sein dürfte. Jedoch liegen auch hier noch deutliche Unterschiede in der Verfärbung und an Einschlüssen vor, die sowohl durch unterschiedlichen Aushub während einer Auftragungsphase als auch durch Erneuerungen des Walls erklärt werden könnten. 5066 entspricht 5024. Nach Westen fällt die Schüttung langsam ab bis auf das

Niveau der Bohlen der Wallstraße. Von den Nutzungshorizonten der Straße (5211 ff.) wird 5066 überzogen. Höhe der Oberkante 60,60 m üNN, der Unterkante 59,80 m üNN.

Stratigraphischer Bezug: unter 5077; über 5057; gehört zu 5065.

Dokumentation: F 10; P 21, 43, 50–52, 63; Fo 57, 116–117, 126, 185–187/60; Abb. 115–116.

Datierung: Hochmittelalter (10.–13. Jh.)

5067 Planierschicht

Dunkle Schicht, die im oberen Bereich der freigelegten Wallschüttung aufliegt. Auch hier ist eine Aufschüttung mit schlammigem Material aus dem Graben anzunehmen. Die Oberkante reicht bis zu 61,13 m üNN im Bereich der Südfläche. Entspricht 5062.

Stratigraphischer Bezug: unter 5026; über 5066; gehört zu 5065.

Dokumentation: F 10; P 43.

Datierung: Hochmittelalter (10.–13. Jh.)

5068 Sonstiges allgemein

Dunkelgraue Verfärbung mit tiefschwarzer Unterkante auf nur 0,40 m Länge zwischen den Ausbruchgruben 5026 und 5005 dokumentiert. 5068 zieht über 5026 und wird von 5005 geschnitten. Für eine genauere Ansprache – neben einem Nutzungsniveau zu 5004 oder zum älteren 5007 kommt auch eine Grube in Frage – ist der freigelegte Bereich zu klein.

Stratigraphischer Bezug: unter 5001; über 5024/5026; geschnitten von 5005.

Dokumentation: P 11

Datierung: Hochmittelalter (10.-13. Jh.)

5069 Füllschicht

Dunkle, bis zu 0,30 m breite, durch Feuchtigkeit geprägte Füllung des Grabens 5076 über den „Plaggen" 5013. Von dieser stellenweise kaum zu trennen und einmal vom Ausgräber als obere Plaggenschicht bezeichnet. Die Schnittstelle mit 5026/5003 ist nicht dokumentiert, so daß eine Einfüllung oder Verschlammung vor oder nach der Errichtung der Mauer nicht belegt werden kann. Ein Foto (47) mit einem Profilsteg weiter südlich zeigt, daß 5013 klar unter dem Fundament liegt, sämtliche darüberliegenden Verfüllungen des Grabens werden geschnitten, allerdings hier von der Ausbruchgrube des Fundaments 5003 aus dem 12. Jahrhundert. Die Immunitätsmauer markiert wiederum gleichzeitig den absoluten Endpunkt um 1270 für die Laufzeit des Grabens 5076. Höhe der Unterkante 58,60–59,45 m üNN, der Oberkante 58,76–59,65 m üNN.

Stratigraphischer Bezug: unter 5014; über 5013.

Dokumentation: P 1, 46, P 1954; Fo 93, 102–103, 109; Beil. 34; Abb. 111–113.

Datierung: Hochmittelalter (10.–13. Jh.)

5070 Füllschicht

Bis zu 0,25 m breite sandige Schicht aus hellerem marmoriertem Material, die in den unteren Bereichen von 5076 zwischen 5013 und 5069 eingegeben worden ist. Höhe der Oberkante 58,60 m üNN, der Unterkante 58,35 m üNN.

Stratigraphischer Bezug: unter 5069; über 5013.

Dokumentation: wie 5069.

Datierung: Hochmittelalter (10.–13. Jh.)

5071 Schicht

5071 ist die unterste Schicht des Grabens 5076. Sie ist bräunlich gefärbt, weist zahlreiche hellere Einschlüsse auf. Insgesamt deutlich dunkler als die Kulturschicht 5077. Am oberen Rand ist zu erkennen, daß 5071 über 5012 zu ziehen scheint. Höhe der Oberkante 58,30 m üNN Richtung Grabenmitte und 59 m üNN am Grabenansatz. Die Unterkante ist in Richtung Grabenmitte nicht dokumentiert worden, jedoch findet sich eine Beschriftung „190 cm Tiefe". Von der Nullinie des Zeichners bei 59,50 m üNN dürfte dies einen Wert von 57,60 m üNN ergeben. Die Grabenmitte ist hier jedoch wohl nicht erreicht worden.

Stratigraphischer Bezug: unter 5013; gehört zu 5076.

Dokumentation: wie 5069.

Datierung: Hochmittelalter (10.–13. Jh.)

5072 Planierschicht

0,10–0,20 m breite Schicht aus hellgrauem Material unter der „Plaggenlage" 5013/5054 am Ansatz des Grabens. 5072 zieht leicht ansteigend vom Grabenansatz nach Westen bis über die Frontpfosten des Walls (Berme). Höhe der Oberkante ca. 59,35 m üNN bis auf 59,70 m üNN am Wallansatz ansteigend. Entspricht 5057 weiter westlich.

Stratigraphischer Bezug: unter 5013; über 5111 ff.; geschnitten von 5100.

Dokumentation: P 1, 3; Fo 93, 109; Beil. 34.

Datierung: Hochmittelalter (10.–13. Jh.)

5073 Laufhorizont

0,02–0,04 m dünner schwarzer Streifen, der am Nordprofil des Grabenansatzes unter den „Plaggen" 5013 dokumentiert wurde. Dazwischen liegt die Aufplanierung 5072, die Schüttung im Bereich der Berme vor dem Wall. Eine belaufene Oberkante von 5012/5108 ist an anderen Stellen häufig nicht zu erkennen. Höhe der Oberkante 59,25 m üNN.

Stratigraphischer Bezug: unter 5072, 5013; über 5012.

Dokumentation: P 1; Fo 93, 109; Beil. 34.

Datierung: Frühmittelalter

5074 Füllschicht

Heller, ca. 0,35 m breiter Streifen, der stark ansteigend aus dem Graben herauszieht. In dem gelben Sand fanden sich neben Keramik auch Steine und Kalkmörtelbrocken, die auf eine Verfüllung nach Errichtung des Fundaments 5003 hinweisen könnten. An den beiden Profilen der Suchschnitte Nord und Mitte zieht 5074 deutlich über 5003 und 5026. Es handelt sich damit um eine der jüngeren Verfüllungen des Grabens, die wie 5075 möglicherweise mit der Aufgabe der Burgmauer und der langsamen Verfüllung des Grabens vor Errichtung der Immunitätsmauer im 13. Jahrhundert zusammenhängt. Höhe der Unterkante 59,20–59,55 m üNN.

Stratigraphischer Bezug: unter 5075; über 5015; gehört zu 5076.

Dokumentation: wie 5069.

Datierung: Hochmittelalter (10.–13. Jh.)

5075 Füllschicht

Grabenverfüllung, deren dunkles Material für Feuchtigkeit/Schlamm im Bereich des Grabens spricht. Könnte in die Zeit der Aufgabe oder der letzten Nutzung des Grabens im 13. Jahrhundert gehören. Höhe der Unterkante 59,37–59,65 m üNN.

Stratigraphischer Bezug: unter 5043; über 5074.

Dokumentation: wie 5069.

Datierung: Hochmittelalter (10.–13. Jh.)

5076 Graben

Burggraben. Der Graben wurde an der Ostseite der Fläche nur angeschnitten. Zu den Füllschichten gehören 5013–5015 und 5069–5082. Häufig wechseln dunkle Schwemmschichten und hellere Füllungen. Der Suchschnitt von 1950 zeigte den Graben auf einer Breite von 12 m. Falls die östliche Grabenkante ebenso gestaltet war wie die Innenseite, ließe sich eine Breite von 18–19 m rekonstruieren.

Stratigraphischer Bezug: unter 5043; schneidet 5108.

Dokumentation: Beil. 32–35; Abb. 111–113.

Datierung: Mittelalter allgemein

5077 Kulturschicht

Am Nordprofil geht die Schicht 5012 unscharf in den helleren gemischten oder marmorierten sandigen Streifen über, der wiederum sehr unscharf in den anstehenden Boden übergeht. 5077 dürfte 5109/5103 der Kaiserzeit entsprechen.

Stratigraphischer Bezug: unter 5012; geschnitten von 5076.

Dokumentation: wie 5069.

Datierung: vorgeschichtlich

5078–5079 Laufhorizont

Beide Befundnummern wurden zunächst bei der Ansicht von P 5 vergeben. 5079 ist hier die unterste dokumentierte Schicht und zeigt sich als dunkler Streifen mit der Beschriftung „karol. Oberboden"; darüber liegt eine ebenfalls sehr dünne helle Schicht 5078, über der eine größere graue, mindestens 0,30 m starke Planierschicht mit dunkelbraunen Streifen liegt, die von 5007 geschnitten wird. 5078 entspricht 5057 und 5072/5058. 5079 entspricht dem Laufhorizont 5073 als Oberkante von 5012/5108. Höhe der Oberkante von 5079: 59,35 m üNN.

Stratigraphischer Bezug: unter 5065; über 5108.

Dokumentation: P 5, 10, 63; Fo 126, 185–187; Abb. 131.

Datierung: Hochmittelalter (10.–13. Jh.)

5081 Planierschicht

Planierschicht aus hellem, sandigen Material mit kleinen Bruchsteinen, die bereits gegen die Unterkante der Immunitätsmauer 5043 zieht, jedoch unmittelbar nach deren Bau aufgetragen worden sein dürfte.

Stratigraphischer Bezug: über 5082/5083; zieht gegen 5043.

Dokumentation: P 1954, P 49; Abb. 111.

Datierung: spätes Mittelalter/frühe Neuzeit (13.–16. Jh.)

5082 Schuttschicht

Unter der Immunitätsmauer 5043 wurde an einigen Stellen im südlichen Abschnitt eine Schicht aus Sandsteinen beobachtet, die besonders am zunächst freigelegten Suchschnitt-Mitte den Eindruck eines Versturzes macht, so daß sich hier ehemals ein Mauerverband befunden haben könnte. Gegen die Annahme einer älteren Phase der Immunitätsmauer spricht, daß sich der Steinschutt nicht im Nordteil von 5043 zeigt. Wahrscheinlich handelt es sich bei 5082 nur um auf die oberen Grabenverfüllungen geworfenen Schutt, entsprechend 5083 zur Stabilisierung des Untergrundes über dem Graben für die Errichtung der Immunitätsmauer. Höhe der Oberkante 60,45–60,70 m üNN.

Stratigraphischer Bezug: unter 5043; über 5083.

Dokumentation: P 44–45, 47, 1954; Fo 2–3.

Datierung: Hochmittelalter (10.–13. Jh.)

5083 Füllschicht

Braungraue sandige bis etwas lehmige Schicht mit zahlreichen kleineren Steinen, Kalk und Holzkohlestücken, die etwa 0,40 m stark unter 5043 liegt und die oberste Verfüllung des Burggrabens 5076 bzw. die Planierung für das Fundament der Immunitätsmauer darstellt. An Teilen des südlichen Verlaufs von 5043 liegt der Steinschutt 5082 zwischen Mauer und 5083. Höhe der Oberkante 60,10–60,30 m üNN.

Stratigraphischer Bezug: unter 5082, 5043; über 5084.

Dokumentation: P 44–46, 50; Fo 2–4; Abb. 111–113, 134.

Datierung: Hochmittelalter (10.–13. Jh.)

5084 Füllschicht

Helle gelbliche kompakte, 0,10–0,25 m breite Füll- oder Planierschicht mit kleinen Steinen zur Aufgabe von 5076. Höhe 59,73 m üNN.

Stratigraphischer Bezug: unter 5083; über 5075.

Dokumentation: P 44–46.

Datierung: Hochmittelalter (10.–13. Jh.)

5085–5099 Pfostenlöcher

Reihe aus 14 kleinen Pfostenlöchern, die im Abstand von 0,20–0,40 m östlich vor dem Wall lagen. Die nördlichen Pfosten 5085–5092 und 5099 sind 0,25–0,40 m tief in 5108/5109 eingeschlagen. Die Löcher sind 0,08–0,12 m breit. Sie wurden leicht schräg eingeschlagen, ihr übertägiger Bereich neigte sich nach Westen auf den Wall zu. Pfosten 5087 wurde annähernd senkrecht eingeschlagen. Die südlichen Pfostenlöcher sind mit 0,05 m Durchmesser erheblich kleiner und – soweit im Profil dokumentiert – auch nur 0,05 m tief eingeschlagen, wobei sich hier eine Neigung von West nach Ost, also zum Graben hin andeutet. Die Pfosten liegen im Bereich der langsam vom Graben zum Wall ansteigenden Berme. Auf dem Nordprofil schneidet der Pfosten 5099 5012 sowie andeutungsweise 5072, von 5013 wird er dagegen deutlich überzogen. Allerdings dürfte die schwärzliche Spur des Pfostens in der ebenfalls schwarzen Verfärbung von 5013 nur schwer zu erkennen gewesen sein. So hat der Ausgräber auf einer Umzeichnung von P 1 dies korrigiert und läßt den Pfosten eindeutig in die Plaggenschicht einschneiden.

Stratigraphischer Bezug: unter 5026, 5013; schneidet 5012, 5072.

Dokumentation: F 4; P 1, 15; Fo 84; Beil. 32–34; Abb. 114.

Datierung: Hochmittelalter (10.–13. Jh.)

5100 Pfostenloch

Gesamtbezeichnung für die Reihe der angespitzten Pfosten im Bereich der Berme (s. 5085–5099).

Dokumentation: Beil. 32–33.

Datierung: Mittelalter allgemein

5101 Pfostengrube

Längliche, 0,35 x 0,20 m große Pfostengrube, westlich des Wallpfostens 5114, möglicherweise für zwei kleinere Pfosten.

Stratigraphischer Bezug: schneidet 5108.

Dokumentation: F 4; Beil. 32–33.

Datierung: Mittelalter allgemein

5102 Pfostenloch

0,07 m breite Spur eines schräg in den anstehenden Boden und nach Osten ausgerichteten Pfostens. Die Verfüllung ist nicht von 5103 zu trennen.

Stratigraphischer Bezug: unter 5103; schneidet 1012.

Dokumentation: P 16.

Datierung: vorgeschichtlich

5103 Schicht

Hellgrau-gelblicher Horizont, vermischt mit zahlreichen dunkleren Spuren, sicher von Tiergängen, Wurzeln usw. verursacht, jedoch auch mit Holzkohleresten und Pfostenspuren durchsetzt. Der Übergang zum anstehenden Boden ist stellenweise auch in größerer Tiefe nicht leicht zu fassen, da auch dieser häufig keinen reinen Sand aufweist. Höhe der Oberkante ca. 59,25 m üNN.

Stratigraphischer Bezug: unter 5108/5109; über 5102/5104.

Dokumentation: P 14, 16, 63; Fo 71, 185–187 ff.; Abb. 98–100.

Datierung: vorgeschichtlich

5104 Grube

Ca. 0,80 m breite Grube mit stärkeren Holzkohlespuren, die im unteren Bereich der Kulturschicht 5103 ansetzt und in den anstehenden Boden schneidet.

Stratigraphischer Bezug: unter 5103; schneidet 1012.

Dokumentation: P 14; Abb. 99.

Datierung: vorgeschichtlich

5105 Planierschicht

Stratigraphischer Bezug: unter 5034; über 5106.

Dokumentation: P 16.

Datierung: frühe Neuzeit (ca. 1500–1700)

5106 Schicht

Grauer Streifen von 0,05 m Breite, der auf einem schematisierten Profil unter dem Fundament 5034 dokumentiert wurde. Einordnung nicht möglich.

Stratigraphischer Bezug: unter 5105; über 5107.

Dokumentation: P 16.

5107 Schicht

0,05 m dünner heller Sandstreifen unter 5106 und dem Fundament 5034. Da darunter 5108 zu erkennen ist, könnte es sich bereits um 5057 handeln.

Dokumentation: P 16.

5108 Alte Oberfläche

Graubraune Schicht, die im gesamten freigelegten Bereich unterhalb der Befestigung auftritt. Die 0,20–0,40 m starke Schicht entspricht 5012 im Bereich des Grabens. Nur an wenigen Stellen wurde an ihrer Oberkante ein deutlich sichtbarer Laufhorizont erfaßt (5073/5079). Der darunterliegende Bereich 5109 (5077 am Graben) ist deutlich heller gefärbt und weniger intensiv genutzt/belaufen. 5108 ist die Oberfläche, in der die gesamte Befestigung Wallpfosten und Graben einschneiden. Die Schüttungen von Wall und Berme ziehen darüber. Die Oberfläche ist damit in die Karolingerzeit einzuordnen. Untere Bereiche könnten den langen Zeitraum mit geringer Nutzung bis in die späte Kaiserzeit abdecken. Höhe der Oberkante 59,30–59,60 m üNN.

Stratigraphischer Bezug: unter 5065, 5057; über 5109; geschnitten von 5111 ff., 5076.

Dokumentation: F 4, 5 u. a.; P 1, 14, 16; Fo 51 ff.; Beil. 32–36, 38; Abb. 96, 98–100, 105–110, 114–115, 117–118, 120–121, 124–127, 129, 132–134.

Datierung: Frühmittelalter

5109 Kulturschicht

Hellbraune Schicht, bis zu 0,20 m breit, mit Holzkohleeinschlüssen. An den dokumentierten Stellen unterscheidet sie sich durch ihre einheitliche Färbung von der stark gemischten/marmorierten Schicht 5077 unter 5012 am Graben. Am Profil 14 ist unter 5109 eine weitere Schicht 5103 zu erkennen. Da 5108, die frühmittelalterliche Kulturschicht, nicht mehr weiträumig abgetragen wurde, konnten die unteren Schichten in der Fläche nicht getrennt werden. Jedoch zeigen die Fotos der zahlreichen weiträumigen Schnitte um die großen Pfostengruben des Walls, daß eine Trennung in drei Horizonte unter dem Wall nicht immer möglich ist. Winkelmann hat 5109 als braunen kaiserzeitlichen Boden bezeichnet. Zahlreiche Fundstücke des 2.–3. Jahrhunderts haben diese Einschätzung belegt. Höhe der Oberkante ca. 59,40 m üNN.

Stratigraphischer Bezug: unter 5108; über 5103.

Dokumentation: P 14, 20, 63; Fo 70, 116–117, 126, 185–187 u. a.; Abb. 98-100.

Datierung: vorgeschichtlich

5110 Brandschicht

Größere rundliche Verfärbung in Form einer Grube mit ca. 1,20 m Durchmesser unterhalb von 5108. Der Befund zeichnet sich in der braunen Verfärbung der Schicht 5109 durch starke Brandspuren – im wesentlichen Holzkohle, aber auch verziegelter Lehm – ab. Die Tiefe unter 5108 beträgt nur 0,04 m. Es könnte sich um eine gekappte Grube oder auch um eine Brand-/Feuerstelle handeln. Der Pfosten 5112 schneidet die Grube. Höhe 0,22 m unter der Oberkante von 5108, was ca. 59,35 m üNN entsprechen dürfte.

Stratigraphischer Bezug: unter 5108; schneidet 5109; geschnitten von 5112.

Dokumentation: F 17; Fo 70; Abb. 98.

Datierung: vorgeschichtlich

5111 Pfostengrube

Mit 5111 ist der erste der freigelegten Frontpfosten der Wallanlage erreicht. Die Grube ist knapp 1 m breit und mit vermischtem hellem und dunklem Material verfüllt. Die Spur des Pfostens ist an ihrer schwarzen Verfärbung klar zu erkennen. Der nicht angespitzte Pfosten ist im oberen Bereich ca. 0,30 m breit, unten nur 0,18 m. Die flache Sohle der Grube liegt 1,27 m unter der Oberkante von 5108 = 58,15 m üNN. Zumindest die Grube liegt, wie bei allen anderen Pfosten unter 5013, aber auch unter 5072. In der Fläche kaum zu unterscheiden ist die Grube von der westlich ansetzenden Grube 5151. Die Reihe der Frontpfosten 5111–5115 und 5139 ist nur annähernd senkrecht eingetieft. Sie weisen eine Neigung nach Westen auf. Die Pfosten liegen sämtlich am unteren westlichen Ende der erheblich größeren Gruben. Die nördlichen Ränder der Gruben fallen annähernd senkrecht ab, die südliche Seite fällt flacher ab. Von hier werden die offensichtlich sehr langen Stämme in die Grube gesetzt worden sein.

Stratigraphischer Bezug: unter 5013; schneidet 5108.

Dokumentation: F 4–5; P 22; Fo 56, 60–61, 68–69, 88; Beil. 32–33; Abb. 105.

Datierung: Mittelalter allgemein

5112 Pfostengrube

Grube eines Wallpfostens. Maße der Grube 1 x 0,55 m; Durchmesser des Pfostens oben 0,42 m, unten 0,10 m, leicht angespitzt. Tiefe unter 5108: 1,02 m = 58,48 m üNN.

Stratigraphischer Bezug: unter 5013, 5072; schneidet 5108.

Dokumentation: F 4, 5, 20; P 23; Fo 60–62, 52, 56, 89; Beil. 32–33; Abb.105–106.

Datierung: Mittelalter allgemein

5113 Pfostengrube

Wallpfosten. Maße der Grube: 1,55 x 0,80 m. Durchmesser des Pfostens oben bis zu 0,70 m, unten 0,25 m. Tiefe 58,15 m üNN, flache Sohle.

Stratigraphischer Bezug: unter 5013; schneidet 5108.

Dokumentation: F 4–5; P 24; Fo 56, 60–61, 52–53, 71; Beil. 32–33; Abb. 105.

Datierung: Mittelalter allgemein

5114 Pfostengrube

Wallpfosten. Maße der Grube 1,80 x 0,75 m. Durchmesser des Pfostens oben: 0,45 m, unten: 0,20 m. Tiefe: 58,16 m üNN; fast flache Sohle.

Stratigraphischer Bezug: unter 5013; schneidet 5108.

Dokumentation: F 4–5; P 25; Fo 54–56, 60–61, 72–75; Beil. 32–33; Abb. 105.

Datierung: Mittelalter allgemein

5115 Pfostengrube

Wallpfosten. Maße der Grube 1,70 x 0,80 m. Durchmesser des Pfostens oben: 0,54 m, unten 0,40 m. Tiefe: 58,06 m üNN, flache Sohle.

Stratigraphischer Bezug: unter 5072; schneidet 5108.

Dokumentation: F 4–5; P 26; Fo 54–56, 60–61, 76; Beil. 32–33; Abb. 105.

Datierung: Mittelalter allgemein

5116 Pfostengrube

Die Pfosten 5116–5119 stellen die hinteren Wallpfosten dar. Sie sind etwas kleiner und deutlich weniger tief eingegraben. Die Grubenkanten fallen senkrecht ab. Durchmesser der Grube: 0,70 m, des Pfostens 0,40 m, Tiefe 58,55 m üNN.

Stratigraphischer Bezug: unter 5057; schneidet 5108.

Dokumentation: F 4, P 27, Fo 77–78; Beil. 32–33.

Datierung: Mittelalter allgemein

5117 Pfostengrube

Hinterer Wallpfosten. Durchmesser der Grube 0,48 m, des Pfostens 0,20 m, Tiefe 58,86 m üNN, flache Sohle.

Stratigraphischer Bezug: unter 5057; schneidet 5108.

Dokumentation: F 4; P 28; Fo 79; Beil. 32–33; Abb. 110.

Datierung: Mittelalter allgemein

5118 Pfostengrube

Hinterer Wallpfosten. Durchmesser der Grube ca. 0,50 m, des Pfostens 0,20 m, Tiefe 58,74 m üNN, flache Sohle.

Stratigraphischer Bezug: unter 5057; schneidet 5108.

Dokumentation: F 4; P 32; Fo 90; Beil. 32–33.

Datierung: Mittelalter allgemein

5119 Pfostengrube

Hinterer Wallpfosten. Durchmesser der Grube 0,75 m, Pfosten nicht zu erkennen, Tiefe 58,96 m üNN.

Stratigraphischer Bezug: unter 5057; schneidet 5108.

Dokumentation: F 4; P 33; Fo 87; Beil. 32–33.

Datierung: Mittelalter allgemein

5120 Pfostengrube

Grube mit 0,25 m Durchmesser und der Spur eines 0,15 m breiten, nur noch 0,05 m in 5108 eingetieften Pfostens. Mehrere Pfostengruben wurden unter der Wallschüttung zwischen den vorderen und hinteren Wallpfosten dokumentiert. Einige davon (5131/5135–5136/5150/5152) könnten unmittelbar mit dem Holzerdewall, etwa als Erneuerungen der hinteren Wallpfosten oder zusätzliche Sicherung der Wallschüttung, zusammenhängen. Die Rekonstruktion der Holzkästen zu diesem Zweck wird im Befund nicht deutlich. Für weitere Pfosten kommt auch die Annahme eines kleinen Gebäudes in Frage, das dann vor der Entstehung des Walls, aber nach der Christianisierung errichtet worden wäre.

Stratigraphischer Bezug: schneidet 5108.

Dokumentation: F 4; P 41; Beil. 32–33.

Datierung: Mittelalter allgemein

5121 Pfostengrube

Bis zu 0,35 m breite Grube mit der 0,10 m tiefen Spur eines 0,12 m breiten Pfostens.

Stratigraphischer Bezug: schneidet 5108.

Dokumentation: F 4; P 41; Beil. 32–33.

Datierung: Mittelalter allgemein

5122 Pfostengrube

0,22 m breite Pfostengrube ohne sichtbare Pfostenspur, wie 5120–5121/5123 vermutlich nur sehr gering unter die Oberfläche von 5108 eingetieft.

Stratigraphischer Bezug: schneidet 5108.

Dokumentation: F 4; Beil. 32–33.

Datierung: Mittelalter allgemein

5123 Pfostengrube

0,26 m breite Pfostengrube mit der Spur eines 0,11 m breiten Pfostens. Die Grube ist bis 0,12 m unter 5108 eingetieft.

Stratigraphischer Bezug: schneidet 5108.

Dokumentation: F 4; P 41; Beil. 32–33.

Datierung: Mittelalter allgemein

5124 Pfostengrube

Ovale Pfostengrube mit bis zu 0,35 m Ausdehnung. Der Pfosten ist 0,18 m breit und bis 0,24 m unter 5108 eingetieft.

Stratigraphischer Bezug: schneidet 5108.

Dokumentation: F 4; P 41; Beil. 32–33.

Datierung: Mittelalter allgemein

5125 Pfostengrube

Unmittelbar östlich von 5124 schließt 5125 an. Die Grube ist bis zu 0,22 m breit, der angespitzte Pfosten ist nur 0,07 m breit und 0,12 m eingetieft.

Stratigraphischer Bezug: schneidet 5108.

Dokumentation: F 4; P 41; Beil. 32–33.

Datierung: Mittelalter allgemein

5126 Grube

Ovale Grube oder Verfärbung mit bis zu 0,25 m Durchmesser. Die Grube war nur 0,03 m tief und mit Holzkohle verfüllt.

Stratigraphischer Bezug: schneidet 5108.

Dokumentation: F 4; P 41; Beil. 32–33.

Datierung: Mittelalter allgemein

5127 Pfostengrube

Runde Grube mit 0,22 m Durchmesser und einer nur 0,06 m kleinen Pfostenspur, die kaum in 5108 eingetieft war.

Dokumentation: F 4; Beil. 32–33.

Datierung: Mittelalter allgemein

5128 Grube

Rundliche Grube mit bis zu 0,40 m Durchmesser, bis etwa 0,25 m unter 5108 eingetieft.

Dokumentation: F 4; P 42; Beil. 32–33.

Datierung: Mittelalter allgemein

5129 Grube

Rundliche Grube mit bis zu 0,60 m Durchmesser. In der graubraunen Verfüllung mit Holzkohle ist keine Pfostenspur zu erkennen. Trotzdem ist eine Pfostengrube ebenso wie bei 5128 wahrscheinlich.

Stratigraphischer Bezug: schneidet 5108.

Dokumentation: F 4; P 42; Beil. 32–33.

Datierung: Mittelalter allgemein

5130 Pfostenspur

Pfosten mit ca. 0,20 m Breite, 0,25 m unter 5108 eingetieft, ohne erkennbare Pfostengrube, jedoch mit flacher Sohle.

Stratigraphischer Bezug: schneidet 5108.

Dokumentation: F 4, P 31; Beil. 32–33.

Datierung: Mittelalter allgemein

5131 Pfostengrube

Pfostengrube mit 0,50 m Durchmesser. Die Pfostenspur ist 0,20 m breit. Tiefe unter 5108 nur 0,10 m. Der Pfosten gehört zu einer Reihe (s. 5135/5136/5150/5151) vor den hinteren Wallpfosten.

Stratigraphischer Bezug: schneidet 5108.

Dokumentation: F 4; P 30; Beil. 32–33.

Datierung: Mittelalter allgemein

5132 Pfostengrube

Pfostengrube mit bis zu 0,25 m Ausdehnung und einem 0,07 m breiten und fast 0,30 m langen angespitzten Pfosten.

Stratigraphischer Bezug: unter 5034.

Dokumentation: F 4; Beil. 32–33.

Datierung: unbestimmt

5133 Pfostengrube

Kleine rundliche Grube mit 0,18 m Durchmesser und 0,07 m Tiefe.

Stratigraphischer Bezug: unter 5034; schneidet 5108.

Dokumentation: F 4; Beil. 32–33.

Datierung: Mittelalter allgemein

5134 Pfostengrube

Ovale Grube mit bis zu 0,35 m Ausdehnung und 0,07 m Tiefe.

Stratigraphischer Bezug: unter 5034; schneidet 5108.

Dokumentation: F 4; Beil. 32–33.

Datierung: Mittelalter allgemein

5135 Pfostengrube

Bis zu 0,32 m breite Pfostengrube mit einem 0,11 m breiten angespitzten und bis zu 0,25 m eingetieften Pfosten.

Stratigraphischer Bezug: schneidet 5108.

Dokumentation: F 4; P 41; Beil. 32–33.

Datierung: Mittelalter allgemein

5136 Pfostengrube

Grube mit 0,55 m Durchmesser und unscharfer Pfostenspur. Tiefe 0,72 m unter 5108 (= 58,74 m üNN). Der Grund der Grube ist gerundet. Der Pfosten gehört zur Reihe vor den hinteren Wallpfosten und liegt unmittelbar östlich von 5117.

Stratigraphischer Bezug: schneidet 5108.

Dokumentation: F 4; P 29; Beil. 32–33; Abb. 110.

Datierung: Mittelalter allgemein

5137 Pfostengrube

Rückwärtiger Wallpfosten. Der Pfosten wurde bei der Dokumentation des Nordprofils P 1 dokumentiert. Die Profilkante liegt außerhalb des Planums. Wie 5139/5099 erscheint er daher nicht auf den Flächenzeichnungen. Die Grube war 0,50 m breit, der deutlich nach Westen geneigte Pfosten war 0,22 m breit. Die Unterkante von Grube und Pfosten lag bei 58,85 m üNN.

Stratigraphischer Bezug: unter 5065; schneidet 5108.

Dokumentation: P 1; Beil. 32–34.

Datierung: Mittelalter allgemein

5138 Holzbauelement

Zwischen den Frontpfosten des Walls 5139, 5111–5115 fanden sich jeweils Teile von Querverbindungen in Nord-Süd-Richtung. Diese waren lückenhaft als 0,10–0,15 m breite Spur über der Oberfläche sichtbar. Die Hölzer sind als Verschalung für die Ostseite/Frontseite des Walls zu deuten. Dafür ist jeweils eine größere Zahl von dicht übereinanderliegenden Hölzern zu rekonstruieren. Nach technischen Kriterien dürfte die Konstruktion unmittelbar vor der Anlage der Wallschüttung entstanden sein. Keine Hinweise fanden sich auf die vom Ausgräber rekonstruierten Verbindungen mit den rückwärtigen Wallpfosten.

Stratigraphischer Bezug: unter 5013; über 5108; zieht gegen 5111–5115, 5139.

Dokumentation: F 3–4, 16; P 39; Beil. 32–33.

Datierung: Hochmittelalter (10.–13. Jh.)

5139 Pfostengrube

Die Pfostengrube wurde bei einer Erweiterung des Planums nach Norden teilweise freigelegt und erscheint im großen Nordprofil. Es ist die mit Abstand tiefste der großen Wallpfostengruben. Die Grube erstreckt sich an der ehemaligen Oberfläche von West nach Ost auf 2,20 m. In der Füllung zeichnen sich mindestens zwei Spuren von Pfosten ab. Der deutlich erkennbare östliche Pfosten hat eine Verkeilung mit einem Kranz aus Steinen. Sein Durchmesser am Boden der Grube betrug 0,40 m. Die Tiefe der Grube liegt bei 1,70 m unter dem Planum mit der Oberfläche 5108. Die absolute Höhe: 57,42 m üNN.

Stratigraphischer Bezug: unter 5057; schneidet 5108.

Dokumentation: F 16; P 1, 37; Beil. 32-34; Abb. 107.

Datierung: Mittelalter allgemein

5140 Pfostengrube

1 m breite Grube eines Wallpfostens, verfüllt mit grauem Material. Eine Holzspur ist am Profil nicht zu erkennen. Der Pfosten ist auf der später vollständig freigelegten Fläche (F 6) am südlichen Grubenrand zu ver-

muten. 5140 schneidet die Grube 5145, die wohl einen unmittelbaren Vorgänger darstellen dürfte. Die leicht gerundete Grubensohle liegt 1,33 m unter dem Fußboden 5142 der Kurie des 17. Jahrhunderts.

Stratigraphischer Bezug: unter 5144; schneidet 5108, 5145.

Dokumentation: F 6; P 40; Beil. 32–33; Abb. 109.

Datierung: Mittelalter allgemein

5141 Pfostengrube

Ca. 1 m breite Grube mit der deutlichen Spur eines 0,25 m breiten Wallpfostens Die Sohle der Grube und Unterkante des Pfostens, der fast 0,20 m über der Grubensohle endet, sind flach. Der Pfosten scheint wiederum von der dunklen schlammigen Plaggenschicht 5013 überzogen zu sein. Denkbar ist wieder, daß eine Holzspur hier nicht erkennbar ist. Die Grube wird am Rand eindeutig von 5013 überzogen. Das hellgraue Material der Verfüllung scheint demjenigen der unter 5013 liegenden Schicht 5057 zu entsprechen. Geschnitten wird auch ein dünner brauner Streifen an der Oberkante von 5108, wohl am ehesten ein deutlicher Laufhorizont auf der Oberfläche, entsprechend 5079 und 5073. Aus der Verfärbung wäre auch die Gleichsetzung mit einer der Querstreben 5138 zwischen den Frontpfosten abzuleiten, die jedoch nicht von der Grube geschnitten sein dürfte. Tiefe 58,36 m üNN, das sind 1,68 m unter dem Kellerfußboden 5142.

Stratigraphischer Bezug: unter 5013; schneidet 5079, 5108.

Dokumentation: F 6; P 39; Fo 100–101, 39/60; Beil. 32–33; Abb. 108-109.

Datierung: Mittelalter allgemein

5142 Plattenboden

Fußboden des Kellers im Südteil der Kurie aus glatten, 0,08–0,10 m starken Steinplatten. Höhe 60,04 m üNN.

Stratigraphischer Bezug: über 5143.

Dokumentation: P 39–40; Fo 100–101; Abb. 108.

Datierung: Neuzeit allgemein

5143 Planierschicht

Dünne, ca. 0,03 m starke, orange dokumentierte (Brand-)Schicht unter den Fußbodenplatten 5142.

Stratigraphischer Bezug: unter 5142; über 5144.

Dokumentation: P 39; Abb. 108.

Datierung: Neuzeit allgemein

5144 Schicht

Graue, etwa 0,10 m starke Schicht unter dem Kellerfußboden 5142. Sie hebt sich von den darunterliegenden „Plaggen" 5054 durch ihre hellere Färbung ab. Am Profil 40 sind sie nicht zu trennen. Ob es sich um eine Planierung im Zusammenhang mit der Aufgabe des Walls oder erst für die frühneuzeitliche Kurie handelt, bleibt offen.

Stratigraphischer Bezug: unter 5143; über 5013.

Dokumentation: P 39; Abb. 108.

5145 Pfostengrube

Pfostengrube an der Ostseite von 5140 mit einer hellen Verfüllung und vielen Holzspuren auch an der Unterkante. Die Grube zeigte sich am Nordprofil des Suchschnitts Südgraben. Sie wird geschnitten von 5140, so daß ihre Ausdehnung nicht zu erfassen ist. Die Unterkante liegt mit 1,42 m (= 58,62 m üNN) unter dem Kellerfußboden 5142 etwas tiefer als die von 5140, beide sind geringer eingetieft als 5141.

Stratigraphischer Bezug: unter 5146; schneidet 5108; geschnitten von 5140.

Dokumentation: F 6; P 40; Beil. 32–33.

Datierung: Mittelalter allgemein

5146 Grube

0,45 m breite Grube unter 5144, die 5145 schneidet. Eine weitere Einordnung ist nicht möglich. Höhe der Unterkante 0,50 m unter 5142 = ca. 59,54 m üNN.

Stratigraphischer Bezug: schneidet 5145.

Dokumentation: P 40

Datierung: unbestimmt

5147/5149 Pfostengrube

5147 zeigt einen weiteren, bei der Erweiterung des Planums nach Norden zwischen 5111 und 5139 freigelegten Wallpfosten mit großer rechteckiger Grube (2,10 x 0,62 m). Der eigentliche Pfosten scheint mit 5149 am äußeren westlichen Rand der Grube gefaßt zu sein. Beide Befunde 5147 und 5149 sind auf der Flächenzeichnung noch getrennt. Im Profil, das wohl etwas unter dem Niveau der Fläche einsetzt, ist kein Unterschied festzustellen. Die Füllung weist dunkle Bereiche mit Holzspuren und hellere Sandstreifen auf, ähnlich 5151, auch hier ist eine Pfostenspur nicht zu erkennen. Die Tiefe der Grube mit 0,85 m unter dem Planung und auch die Form der Eintiefung entsprechen ebenfalls eher 5151 als 5139. Auch der Abstand zwischen den Pfosten 5139/5147 und 5111 spricht im Vergleich zu den weiteren Pfosten des Walls 5111–5115 nicht für einen Zusammenhang, sondern für einen getrennten Ansatz von 5151 und 5147, durchaus jedoch im Zusammenhang mit dem Wall. Ob 5147 älter ist oder eine jüngere Ergänzung bzw. Erneuerung der Wallpfosten, läßt sich aus dem Planum kaum erschließen.

Stratigraphischer Bezug: unter 5057; schneidet 5138; geschnitten von 5148.

Dokumentation: F 15; P 38; Beil. 32–33.

Datierung: Mittelalter allgemein

5148 Grube

Grube oder Pfostengrube mit 0,50 m Durchmesser, die die Grube 5147 schneidet. In der Füllung liegen einige Steine.

Stratigraphischer Bezug: schneidet 5147.

Dokumentation: F 15; Beil. 32–33.

Datierung: unbestimmt

5150 Pfostengrube

0,54 m breite und 0,62 m tiefe Pfostengrube im Bereich der hinteren Wallpfosten.

Stratigraphischer Bezug: schneidet 5108.

Dokumentation: F 4; P 38; Beil. 32–33.

Datierung: Mittelalter allgemein

5151 Grube

Große Grube oder Pfostengrube südlich neben 5111. Breite 2,10 m. Die Westseite fällt langsam ab, die Ostseite steiler aber nicht senkrecht. Die Breite des flachen Grubengrundes beträgt 0,75 m. Die Verfüllung ist braun-dunkelbraun, viel dunkler als die von 5111, mit einigen helleren Sandstreifen. Ein Anteil von vergangenem Holz ist sicher enthalten. Der Querbalken 5138 zieht über die Grube, jedoch nicht vollständig.

Stratigraphischer Bezug: unter 5138; schneidet 5108.

Dokumentation: F 4; P 35; Beil. 32–33; Abb. 105.

Datierung: Mittelalter allgemein

5152 Pfostengrube

Viereckige Pfostengrube mit 0,75 x 0,60 m und einer unscharfen, etwa 0,45 m starken Pfostenspur. Tiefe der Grube mit flacher Sohle 0,40 m.

Stratigraphischer Bezug: schneidet 5108.

Dokumentation: F 4; P 34; Beil. 32–33.

Datierung: Mittelalter allgemein

5153 Grube

Rundliche Grube mit bis zu 0,60 m Durchmesser, ohne erkennbare Spur eines Pfostens und ohne Profilaufnahme.

Stratigraphischer Bezug: schneidet 5108.

Dokumentation: F 4; Beil. 32–33.

Datierung: Mittelalter allgemein

5158–5160 Pfostengruben

Eine Reihe von drei kleineren Pfostengruben mit 0,18–0,25 m Durchmesser und deutlichen Pfostenspuren mit ca. 0,10 m Durchmesser liegt Ost-West orientiert im Bereich des hinteren Wallpfostens 5162, den 5158 und 5159 schneiden.

Stratigraphischer Bezug: schneidet 5162, 5108.

Dokumentation: F 10; P 60, 63; Beil. 32–33.

5161 Pfostengrube

Hinterer Wallpfosten. Ovale Pfostengrube mit 0,55–0,70 m Durchmesser, heller sandiger Verfüllung und der runden Spur eines Pfostens von 0,20 m an der Ostseite. Höhe der Oberkante 59,86 m üNN, Unterkante 0,80 m unter Planum.

Stratigraphischer Bezug: schneidet 5108.

Dokumentation: F 10; P 59; Fo 19, 47–48/60; Beil. 32–33; Abb. 109.

Datierung: Mittelalter allgemein

5162 Pfostengrube

Ca. 0,75 x 0,60 m breite Grube mit hellem Füllmaterial und einer schwarzen Pfostenspur mit 0,30 m Durchmesser an der Südseite. Der Pfosten paßt vom Abstand her zur Reihe der hinteren Wallpfosten 5161/5163–5164, weicht aber von deren Flucht um fast 1 m nach Osten ab. Breite Form und Ausrichtung weisen ihn aber relativ sicher als Wallpfosten aus, auch gegenüber den kleineren Pfosten 5158–5160. Höhe der Oberkante 59,83 m üNN.

Stratigraphischer Bezug: schneidet 5108; geschnitten von 5187a/b.

Dokumentation: F 10; P 60; Fo 49–50/60; Beil. 32–33; Abb. 109.

Datierung: Mittelalter allgemein

5163 Pfostengrube

0,70 x 0,40 m große Pfostengrube ohne erkennbare Spur eines Pfostens, die in der Reihe der hinteren Wallpfosten liegt. Höhe der Oberkante 59,83 m üNN, der Unterkante 0,70 m unter Planum.

Stratigraphischer Bezug: schneidet 5108.

Dokumentation: F 10, P 61; Fo 51–52/60; Beil. 32–33; Abb. 109.

Datierung: Mittelalter allgemein

5164 Pfostengrube

Hinterer Wallpfosten. Ca. 0,65 x 0,55 m große Pfostengrube mit den Spuren von zwei Pfosten. Der mittige größere Pfosten hat etwa 0,30 m Durchmesser, der kleinere östliche ca. 0,20 m. Unterkante bei 59,39 m üNN = 0,60 m unter Planum.

Stratigraphischer Bezug: schneidet 5108.

Dokumentation: F 10; P 62; Fo 20, 53/60; Beil. 32–33; Abb. 109.

Datierung: Mittelalter allgemein

5165 Pfostengrube

1,20 x 0,75 m große Grube eines vorderen Wallpfostens ohne erkennbare Pfostenspur. Unterkante bei 58,76 m üNN.

Stratigraphischer Bezug: schneidet 5012/5108.

Dokumentation: F 10; Fo 40/60; Beil. 32–33; Abb. 109.

Datierung: Mittelalter allgemein

5166 Pfostengrube

Wallpfosten. Für einen Frontpfosten relativ kleine Grube mit 0,80 x 0,60 m. Die nördliche Seite zeichnet sich dunkel ab, hier befindet sich die Spur mindestens eines Pfostens. Der gesamte Befund liegt im Bereich einer größeren Grube oder Störung in 5108, deren Grund nicht zu erkennen ist. Unterkante bei 58,47 m üNN.

Stratigraphischer Bezug: schneidet 5108.

Dokumentation: F 10; P 57; Fo 37–38/60; Beil. 32–33; Abb. 109.

Datierung: Mittelalter allgemein

5167 Pfostengrube

Ost-West ausgerichtete Pfostengrube mit 1,40 x 0,65 m Durchmesser, gegenüber den Nachbarpfosten aus der Flucht leicht nach Osten verschoben. Die Spur des ca. 0,40 m messenden Pfostens liegt jedoch genau in der Flucht am westlichen Rand der Grube. Unterkante bei 58,47 m üNN.

Stratigraphischer Bezug: schneidet 5108.

Dokumentation: F 10; P 56; Fo 35–36/60; Beil. 32–33; Abb. 109.

Datierung: Mittelalter allgemein

5168 Pfostengrube

Wallpfosten. Große Grube mit über 1,80 m in der Ost-West-Ausdehnung und 0,60–0,90 m von Nord nach Süd. Mittig zeichnete sich schwach ein Pfosten mit etwa 0,30 m an. Größe der Grube und die Verbreiterung nach Süden könnten durchaus für weitere Pfosten im Grubenbereich sprechen. Unterkante bei 58,57 m üNN.

Stratigraphischer Bezug: unter 5177; schneidet 5108; geschnitten von 5172.

Dokumentation: F 10; P 55; Fo 31–34/60; Beil. 32–33; Abb. 109.

Datierung: Hochmittelalter (10.–13. Jh.)

5169 Pfostengrube

Wallpfosten. Die Pfostengrube lag an der südlichen Schnittkante unter 5170. Ihre Ost-West-Ausdehnung betrug 1,18 m. Der Pfosten mit 0,30 m Durchmesser lag an der Westseite. Höhe der Oberkante bei 59,89 m üNN, der Unterkante bei 58,63 m üNN.

Stratigraphischer Bezug: unter 5054; schneidet 5108.

Dokumentation: F 10; P 54; Fo 29–30/60; Beil. 32–33; Abb. 109.

Datierung: Hochmittelalter (10.–13. Jh.)

5170 Fundament

Fundament aus Ziegeln und Bruchsteinen – nur die Nordkante ist dokumentiert –, das die Südwand der Kurie vor dem Michaelistor gebildet hat. Die Flucht ist bis auf 5043 durchgezogen. Höhe 60,88 m üNN.

Stratigraphischer Bezug: gehört zu 5178.

Dokumentation: F 10; Beil. 39, 44.

Datierung: frühe Neuzeit (ca. 1500–1700)

5171–5172 Gruben

Zwei größere, bis zu 1,10 m messende Gruben, die auf der Flächenzeichnung mit einer Schraffur versehen sind, mit der der Ausgräber meistens jüngere Störungen gekennzeichnet hat. 5172 schneidet den Wallpfosten 5168.

Stratigraphischer Bezug: schneidet 5108, 5168.

Dokumentation: F 10.

5173 Grube

Ovale Grube mit 0,70 x 0,50 m, die mit Holzkohle verfüllt ist. Auch im Bereich der Südfläche sind mehrere Gruben unter der Wallschüttung, einschneidend in 5108, zu erkennen. Stratigraphisch sind sie nach oben nicht weiter einzuordnen. Sie könnten auch zu den frühneuzeitlichen Gebäuden gehören, bei deren Kellerbau die Wallschüttung spätestens verschwunden war. Neuzeitliche Gruben hat der Ausgräber schraffiert. So erscheint für die übrigen Gruben eine Datierung ins 9. Jahrhundert möglich. Für einige Gruben 5190/5191 ist dies erwiesen, da sie von einem Wallpfosten geschnitten werden.

Stratigraphischer Bezug: schneidet 5108.

Dokumentation: F 10; Beil. 32–33.

Datierung: Mittelalter allgemein

5174 Grube

Rundliche Grube mit etwa 1 m Durchmesser, die Ziegel und Holzkohle enthielt, vermutlich neuzeitlich.

Stratigraphischer Bezug: schneidet 5108.

Dokumentation: F 10; Beil. 32–33.

Datierung: Neuzeit allgemein

5175 Backsteinfundament

Quadratischer Ziegelblock, etwa 0,60 x 0,60 m, sicher im Zusammenhang mit Innenbauten in der südlichen Kurie.

Dokumentation: F 10; Beil. 39, 44.

Datierung: Neuzeit allgemein

5176 Backsteinfundament

Rechteckiger Ziegelblock, 0,55 x 0,45 m, auf der Südkante von 5180.

Stratigraphischer Bezug: über 5180.

Dokumentation: F 10

Datierung: Neuzeit allgemein

5177 Fundament

0,45–0,50 m breiter Fundamentrest aus Bruchsteinen und Ziegeln in Ost-West-Richtung verlaufend, der eine weitere Querwand/Raumtrennung innerhalb der Südkurie anzeigt. Mit dem Fundamentstumpf 5187 dürfte ein Teil der Verlängerung nach Osten erfaßt sein. Höhe 59,93 m üNN.

Stratigraphischer Bezug: schneidet 5108, 5193–5194.

Dokumentation: F 10; Beil. 39, 44.

Datierung: frühe Neuzeit (ca. 1500–1700)

5178 Fundament

1,20 m breites Fundament in Verlängerung von 5052, die Westwand der Kurie des 17. Jahrhunderts. Dokumentiert im Verband mit 5170 der Südwand des Gebäudes, die als „Mauer-Ziegel-Bruchstein" beschrieben ist. Wie andere Fundamente der Südkurie erscheint die Unterkante des Mauerwerks als reines Bruchsteinfundament auf den Fotos der Südfläche.

Stratigraphischer Bezug: gehört zu 5170, 5052.

Dokumentation: F 10; Fo 9–11, 16–18/60; Beil. 39, 44; Abb. 109.

Datierung: frühe Neuzeit (ca. 1500–1700)

5179 Ausbruchgrube

0,30 m breite Grube, die die äußerste Unterkante des (vom Ausgräber) ausgebrochenen Fundaments an der Westseite der barocken Kurie im Treppenhausbereich markiert; sie verlängert 5016, 5052 im Norden – auch wenn die Flucht nicht exakt übereinstimmt – und 5178 im Süden. Das Fundament für das Treppenhaus wird etwas nach innen verschoben sein, ebenso wie es an der Ostseite 5182 nicht auf 5043 aufliegt, sondern davor. Höhe 59,94 m üNN.

Stratigraphischer Bezug: schneidet 5108; gehört zu 5180, 5039.

Dokumentation: F 10; Fo 9, 13–14/60; Beil. 39, 44.

Datierung: frühe Neuzeit (ca. 1500–1700)

5180 Ausbruchgrube

1,15 m breite Grube eines Ost-West orientierten Fundaments in der Südhälfte. Das Fundament gehört zu einer Querwand der Südkurie und ist die Südseite des Treppenhauses.

Stratigraphischer Bezug: gehört zu 5179, 5182.

Dokumentation: F 10; Fo 10–11/60; Beil. 39, 44; Abb. 109.

Datierung: frühe Neuzeit (ca. 1500–1700)

5181 Baugrube

0,30–0,40 m breite Baugrube für die Fundamente 5182 und 5039 des 17. Jahrhunderts. Höhe 59,81–60,22 m üNN.

Stratigraphischer Bezug: schneidet 5108, 5013.

Dokumentation: F 10; Beil. 39.

Datierung: frühe Neuzeit (ca. 1500–1700)

5182 Fundament

Fundament oder Ausbruchgrube, ähnlich schmal wie 5179, das die Ostseite des Treppenhauses unterfing, deutlich vor 5043, das die Ostwand der Kurie bildete.

Stratigraphischer Bezug: gehört zu 5039, 5180.

Dokumentation: F 10; Fo 9–11/60; Beil. 39, 44.

Datierung: frühe Neuzeit (ca. 1500–1700)

5183–5185 Fundamente

Es handelt sich um einen Anbau mit Ziegel-/Bruchsteinfundamenten an der Südwestecke der großen barocken Kurie, gegen 5178 gesetzt. Der Innenraum mißt 3,50 x 2,70 m. Der Bau liegt an der Stelle des von Schlaun im 18. Jahrhundert geplanten Südflügels der Kurie, der nach Geisberg jedoch nie zur Ausführung gekommen ist. Das Urkataster von 1829 zeigt zwar einen Anbau, allerdings erheblich kleiner als der Nordflügel, der wohl 1855 wieder abgerissen worden ist. Die Westseite 5184 ist 0,40 m breit, die Nordseite 5183 deutlich schmaler, sitzt jedoch auf dem älteren Fundament 5186 auf.

Stratigraphischer Bezug: zieht gegen 5179.

Dokumentation: F 10; Beil. 39, 44.

Datierung: Neuzeit allgemein

5186 Bruchsteinfundament

0,80 m breites, Ost-West orientiertes Bruchsteinmauerwerk, das unter den jüngeren Bauten 5183–5184 liegt. Kann durchaus mittelalterlich sein, jedoch ohne weitere Erschließungschance.

Stratigraphischer Bezug: unter 5183–5184; über 5108.

Dokumentation: F 10

5187 Fundament

Schmaler Rest eines weitgehend ausgebrochenen Mauerwerks, das die Verlängerung von 5177 darstellt.

Stratigraphischer Bezug: gehört zu 5177.

Dokumentation: F 10; Beil. 39, 44.

Datierung: frühe Neuzeit (ca. 1500–1700)

5188 Grube

Unregelmäßig geformte Grube mit nicht dokumentierter Verfüllung.

Stratigraphischer Bezug: schneidet 5108.

Dokumentation: F 10; Beil. 32–33.

Datierung: Mittelalter allgemein

5189 Kalkwanne

Vom Ausgräber als Kalkgrube bezeichnete große Grube mit 1 m Ausdehnung von West nach Ost. Die Nordgrenze wurde bereits bei Anlage des Suchschnitts Süd zerstört. Die Feuchtschicht 5154 zieht über die Grubenränder. Sie schneidet 5108 und gehört so stratigraphisch in den Bereich der Wallpfosten. Sie liegt genau zwischen 5166 und 5141. Die Deutung als Kalkgrube geht nur auf die Beschriftung des Ausgräbers zurück.

Stratigraphischer Bezug: unter 5054; schneidet 5108.

Dokumentation: F 10–12; Beil. 32–33.

Datierung: Mittelalter allgemein

5190 Grube

Ovale Grube mit mindestens 0,65 x 0,55 m und graubrauner Verfüllung. Sie wird geschnitten vom Wallpfosten 5165, schneidet aber in die Oberfläche 5108 und gehört damit ins 9. Jahrhundert.

Stratigraphischer Bezug: schneidet 5108; geschnitten von 5165.

Dokumentation: F 10; Beil. 32–33.

Datierung: Frühmittelalter

5191 Grube

Ovale Grube mit 0,65 x 0,35 m und brauner (holziger?) Verfüllung.

Stratigraphischer Bezug: schneidet 5108.

Dokumentation: F 10; Beil. 32–33.

Datierung: Mittelalter allgemein

5192 Grube

0,90 x 0,90 m große Grube mit gerundeten Ecken und einer untypisch braunen (Holz-?)Verfüllung.

Stratigraphischer Bezug: **schneidet 5108.**

Dokumentation: F 10; Beil. 32–33.

Datierung: Mittelalter allgemein

5193 Grube

Rechteckige, Ost-West orientierte Grube mit 1m x mindestens 0,70 m Durchmesser. Sie liegt an der Südseite unter dem Fundament 5177 und schneidet 5196.

Stratigraphischer Bezug: unter 5177; schneidet 5196.

Dokumentation: F 10; Beil. 32–33.

Datierung: Mittelalter allgemein

5194 Grube

Grube mit 0,95 x 0,65 m Durchmesser, die vom Fundament 5177 geschnitten wird. Sie schneidet 5193.

Dokumentation: F 10; Beil. 32–33.

Datierung: Mittelalter allgemein

5195–5196 Schicht

Gelblicher heller Streifen im Bereich von 5108, vielleicht ein Hinweis auf eine mögliche Differenzierung der Kulturschicht im 9. Jahrhundert, analog zu einem deutlicheren Befund am Horsteberg.

Stratigraphischer Bezug: schneidet 5108; geschnitten von 5193.

Dokumentation: F 10; Beil. 32–33.

Datierung: Frühmittelalter

5197 Grube

Rundliche Grube mit 0,40 m Durchmesser, die die Verfüllungen des Grabens 5013/5069 schneidet.

Stratigraphischer Bezug: schneidet 5013.

Dokumentation: F 10; Beil. 32–33.

Datierung: Mittelalter allgemein

5198 Grube

Grube mit 0,60 x 0,45 m Durchmesser und graubrauner Verfüllung wie 5197. Sie schneidet ebenfalls die Grabenschicht 5013.

Stratigraphischer Bezug: schneidet 5013.

Dokumentation: F 10; Beil. 32–33.

Datierung: Mittelalter allgemein

5199 Pfostengrube

Grube eines Wallpfostens südlich außerhalb der eigentlichen Grabungsfläche; seine Dokumentation fand sich nur auf einer Umzeichnung sämtlicher Pfostengruben. Vermutlich ist er bei einem Suchschnitt gegen Grabungsende beobachtet worden. Der Pfosten liegt in dem schmalen Streifen zwischen der Kurie und dem Michaelistor. Von Ost nach West ist die Grube 1,45 m lang, der Pfosten hatte ca. 0,40 m Durchmesser. Der südliche Teil der Grube liegt unter dem Profil.

Dokumentation: Fläche nur auf der Umzeichnung der Wallpfosten; Fo 41–45/60; Beil. 32–33.

Datierung: Hochmittelalter (10.–13. Jh.)

5200 Bruchsteinfundament

Im Bereich des Südprofils der Grabung von 1954 wurde das ca. 1,60 m breite Fundament aus kleinen plattigen Sandsteinen gezeichnet bzw. eher skizziert. Es liegt mittig im ehemaligen Grabenbereich, knapp 1,30 m östlich der Immunitätsmauer 5043. Der Fundamentansatz liegt bei 58,50 m üNN und damit erheblich tiefer als der der Immunitätsmauer, der hier bei 59,90 m üNN lag. Auf der Zeichnung des Südprofils schneidet 5200 die Plaggen-/Schwemmschichten 5013 und 5069, die folgenden Schichten scheinen dagegen zu ziehen. Auf einer Tagebuchskizze hat der Ausgräber exakt hier eine mächtige Baugrube angegeben, die auch sämtliche über 5069 liegenden Grabenverfüllungen einschließlich 5075, mit der das Profil oben abschloß, schneidet. Wahrscheinlicher als die Annahme einer Befestigungslinie scheint die Zugehörigkeit zu Bauten im rückwärtigen Teil der Parzelle am Prinzipalmarkt, vielleicht um eines der umstrittenen, zwischen dem Ende des 12. und dem 13. Jahrhundert entstandenen Gebäude auf dem aufgegebenen Graben.

Stratigraphischer Bezug: über 5013; schneidet 5075, 5069.

Dokumentation: Südprofil 1954; Abb. 111.

Datierung: Hochmittelalter (10.–13. Jh.)

5201 Grube

Angeschnittene, mindestens 0,90 m breite Grube am Westrand des Südprofils von 1954. Helle Füllung mit Bruchsteinen und Holzkohle. Der glatte Abschluß im Osten und die rechtwinklige Ecke sprechen für die Annahme einer Ausbruchgrube. Nach der Zeichnung wäre diese zwischen 5069/5013 (geschnitten) und 5075 (zieht darüber) einzuordnen. Es handelt sich nicht um die Ausbruchgrube der Burgmauer (5003), die weiter westlich ansetzen müßte. Denkbar ist ein Zusammenhang mit 5200. Der bei 59,60 m üNN liegende, gegenüber 5200 erheblich höhere Fundamentansatz wäre durch die Lage außerhalb des Grabens leicht zu erklären. Auch hier scheint die Annahme eines Gebäudes, das im 12./13. Jahrhundert vom Prinzipalmarkt aus errichtet wurde, möglich.

Stratigraphischer Bezug: unter 5075; über 5013.

Dokumentation: Südprofil 1954; Abb. 111.

Datierung: Hochmittelalter (10.–13. Jh.)

5202 Pfostenspur

Spur eines ca. 0,18 m breiten Pfostens mit flacher Sohle, der am Südprofil in die Wallschüttung 5066 einschneidet.

Stratigraphischer Bezug: unter 5205; schneidet 5066.

Dokumentation: P 21.

Datierung: unbestimmt

5203 Grube

0,45–0,60 m breite Grube mit flacher Sohle, die in die oberen Bereiche des Walls einschneidet. Die Verfüllung erfolgte mit der Aufplanierung von 5205.

Stratigraphischer Bezug: unter 5205; schneidet 5056.

Dokumentation: P 21.

Datierung: unbestimmt

5204 Grube

Mindestens bis zur Unterkante bei 59,70 m üNN reichende, an der Nordseite des Westprofils angeschnittene Grube. Im unteren Bereich liegen einige Bruchsteine, darüber eine helle Verfüllung, oben folgt graues Material mit einem Backsteinrest. Die Aufplanierung 5205 scheint darüberzuziehen. Der Zeichner läßt – angedeutet durch einen kaum wahrnehmbaren Strich – auch die Möglichkeit zu, daß die Grube noch 5205 schneidet. Wegen der insgesamt unklaren Lage des Profils ist eine genauere Einordnung spekulativ. Denkbar ist, daß es sich um die Ausbruchgrube eines Ost-West orientierten Mauerzuges des barocken nördlichen Seitenflügels der Kurie handelt, der bereits im 19. Jahrhundert wieder abgerissen wurde.

Stratigraphischer Bezug: unter 5205; schneidet 5056.

Dokumentation: P 22.

Datierung: Neuzeit allgemein

5205 Planierschicht

Mindestens 0,30 m starke Aufplanierung mit erheblichem Anteil an Ziegel-/Backsteinschutt. Es könnte sich um eine Aufplanierung nach dem Abriß des barocken Nordflügels der Kurie handeln, der wohl nicht unterkellert war.

Stratigraphischer Bezug: über 5202–5204.

Dokumentation: P 22.

Datierung: Neuzeit allgemein

5206 Füllschicht

Verfüllung der Keller der neuzeitlichen Kurie, die erst mit der Zerstörung im Zweiten Weltkrieg in Verbindung zu bringen ist.

Stratigraphischer Bezug: über 5207.

Dokumentation: P 48–49.

Datierung: Neuzeit allgemein

5207 Boden

Fußboden des Nordteils der Kurie aus Backsteinen, deren exaktes Format nicht zu ermitteln ist.

Stratigraphischer Bezug: unter 5206; über 5083.

Dokumentation: P 48–49.

Datierung: Neuzeit allgemein

5208 Ausgleichsschicht

An der Südseite der Kurie wurde entlang und unter dem Fundament 5034 eine Planierung aus Ziegelschutt aufgetragen, die zur Stabilisierung und Begradigung des Fundamentbereichs diente. Der Grund ist, daß 5034 nach Osten exakt der Flucht des älteren mittelalterlichen Fundaments 5031 folgt.

Stratigraphischer Bezug: unter 5206/5207/5034; über 5031.

Dokumentation: P 49.

Datierung: frühe Neuzeit (ca. 1500–1700)

5209 Grube

Mindestens 0,45 m breite Grube, verfüllt mit Sand und grobem Steinschutt, die im Westen der Südfläche am vorderen der beiden Profilstege dokumentiert wurde. An der flachen Unterkante zeigt sich ein dunkler Streifen, unter der Grube liegt eine gekappte Pfostengrube 5223. Es dürfte sich am ehesten um die Ausbruchgrube eines Fundaments handeln, das vor dem Bau der Kurie des 17. Jahrhunderts anzusetzen ist. Höhe der Unterkante bei ca. 60,55 m üNN.

Stratigraphischer Bezug: unter 5224; über 5223; schneidet 5213.

Dokumentation: P 50, 51; Fo 3–4, 59–60 (1960); Abb. 115.

5210 Grube

Knapp 0,25 m breite Grube oder Vertiefung an der Unterkante von 5067/5216. 5211 zieht unter 5210. Möglicherweise stellt 5210 eine äußere Begrenzung/Befestigung nach Osten der Straße westlich des Walls dar. Die Verfüllung ist im oberen Bereich grau-sandig, im unteren Bereich weist sie die Merkmale der „Plaggenschichten" auf. Höhe der Unterkante bei 60,35 m üNN.

Stratigraphischer Bezug: unter 5216; über 5011; schneidet 5066.

Dokumentation: P 50; Fo 3–4, 54–60, 64–65/60.

Datierung: Mittelalter allgemein

5211 Schicht

Dunkelgraue, lehmig feuchte, etwa 0,15 m breite Schicht, die sich durch ihre etwas hellere Färbung von der darüberliegenden „Plaggenschicht" 5216 abhebt. Sie verfüllt die rundliche Vertiefung 5225, zieht nach Osten auf die Wallschüttung 5066 und endet an der Pfostengrube 5210, nach Westen setzt sie sich auf gleichbleibendem Niveau fort. Hier überzieht sie die schwach in den Boden eingegrabenen Holzbohlen der Wallstraße. Sie dürfte durch die längere Nutzung der Bohlenstraße entstanden sein, 5216 stellt bereits eine Erneuerung dar. Höhe der Oberkante bei 60,45 m üNN am Wallende bzw. bei 59,90 m üNN an der Westseite, Höhe der Unterkante von 5225 bei 59,86 m üNN, im Westen bei 59,75 m üNN.

Stratigraphischer Bezug: unter 5216, 5210; über 5066.

Dokumentation: P 50–51, 63; Fo 3–4, 54, 59–60, 64, 116–117, 126, 185–187/60; Beil. 36; Abb. 115–118.

Datierung: Mittelalter allgemein

5212 Schichtpaket

Bis zu 0,80 m starke Schicht aus dunklem Material, mit Steinschutt vermischt, aber nur andeutungsweise dokumentiert. Sie findet sich im gesamten Bereich westlich des Walls. Ihre Entstehung dürfte mit der Aufgabe der Befestigung der Domburgsiedlung im 12. Jahrhundert zusammenhängen. Die Aufschüttung reicht etwa bis zur erfaßten Höhe des Walls. Am Profil 50 schneidet sie in die oberen auslaufenden Wallschichten ein, sonst zieht sie auf diese. Im Westteil war 5212 entsprechend weiter zu untergliedern (5305, 5363–5368), wobei 5363 ff. noch zur letzten Nutzungsphase der Siedlung am Ende des 11./Anfang des 12. Jahrhunderts gehören. Oberkante bei 60,50 m üNN.

Stratigraphischer Bezug: unter 5224; über 5065; schneidet 5213; geschnitten von 5309.

Dokumentation: P 50–52, 63; Fo 1–8, 59–60, 116–117, 126, 185–187/60; Beil. 36; Abb. 100, 115, 118.

Datierung: Hochmittelalter (10.–13. Jh.)

5213 Schicht

Helle, graugelbe Schicht mit zahlreichen Holzkohlestücken. Sie dürfte eine der jüngsten Schichten des Walls darstellen. Die Dokumentation erfolgte nur auf dem Profil 50. Auf den Profilen 1, 21, 48, 51, 52 sind die obersten Wallschichten durch die neuzeitlichen Kellerfußböden oder Schuttplanierungen 5224 und 5205 gekappt.

Stratigraphischer Bezug: unter 5224; über 5214; geschnitten von 5212.

Dokumentation: P 50; Fo 2, 4, 59–60 (1960).

Datierung: Hochmittelalter (10.–13. Jh.)

5214 Schicht

Graue Schicht aus den oberen Bereichen des Walls wie 5213.

Stratigraphischer Bezug: unter 5213; über 5056.

Dokumentation: P 50–51; Fo 3–4, 59–60/1960; Abb. 100, 115.

Datierung: Hochmittelalter (10.–13. Jh.)

5215 Pfostengrube

Am Profil 51 unscharf konturierte Grube im Bereich der früheren kaiserzeitlichen Schicht 5103. In der Fläche wird die Grube deutlich als Pfostengrube erkennbar, daneben zeigt sich eine weitere rundliche Pfostengrube 5215b mit Holzkohle und Spuren verziegelten Lehms sowie kaiserzeitlicher Keramik. Beide dürften zu einem Pfostenbau der frühesten Besiedlungsphase der Domburg gehören. Unterkante bei 58,75 m üNN.

Stratigraphischer Bezug: unter 5109; schneidet gewachsenen Boden.

Dokumentation: P 51; Fo 3–4, 59–62/1960; Abb. 100, 115.

Datierung: vorgeschichtlich

5216 Schicht

Grauschwarze Schicht, die über dem Wall auch einige hellere Einschlüsse aufweist. Die abfallend aus dem Wall herausziehende, ebenfalls schwarze Schwemm- oder auch Plaggenschicht 5067 dürfte identisch sein. Plaggen sind nicht sicher zu erkennen, vielmehr dürfte es sich um eine aufgelaufene, z. T. auch aufplanierte Schicht mit einigen Grassoden über der Bohlenstraße handeln, die durch den hohen Holzanteil und Feuchtigkeit eine dunkle Farbe angenommen hat. 5216 liegt über 5211 und der Bohle 5225 sowie über der Wallschüttung 5066, gehört also nicht zu den frühesten Befunden am Platz. Die dendrochronologischen Daten am Bankgelände datieren sie in die Zeit nach der Aufgabe des um 890 errichteten Brunnens dort. Oberkante bei 60 m üNN, am Wall ansteigend.

Stratigraphischer Bezug: unter 5056; über 5210–5211.

Dokumentation: P 50–52, 63; Fo 1–8, 18, 59–60, 63, 116–117, 126, 185–187/60; Beil. 36; Abb. 100, 115, 118.

Datierung: Hochmittelalter (10.–13. Jh.)

5217 Schicht

Hellgrau-schwarze Schicht mit z. T. hohem Feuchtigkeitsanteil oder Plaggen, die in Verlängerung von 5056 westlich des Walls ansetzt. Die hellen Einschlüsse könnten sandige Ausgleichsplanierungen zur Begradigung der Schichten über der Straße sein, die dunklen Lagen dürften tatsächlich Grasplaggen sein. Braune Spuren fast komplett vergangener Hölzer verweisen auf die weitere Befestigung der Straße am Wall. Oberkante bei 60,20 m üNN, am Wall ansteigend.

Stratigraphischer Bezug: unter 5218; über 5216.

Dokumentation: P 51-52, 63; Fo 7, 18, 116–117, 126, 185–187/60; Beil. 36; Abb. 100, 115, 118.

Datierung: Hochmittelalter (10.–13. Jh.)

5218 Schicht

Schwarze bis dunkelgraue, bis zu 0,20 m starke Schicht mit zahlreichen Bruchsteinen, die im Zusammenhang mit einer späten Phase der Wallstraße stehen dürfte. Mit 5218–5219/5306 enden die erhaltenen Reste der früh- bis hochmittelalterlichen Bebauung am Michaelisplatz, die darüber liegende Aufplanierung 5212 steht für die Umgestaltung des Areals. Höhe der Oberkante bei ca. 60,30 m üNN.

Stratigraphischer Bezug: unter 5212; über 5217.

Dokumentation: P 51–52, 63; Fo 7, 18, 116–117, 126, 185–187/60; Beil. 36; Abb. 100, 115, 118.

Datierung: Hochmittelalter (10.–13. Jh.)

5219 Laufhorizont

Deutlicher als bei 5216/5218 stellt sich auf dem Foto des Westprofils 5219 als Laufhorizont dar. Die Stratigraphie entspricht exakt 5218, nur ist 5219 schärfer begrenzt, schmaler und kompakter, entspricht 5306.

Stratigraphischer Bezug: unter 5212; über 5217.

Dokumentation: Fo 1, 5/60.

Datierung: Hochmittelalter (10.–13. Jh.)

5220 Grube

Größere, auf dem Foto des Westprofils neben P 50 dokumentierte Grube.

Stratigraphischer Bezug: unter 5221; schneidet 5212.

Dokumentation: Fo 1/60

Datierung: spätes Mittelalter/frühe Neuzeit (13.–16. Jh.)

5221 Schuttschicht

Schicht aus feinem Steinschutt.

Stratigraphischer Bezug: unter 5224; über 5220; schneidet 5212.

Dokumentation: Fo 1/60

5222 Störung

Störung, evtl. Kanalgraben.

Stratigraphischer Bezug: schneidet 5221.

Dokumentation: Fo 1/60

5223 Pfostengrube

0,20 m breite gekappte Pfostengrube unter der Grube 5209, die in den oberen Wallbereich einschneidet.

Stratigraphischer Bezug: unter 5209; schneidet 5066.

Dokumentation: P 50–51; Fo 3–4, 59–60/60; Abb. 100, 115.

5224 Planierschicht

Planierschicht aus überwiegend dunklem Material mit hellem Sand und zahlreichen kleinen Steinen vermischt. Im Osten weist sie erheblich mehr Steinschutt auf als in den westlichen Bereichen, ein Hinweis auf den Abbruch der Gebäude, die immer im Osten der Parzelle lagen. Sie ist ca. 0,20–0,70 m breit. In 5224 eingetieft (aber unter 5304) sind zahlreiche Gruben. Diese sind häufig mit Bauschutt verfüllt. Die Entsorgung des Schutts scheint der Grund für die Anlage der Gruben gewesen zu sein. Auf ihre Beschreibung im Einzelnen ist verzichtet worden. 5224 setzt über der Aufplanierung 5212 und 5305 bzw. über den obersten Schichten des Walls an. Im Westen auch unmittelbar über der Verfüllung des Steinwerks 5470 (Haus 6). Wie an anderen Stellen in ähnlicher Form umfaßt die Planierung einen weiten Zeitraum, der das gesamte Spätmittelalter nach dem Umbau der Domburg zur Immunität und die frühe Neuzeit einnimmt. Sie dürfte entstanden sein, als eine Geländeanhebung nötig wurde, vielleicht bereits mit dem Dombau des 13. Jahrhunderts. Höhe der Oberkante 60,90 m üNN.

Stratigraphischer Bezug: unter 5304; über 5212, 5470.

Dokumentation: P 50–52, 63; Fo 1–8, 18, 59–60/60 u. a.; Beil. 36; Abb. 100, 115, 118.

Datierung: spätes Mittelalter/frühe Neuzeit (13.–16. Jh.)

5225 Sonstiges allgemein

Negativabdruck einer Bohle der Wallstraße unter 5211, freigelegt an einem Profilsteg der Südfläche, entspricht 5311 ff.

Stratigraphischer Bezug: unter 5211; über 5108.

Dokumentation: P 52; Abb. 120.

Datierung: Hochmittelalter (10.–13. Jh.)

5226–5230 Holzbauelement

Abdrücke und Reste von Bohlen der Wallstraße im Bereich der Südfläche Zumnorde B 1960. Diese wurden vor der Entdeckung der Straße in der Fläche Lampe D 1960 freigelegt (s. Beil. 28). Der Befund zeigt, daß die Straße eine kleine Biegung nach Westen gemacht hat.

Dokumentation: Nur auf einer Umzeichnung und einem Foto; Beil. 37; Abb. 120.

Datierung: Hochmittelalter (10.–13. Jh.)

5300 Planierschicht

Heller Sand mit Steinschutt. Die Schicht könnte erst in der Nachkriegszeit bei ersten Baumaßnahmen oder bei Anlage des Planums entstanden sein. Zum Zeitpunkt der Grabung war sie die Platzoberfläche, auf der Material gelagert wurde. Das Niveau liegt jedoch noch deutlich unter dem Straßenbereich. Die darunterliegenden Schichten müssen daher nicht unbedingt dem 20. Jahrhundert angehört haben. Höhe der Oberkante bei 61,30 m üNN.

Stratigraphischer Bezug: über 5301.

Dokumentation: P 63–64; Fo 116–117, 126, 142, 185–187/60; Beil. 36; Abb. 118.

Datierung: Neuzeit allgemein

5301 Laufhorizont

5301 ist ein schwärzlicher, ca. 0,05 m breiter Streifen, ein nicht besonders deutlich ausgeprägter Laufhorizont. Der Platz westlich der Kurie ist scheinbar durchgehend als Garten/Vorplatz genutzt worden. Ausnahme ist nur der Anbau des nördlichen Seitenflügels im 18. Jahrhundert, der bereits im 19. Jahrhundert wieder abgerissen wurde, jedoch lag dieser nördlich des Südprofils.

Stratigraphischer Bezug: unter 5300; über 5302; geschnitten von 5374.

Dokumentation: P 63–64; Fo 116–117, 126, 142, 185–187/60; Beil. 36, 38; Abb. 118, 121.

Datierung: Neuzeit allgemein

5302 Planierschicht

0,10–0,30 m breite Planierschicht aus hellgrauem Material zwischen den beiden Laufhorizonten 5301/5303. Neben Bruchsteinen enthielt die Schicht auch einige Ziegel- oder Backsteine.

Stratigraphischer Bezug: unter 5301; über 5303.

Dokumentation: P 63–64; Fo 116–117, 126, 142, 185–187/60; Beil. 36, 38; Abb. 118, 121.

Datierung: Neuzeit allgemein

5303 Laufhorizont

Schwarzer, 0,01–0,06 m breiter Streifen, der nicht immer deutlich ausgeprägt ist. Die darunterliegenden Schichten enthalten Ziegelschutt in größeren Mengen, der mit den Kurien seit der Mitte des 17. Jahrhunderts zusammenhängen dürfte.

Stratigraphischer Bezug: unter 5302; über 5304.

Dokumentation: P 63–64; Fo 116–117, 126, 142, 185–187/60; Beil. 36, 38; Abb. 118, 121.

Datierung: Neuzeit allgemein

5304 Planierschicht

Hellbraune Schicht mit kleineren Ziegelstippen und Backsteinen von ca. 0,10–0,20 m Stärke, die wie eine Abdeckung über 5224 lag. Das Material einiger in 5224 eingetiefter Gruben entsprach dem von 5304.

Stratigraphischer Bezug: unter 5303; über 5224.

Dokumentation: P 63–64; Fo 116–117, 126, 142, 185–187/60; Beil. 36, 38; Abb. 118, 121.

Datierung: Neuzeit allgemein

5305 Planierschicht

Planierschicht aus grauem Material mit Steinschutt, die an P 63/64 von der darunterliegenden dunkleren Schicht 5212 und der darüberliegenden schwärzlichen Schicht 5224 zu trennen war. Sie markiert wohl die Aufgabe des Siedlungshorizontes im Inneren der Domburg, während 5224 bereits zu Erhöhungen des Geländes zur Zeit der Immunität gehört. Höhe der Oberkante bei 60,50–60,60 m üNN.

Stratigraphischer Bezug: unter 5224; über 5212.

Dokumentation: P 63–64; Fo 116–117, 126, 185–187/60; Beil. 36, 38; Abb. 118, 121.

Datierung: Mittelalter allgemein

5306 Laufhorizont

Dünner schwarzer Streifen an der Oberkante von 5218 unter 5212, der sich nach Westen verliert. 5218 mit 5306 ist die Oberfläche für den letzten Siedlungshorizont am Michaelisplatz vor Errichtung der Kurien, vermutlich die belaufene Oberfläche des Pflasters 5218.

Stratigraphischer Bezug: unter 5212; über 5218.

Dokumentation: P 63; Fo 116–117, 126, 185–187/60; Beil. 36; Abb. 118.

Datierung: Hochmittelalter (10.–13. Jh.)

5307/5308 Sonstiges allgemein

Am Profil eine helle (5307) und graue (5308) sandige, 0,10 m breite Verfärbung unter 5211. In ihr zeigen sich schwach die Vertiefungen der Bohlen der Wallstraße. Teilweise sind auch scharf begrenzte, sehr schmale braune Spuren sichtbar; sie könnten auf Bretter (zwischen den Bohlen), aber auch auf Eisenausfällung durch starkes Belaufen an der darüberliegenden Oberfläche zurückgehen. Die angedeuteten Gruben der Pfosten sind in 5108 eingetieft, der hellere obere Bereich dürfte ein Rest der Aufplanierung 5058 sein, die offenbar nicht nur im Bereich der Befestigung über 5108 angebracht wurde. In der Fläche zeigt sich ebenfalls der Mischbereich aus grauem und hellem Sand, in dem die großen Bohlen 5311–5340 sichtbar wurden. Zusätzlich finden sich weitere tiefdunkle Spuren, die ebenfalls auf Hölzer oder auf Plaggen verweisen. Am nördlichen Grabungsrand franst der Bereich, der zuvor von 5108 im Westen und von den Wallschichten 5058/5066 im Norden sauber zu trennen war, nach Westen aus bis in den Bereich der beiden Spuren 5355/5356. Vermutlich gehören diese ebenfalls zur Wallstraße, etwa als Randbegrenzung. Höhe der Oberkante bei 59,75–59,60 m üNN.

Stratigraphischer Bezug: unter 5211; über 5108; schneidet 5079.

Dokumentation: P 63; Fo 116–117, 126, 185–187/60; Beil. 36; Abb. 118.

Datierung: Hochmittelalter (10.–13. Jh.)

5309 Grube

Große, mindestens 1,20 m breite Grube, die mit Steinschutt und hellgrauem Sand verfüllt ist. Oberkante bei 60,40 m üNN, Unterkante bei 59,50 m üNN. Ihre stratigraphische Lage zwischen 5305 und 5212 datiert sie in das 12.–13. Jahrhundert.

Stratigraphischer Bezug: unter 5224; über 5354, 531; schneidet 5212.

Dokumentation: P 63; Fo 116–117, 126, 185–187/60; Beil. 36; Abb. 118.

Datierung: Mittelalter allgemein

5310 Sonstiges allgemein

Dunkle angeschnittene Verfärbung, die an der Unterkante von 5309 fast senkrecht abfällt. Möglicherweise die Spur eines Pfostens, ob dieser zur Grube 5309 oder etwa zu 5354 gehört, ist fraglich. Unterkante bei 59,14 m üNN.

Stratigraphischer Bezug: unter 5309; schneidet 5354.

Dokumentation: P 63; Fo 116–117, 126, 185–187/60; Beil. 36; Abb. 118.

Datierung: Mittelalter allgemein

5311–5327 Sonstiges allgemein

Mit 5311–5327 (ungerade Zahlen) wird die zweite Bohlenreihe der Wallstraße bezeichnet. Sie sind gegenüber den östlichen Pfosten mit ca. 1,20–1,50 m deutlich länger und mit mindestens 0,30 m auch etwas stärker. Sie liegen eingebettet in einen sehr vermischten Bereich 5307/5308, der sowohl hellen Sand als auch sehr dunkle Verfärbungen aufweist.

Stratigraphischer Bezug: unter 5211; über 5108.

Dokumentation: F 29–30; P 63; Fo 125–133; Beil. 30, 37; Abb. 117–118.

Datierung: Hochmittelalter (10.–13. Jh.)

5312–5328 Sonstiges allgemein

5312–5324 (gerade Zahlen) ist eine Reihe von ca. 0,50–0,60 m langen und 0,20–0,30 m breiten Pfostenspuren an der Ostseite der Wallstraße. Die dunklen Verfärbungen sind unregelmäßig ausgefranst. Sie liegen versetzt zu den Spuren der größeren Holzbohlen 5311–5325 (ungerade Zahlen) in deren Zwischenräumen.

Stratigraphischer Bezug: unter 5211; über 5108; geschnitten von 5346.

Dokumentation: F 29–30; P 63; Fo 120–133; Beil. 30, 37; Abb. 117–118.

Datierung: Hochmittelalter (10.–13. Jh.)

5332–5340 Sonstiges allgemein

Nördlich von 5331 wird die zweite Reihe der Bohlen kürzer. Mit bis zu 0,60 m entsprachen sie dann denen der ersten Reihe. Westlich davon lagen einige dunkle Verfärbungen, die evtl. auf eine dritte Reihe in diesem Bereich hinweisen könnten.

Stratigraphischer Bezug: unter 5211; über 5108.

Dokumentation: F 29–30; Fo 125–133; Beil. 30, 37; Abb. 117–118.

Datierung: Hochmittelalter (10.–13. Jh.)

5341 Sonstiges allgemein

Spuren von schmalen, bis zu 1,60 m langen Hölzern, die sich ebenso wie Bruchsteine im Bereich der Schichten oberhalb der Straßenbohlen zeigten. Auf der Flächenzeichnung F 28, oberhalb der Straße, zeigen sie sich z. T. verdreht, z. T. in Ost-West-Richtung. So können sie nicht direkt über den Bohlen gelegen haben. Vielmehr dürfte es sich um den Versuch handeln, die Straße auch nach der Aufgabe der Bohlen benutzbar zu halten.

Stratigraphischer Bezug: unter 5217; über 5307.

Dokumentation: F 28; Fo 118–119; Abb. 119.

Datierung: Hochmittelalter (10.–13. Jh.)

5342 Graben

Westlich anschließend an die Wallstraße, noch vor den Gruben 5352/5353, also vor der Siedlung, liegt ein sich durch dunkle Verfärbung abzeichnender Graben, dessen Enden nach Westen abknicken. Dieser Graben und auch andere wurden vom Ausgräber als Palisadengräben zur Begrenzung der Parzellen der ersten Siedlung gedeutet. Auf dem Planum der Wallstraße F 30 zeigt sich 5342, ebenso wie auf dem darunterliegenden Planum F 31 schwarz gefärbt und scharf konturiert, auf einer Breite von 0,85 m im Norden und nur 0,20 m im Süden. Auf dem oberen Planum F 28 erscheint der Graben ebenfalls, auf einer Breite von 1,30–1,55 m, etwas heller gefärbt. In jedem Fall wäre also hier zwischen dem Graben und der Verfüllung zu unterscheiden. Im Bereich des Grabens liegen im weiten Abstand (4,20 m) zwei Pfosten 5343/5344, von denen der nördliche 5344 auf der unteren Zeichnung bereits nicht mehr erscheint. Offensichtlich sind sie jünger als der Graben. Am östlichen Rand zeigen sich mit 5379 in regelmäßigen Abständen kleinere Pfostenspuren ab, die auf eine Randbefestigung hinweisen. Am Südprofil ist 5342 leider nicht erfaßt, da genau hier die jüngere große Grube 5309 einschneidet. Im Längsschnitt P 190 zeigen sich dagegen an der Unterkante des Grabens die Spuren von eng beieinanderliegenden Pfosten oder Brettern, die die Ansprache als Palisadengraben durch den Ausgräber bedingten. Die Tiefe des Grabens liegt bei 0,20–0,45 m unter dem Planum. Die unteren Bereiche dürften damit bei etwa 59 m üNN gelegen haben.

Stratigraphischer Bezug: schneidet 5108, 5436; geschnitten von 5343/5344.

Dokumentation: F 28–31; P 156, 190, 506; Fo 124–125, 135, 177; Beil. 30–31; Abb. 124.

Datierung: Frühmittelalter

5343 Pfostengrube

Ovale Pfostengrube mit 0,90 x 0,60 m und einer dunkelbraunen Verfüllung. Die Grube liegt im Bereich des Grabens 5342 an dessen östlicher Seite und schneidet auf der oberen Flächenzeichnung F 28 bis in 5211 ein, d. h. sie gehört im Gegensatz zu den Pfostenspuren unter der Verfüllung des Grabens nicht zum Grabenbefund. Die Sohle der Grube ist flach und setzt 0,40 m unter dem Planum ein, hier bei ca. 59,10 m üNN.

Stratigraphischer Bezug: schneidet 5211, 5342.

Dokumentation: F 28, 30–31; P 191; Fo 124–125; Beil. 30; Abb. 117.

Datierung: Hochmittelalter (10.–13. Jh.)

5344 Pfostengrube

Annähernd rechteckige Pfostengrube mit ca. 0,40 x 0,20 m, die nur auf dem oberen Planum F 28 im Bereich des Grabens 5342 erscheint. Ihre Verfüllung zeichnet sich durch helles Material ab und unterscheidet sich daher von 5343 ebenso wie durch ihre geringe

Tiefe. Denkbar ist eine Zugehörigkeit zum Graben in einer späten Nutzungsphase, ebenso möglich ist eine jüngere Datierung.

Stratigraphischer Bezug: schneidet 5342.

Dokumentation: F 28

Datierung: Mittelalter allgemein

5345 Grube

Die annähernd quadratische Grube (1,80 m) wurde am östlichen Rand der neuen Fläche angeschnitten. Ihre Verfüllung bestand aus dunklem Material. Sie schneidet in 5211 und die Bohlenstraße ein. Die Tiefe bleibt unklar. Möglicherweise (Fo 125) handelt es sich nur um einen tieferen Abschnitt von 5216.

Stratigraphischer Bezug: unter 5217; schneidet 5211.

Dokumentation: F 28–30; Fo 125, 133; Beil. 30; Abb. 117.

Datierung: Hochmittelalter (10.–13. Jh.)

5346 Grube

1,30 x 0,70 m große Grube mit marmorierter gelbbrauner Füllung. Sie schneidet in den Bereich der Wallstraße ein.

Stratigraphischer Bezug: schneidet 5211, 5340.

Dokumentation: F 28–30; Fo 120–121, 125–133; Beil. 30; Abb. 117.

Datierung: Hochmittelalter (10.–13. Jh.)

5347 Störung

0,80–0,90 m breiter Abwasserkanal mit Rohr, der die gesamte Fläche D von 1960 von Nordost nach Südwest durchzieht.

Stratigraphischer Bezug: schneidet 5301.

Dokumentation: F 28–31; P 64; Beil. 30, 37, 40; Abb. 117, 136–138.

Datierung: Neuzeit allgemein

5348 Störung

Neuzeitlicher Graben im Norden, auf 0,80 m Breite senkrecht durch die Fläche verlaufend.

Stratigraphischer Bezug: schneidet alles.

Dokumentation: F 28–31; Beil. 30.

Datierung: Neuzeit allgemein

5349 Grube

Größere Grube mit 2,20 x 1,20 m in der Nordostecke von Fläche D, die nur auf F 28 anskizziert worden ist. Weitere Aussagen sind nicht möglich.

Stratigraphischer Bezug: geschnitten von 5348.

Dokumentation: F 28

5350–5351 Pfostengruben

Bei beiden handelt es sich um rundliche Pfostengruben mit dunkler Verfüllung und einem Durchmesser von 0,30–0,35 m. Sie schneiden 5437.

Stratigraphischer Bezug: unter 5360; schneidet 5437.

Dokumentation: F 28, 31; Fo 136–137; Beil. 30.

Datierung: Mittelalter allgemein

5352 Grube

Holzkasten-Brunnen. Zunächst halb ergraben wurde in Fläche D eine große runde Verfärbung mit einer Ausdehnung von 3,50 m in Ost-West-Richtung. Bereits am Südprofil P 64 wurde die Grube deutlich und mehrfach angesprochen, obwohl der Grubenbereich selbst überhaupt nicht erfaßt wurde, da das Profil nach unten nicht vollständig dokumentiert ist. Die darüberliegenden Schichten haben stark nachgegeben und wurden in diesem Bereich permanent durch neue Planierungen angeglichen. Frühestens unter 5360 setzt die Grubenverfüllung ein, ein Gemisch aus dunklem und hellem Sand (F 28). Der dunkler erscheinende halbkreisförmige Rand ist die Oberfläche 5360, die auf der Zeichnung zu dem angelegten Planum sichtbar wird, da sie abgesackt ist (F 28, 31). Die unterste Flächenzeichnung F 32 zeigt, daß darunter der Rand der Grube ansetzt. Die Verfüllung wurde tief bis auf eine Höhe von 53,66 m üNN, (1,70 m unter Planum) ausgenommen. Im Zentrum der Grube zeigt sich dort, ebenfalls halb geschnitten, am Südprofil ein offensichtlich viereckiger Schacht, der beim Durchbruch zur Fläche C als quadratische Grube mit 1,10–1,20 m Seitenlänge deutlich wurde. Dieser Bereich ist noch wesentlich tiefer eingegraben und konnte nicht vollständig ergraben werden. Die Seiten weisen Spuren von Holz auf. Vermutlich handelt es sich um einen holzeingefaßten Brunnenschacht aus der ersten Phase der christlichen Siedlung.

Stratigraphischer Bezug: unter 5360; schneidet 5108.

Dokumentation: F 28, 31–32; P 64; Fo 135–137, 143–148; Beil. 30, 37, (38); Abb. (121), 124.

Datierung: Mittelalter allgemein

5353 Grube

Zwei Grubenhäuser. 5353 zeigt sich zunächst (F 28) als größerer Bereich (5,25 x 3,50 m) mit einem auffallend dunklen Randkranz, bei dem es sich analog zu 5352 um abgesackte Bereiche von 5360 handeln dürfte. Daran schließen weitere Schichten nach innen an, die nicht stratigraphisch, sondern im gleichmäßigen Planum freigelegt wurden. Der Befund entspricht dem anderer Grubenhäuser im oberen Horizont. Später stellte sich heraus, daß sich unter dem Bereich zwei Gruben verbergen, von denen die nördliche mit 2,90 x 2,25 m sicher ein Grubenhaus 5514 gewesen ist. Die südliche Grube 5515 ist mit 2,30 x 1,90 m Grube kleiner. Winkelmann Haus 8–9.

Stratigraphischer Bezug: unter 5514–5515.

Dokumentation: F 28, 31; Fo 135–141; Abb. 124.

Datierung: Mittelalter allgemein

5354 Grube

Angeschnittene Grube am Westteil von P 63, mindestens 0,45 m breit mit flacher Sohle, einer grauen Verfüllung und der jüngeren Pfostenspur 5310. Unterkante bei 58,94 m üNN.

Stratigraphischer Bezug: unter 5309/5310; schneidet 5108.

Dokumentation: P 63; Fo 186–187/60; Beil. 36; Abb. 118.

Datierung: Mittelalter allgemein

5355/5356 Sonstiges allgemein

5355 ist eine dunkle, etwa 0,10 m breite auf 11 m Länge freigelegte Spur an der westlichen Seite der Wallstraße. In Frage käme eine Deutung als Begrenzung der Straße. Parallel, im Abstand von ca. 0,80–0,90 m verläuft die Spur 5356, ebenfalls auf der gesamten Fläche freigelegt. Für eine Zugehörigkeit zur Straße spricht die stratigraphische Lage. Sie ist wie die Bohlen nur sehr gering in 5108 eingetieft und ist bereits auf einem Foto, nach Ausnahme der Verfärbung durch die Bohlen, höchstens 0,20 m tiefer nicht mehr zu erkennen. Auch die Spur eines einzelnen Wagens, der neben der Straße (beim Bau) hergefahren ist, kann nicht ausgeschlossen werden.

Stratigraphischer Bezug: unter 5211; über 5108.

Dokumentation: F 30; Fo 125–133; Abb. Beil. 30, 37; Abb. 117, 124.

Datierung: Mittelalter allgemein

5357 Graben

5357 wurde zunächst als dunkelgraue, ca. 1–1,10 m breite Verfärbung an der Nordseite von Fläche D sichtbar, die sich durch ihre leicht dunklere Verfärbung von 5108 abhebt. Im Bereich von 5357 liegt der dunkle Streifen 5358. Im Längsschnitt (P 193) stellt sich die Anlage als 0,40–0,50 m tiefer Graben heraus, an dessen Unterkante schwach einzelne Pfosten sichtbar sind. Im Querschnitt wird ein Pfosten deutlicher sichtbar. Dieser engere Grabenbereich ist unten etwa 0,30–0,35 m breit. Der Befund entspricht so in etwa dem von 5342, von dem 5357 jedoch geschnitten wird.

Stratigraphischer Bezug: unter 5360; schneidet 5108; geschnitten von 5342, 5381.

Dokumentation: F 30–31; P 187, 193–194; Fo 135; Beil. 30–31.

Datierung: Frühmittelalter

5358 Sonstiges allgemein

Dunkle, ca. 0,30 m breite Spur in der Mitte der Verfüllung des Grabens 5357. Im Profil zeigt sich die deutliche Holzspur eines ca. 0,30 m breiten angespitzten Pfostens. Möglicherweise geht die gesamte Spur auf das Einschlagen von dicht aneinanderliegenden Pfosten im Bereich des Grabens 5357 zurück (Palisadengraben).

Stratigraphischer Bezug: unter 5360; schneidet 5357.

Dokumentation: F 30–31; P 194; Fo 135; Beil. 30–31.

Datierung: Frühmittelalter

5359 Grube

Die ca. 0,65 m breite Grube mit flacher Sohle ist mit grauem Material verfüllt. Sie liegt unter 5305 und schneidet 5063. An ihrer Oberkante liegt eine weitere Grube, die auch 5305 schneidet.

Stratigraphischer Bezug: unter 5305; schneidet 5363.

Dokumentation: P 64; Fo 142; Beil. 38; Abb. 121.

Datierung: Mittelalter allgemein

5360 Alte Oberfläche

0,20–0,25 m breite dunkelbraune Schicht mit Holzkohlestippen oberhalb von 5108. Stratigraphisch entspricht sie 5211 über der Wallstraße. Es dürfte sich also auch hier um die aufgelaufene Oberfläche einer Siedlungsphase des 10./11. Jahrhunderts handeln. Inwieweit die zahlreichen Pfostengruben die Fläche schneiden, konnte wegen der Tiefe des angelegten Planums nicht festgestellt werden. Im Bereich der Grube bzw. des Brunnens 5352 liegt 5360 tiefer. In der Fläche zeigt sich hier ein runder schwarzer Kranz. Dieser ist durch Nachgeben der Brunnenverfüllung zu erklären. 5360 deckt also bereits einen ersten Siedlungshorizont ab. Stratigraphisch entspricht 5360 damit in etwa 1013 an der Domgasse. Im Unterschied dazu ist hier jedoch eine stärkere Nutzung durch Belaufen festzustellen.

Stratigraphischer Bezug: unter 5368; über 5352, 5108.

Dokumentation: P 64; Fo 142; Beil. 38; Abb. 121.

Datierung: Hochmittelalter (10.–13. Jh.)

5361 Grube

Grube mit gleicher Verfüllung wie 5359, ca. 0,30 m davon entfernt. Die Grube mit flacher Sohle ist 0,55 m breit und tiefer als 5359 eingegraben. Unterkante bei 59,82 m üNN.

Stratigraphischer Bezug: unter 5363; schneidet 5364.

Dokumentation: P 64; Fo 142; Beil. 38; Abb. 121.

Datierung: Mittelalter allgemein

5362 Ausgleichsschicht

Dünnerer sandiger Streifen, der über der Grube 5352 ansetzt und nach Westen zieht. Dort verläuft die Schicht – knapp zu erkennen – über die Verfüllung 5378 des Steinwerks 5470/Hauses 6. Wie die darüberliegenden Schichten 5369/5363 und 5305 gehört 5362 zu den nach der Aufgabe der Siedlung aufgetragenen Schichten im 12./13. Jahrhundert. Oberkante bei 60,15–60,35 m üNN.

Stratigraphischer Bezug: unter 5369; über 5370, 5378.

Dokumentation: P 64; Fo 142; Beil. 38; Abb. 121.

Datierung: Hochmittelalter (10.–13. Jh.)

5363 Ausgleichsschicht

Heller, ca. 0,05 m starker Sandstreifen, der als Ausgleichsschicht über den nachgebenden Schichten über der Grube 5352 aufgetragen wurde. Die darüberliegende Aufplanierung 5305 beendet die Aufgabe des Siedlungshorizontes. Oberkante bei 60,08–60,40 m üNN.

Stratigraphischer Bezug: unter 5305; über 5369.

Dokumentation: P 64; Fo 142; Beil. 38; Abb. 121.

Datierung: Hochmittelalter (10.–13. Jh.)

5364/5365 Schicht

Braune Schicht mit hellen sandigen Einschlüssen und verschiedenen Bruchsteinen. Über der längst aufgegebenen Grube 5352 fällt auch 5365 deutlich ab. Das Schichtpaket 5364–5368 steht für die späte Nutzung der Siedlung am Michaelisplatz. Eindeutig ausgeprägte Laufhorizonte sind schwer auszumachen, doch dürften sich unter den dunkler gefärbten Schichten Oberflächen verbergen, die immer wieder von helleren Aufplanierungen abgedeckt wurden. 5365 ist hier nicht sicher einzuordnen. Oberkante bei 60,35–60,05m üNN.

Stratigraphischer Bezug: unter 5363; über 5366.

Dokumentation: P 64; Fo 142; Beil. 38; Abb. 121.

Datierung: Hochmittelalter (10.–13. Jh.)

5366 Ausgleichsschicht

Dünner sandiger Streifen, der östlich von 5352 am Südprofil zwischen 5365 und 5367 sichtbar wurde. Oberkante bei 59,22 m üNN.

Stratigraphischer Bezug: unter 5365; über 5367.

Dokumentation: P 64; Fo 142; Beil. 38; Abb. 121.

Datierung: Hochmittelalter (10.–13. Jh.)

5367 Laufhorizont

0,05–0,12 m breite, braun gefärbte Schicht, die zwischen den hellen Sandschichten 5366 und 5368 als belaufene Oberfläche erscheint. Oberkante bei 59,90–60,20 m üNN.

Stratigraphischer Bezug: unter 5366; über 5368.

Dokumentation: P 64; Fo 142; Beil. 38; Abb. 121.

Datierung: Hochmittelalter (10.–13. Jh.)

5368 Planierschicht

Über der Oberfläche 5360 wurde eine 0,08–0,20 m starke Planierung aus sandigem hell-marmoriertem Material aufgetragen, mit der der ältere, sicher sehr feuchte Boden abgedichtet werden konnte. Darüber folgte die Oberfläche 5367. Oberkante bei 59,80–60,10 m üNN.

Stratigraphischer Bezug: unter 5367; über 5360.

Dokumentation: P 64; Fo 142; Beil. 38; Abb. 121.

Datierung: Hochmittelalter (10.–13. Jh.)

5369 Laufhorizont

Dunkler, schwarzer Steifen über der nachgebenden Grubenverfüllung von 5352. Die dunklere Färbung dieses kleinen Teilbereichs könnte auf den Versuch zurückzuführen sein, den Bereich durch Holz/Reisig zusätzlich zu befestigen. Sonst gehört die Schicht nicht mehr zur Nutzung, sondern zur Aufgabe des Siedlungshorizontes am Platz. Oberkante bei 60,05–60,35 m üNN.

Stratigraphischer Bezug: unter 5363; über 5362.

Dokumentation: P 64; Fo 142; Beil. 38; Abb. 121.

Datierung: Hochmittelalter (10.–13. Jh.)

5370 Schicht

Bis zu 0,25 m starke braune Schicht, die über der Grube 5352 ansetzt und im Westen des Südprofils weiter zu verfolgen ist. Die Höhe entspricht etwa der von 5064/5065 im Osten des Profils, das im Westen mit einer ca. 0,30 m tieferliegenden Oberkante auch erscheint. Der Höhenunterschied ist nicht auf weitere Gruben und nachgebende Verfüllungen zurückzuführen, sondern scheint durch das Bodenrelief vorgegeben. Zumindest lag 5108, die karolingische Oberfläche im Westen des Profils, ebenso wie diese 0,30 m tiefer. Erst im Verlauf der letzten Siedlungsphase am Michaelisplatz ist mit 5370/5372 dieser Höhenunterschied ausgeglichen worden. 5370 wird als letzte Schicht von der Ausbruchverfüllung 5378 des Steingebäudes geschnitten. Leider war das östliche Fundament dieses Gebäudes komplett ausgebrochen, so daß eine exakte Zuweisung des jüngeren Gebäudes zu einer der nicht jüngeren Siedlungsschichten nicht möglich ist. Höhe der Oberkante bei 60,30 m üNN.

Stratigraphischer Bezug: unter 5362; über 5372.

Dokumentation: P 64; Beil. 38; Abb. 121.

Datierung: Hochmittelalter (10.–13. Jh.)

5371 Füllschicht

Das Material entspricht 5370. Scheinbar ist im Zentrum der Grube/des Brunnens 5352 die alte Verfüllung extrem nachgesackt und wurde durch neues Material verfüllt. Unterkante bei mindestens 59,50 m üNN, wohl deutlich tiefer.

Stratigraphischer Bezug: unter 5369, 5370; schneidet 5372.

Dokumentation: P 64; Fo 142; Beil. 38; Abb. 121.

Datierung: Hochmittelalter (10.–13. Jh.)

5372 Ausgleichsschicht

Gelbbraun marmorierter Sand wurde als weitere Auffüllung zum Ausgleich der nachgebenden Schichten über 5352 aufgetragen. Oberkante bei 59,80–60,10 m üNN.

Stratigraphischer Bezug: unter 5370; über 5372.

Dokumentation: P 64; Fo 142; Beil. 38; Abb. 121.

Datierung: Hochmittelalter (10.–13. Jh.)

5373 Schicht

Graubraunes, mit zahlreichen Bruchsteinen vermischtes Material liegt über 5352 und über dem Westabschnitt der Fläche als Ausgleich der nachgebenden Schichten und zum Angleichen der Niveauunterschiede von Ost nach West. Oberkante bei 59,70–60,15 m üNN.

Stratigraphischer Bezug: unter 5372; über 5365.

Dokumentation: P 64; Beil. 38; Abb. 121.

Datierung: Hochmittelalter (10.–13. Jh.)

5374 Grube

Größere Grube am Westrand des Südprofils. Im unteren Bereich ca. 0,55 m breit mit flacher Sohle nach oben ausfransend und mindestens 1,50 m breit. Die Grube schneidet den Laufhorizont 5301, wird jedoch vom Leitungskanal 5347 geschnitten. Unterkante bei 60,60 m üNN.

Stratigraphischer Bezug: unter 5300; schneidet 5301; geschnitten von 5347.

Dokumentation: P 65; Fo 142; Beil. 38; Abb. 121.

Datierung: Neuzeit allgemein

5375–5376 Füllschichten

Über dem westlichen Teil des aufgegebenen Steinwerks liegen über der Verfüllung noch zwei weitere Schichten, die untere aus grauem sandigen Material, die obere 5375 mit heller Färbung und deutlichen Spuren von Feuer. Datierung frühestens ins 12. Jahrhundert, deutlich später möglich. Oberkante bei 60,20 m üNN, Unterkante bei 59,75 m üNN.

Stratigraphischer Bezug: unter 5224; über 5378.

Dokumentation: P 64; Beil. 38; Abb. 121.

Datierung: Mittelalter allgemein

5377 Bruchsteinfundament

Südseite des Steinhauses 5470, vollständig erhalten. Breite 0,60 m, Länge innen 4,60 m. Der Bereich war relativ hoch erhalten. Oberkante etwa bei 59,60 m, Unterkante bei 58,70 m üNN. Abbruchschutt liegt über dem eigentlichen Mauerwerk. Auch hier liegt wieder ein Schalenmauerwerk mit sauber beschlagenen Sandsteinen an der Innenseite vor. Auf dem Profil 64 zeigen sich die Verfüllungen und die obere Steinlage des Fundaments des Halbkellers. Die Nordseite des Gebäudes 5449 erscheint dagegen nicht auf dem Profil.

Stratigraphischer Bezug: über 5458.

Dokumentation: F 31; P 64; Fo 149–151, 157–161, 165–167; Beil. 38, 40; Abb. 121, 135–136.

Datierung: Hochmittelalter (10.–13. Jh.)

5378 Füllschicht

Hellerer brauner Sand und Lehm sowie zahlreiche Bruchsteine liegen als Verfüllung über dem jüngsten Fußboden von Haus 5470 und über den weitgehend ausgebrochenen Fundamenten. Die Nordseite des Gebäudes unter 5378 wird auf dem Profilausschnitt (P 64) nicht berührt. Dieser läßt auch nicht erkennen, in welche Schicht die Baugrube der Fundamente einschnitt; 5378 zeigt lediglich, daß das Gebäude nach der Anlage von 5370 und vor dem Auftrag von 5362–5363 aufgegeben wurde. Das Fundmaterial datiert die Aufgabe des Gebäudes um 1100. Höhe der Oberkante bis 60,30 m, der Unterkante bis mindestens 59,40 m üNN (nicht bis auf den Boden ergraben, die Verfüllungen reichen wohl deutlich tiefer bis 58,80 m üNN).

Stratigraphischer Bezug: unter 5362; über 5380; schneidet 5370.

Dokumentation: P 64; Fo 142; Beil. 38; Abb. 121.

Datierung: Hochmittelalter (10.–13. Jh.)

5379 Pfostengrube

Am Ostrand des Grabens 5342 wurden die Gruben von mindestens vier kleineren rundlichen Pfosten sichtbar. Ein weiterer Pfosten könnte sich – passend im Bezug auf den Abstand – im Bereich der größeren und jüngeren Grube 5343 verborgen haben. Die Lage legt eine Deutung als Begrenzung im Zusammenhang mit dem Graben nahe, es könnte auch ein Zaun zwischen Siedlung und Wallstraße nach Aufgabe des Grabens sein.

Stratigraphischer Bezug: schneidet 5108.

Dokumentation: F 30; Fo 135; Beil. 30, 37; Abb. 117, 124.

Datierung: Mittelalter allgemein

5380 Zaun

Westlich des Grabens 5357 setzen drei Reihen von schmalen, dicht beieinanderstehenden Pfostenlöchern an. Bei der westlichen Reihe 5380 wurden die kleinen Pfosten mit 0,04–0,05 m Durchmesser in unregelmäßigen Abständen von 5–25 cm in den Boden geschlagen. Sie schneiden dabei nicht nur die kaiserzeitlichen Schichten, auf die das Planum in der Westhälfte von Fläche D leider abgetieft wurde, sondern auch einen ausufernden Bereich der Grabenverfüllung von 5357 (nur 5381), sowie 5108 an der Nordseite. Unmittelbar westlich von 5380 schließt der Bereich des Grubenhauses 5353 an. Die Schicht 5360, die an dieser Stelle wegen der über dem Grubenhaus nachgebenden Schichten erheblich tiefer liegt, zieht über die Pfostenreihe. Südlich des Bereichs erscheint keine der drei Pfostenreihen mehr. Die Deutung als Zaun, vermutlich doch im Zusammenhang mit einer Parzellengrenze, auch passend zu Graben und Grubenhaus, ist naheliegend.

Stratigraphischer Bezug: unter 5360.

Dokumentation: F 31; Beil. 30, 37.

Datierung: Mittelalter allgemein

5381 Zaun

5381 ist die mittlere der drei Reihen von Pfostenlöchern westlich von 5357. Von ihr sind 15 Pfostenspuren mit etwa 0,05 m Durchmesser erhalten. Die Abstände zwischen den Pfosten betragen 0,20–0,25 m. Sie schneiden im Süden und auch im Norden die Verfüllung des Grabens 5357. Hier sind die Pfosten mit ca. 0,40 m gegenüber 0,20–0,24 m im nördlichen Abschnitt deutlich tiefer eingeschlagen, sicher um sie im Bereich des verfüllten Grabens zu sichern. Südlich des Grabens 5342 erscheinen sie nicht mehr.

Stratigraphischer Bezug: schneidet 5357.

Dokumentation: F 31; P 179, 182, 185; Beil. 30, 37.

Datierung: Mittelalter allgemein

5382 Zaun

Die östliche der drei Pfostenreihen ist nur an vier Pfostenlöchern zu erkennen.

Stratigraphischer Bezug: unter der Verfüllung von 5357.

Dokumentation: F 31; Beil. 30, 37.

Datierung: Mittelalter allgemein

5383 Pfostengrube

Rundliche Grube mit 0,70 m Durchmesser und 0,40 m unter das Planum reichend. Die Verfüllung ist dunkel gefärbt und enthält Holzkohle.

Stratigraphischer Bezug: schneidet 5109/5103.

Dokumentation: F 31; P 149; Beil. 30.

5384 Grube

Größere Grube mit 1,30 m Länge, die bis zu 0,65 m unter das Planum eingetieft ist, die Unterkante hat demzufolge bei etwa 58,55 m üNN gelegen. Die Verfüllung ist dunkel und enthält massiv Holzkohle. Die Grube überlagert die Pfostengrube 5385. Wahrscheinlich gehört sie zu den mittelalterlichen Befunden.

Stratigraphischer Bezug: schneidet 5385.

Dokumentation: F 31; P 155; Beil. 30.

Datierung: Mittelalter allgemein

5385 Pfostengrube

Rundliche Grube mit 0,60 m Durchmesser. Die Sohle ist bei 0,55 m unter dem Planum (Unterkante bei 59,88 m üNN) flach, die Seitenwände steigen senkrecht an.

Stratigraphischer Bezug: geschnitten von 5384.

Dokumentation: F 31; P 160; Beil. 30.

Datierung: unbestimmt

5386 Pfostengrube

Größere rundliche Grube mit 0,80 m Durchmesser. In der dunklen Verfüllung mit Holzkohle zeichnet sich ein Pfosten hell ab; im Schnitt wird deutlich, daß dieser Pfosten einen älteren erneuert hat.

Stratigraphischer Bezug: schneidet 5109.

Dokumentation: F 31; P 197; Beil. 30.

5387–5391 Pfostengruben

Auf einem schmalen Streifen zwischen dem Nordprofil und der Störung 5348 wurden von Ost nach West fünf Pfostengruben mit einem Durchmesser von 0,40–0,50 m freigelegt bzw. angeschnitten. Weitere Aussagen sind auch hier nicht möglich. Schnitte wurden nicht angefertigt.

Dokumentation: F 31; Beil. 30.

5392 Pfostengrube

Spur eines 0,16 m breiten und bis 0,25 m unter das Planum (Unterkante bei 59,15 m üNN) eingeschlagenen Pfostens, der 5393 schneidet.

Stratigraphischer Bezug: schneidet 5393.

Dokumentation: F 31; P 162; Beil. 30.

5393 Pfostengrube

0,65 m breite und bis 0,25 m unter das Planum reichende Grube, die wohl zwei Pfosten enthält.

Stratigraphischer Bezug: geschnitten von 5392.

Dokumentation: F 31; P 163; Beil. 30.

5394 Pfostengrube

Gut 0,60 m breite, annähernd rechteckige Grube mit flacher Sohle bei 0,56 m unter dem Planum. Die Spur des Pfostens ist etwa 0,42 m breit.

Stratigraphischer Bezug: schneidet 5109.

Dokumentation: F 31; P 148; Beil. 30.

5395 Pfostengrube

Fast 0,70 m breite Grube mit flacher Sohle bei 0,25 m unter Planum, dunkelbrauner Verfüllung mit Holzkohlestücken.

Stratigraphischer Bezug: schneidet 5396, 5109.

Dokumentation: F 31; P 159; Beil. 30.

5396 Grube

Viereckige Grube mit ausgefransten Rändern. Die Länge beträgt von Ost nach West über 2 m, von Nord nach Süd etwas über 1,80 m. Die Grubenränder verjüngen sich leicht nach unten, die Sohle bei 0,60 m unter dem Planum (Unterkante ca. 58,80 m üNN) ist leicht gerundet ca. 1,40 m lang, so daß sich im Schnitt eine Wannenform ergibt. Am Profilschnitt wird an der Wannenseite eine Pfostengrube sichtbar. Die Grube schneidet die jüngere Kaiserzeitschicht 5109, liegt aber unter der Oberfläche des 9. Jahrhunderts; die Verfüllung der Wanne ist weniger deutlich einzuordnen.

Stratigraphischer Bezug: unter 5108; schneidet 5109; geschnitten von 5395.

Dokumentation: F 31; P 157; Beil. 30.

Datierung: vorgeschichtlich

5397–5400 Pfostengruben

Kleinere Gruben, die überwiegend von Pfosten stammen dürften.

Dokumentation: F 31; Beil. 30.

Datierung: unbestimmt

5401 Pfostengrube

Kleinere Grube mit 0,50 m Durchmesser, nur 0,15 m unter das Planum eingetieft; dunkle Verfüllung mit Holzkohlestippen, die von dem großen Trichter geschnitten wird.

Stratigraphischer Bezug: schneidet 5109.

Dokumentation: F 31; P 177a; Beil. 30.

5402 Pfosten

Schwach ausgeprägte rundliche Grube mit 0,30 m Durchmesser an der Ostseite des Grabens 5427, die von diesem gekappt wurde.

Stratigraphischer Bezug: unter 5427.

Dokumentation: F 31; P 196; Beil. 30.

5403/5404 Pfostengruben

Beide Gruben lagen im Bereich des Grabens 5327. 5304 an der Westseite des Grabens zeigt sich als helle Verfärbung eines in die Grabenverfüllung eingeschlagenen Pfostens von ca. 0,20 m Stärke. Dieser liegt exakt über dem Abdruck eines älteren Pfostens (s. 5487), der von der Verfüllung von 5427 überlagert wird. Der dritte Pfosten 5403 mit 0,70 m breiter Grube und 0,30 m breiter Pfostenspur, an der Sohle 0,60 m unter Planum, schneidet den Pfosten 5404. Im Bereich des Grabens 5427 ergibt sich also folgender Ablauf: 1. Pfosten 5487 am Grund; 2. Verfüllung 5427 mit braunem feuchten Material; 3. Pfosten 5404; 4. Pfosten 5403; 5. Pfosten 5422/5423; s. auch 5468–5469.

Stratigraphischer Bezug: schneidet 5427.

Dokumentation: F 31; P 177; Beil. 30.

Datierung: Mittelalter allgemein

5405 – 5421 Pfostengruben

Die westlich des Grabens 5427 und nördlich des Grabens 5426 freigelegten Gruben können zu einem Gebäude gehört haben, dessen Parzelle durch die Gräben markiert sein dürfte. Die Grube 5412 schnitt 5413, die Grube 5417 schnitt 5416. Die Grube 5314 enthält zwei Pfosten. Hier dürfte es sich um die Erneuerung älterer vergangener Pfosten handeln. Die einzelnen Gruben sind mit einer Tiefe von 0,20–0,40 m unter Planum nicht besonders tief eingegraben. Die beiden mittigen Gruben 5411 und 5415 sind kaum 0,10 m tief, so daß auch nicht sicher von Pfostengruben gesprochen werden kann. Aus den Gruben läßt sich ein Gebäude mit fünf Pfosten an den etwa 4,30 m langen Längsseiten und drei Pfosten an den etwa 3,40 m langen Schmalseiten rekonstruieren. Die dunkle kaiserzeitliche Schicht 5109 wird von den Pfosten geschnitten.

Stratigraphischer Bezug: schneidet 5109.

Dokumentation: F 31; P 166–173, 156, 509, 511–112, 514.

Datierung: Mittelalter allgemein

5409–5413 Schichten

Schichtkomplex, der an der äußersten Ecke des Westprofils über 5499 dokumentiert wurde. Die Schichten setzen unmittelbar über 5108 an. Die Zuweisung zur Grube 5499 ist für die unteren Abschnitte wegen einer Kante im Profil nicht zu klären.

Stratigraphischer Bezug: über 5426.

Dokumentation: P 65

5422–5423 Pfostengrube

Zwei weitere Pfosten im Bereich des Grabens 5427, die analog zu 5403/5404 bereits dessen Verfüllung schneiden. Der Profilschnitt fehlt in der Dokumentation.

Stratigraphischer Bezug: schneidet 5427.

Dokumentation: F 31; P 516–517 fehlt; Beil. 30.

Datierung: Mittelalter allgemein

5424 Sonstiges allgemein

Braungraue Verfärbung am Rand des Grabens, geschnitten von 5426, die sich im Schnitt als nur 0,07–0,08 m tiefe Grube oder Vertiefung darstellte.

Stratigraphischer Bezug: geschnitten von 5426.

Dokumentation: F 31; P 513; Beil. 30.

Datierung: vorgeschichtlich

5425 Grube

Grube mit 0,55 m Durchmesser am Nordrand von 5426, die den Graben schneidet. Wahrscheinlich ist ein Zusammenhang mit dem Steingebäude 5470 bzw. mit dem Ausbruch des Fundaments 5451.

Stratigraphischer Bezug: schneidet 5426.

Dokumentation: F 31; Beil. 30.

Datierung: Hochmittelalter (10.–13. Jh.)

5426 Graben

Der Graben ist in der Fläche nur rudimentär erhalten, da er vom Steinwerk und dessen Vorgängern 5499–5501 geschnitten wird. Die Dokumentation des Westprofils zeigt ihn jedoch als eindrucksvoll tiefen Graben von 1,60 m Breite mit einer dunkelbraunen Verfüllung und verschiedenen hellen Einschlüssen, die im oberen Bereich durch die Verfüllungen von 5500 beeinflußt sind. An der Unterkante des leicht gerundeten Grabens zeigt sich auch hier die Spur des kräftigen, 0,35 m breiten Pfostens 5487, dessen Unterkante nochmals 0,35 m tiefer bei 58,15 m üNN liegt. Der Graben dürfte mit 5427 zusammenhängen und eine nach Nordwesten anschließende Parzelle begrenzen.

Stratigraphischer Bezug: unter 5451, 5458; schneidet 5108, 5424; geschnitten von 5500–5501.

Dokumentation: F 31; P 65; Beil. 30, 31.

Datierung: Frühmittelalter

5427 Graben

Nord-Süd verlaufender, ca. 1,50 m breiter Graben, der in der Fläche nur als relativ schwache Spur zu erkennen ist. Die Profilschnitte zeigen seine Unterkante auf einer Höhe von 0,50–0,70 m unter dem Planum, das wären etwa 58,80–58,60 m üNN. Darunter sind an mehreren Stellen die Spuren von 0,20–0,30 m starken Pfosten noch einmal 0,30 m tiefer eingegraben zu erkennen. Diese Pfosten hatten später in die Verfüllung des Grabens eingetiefte Nachfolger (5303/5304, 5422/5423). Die Ostseite des Grabens fällt steiler als die Westseite ab, die Pfosten wären also an diese steilere Wand angelehnt gewesen.

Stratigraphischer Bezug: schneidet 5109.

Dokumentation: F 31; P 195–199, 177, 510; Beil. 30, 31.

Datierung: Frühmittelalter

5428a/b Graben

Graue, 0,18 m bzw. 0,36 m breite Spuren von Gräbchen, die zwischen dem großen Trichter und dem Steinwerk auf einer Länge von 0,70 m freigelegt wurden. Die Unterkante des schmaleren Grabens liegt 0,08 m unter der Oberfläche, die des breiteren 0,19 m darunter. Die Unterkanten erscheinen im Längsschnitt sehr unregelmäßig und gezackt, ein Hinweis auf die Funktion dieser Gräbchen als Fundamentgräben etwa für Zäune oder Bretterwände, wie sie auch von anderen Stellen der Domburg bekannt ist. Die ältere Kaiserzeitschicht 5103 liegt unter den Gräbchen, der Bezug zur jüngeren ist nicht klar zu ermitteln. Aufgrund ihres Niveaus ist es wahrscheinlicher, daß sie in 5109 eingetieft sind.

Stratigraphischer Bezug: über 5103; schneidet 5109; geschnitten von 5451.

Dokumentation: F 31; P 518–520; Beil. 30.

Datierung: vorgeschichtlich

5429 Grube

Rundliche ausgefranste Grube mit dunkler Verfüllung. Der nördliche Grubenrand fällt senkrecht ab, der südliche zieht schräg über 5109.

Stratigraphischer Bezug: schneidet 5109; geschnitten von 5451.

Dokumentation: F 31; P 161; Beil. 30.

5430 Sonstiges allgemein

Graben oder Vertiefung mit dunkelgrau-brauner Verfüllung. Am westlichen Ende der Struktur liegen die Spuren von drei kleinen Pfosten. Der erhaltene Streifen ist 1,20 m lang, ca. 0,40 m breit und 0,20 m unter das Planum eingetieft.

Stratigraphischer Bezug: geschnitten von 5353.

Dokumentation: F 31; P 192; Beil. 30.

5431 Grube

Längliche Grube von 0,60 m mit dunkler Verfüllung, nur 0,14 m unter das Planum reichend.

Stratigraphischer Bezug: unter 5432.

Dokumentation: F 31; P 199; Beil. 30.

Datierung: vorgeschichtlich

5432 Schicht

Gelber Sand oder Lehm wurde im Bereich der Südwestecke von 5353 aufgetragen worden. Vermutlich als Aufplanierung über einer nachgebenden kaiserzeitlichen Struktur, zu der auch die Grube 5431 gehört, die von der gelben Schicht teilweise überlagert wird.

Stratigraphischer Bezug: unter 5108; über 5441, 5433; schneidet 5109; geschnitten von 5453.

Dokumentation: F 31; P 501; Beil. 30.

Datierung: vorgeschichtlich

5433 Grube

0,55 m breite Grube, die von 5432 geschnitten bzw. überzogen wird.

Stratigraphischer Bezug: unter 5432.

Dokumentation: F 31; Beil. 30.

Datierung: vorgeschichtlich

5434 Grube

Grube mit 0,55 x 0,85 m Durchmesser, senkrecht abfallenden Seiten und einer flachen Sohle. Die Verfüllung ist dunkelbraun und enthielt Keramik der Kaiserzeit.

Dokumentation: F 31; P 154; Beil. 30.

Datierung: vorgeschichtlich

5435 Schicht

Graubraune, bis zu 0,35 m starke Schicht, die 5109 entsprechen dürfte, nur hier – bedingt durch die intensive Nutzung in der späteren Kaiserzeit – deutlicher ausgeprägt ist. Unterkante bei ca. 59,05 m üNN.

Stratigraphischer Bezug: unter 5108; über 5103.

Dokumentation: F 31; P 523.

Datierung: vorgeschichtlich

5436 Sonstiges allgemein

Kleiner, ca. 0,20 m breiter Graben oder ähnliches. Der Graben wird geschnitten von 5342, verläuft dort in Nord-Süd-Richtung, biegt dann nach Westen ab, überzieht 5437. Dort ist kein Graben mehr zu erkennen, sondern eine nur schwer zu erfassende Struktur, die im Westen wiederum von 5432 überzogen wird.

Stratigraphischer Bezug: unter 5432; über 5437.

Dokumentation: F 31; P 176; Beil. 30.

Datierung: vorgeschichtlich

5437 Sonstiges allgemein

Graben oder ähnliche Struktur. Auf 3,20 m freigelegter, 0,35 m breiter Graben, der im Norden endet, im Süden von 5436 überzogen wird und sich noch auf einem kleinen Teilstück nachweisen läßt, ehe der Graben von der Brunnengrube 5352 geschnitten wird. Die Verfüllung war dunkelgrau gefärbt. Anhand von Keramikfunden hat der Ausgräber sie der älteren Kaiserzeit zugeordnet.

Stratigraphischer Bezug: unter 5436.

Dokumentation: F 31; P 176; Beil. 30.

Datierung: vorgeschichtlich

5438 Pfostengrube

0,65 m breite Pfostengrube mit dunkelbrauner Verfüllung und flacher Sohle. Sie schneidet in den Graben 5436 ein. Denkbar scheint auch ein Zusammenhang mit 5342.

Stratigraphischer Bezug: schneidet 5436.

Dokumentation: F 31; P 530; Beil. 30.

5439 Pfostengrube

Rundliche Pfostengrube mit 0,38 m Durchmesser am südlichen Rand von 5436.

Stratigraphischer Bezug: schneidet 5436.

Dokumentation: F 31; Beil. 30.

5440 Schicht

Braune, 0,10–0,15 m starke Schicht mit Holzkohlestippen, die unter der Planierung 5432 liegt. Begrenzt ist sie durch den Pfosten 5441 sowie durch 5436.

Stratigraphischer Bezug: unter 5432; über 5103.

Dokumentation: P 501

Datierung: vorgeschichtlich

5441 Pfostengrube

0,50 m breite Grube, die einen angespitzten, 0,30 m unter das Planum eingeschlagenen Pfosten enthält.

Stratigraphischer Bezug: unter 5432.

Dokumentation: F 31; P 501; Beil. 30.

5442 Schicht

Dunkel gefärbter Bereich nördlich des Brunnens 5352. Ein Zusammenhang mit 5440 ist wahrscheinlich.

Dokumentation: F 31; Beil. 30.

5443 Pfostengrube

Kleine, 0,40 x 0,12 m große rechteckige Pfostengrube. Der Bereich 5443–5444/5446, vielleicht auch 5429 und auch 5788–5793 kommen für ein weiteres frühmittelalterliches Pfostengebäude in Frage, das älter als das Grubenhaus 5850 gewesen sein dürfte. Gegenüber der stratigraphisch möglichen Ansetzung in die Kaiserzeit scheint die ebenfalls mögliche Datierung ins 9. Jahrhundert als wahrscheinlicher, da ebenerdige Pfostengebäude untypische Befunde des 2./3. Jahrhunderts in Westfalen wären.

Stratigraphischer Bezug: schneidet 5109

Dokumentation: F 31; Beil. 30.

Datierung: Frühmittelalter

5444 Pfostengrube

0,60 m breite Grube mit den Spuren von zwei Pfosten.

Dokumentation: F 31; P 502 fehlt; Beil. 30.

Datierung: Frühmittelalter

5445 Grube

Vom Abwasserkanal 5347 geschnittene Grube, die vielleicht die südöstliche ausgebrochene Ecke des Treppenaufgangs 5448 für das Steinhaus enthält.

Stratigraphischer Bezug: geschnitten von 5347.

Dokumentation: F 31; Abb. 10.

Datierung: Hochmittelalter (10.–13. Jh.)

5446 Pfostengrube

Rundliche Pfostengrube mit 0,50 m Durchmesser, hellbrauner Verfüllung und dunkelbrauner Spur eines bis zu 0,25 m starken Pfostens.

Dokumentation: F 31; P 503 fehlt; Beil. 30.

Datierung: Frühmittelalter

5447 Grube

0,90 x 0,80 m große Grube, die sich unter dem Treppenaufgang des Steinwerks abzeichnet. Unterkante bei 59 m üNN.

Stratigraphischer Bezug: unter 5448.

Dokumentation: F 31; P 174.

5448 Sonstiges allgemein

Treppenaufgang. Breite 1,20 m innen zzgl. 2 x 0,20 m Randbegrenzung. Im Gegensatz zu den Fundamenten des Hauses sind die Stufen steingerecht dokumentiert worden, nicht jedoch die erhaltene Seitenwand im Norden, deren Beschreibung anhand der Fotos erfolgt. Das Steingebäude/Haus 6/5470 ist in den Boden eingetieft. Die Höhe des Estrichs liegt bei 58,85 m üNN. Dorthin führen mindestens fünf Stufen, die einen bequemen Abgang ermöglichen. Zwischen den drei oberen Stufen liegt ein 0,20 m bzw. 0,40 m langer belaufener flacher Horizont. Die Höhenunterschiede zwischen den Stufen sind gering: zwischen der obersten und der zweiten Stufe 0,08 m, zwischen der zweiten und der dritten 0,15 m, zwischen dritter und vierter Stufe 0,20 m. Zwischen den letzten dicht nebeneinanderliegenden Stufen beträgt der Höhenunterschied nur 0,04 m, weitere 0,07 m darunter liegt der Fußboden. Die Stufen bestehen aus dünneren, plattigen Sandsteinen, bei den beiden unteren Stufen sind die Steinplatten deutlich größer. Im Zwischenraum zwischen Stufe drei und vier liegen ebenfalls Sandsteine. Die südliche Randbegrenzung ist fast komplett durch den Abwasserkanal 5347 zerstört, die unteren Steine an Stufe vier und fünf waren noch vorhanden, so daß sich die Breite der Treppe innen auf 1,20 m erfassen läßt. An der nördlichen Seite liegt der Fundamentzug 5451, die Nordwand des Steingebäudes. Um etwa 0,20 m nach Süden vorspringend, sind sauber bearbeitete Sandsteinplatten vorgesetzt. Der Zwischenraum zwischen der Nordwand und der Treppenwand wurde durch eine hochkant gestellte Steinplatte verfüllt. Im weiteren Verlauf nach Osten sind die Steine des Treppenaufgangs eindeutig im Verband mit 5451 angelegt. Die vierte von fünf erhaltenen Steinlagen ist aus relativ dicken, hochkant und leicht schräg nach Westen ausgerichteten Steinen angefertigt. Zwischen dem Abschnitt von Stufe fünf zu vier zeigt sich eine deutliche Fuge, möglicherweise ein Hinweis auf eine Reparatur, die auch im abweichenden Abstand zwischen der vierten und der fünften Stufe deutlich wird. Die Fuge endet exakt am östlichen Abschluß von Stufe vier. Ein Beleg hierfür findet sich auch auf den Fotos 152–153, die einen jüngeren Dokumentationsstand wiedergeben. Freigelegt ist hier der Fußboden des Steingebäudes, die vierte Stufe fehlt; sie ist überlagert von einem ausgeprägten Laufhorizont zwischen Stufe fünf und drei, so wie er sich auch bei den höheren Stufen findet. Ansonsten ist die Treppe zusammen mit dem Steinwerk entstanden.

Stratigraphischer Bezug: gehört zu Haus 6/Steingebäude, 5451.

Dokumentation: F 31; Fo 149–156; Beil. 30, 40; Abb. 136–138.

Datierung: Hochmittelalter (10.–13. Jh.)

5449 Bruchsteinfundament

Fundament aus Sandsteinen. Ostseite des Steingebäudes 5470. Länge südlich der Treppe 2,50 m, Breite ca. 0,60 m. Wie bei den anderen Mauern des Gebäudes liegt keine steingerechte Dokumentation vor, jedoch gute Fotos. Der Abschnitt ist gestört durch den Graben des Abwasserkanals. Im Südteil ist das Mauerwerk aber noch mehrere Lagen hoch erhalten. Die Innenseite besteht aus größeren, glatt beschlagenen Sandsteinen (Altenberge/Nienberge). Daran schließen in den Lehm geworfen kleinere Bruchsteine an, die mit viel Mörtel verbunden sind: ein deutliches Schalenmauerwerk. Die Ostseite ist gegen den anstehenden Boden bzw. die unteren Kulturschichten gesetzt. Höhe der Unterkante etwa 58,75 m üNN; Oberkante bis 59,60 m üNN.

Stratigraphischer Bezug: über 5462.

Dokumentation: F 31; Fo 153–159; Beil. 30, 40; Abb. 136–137.

Datierung: Hochmittelalter (10.–13. Jh.)

5450 Bruchsteinfundament

Haus. Unter dem Steinhaus 5470 wurden geringe Reste eines Vorgängers sichtbar. Einige erhaltene Steine (Breite 0,30 m) sind im unteren Bereich des Fundaments 5515 zu erkennen. Sie unterscheiden sich von den anderen Fundamenten durch geringere Bearbeitung sowie ihre Größe und reichen außerdem etwas tiefer. Sie enden am Eckpunkt des älteren Grubenhauses 5500 unter dem Steinhaus. Hier zieht auch ein rudimentärer Fundamentzug (5450b) nach Osten ab, exakt auf der Flucht der Kante des Grubengebäudes. Es handelt sich um einen ersten Steinbau im nördlichen Bereich in den Maßen des ehemaligen Grubenhauses auf dem Niveau des Horizonts 5458. Nach Süden erstreckt sich der Fußboden 5458 über die Ausdehnung des Grubenhauses und des späteren Steinhauses 5470 hinweg. Das ältere Gebäude ist um die Jahrtausendwende einzuordnen. Inwieweit das Gebäude im Bereich des aufgehenden Mauerwerks aus Stein gefertigt war, kann nicht geklärt werden. Vermutlich handelt es sich eher um einen Fachwerkaufbau mit Steinfundamenten. Diese Fundamente reichen aber bis deutlich unter die Geländeoberfläche der Zeit um 1000. Es handelt sich um ein Gebäude mit Halbkeller bzw. um ein Grubenhaus mit Steinwänden.

Stratigraphischer Bezug: unter 5515, 5470; über 5500.

Dokumentation: F 31; Fo 160–164; Beil. 30, 40; Abb. 135.

Datierung: Hochmittelalter (10.–13. Jh.)

5451 Bruchsteinfundament

Nordseite des Steinhauses 5470. Breite 0,60 m, Länge innen 4,90 m, außen einschließlich Treppe 7,50 m. Im Westen ist das Fundament weitgehend ausgebrochen. Eine eindeutige Sichtkante mit glatt beschlagenen Sandsteinen, die sich besonders in den unteren Lagen erhalten haben, liegt an der Innenseite. Daran schließen in Lehm und Mörtel geworfene kleinere Sandsteine an. Die Außenkante, gegen den Boden gesetzt, ist weniger deutlich zu beschreiben, trotzdem kann durchaus von einem Zweischalenmauerwerk gesprochen werden.

Stratigraphischer Bezug: über 5459; schneidet 5426, 5499.

Dokumentation: F 31; Fo 149–156; Beil. 30, 40; Abb. 136–137.

Datierung: Hochmittelalter (10.–13. Jh.)

5452 Schicht

Dunkelbraune Schicht im unteren Bereich des Grubenhauses 5499, vermutlich der Rest eines Laufniveaus oder eines Fußbodenestrichs. Vermutlich sind Brandspuren vorhanden. An der Südwestecke zeichnet sich bereits der Eckpfosten 5454 ab. Das Profil der Schichten innerhalb der Grube ist nicht dokumentiert worden. Das Niveau liegt bei ca. 58,70 m üNN.

Stratigraphischer Bezug: unter 5451; über 5475–5477.

Dokumentation: F 31, 32; Fo 156; Beil. 30, 37; Abb. 123.

Datierung: Hochmittelalter (10.–13. Jh.)

5453 Alte Oberfläche

Graue, 0,10–0,20 m starke Schicht, die als Oberfläche außerhalb des ersten, durch die Fundamente 5450/5450b angegebenen Steingebäudes gedeutet werden kann. An der Südseite steigt die Schicht wie 5502 rampenförmig an und zieht über die Verfüllung von 5426. An der Oberkante liegt hier der ausgeprägte Laufhorizont 5504.

Stratigraphischer Bezug: unter 5504; über 5503.

Dokumentation: P 65; Fo 197–198.

Datierung: Hochmittelalter (10.–13. Jh.)

5454 Pfostengrube

Rundliche Pfostengrube mit dunkler Verfüllung und 0,45 m Durchmesser. Der Pfosten selbst ist deutlich schmaler.

Stratigraphischer Bezug: unter 5455; gehört zu 5499.

Dokumentation: F 31–33; Fo 156, 170–171; Beil. 30, 37; Abb. 122–123.

Datierung: Hochmittelalter (10.–13. Jh.)

5455 Estrich

Fußboden bzw. Fußbodenestrich des Steingebäudes. Auf der Zeichnung ist er nur auf einem schmalen Profilsteg dokumentiert. Die Fotos zeigen, daß der gesamte Bereich innerhalb der Fundamente schwarz gefärbt und glatt verstrichen ist. Auch der Bereich des Eingangs mit der Treppe 5448 ist ähnlich belaufen. Am Nordrand vor 5451 befinden sich hellere Stellen, auf denen flache Steine liegen. Einzelne flache Steine bzw. Abdrücke von Steinen sind auch an anderen Stellen zu sehen, so daß – wie schon beim früheren Steingebäude 5450 – von einem Steinplattenfußboden über dem Estrich ausgegangen werden kann. Höhe 54,84–58,90 m üNN.

Stratigraphischer Bezug: über 5457–5462; geschnitten von 5347.

Dokumentation: F 31; Fo 152–153; Beil. 30, 40; Abb. 123, 136–137.

Datierung: Hochmittelalter (10.–13. Jh.)

5456 Grube

Größere Grube mit 2,45 x 1,40 m Durchmesser, oben schmaler, die von 5347 geschnitten wird. Die Grube liegt unter dem Fußboden des Steinhauses 5455 und enthielt Mörtel. Der Ausgräber hat sie als Mörtelgrube bezeichnet. Denkbar ist, daß der Kalkmörtel für das Steinwerk unmittelbar vor Ort angerührt wurde und daß nach Fertigstellung des Mauerwerks der Fußboden aufgetragen wurde. Für eine Materialentnahmegrube scheint die Grube nicht tief genug, sie liegt nur wenige Zentimeter unter dem Horizont der Vorgängerbauten. Unterkante bei 58,49 m üNN.

Stratigraphischer Bezug: unter 5455; schneidet 5458–5459.

Dokumentation: F 31–33; Beil. 30, 40.

Datierung: Hochmittelalter (10.–13. Jh.)

5457 Grube

Längliche Grube von 1,60 x 0,80 m mit gerundeten Schmalseiten. In der Verfüllung liegen kleinere Bruchsteine. Die Stratigraphie entspricht derjenigen von 5456 und legt eine Nutzung im Zusammenhang mit der Errichtung des Steinhauses nahe.

Stratigraphischer Bezug: unter 5455; schneidet 5472, 5459.

Dokumentation: F 32–32; Fo 155; Beil. 30, 40.

Datierung: Hochmittelalter (10.–13. Jh.)

5458 Laufhorizont

Nach Abtrag des Fußbodens 5455 und einer darunterliegenden Planierung wurde in der Fläche ein dunkelgrauer Horizont erfaßt. Er entspricht in seinen Ausdehnungen im Norden und Osten dem unter dem Steinhaus liegenden Grubengebäude 5500 und unterscheidet sich hier von den heller gefärbten Bereichen 5459 und 5462. Im Süden zieht der Laufhorizont unter dem Fundament 5377 des Steinhauses her und endet nach knapp 0,70 m. Im Westen war er durch das Fundament 5450 begrenzt. Hier ist wieder das erste Steingebäude zwischen der Aufgabe des Grubenhauses 5500 und vor der Errichtung des großen Steinhauses 5470 erfaßt. Die Höhe bei 58,75 m üNN liegt spürbar über dem mit 58,62 m üNN ermittelten Niveau des älteren Fußbodenestrichs 5471. Entweder erhielt der mit 5450 umrissene Steinbau eine Erneuerung des Fußbodens, oder der Estrich 5471 mit seinen aufliegenden Steinplatten gehört nur zum Grubenhaus 5500. Das Niveau von 5471 liegt bei 54,60 m üNN, das von 5455 bei 58,90 m üNN. 5458 lag im Zwischenbereich, vermutlich bei 58,67– 58,76 m üNN.

Stratigraphischer Bezug: unter 5455; über 5471, 5500.

Dokumentation: F 31; Fo 154–161; Beil. 30, 40.

Datierung: Hochmittelalter (10.–13. Jh.)

5459 Schicht

Graue Schicht, nordwestlich an 5458, die auf dem gleichen Niveau bei 58,75 m üNN liegt. Könnte für einen Außenbereich des Gebäudes (5458/5450) sprechen und möglicherweise mit 5453 identisch sein.

Stratigraphischer Bezug: unter 5455, 5450; über 5500; geschnitten von 5456/5457.

Dokumentation: F 31; Fo 160–161; Beil. 30.

Datierung: Hochmittelalter (10.–13. Jh.)

5460 Pfostengrube

Rundliche Grube mit 0,40 m Durchmesser. Sie erscheint bereits auf der Flächenzeichnung F 31 im Bereich von 5858 auf einem jedoch offensichtlich durch die Ausgräber tiefer eingegrabenen Teilstück. Auf den späteren Flächen von 5500 erscheint der Pfosten nicht mehr, so daß eine Zuordnung zum Grubengebäude nicht möglich ist, eher zum Steingebäude mit dem Fundament 5450b.

Stratigraphischer Bezug: unter 5455; über 5371.

Dokumentation: F 31; Beil. 30.

Datierung: Hochmittelalter (10.–13. Jh.)

5461 Schicht

Dunkelbraune Verfüllung der kleineren dritten Grube 5501, analog zu 5452 an 5499. Höhe der Oberkante ca. 58,75 m üNN.

Stratigraphischer Bezug: unter 5451, 5455; über 5426.

Dokumentation: F 31–32; Abb. 123.

Datierung: Hochmittelalter (10.–13. Jh.)

5462 Planierschicht

Unter dem Fußboden 5455 ist der östliche Abschnitt 5452 graugelb gefärbt und damit erheblich heller als der südliche Abschnitt 5458, für den der Laufhorizont eines Gebäudes angenommen wird. Unter 5462 liegen Füllschichten des älteren Grubengebäudes 5500.

Stratigraphischer Bezug: unter 5455, 5377; über 5371.

Dokumentation: F 31; Fo 154–159, Beil. 30.

Datierung: Hochmittelalter (10.–13. Jh.)

5463/5464 Pfostengrube

Zwei größere Pfostengruben sind an der äußersten Südwestecke von Fläche D erfaßt, aber nicht weiter beschrieben. Der Zusammenhang mit 5781–5786 als Teil eines von den Palisadengräben 5627, 5627b und 5426 umfaßten Gebäudes ist wahrscheinlich.

Dokumentation: F 31; Beil. 30, 31.

5465 Pfostengrube

Rundliche Pfostengrube mit 0,45 m Durchmesser, die zum Grubengebäude 5500 gehört und wohl die Spuren von zwei Pfosten enthält.

Stratigraphischer Bezug: unter 5458, 5501.

Dokumentation: F 32–33; Beil. 37; Abb. 123.

Datierung: Hochmittelalter (10.–13. Jh.)

5466 Fundament

Zwei 0,25 m schmale Fundamente umfassen einen Keller oder eher eine Grube, die vermutlich neuzeitlich ist.

Stratigraphischer Bezug: schneidet 5467; geschnitten von 5348.

Dokumentation: F 31; Beil. 30.

Datierung: Neuzeit allgemein

5467 Sonstiges allgemein

Braune Verfärbung am Nordwestrand von F 31. Längs durch den etwas breiteren Bereich verläuft die Störung 5348. Im Osten schließt 5467 auf der Höhe von 5427 ab. Es könnte sich um einen der Palisadengräben handeln. Die Zeichnung erweckt eher den Eindruck, daß 5467 5427 schneidet.

Stratigraphischer Bezug: schneidet 5427; geschnitten von 5348.

Dokumentation: F 31; Beil. 30, 31.

Datierung: Frühmittelalter

5468 Pfostengrube

Dunklerer Bereich von 5427. Die Verfärbung dürfte auf einen im oberen Grabenbereich eingetieften Pfosten zurückgehen. Der Schnitt P 195 zeigt das typische Profil der Palisadengräben mit einem Pfosten im unteren Bereich.

Stratigraphischer Bezug: über 5427.

Dokumentation: F 31; P 195; Beil. 30.

Datierung: Frühmittelalter

5469 Pfostengrube

Pfostengrube mit 0,30 m Durchmesser am östlichen Rand von 5427. Der Pfosten mit flacher Sohle ist 0,20 m in die Grabenverfüllung eingetieft.

Stratigraphischer Bezug: schneidet 5427.

Dokumentation: F 31; P 180; Abb. 101.

Datierung: Frühmittelalter

5470 Sonstiges allgemein

Steinhaus/Stein. Jüngstes Gebäude über 5450 und den Grubenhäusern 5499–5501, mit über 6 x 5,90 m erheblich größer. Zum Bau gehören die Seitenfundamente 5377/5449/5451 und 5515, der Fußbodenestrich 5455, die Treppe 5448 und zur Bauzeit die Mörtelgrube 5456. Zahlreiche Funde kommen aus den Verfüllungen 5378, 5374–5375, die ins 11./12. Jahrhundert gehören. Über den Ausbruchgruben der Fundamente und den Verfüllungen liegt 5305.

Stratigraphischer Bezug: unter 5305; über 5450.

Dokumentation: F 31, Fo 149–167; Beil. 30, 40; Abb. 135–138.

Datierung: Hochmittelalter (10.–13. Jh.)

5471 Estrich

Schwarz gefärbter Bereich, der den gesamten ergrabenen Teil des Gebäudes 5500 ausfüllte. An der Oberkante liegen einige Steinplatten, die für einen über dem Estrich befindlichen Steinfußboden sprechen. Gegenüber dem Steinhaus 5470 ist das zugehörige Gebäude deutlich schmaler. Die Nordseite liegt knapp 1 m weiter südlich, exakt dort, wo noch vor dem Steinwerk das ältere Steingebäude 5450 ansetzt. Nach Westen ist das Gebäude dagegen etwas größer. Der Estrich zieht auch unter die Westwand des Steingebäudes 5470 und war am Westprofil noch zu erkennen. Höhe der Oberkante 58,62 m üNN, der Unterkante 58,55 m üNN. Diese Höhen sind auf einer Flächenzeichnung mit den Grubenhäusern 5499–5501 angegeben. Das Niveau der Unterkante der Grubenhäuser 5499 und 5501 ist mit 58,37 m und 58,33 m üNN deutlich tiefer vermerkt. Da auf der Profilzeichnung unterhalb des Estrichs bei 58,50 m üNN der anstehende Boden ansetzt, ist davon auszugehen, daß die größere Grube 5500 deutlich geringer eingetieft war: ein Umstand, der ihre spätere Einfassung mit Steinfundamenten erleichtert haben wird. Die ausgeprägte Fußbodensituation, die für die Grubenhäuser untypisch ist, könnte mit der weiteren Nutzung des Laufniveaus des Grubenhauses als Estrich für einen Steinplattenfußboden von 5450 zusammenhängen. Die wenigen erhaltenen Steine der Fundamente von 5450 liegen deutlich auf dem Horizont auf, wurden also später aufgetragen.

Stratigraphischer Bezug: unter 5503, 5450; gehört zu 5500; geschnitten von 5456.

Dokumentation: F 32; P 65; Fo 197–198; Beil. 40; Abb. 123, 135.

Datierung: Hochmittelalter (10.–13. Jh.)

5472 Laufhorizont

Grauer Bereich vor dem westlichen Rand des Grubenhauses 5499, der als schmaler Streifen auch auf dem untersten Niveau der Gebäude zu erkennen ist. Vermutlich hängt der Bereich mit dem Eingang in das Haus zusammen.

Stratigraphischer Bezug: unter 5459.

Dokumentation: F 31–32; Abb. 123.

Datierung: Hochmittelalter (10.–13. Jh.)

5473 Pfostengrube

Pfostengrube und Spur an der Nordseite von 5500. Der Pfosten wurde bereits bei der Ausnahme der Grube 5456 erfaßt, gehört jedoch eindeutig zu dem darunterliegenden Gebäude. Die Grube ist an der Unterkante von 5456 noch 0,30 x 0,20 m groß.

Stratigraphischer Bezug: unter 5456; gehört zu 5500.

Dokumentation: F 31–32; Beil. 37; Abb. 123.

Datierung: Hochmittelalter (10.-13. Jh.)

5474 Pfostengrube

0,25 x 0,20 m große Pfostengrube mit Pfostenspur an der östlichen Schmalseite von 5500. Diese liegt im Gegensatz zu den anderen Pfosten knapp außerhalb des Fußbodens.

Stratigraphischer Bezug: schneidet 5109; gehört zu 5500.

Dokumentation: F 32–33, Beil. 37; Abb. 123.

Datierung: Hochmittelalter (10.–13. Jh.)

5475–5479 Pfostengruben

Es handelt sich zusammen mit 5454 um die tragenden Pfosten des Grubenhauses 5499. 5454 zeichnet sich bereits früher ab. 5479 ist erst nach der Ausnahme sämtlicher Verfüllungen zu erkennen. Die Pfostengruben sind rundlich mit etwa 0,30–0,40 m Durchmesser. 5479 und 5478, die Mittelpfosten an der Schmalseite, sind nur noch wenige Zentimeter unter der Unterkante des Hauses in den gewachsenen Boden eingetieft. Die Eckpfosten reichen noch etwa 0,30 m tiefer (geschätzt nach Foto). An den Längsseiten des Grubenhauses sind keine Pfosten zu erkennen.

Stratigraphischer Bezug: gehört zu 5499.

Dokumentation: F 32–33; Fo 170–171; Beil. 37; Abb. 122–123.

Datierung: Hochmittelalter (10.–13. Jh.)

5480–5483 Pfostengruben

Am Grund des Grubenhauses 5499 sind vier weitere Pfostengruben zu erkennen. 5480/5481 an der Ostseite, vor 5476/5479 und gegenüber 5482/5483 an der Westseite vor 5477/5478. 5480 schneidet 5481. Sie sind rundlich mit 0,25 m Durchmesser, außer der rechteckigen Grube von 5483 mit 0,33 x 0,25 m. Ob diese Pfosten zur Konstruktion oder zur Nutzung des Gebäudes gehören, bleibt offen.

Stratigraphischer Bezug: unter 5452; gehört zu 5499.

Dokumentation: F 33; Fo 170–171; Beil. 37; Abb. 122–123.

Datierung: Hochmittelalter (10.–13. Jh.)

5484 Pfostengrube

Pfostengrube an der Ostseite der Grube 5501. Wahrscheinlich hat hier ein Pfosten mit viereckiger Grube (0,30 x 0,60 m) einen älteren mit rundlicher (0,40 m Durchmesser) ersetzt. Das Gegenstück zu 5487 liegt an der Westseite der Grube.

Stratigraphischer Bezug: unter 5461; gehört zu 5501.

Dokumentation: F 33; Beil. 37; Abb. 123.

Datierung: Hochmittelalter (10.–13. Jh.)

5485–5486 Pfostengruben

Zwei kleinere, fast gleiche Gruben mit schwarzer Verfüllung liegen nach innen versetzt vor den Randpfosten 5484/5487 an der Ost- und Westseite von 5501.

Stratigraphischer Bezug: unter 5461.

Dokumentation: F 33; Beil. 37; Abb. 123.

Datierung: Hochmittelalter (10.–13. Jh.)

5487 Pfostengrube

Pfostengrube mit 0,40 m Durchmesser an der Westseite von 5501. Die Grube des Pfostens zieht über den Rand des Gebäudes hinaus nach Westen. Analog zu 5487 liegt 5484 an der Ostseite des Baus.

Stratigraphischer Bezug: unter 5461; gehört zu 5501.

Dokumentation: F 33; Beil. 37; Abb. 123.

Datierung: Hochmittelalter (10.–13. Jh.)

5488–5489 Pfostengruben

Randpfosten mit 0,40 m bzw. 0,35 m Ausdehnung an der Ostseite von 5500. Dazu gehört auch 5479 in der Mitte der Schmalseite.

Stratigraphischer Bezug: unter 5503; gehört zu 5500.

Dokumentation: F 33; Beil. 37; Abb. 123.

Datierung: Hochmittelalter (10.–13. Jh.)

5490–5493 Pfostengruben

Kleinere Gruben von etwa 0,20 m Durchmesser an der südlichen Längsseite von 5500. Bei 5491 dürfte es sich um zwei Pfosten handeln, der eine schneidet den anderen. 5492/5493 liegen nebeneinander. An der Südseite liegt noch 5465. Möglich ist, daß der südwestliche Eckpfosten des Gebäudes sich noch unter dem Westprofil verborgen hat.

Stratigraphischer Bezug: unter 5503; gehört zu 5500.

Dokumentation: F 33; Beil. 37; Abb. 123.

Datierung: Hochmittelalter (10.–13. Jh.)

5494–5495 Pfostengruben

5495 ist der nordwestliche Eckpfosten von 5500. Der Durchmesser der Grube mit dunkler Verfüllung beträgt 0,50 m, am nördlichen Rand dürfte die Grube eines früheren Pfostens gelegen haben. 5494 liegt daneben an der westlichen Schmalseite und ist ca. 0,40 m breit. Möglich ist, daß auch hier zwei Pfosten freigelegt wurden.

Stratigraphischer Bezug: unter 5503; gehört zu 5500.

Dokumentation: F 33; Beil. 37; Abb. 123.

Datierung: Hochmittelalter (10.–13. Jh.)

5496 Pfostenspur

Am Grund von 5500 liegen zahlreiche kleinere Pfostengruben, Pfostenlöcher und Pfostenspuren. Das Niveau der Gebäudeunterkante bei ca. 58,50 m üNN spricht für eine Zugehörigkeit der Pfosten zum Gebäude, da ältere Pfosten der Kaiserzeit in der Umgebung nicht diese Tiefe erreichten.

Stratigraphischer Bezug: unter 5503; gehört zu 5500.

Dokumentation: F 31; Beil. 37; Abb. 123.

Datierung: Hochmittelalter (10.–13. Jh.)

5499 Grube

2,80 x 1,90 m große Grube mit je zwei Pfosten in der Mitte der Schmalseite. Die Unterkante der Grube liegt bei 58,37 m üNN und damit deutlich über der des Hauptgebäudes 5500 auf der Parzelle. Sie schneidet den zur Zeit ihrer Errichtung mit Sicherheit aufgegebenen Palisadengraben 5426.

Stratigraphischer Bezug: unter 5510, 5451; schneidet 5426:

Dokumentation: F 31–33; P 65; Fo 169; Beil. 30, 37; Abb. 122–123.

Datierung: Hochmittelalter (10.–13. Jh.)

5500 Grubenhaus

Pfostengebäude. Vor der Errichtung der Steingebäude lag auf der Parzelle ein Komplex von drei Gebäuden. Die größte Grube lag direkt unter dem späteren Nachfolger. Sie ist am Westprofil nicht ganz vollständig erfaßt worden. Ihre Ausdehnung in Ost-West-Richtung läßt sich aber auf etwa 4,60 m rekonstruieren. Die Breite des Gebäudes liegt bei 3,20 m. Neben vier größeren Eckpfosten sind an den Seiten in den Zwischenräumen auch kleinere Pfosten zu erkennen. Am Grund des Gebäudes finden sich die Spuren weiterer Pfosten 5496, die zur Nutzung des Hauses gehört haben werden. An der Unterkante zeigt sich ein klar ausgeprägter Fußboden 5471, der bis zu einer Tiefe von 58,55 m üNN reicht. Das ist hier über 1 m unter der ehemaligen Oberfläche 5108 aus dem 9. Jahrhundert. Der Abstand zur Höhe des nicht erhaltenen Laufhorizontes aus der Nutzungszeit der Gebäude wird noch etwas höher gelegen haben. Es handelt sich also um ein Grubenhaus, auch wenn es etwas größer als andere typische Grubenhäuser wie z. B. 5499 ist. Es könnte sich im Gegensatz zu 5499 und 5501 durchaus um das Wohngebäude des Nutzers dieser Parzelle handeln. Bereits vor der Errichtung des Steinwerks war das Gebäude erstmals umgebaut und mit Steinfundamenten umfaßt worden. Die Ausmaße nahmen in etwa die des Pfostengebäudes ein. Im Westen ist der Raum leicht verkleinert (5450), im Süden etwas vergrößert worden. Die Verfüllungen von 5500 sind ebenso wie die Grube 5501 jünger als der Palisadengraben 5426. Eine Datierung zwischen dem späten 9. und dem 10. Jahrhundert bleibt möglich.

Stratigraphischer Bezug: schneidet 5108.

Dokumentation: F 31–33; P 65; Fo 160–163; Beil. 30, 37; Abb. 122–123.

Datierung: Hochmittelalter (10.–13. Jh.)

5501 Grubenhaus

2,55 x 1,80 m großes Grubenhaus oder auch nur Grube mit je drei Pfosten an den Schmalseiten, ein weiteres Nebengebäude von 5500. Niveau und Innenraumstratigraphie konnten der Dokumentation nicht entnommen werden.

Stratigraphischer Bezug: unter 5451; über 5426.

Dokumentation: F 31–33; Fo 168–171; Beil. 30, 37; Abb. 123.

Datierung: Hochmittelalter (10.–13. Jh.)

5502 Alte Oberfläche

Am Westprofil zeigt sich nach dem Abschluß des Gebäudefußbodens eine weniger stark ausgeprägte, von 58,60 m üNN bis mindestens 59 m üNN ansteigende Oberfläche, die sich mit 5453 auch in der jüngeren Phase des Gebäudes 5500 abzeichnet, wahrscheinlich der Eingangsbereich.

Stratigraphischer Bezug: unter 5403.

Dokumentation: P 65; Fo 197–198.

Datierung: Hochmittelalter (10.–13. Jh.)

5503 Füllschicht

Braungelbe Verfüllung über dem Fußboden 5471 von 5500. Höhe der Oberkante bei 58,90–59,05 m üNN.

Stratigraphischer Bezug: unter 5453; über 5471.

Dokumentation: P 65; Fo 197–198.

Datierung: Hochmittelalter (10.–13. Jh.)

5504 Laufhorizont

0,02–0,04 m starker schwarzer ausgeprägter Streifen an der Oberkante der ansteigenden Schicht 5453. Höhe der Oberkante bei 58,95–59,25 m üNN.

Stratigraphischer Bezug: unter 5505; über 5453.

Dokumentation: P 65

Datierung: Hochmittelalter (10.–13. Jh.)

5505–5508 Füllschichten

Unterschiedliche Füllschichten über der zweiten Nutzungsphase 5453/5458 mit dem ersten Steingebäude. Höhe 59–59,70 m üNN.

Stratigraphischer Bezug: unter 5378; über 5504.

Dokumentation: P 65; Fo 197–198.

Datierung: Hochmittelalter (10.–13. Jh.)

5509 Schicht

Graubraune Schicht mit Holzkohlestippen, an der Südseite des Westprofils von Fläche 2 mit deutlichen Brandspuren. Die Schicht ist etwa 0,25 m stark und zieht über den Palisadengraben 5426 und wohl auch über die Verfüllung des Grubenhauses 5501. Der Befund ist jedoch wegen einer Verlegung der Achse des Westprofils an dieser Stelle nicht ganz eindeutig. 5509 dürfte 5360 entsprechen. Höhe der Unterkante 59,50 m üNN, Oberkante bis 59,90 m üNN.

Stratigraphischer Bezug: unter 5510; über 5501.

Dokumentation: P 65–66; Fo 173–174.

Datierung: Hochmittelalter (10.–13. Jh.)

5510–5513 Schichten

Schichtpaket über 5509, das am Westprofil auf nur ganz geringer Länge freigelegt wurde. Diese Schichten entsprechen dem Bereich über 5360 am Südprofil, das sind 5363–5368 sowie 5370/5372–5373, ohne jede einzelne exakt gleichsetzen zu können.

Stratigraphischer Bezug: unter 5224; über 5509.

Dokumentation: P 65

Datierung: Hochmittelalter (10.–13. Jh.)

5514 Grubenhaus

Der Komplex wurde nicht vollständig dokumentiert, oder die Zeichnungen sind verloren gegangen. Diese Vermutung liegt nahe, denn die Lage der Pfosten ist auf einer späteren Zusammenzeichnung, die auf eine Feldzeichnung zurückgehen muß, vorhanden. Unter der abgesackten Schicht 5360 zeichnen sich zwei Gruben ab. Die größere ist 2,80 x 2,20 m groß. Ihre Verfüllung entspricht der anderer Grubenhäuser. Unter einer dunklen Verfüllung liegt auch hier ein torfiger dunkelbrauner Streifen, darunter eine helle Aufplanierung und zuunterst – hier im Ansatz erkennbar – der Nutzungshorizont des Hauses. Wie 5499 weist 5514 an den Schmalseiten je drei größere Pfosten 5516–5521 auf. In der Mitte der Längsseiten findet sich zusätzlich je ein kleinerer Pfosten 5522–5523.

Stratigraphischer Bezug: unter 5360; schneidet 5108.

Dokumentation: F 29; Fo 135–141.

Datierung: Hochmittelalter (10.–13. Jh.)

5515 Bruchsteinfundament

Bei Anfertigung der ersten Fotos war das Westfundament 5515 des Steingebäudes 5470 weitgehend ausgebrochen. Steinschutt läßt den gesamten Bereich nach Norden aber nachvollziehen. Breite ca. 0,60 m, Länge innen ca. 4,50 m. Ebenso war die Schnittstelle mit der Südseite 5377 zerstört durch den Abwasserkanal 5347. Einige Steine (Breite 0,30 m) 5450 im unteren Bereich blieben erhalten und gehören zu einem Vorgängerbau. Sie unterscheiden sich von den übrigen Fundamenten des großen Steingebäudes. Sie endeten am Eckpunkt des älteren Grubengebäudes unter dem Steinhaus.

Stratigraphischer Bezug: über 5500; geschnitten von 5437.

Dokumentation: F 31; Fo 149–151, 160–164; Beil. 30, 40; Abb. 135–136.

Datierung: Hochmittelalter (10.–13. Jh.)

5600 Graben

Angeschnittener größerer Graben in der äußersten Südostecke von Fläche C. Der Graben ist oben mindestens 1,10 m, an der flachen Sohle mindestens 0,60 m breit. Die Südseite fällt langsam zur Sohle ab. In der grauschwarzen Verfüllung und auch an der relativ glatten Unterkante sind am Profilschnitt keine Pfostenspuren zu erkennen. Unmittelbar vor dem Zusammenschluß mit dem von Osten nach Westen verlaufenden Palisadengraben 5684 scheint 5600 zu enden. Mit diesem wurde eine größere Parzelle umfaßt, zu der die relativ deutlich nachweisbaren Pfostengebäude 5631–5633 gehörten. Wie bei den anderen Palisadengräben ist eine Datierung vor der großen Domburgbefestigung, also im 9. Jahrhundert, anzunehmen. Unterkante 59,10 m üNN.

Stratigraphischer Bezug: unter 5601; schneidet 5108.

Dokumentation: F 36–37; P 67, 285; Fo 77–78, 195; Beil. 30, 31; Abb. 141.

Datierung: Hochmittelalter (10.–13. Jh.)

5601 Laufhorizont

Schwarzer, 0,02–0,10 m starker Streifen, stellenweise auch zweigeteilt, der am Südprofil über 5108 sichtbar wurde. Gegen eine Gleichsetzung mit 5079 spricht, daß verschiedene Gruben, die 5108 schneiden, vom Laufniveau überzogen werden und daß sich mit 5611 teilweise eine Schuttschicht zwischen 5108 und 5601 findet. Es handelt sich eher um einen Horizont im Bereich von 5360, 5509, der aber im Südteil sehr deutlich als Laufhorizont ausgeprägt ist. Oberkante 59,85–60 m üNN. Auf die Abbildung des Südprofils P 67 an der Südseite des Schnitts wurde verzichtet, da mit P 64, Abb. 37 bereits ein entsprechendes Profil abgebildet ist, das erheblich besser dokumentiert war. Auch das in Teilen dokumentierte Westprofil P 66 ist nicht dargestellt (Befundnr. 5601–5627).

Stratigraphischer Bezug: unter 5602; über 5108; geschnitten von 5615, 5608.

Dokumentation: P 67; Fo 195–197.

Datierung: Hochmittelalter (10.–13. Jh.)

5602 Planierschicht

Aufplanierter graubraun-dunkelbrauner Bereich von bis zu 0,50 m Stärke über dem Laufhorizont 5601. Der Abschnitt dürfte in etwa 5510–5513 am Westprofil und 5365 ff. am Südprofil der Fläche D entsprechen. Auch hier im Bereich 5602 würden sich z. T. zwei bis drei Schichten unterscheiden lassen.

Stratigraphischer Bezug: unter 5603; über 5601.

Dokumentation: P 67; Fo 195–197.

Datierung: Hochmittelalter (10.–13. Jh.)

5603 Planierschicht

Heller sandiger, etwa 0,10–0,15 m starker Streifen mit einigen Bruchsteinen, der 5305 entsprechen dürfte.

Stratigraphischer Bezug: unter 5604; über 5602.

Dokumentation: P 67; Fo 195–197.

Datierung: Hochmittelalter (10.–13. Jh.)

5604 Planierschicht

Mächtige Aufplanierung, die fast bis an die Oberfläche bei Grabungsbeginn reicht. Überwiegend dunkelbraunschwärzliches Material, mit zahlreichen Steinen. Gelegentliche hellere Streifen deuten an, daß es sich nicht unbedingt um eine einheitliche Planierung handeln muß, ein Befund der so identisch ist mit 5224, nur daß sich in dem rückwärtigen Bereich der Parzelle der Bau von Backsteingebäuden deutlich niedergeschlagen hat. Im vorderen Bereich mit 5604 sind kaum Ziegel zu erkennen. Zeichnerisch dokumentiert ist jedoch nur die Unterkante des Bereichs auf 60,40 m üNN.

Stratigraphischer Bezug: über 5603.

Dokumentation: P 67; Fo 195–196.

Datierung: spätes Mittelalter/frühe Neuzeit (13.–16. Jh.)

5605 Pfostengrube

0,50 m breite Grube mit dunkler Verfüllung und einem unter die Grubensohle hinaus in den Boden geschlagenen Pfosten. Das Füllmaterial scheint mit 5602 identisch zu sein. Höhe der Unterkante des Pfostens 59,40 m üNN.

Stratigraphischer Bezug: unter 5602; schneidet 5108, 5606.

Dokumentation: P 66; Fo 195.

Datierung: Hochmittelalter (10.–13. Jh.)

5606 Grube

Ca. 0,70 m breite Grube mit grauer Verfüllung und einer nach Osten leicht ansteigenden Sohle. Der westliche Grubenrand wird von 5108 überzogen. Damit gehört die Grube in eine Zeit deutlich vor der Christianisierung, vermutlich zu den zahlreichen kaiserzeitlichen Gruben am Platz.

Stratigraphischer Bezug: unter 5108; schneidet 5109.

Dokumentation: F 36–37; P 67; Fo 195.

Datierung: vorgeschichtlich

5607 Schicht

Oberste Schicht am Südprofil, helles Material mit kleinen Steinen über 5604. Möglicherweise ist sie erst bei der Umgestaltung des Grundstücks in der Nachkriegszeit entstanden.

Stratigraphischer Bezug: über 5604.

Dokumentation: Fo 195–197.

Datierung: Neuzeit allgemein

5608–5609 Gruben

5609 war eine größere Grube, die im Zusammenhang mit dem Auftrag von 5602 verfüllt wurde. 5608 mit heller Verfüllung schneidet in 5109 ein, wird aber auch von 5602 überzogen. An der Unterkante in der Westecke von 5609 liegt ein Pfosten, der zur Grube gehören dürfte. Beide Gruben schneiden den Laufhorizont 5601, der einen ersten Abschluß der Siedlungstätigkeit am Platz vor den folgenden größeren Geländeerhöhungen darstellt.

Dokumentation: P 67; Fo 196.

Datierung: spätes Mittelalter/frühe Neuzeit (13.–16. Jh.)

5610 Grube

0,80 m breite rundliche Grube mit hellbraun-grauer Verfüllung. Die Grube liegt unter der kaiserzeitlichen Schicht 5109, gehört also in die frühe Phase der kaiserzeitlichen Besiedlung mit 5103.

Stratigraphischer Bezug: unter 5109; schneidet 5103.

Dokumentation: F 37; P 67, 308; Fo 196.

Datierung: vorgeschichtlich

5611 Planierschicht

Im westlichen Abschnitt der Fläche C liegt zwischen 5108 und dem Laufhorizont 5601 eine 0,10–0,25 m starke Aufplanierung aus hellem Material.

Stratigraphischer Bezug: unter 5601; über 5108.

Dokumentation: P 67; Fo 196–97.

Datierung: Mittelalter allgemein

5612–5614 Pfostengruben

Zwei etwa 0,50–0,60 m breite Pfostengruben, die unter dem Laufhorizont 5601 liegen, aber bereits in die darunterliegende Aufplanierung 5611 einschneiden. Unterkante bei 59,50 m üNN. Unter 5613 liegt ein älterer, etwas breiterer Pfosten 5614 mit grauer Verfüllung, der jedenfalls älter als 5611 ist. Höhe der Unterkante bei 59,40 m üNN.

Stratigraphischer Bezug: unter 5601; schneidet 5611.

Dokumentation: F 36–37; P 67, 308; Fo 196–197.

Datierung: Hochmittelalter (10.–13. Jh.)

5615 Grube

Große, 0,80 m breite Grube, die in die unteren Bereiche von 5604 einschneidet.

Stratigraphischer Bezug: schneidet 5604.

Dokumentation: P 197

Datierung: Neuzeit allgemein

5617–5618/5621 Grubenhaus

Mindestens 2,40 m lange Grube an der Westecke des Südprofils. Vermutlich wurde die Grube an der Westseite nicht vollständig erfaßt. Auch in der Fläche finden sich kaum Spuren, da sie nur knapp angeschnitten ist. Form und Pfosten 5618/5621 an der Unterseite sprechen für ein Grubenhaus. Die Verfüllung weist überwiegend helles Material auf. Die Grube schneidet 5108 und liegt unter 5601, das Verhältnis zu 5611 ist nicht sicher zu erkennen. Die Grube ist vermutlich älter. Der westliche Abschnitt des Gebäudes liegt etwa 0,20 m tiefer. Die beiden Pfosten sind 0,15 bzw. 0,10 m unter die Unterkante des Baus eingetieft. Höhe der Unterkante 59,10–59,30 m üNN.

Stratigraphischer Bezug: unter 5601; schneidet 5108.

Dokumentation: P 67; Fo 197.

Datierung: Hochmittelalter (10.–13. Jh.)

5619–5620 Pfostengrube

Neben 5618/5621 liegen unter dem Grubenhaus 5617 zwei weitere Pfosten, die sich in ihrer Verfüllung deutlich von den übrigen unterscheiden. Sie werden auch von 5617/5621 geschnitten. Unterkante bei 59,10 m üNN.

Stratigraphischer Bezug: unter 5617; geschnitten von 5621.

Dokumentation: P 67.

Datierung: Hochmittelalter (10.–13. Jh.)

5622 Grube

Kalkgrube. Die große Grube ist massiv mit Kalk verfüllt und schneidet in 5604 ein.

Stratigraphischer Bezug: unter 5607; schneidet 5604.

Dokumentation: P 67; Fo 197.

Datierung: Neuzeit allgemein

5623–5624/5628–5630 Gruben

Mehrere Gruben (überwiegend Pfostengruben), die am Westprofil P 66 und nur z. T. in der Fläche dokumentiert wurden. Die stratigraphische Lage zwischen 5108 und 5509 haben alle gemeinsam, sie gehören also in die Phase der früheren Besiedlung des Areals. 5628 ersetzte 5629. Die Lage zwischen den Palisadengräben 5627 und 5823 würde bei einer Zugehörigkeit zur ersten karolingischen Siedlungsphase, der Überlegung eines Durchgangs an dieser Stelle in die Domburg widersprechen. Sie könnten aber auch jünger sein.

Stratigraphischer Bezug: unter 5509; schneidet 5108.

Dokumentation: P 66.

Datierung: Mittelalter allgemein

5625 Grube

0,80 m breite Grube, die 5624 und 5509 schneidet. In der Verfüllung liegen zahlreiche kleine Bruchsteine. Unterkante bei 59,35 m üNN.

Stratigraphischer Bezug: unter 5510; schneidet 5509.

Dokumentation: P 66

Datierung: Mittelalter allgemein

5626 Pfostengrube

0,60 m breite Grube mit flacher Sohle eines 0,32 m starken Holzpfostens, dessen Spur deutlich erkennbar ist. Die Grube schnitt 5627 und 5108.

Stratigraphischer Bezug: unter 5510; schneidet 5627.

Dokumentation: F 34–35; P 66, 84.

Datierung: Mittelalter allgemein

5627 Graben

Mindestens 0,60–0,85 m breiter Graben mit grauer Verfüllung im oberen Bereich und dunkler Verfüllung mit Holzresten im unteren Abschnitt. Auf der flachen Sohle liegen wohl die Reste eines 0,32 m starken Pfostens. Die südliche Seite des Grabens ist relativ steil, die nördliche langsam abfallend, also ein typischer Palisadengraben, wenn auch längst nicht so tief wie 5426. Unterkante 58,80–59 m üNN. Der Graben zieht im Osten unter das Grubenhaus 5800. Hier biegt er mit fast 1,50 m Breite nach Norden ab (5627b). Pfosten sind nicht unter der Grabensohle zu erkennen. Unterkante bei 58,80 m üNN. Dieser Verlauf wird wiederum durch den Bereich des Grubenhauses 5500 geschnitten und vollständig ausgelöscht. Vermutlich ist er bis auf 5426/5427 zu verlängern.

Stratigraphischer Bezug: unter 5510; schneidet 5108; geschnitten von 5626.

Dokumentation: F 34–35; P 66, 99, 83, 86; Beil. 30, 31.

Datierung: Mittelalter allgemein

5630 Grube

Angeschnittene Grube am Westprofil.

Stratigraphischer Bezug: schneidet 5510.

Dokumentation: P 66.

5631/5634–5642 Sonstiges allgemein

Haus/Pfostenbau. In dem Gewirr der Pfosten an der Südostecke von Fläche C verbergen sich mindestens zwei größere Gebäude 5631–5632. Ein drittes Haus 5633 liegt um ca. 2,50 m nach Süden versetzt. Da es sich nicht um Grubenhäuser oder eingetiefte Gebäude handelt, ist die Rekonstruktion des Grundrisses schwierig, da sich einzelne Pfosten nicht ganz sicher zu einem Gebäude zuordnen lassen. Mit der Reihe 5635–5638 scheint eine relativ deutliche Nordwand gegeben. 5638–5640 kann die Westseite gewesen sein, 5640–5642 die Südseite. Dazu käme 5634 an der Ostseite. Die Südostecke könnte mit 5605 am Südprofil angeschnitten sein. Mit 4,80 x 4 m ist es das größte der freigelegten Gebäude. In jedem Fall ist es jünger als 5632. Der zeitliche Abstand zu 5633 dürfte sehr knapp sein, vermutlich war 5631 etwas jünger. Das Haus wird von den Palisadengräben 5600 und 5684 umfaßt. Da es das zweite oder dritte Gebäude an gleicher Stelle ist, könnte die Struktur des 9. Jahrhunderts hier auch im 10. Jahrhundert Bestand gehabt haben.

Stratigraphischer Bezug: schneidet 5632; geschnitten von 5734.

Dokumentation: F 36–37; Profile der Pfosten 256(5636), 255(5637), 252–253(5368), 354(5369), 356(5640), 307(5641), 273(5642), 260(5634); Fo 67–68, 73–78 (keine Übersicht); Beil. 30, 31; Abb. 103.

Datierung: Mittelalter allgemein

5632/5650–5659 Sonstiges allgemein

Haus/Pfostenbau. Aus den zahlreichen freigelegten Pfosten in der Südostecke der Fläche läßt sich ein zweiter älterer Bau mit 4,50 x ca. 3,50 m erschließen. Ausgehend vom Pfosten 5657 wäre die Nordseite in etwa parallel zu 5631 durch 5652b, 5651b und 5650b gegeben, die Westseite durch 5650/5659, die Südseite läge außerhalb der Fläche unter dem Südprofil. An der Ostseite böte sich 5653 an. Vorsicht ist bei der Rekonstruktion der Südostecke geboten. Der angeschnittene Pfosten 5606, der auch am Profil sichtbar ist und auf den beide Achsen zulaufen, liegt unter 5108 und ist damit mindestens vorkarolingisch. Jedoch wird dieser von einem jüngeren Pfosten 5606b geschnitten.

Stratigraphischer Bezug: geschnitten von 5631, 5633.

Dokumentation: F 36–37; Pfostenprofile: P 67(5606), 261(5652b), 257(5657), 264(5653, 277(5659), 259 (5651b), 251(5650b); Fo 73–78; Beil. 30, 31; Abb. 103.

Datierung: Frühmittelalter

5633/5643–5652 Sonstiges allgemein

Haus/Pfostenbau. Ein drittes Haus, 4,50 x 3 m groß, liegt westlich versetzt zu 5632. An der Westseite liegen 5645–5649, an der Nordseite 5649–5652, im Süden anschließend an 5645 befindet sich 5643 unter 5609 und 5644. Der Pfosten 5612, der zwar in der Flucht passend liegt, ist stratigraphisch jünger und gehört zu Pfosten 5613. An den sich überschneidenden Pfosten 5651b und 5652b zeigt sich zweifelsfrei, daß es mit 5632 einen älteren Bau gab. 5631 könnte dagegen jünger sein.

Stratigraphischer Bezug: schneidet 5108.

Dokumentation: F 36–37; P 67, Profile der Pfosten: 250(5650), 259(5651), 261(5652), 267(5009/5012), 238(5645), 249(5649), 239–240(5647–5648), 248(5646), die letztgenannten Profile ab 238 wurden nicht gefunden; Beil. 30, 31; Abb. 103.

Datierung: Hochmittelalter (10.–13. Jh.)

5661/5662–5668 Grubenhaus

Kleines Grubenhaus mit 2,70 x 2,10 m. Es weist an den Schmalseiten jeweils drei Pfosten auf: 5662–5664 im Süden und 5674–5676 im Norden. Die Eckpfosten sind stärker als die Mittelpfosten. An den Seitenwänden zeigten sich schwache Holzreste 5665. Das Haus wird geschnitten vom unmittelbaren Nachfolger 5671. Das Fundmaterial verweist ins fortgeschrittene 10. Jahrhundert. Höhe der Unterkante bei 59,37 m üNN.

Stratigraphischer Bezug: schneidet 5108; geschnitten von 5671.

Dokumentation: F 36–37; Pfostenprofile 235(5662), 204(5663), 211(5666), 208(5668); Fo 66–68, 71–72, 75–76, 79; Beil. 30, 37; Abb. 103, 129.

Datierung: Hochmittelalter (10.–13. Jh.)

5669 Grube

Eine viereckige, mit 3,20 x 3,10 m annähernd quadratische Grube wurde im Süden der Fläche C freigelegt. Auf den ersten Blick läßt die Form auf der tief angelegten Flächenzeichnung F 33 an ein weiteres Grubenhaus denken. Die Grube schneidet das kleine Grubenhaus 5671. Sie war mit Holz ausgekleidet und wurde wohl als Abfallgrube genutzt. In ihrer Verfüllung fand sich Keramik des 14./15. Jahrhunderts; unter anderem Siegburger Steinzeug. Sie gehört damit zum Gartenbereich der spätmittelalterlichen Kurien im Ostteil der Parzelle.

Stratigraphischer Bezug: schneidet 5671.

Dokumentation: F 33–34; Beil. 30; Abb. 103, 313.

Datierung: spätes Mittelalter/frühe Neuzeit (13.–16. Jh.)

5671/5670–5675 Grubenhaus

2,90 x 2,10 m großes Grubenhaus. Größe, Tiefe und Art der Pfostensetzung mit drei Pfosten an den Schmalseiten entsprechen der von 5661, das durch 5671 ersetzt wurde. Vermutlich war der zeitliche Abstand nicht sehr groß. Die Nordostecke des Grubenhauses mit 5674 wird von der jüngeren Grube 5669 überlagert. Die Verfüllung enthält einige Bruchsteine und ist etwas dunkler als die von 5661. An der Nordwestecke 5675 liegen mindestens drei Pfosten, zum Grubenhaus paßt am besten der äußere, kleinere und jüngste Pfosten.

Stratigraphischer Bezug: unter 5661; über 5669.

Dokumentation: F 36–37; Profile der Pfosten: 205–207(5671–5673), 200–201(5674–5675), 214(5676); Fo 66–68, 71–72, 75–76, 79; Beil. 30, 37; Abb. 103, 129.

Datierung: Mittelalter allgemein

5679 Grube

Auf der gesamten Westseite der Fläche C reihten sich fünf größere Gruben unmittelbar aneinander. Sie wurden alle nur angeschnitten, der restliche Befund liegt unter dem Westprofil, das in diesem Abschnitt nicht dokumentiert worden ist. Grund sind Aufschüttungen, Störungen, die bis an die Oberfläche des 9. Jahrhunderts reichen. Auch das Grubenhaus 5617 gehört in diesen Zusammenhang. 5694 und 5681 wurden vom Ausgräber als Grubenhaus angesprochen. Für 5679–5681 fehlen in der Dokumentation die sicher angefertigten Profilschnitte 368–369. 5679 ist mindestens 1,90 m lang und scheint jünger als 5617, jedoch älter als 5680 zu sein.

Stratigraphischer Bezug: schneidet 5617; geschnitten von 5680.

Dokumentation: F 36–37; P 368(fehlt); Fo 71–72; Beil 30, 37.

Datierung: Hochmittelalter (10.–13. Jh.)

5680 Grube

1,50 m breite Grube, die teilweise unter dem Westprofil liegt.

Stratigraphischer Bezug: schneidet 5679, 5677.

Dokumentation: F 36–37; P 369 (fehlt); Fo 71–72, 75–76; Beil 30, 37.

Datierung: Hochmittelalter (10.–13. Jh.)

5681 Grubenhaus

Angeschnittene, 1,65 m breite Grube am Westprofil. Winkelmann hat sie – sicher anhand des Profilschnitts (fehlt) – als Hausgrube 10 angesprochen.

Stratigraphischer Bezug: schneidet 5677; geschnitten von 5682.

Dokumentation: F 36–37; P 369 (fehlt); Fo 71–72, 75–76; Beil 30, 37.

Datierung: Mittelalter allgemein

5683 Graben

1,10 m breiter Graben mit graubrauner, besonders an den Rändern auch schwärzlicher Verfüllung. Der Graben verläuft von 5684 im rechten Winkel abknickend nach Norden. Der Schnittpunkt liegt genau unter dem Bereich der jüngeren Grube 5669. An dieser Stelle zeigt sich unter der Grube noch ein tiefer Pfosten 5691, der den Setzungen anderer Palisaden in Größe und Niveau gleicht. Die Spur des Grabens verliert sich erst im Bereich des Steinhauses 5735. Parallel verläuft nördlich, gestört durch den großen Brunnen 5727 der Graben 5827, womit eine relativ genau erkennbare Parzelle aus der Zeit der karolingischen Siedlung erfaßt ist. Die Bebauung ist z. T. durch die Pfosten 5719–5726 dokumentiert, die aber teilweise auch älter sein könnten. Andere Bereiche sind durch den großen Steinbau zerstört.

Stratigraphischer Bezug: unter 5669; über 5691; schneidet 5716; geschnitten von 5713b.

Dokumentation: F 36–37; Fo 66–68, 71–76; Beil. 30–31; Abb.313.

Datierung: vorgeschichtlich

5684 Graben

0,90–1,40 m breiter Graben, der die Fläche in Ost-West-Richtung durchzog. Spuren von Pfosten, die denen anderer „Palisadengräben" entsprechen, sind weder auf den Profilschnitten noch auf einem der Fotos zu erkennen. Etwa gegenüber 5426 ist er deutlich weniger tief. Unterkante etwa bei 59 m üNN. Einige Pfosten und das Grubenhaus 5694 sind deutlich jünger als der Graben. Dazu gehört der große Pfosten 5685 im Osten. Mit 5689 und 5691 liegen am nördlichen Rand des Grabens zwei auffallend tiefe Pfostengruben, die etwa 1,10 m unter dem Planum bei etwa 58,40 m und 58,20 m üNN liegen. Beide können mit dem an 5684 ansetzenden Nord-Süd verlaufenden Gräben 5683 und 5827 zusammenhängen. Die unterschiedliche Breite des Grabens geht auf das unterschiedliche Flächenniveau während der Dokumentation zurück. Der Graben wird im unteren Bereich schmaler.

Stratigraphischer Bezug: schneidet 5109, 5687/5689; geschnitten von 5694, 5669.

Dokumentation: F 36–37; P 284, 272; Fo 66–68, 71–78, 103–105; Beil. 30–31; Abb. 313.

Datierung: vorgeschichtlich

5693/5716 Gräben

Zwei kleinere Gräben in der Südfläche der Grabung von 1960, die von den großen Palisadengräben geschnitten werden und kaiserzeitlich sein dürften.

Stratigraphischer Bezug: über 5103; geschnitten von 5683/5684.

Dokumentation: F 36–37; P 372; Fo 73–74; Beil. 30.

Datierung: vorgeschichtlich

5694 Grubenhaus

Angeschnittenes, 2 m breites Grubenhaus am Westprofil. Die graubraune Verfüllung überlagert die Pfostensetzung 5695 im Osten. Hier verbergen sich wiederum vier oder fünf verschiedene Pfosten. Der erhaltene Profilschnitt zeigt an der Unterkante einen 0,04–0,07 m breiten dunklen Streifen, den Nutzungshorizont des Hauses, der hier selten eindeutig zu erkennen war. Die Unterkante dürfte bei etwa 58,60 m üNN gelegen haben.

Stratigraphischer Bezug: schneidet 5695; geschnitten von 5708.

Dokumentation: F 36–37; P 218; Fo 71–72, 75–76; Beil. 30, 37.

Datierung: Mittelalter allgemein

5695–5715 Pfosten

Pfostensetzung nördlich des Grabens 5684 und westlich des Grabens 5683. Ein größerer Pfostenbau an dieser Stelle auch mit oder kurz nach der Anlage der Palisadengräben scheint relativ sicher. Einige Pfosten werden vom Grubenhaus 5702 am Westprofil geschnitten. Im Bereich der einzelnen Pfostengruben verbergen sich häufig wieder mehrere Pfosten, so mindestens fünf(!) Pfosten bei 5695. Teilweise könnten sie auch älter sein. 5712–5713 erscheinen wie 5731 als größere indifferente Strukturen. Auf die mögliche Beschreibung der Pfostenprofile wird verzichtet.

Stratigraphischer Bezug: geschnitten von 5702.

Dokumentation: F 36–37; P 217–230; Fo 66–68, 71–72, 75–76; Beil. 30–31.

Datierung: Frühmittelalter

5702 Grube

2,32 m breite, am Westprofil angeschnittene Grube. Die Verfüllung ist uneinheitlich mit vielen Einschlüssen durchsetzt. Im unteren Bereich ist auf dem Profilschnitt ein Pfosten zu erkennen. Die Grube ist deutlich weniger tief — Unterkante etwa 58,95 m üNN – als 5694 daneben. Sie ist jedoch mindestens ebenso tief wie die in der Fläche deutlich zu erkennenden Gebäude 5661/5671. Es dürfte sich also auch um ein Grubenhaus handeln. Die Grube schnitt die Pfosten 5701/5703.

Stratigraphischer Bezug: unter 5510; schneidet 5109, 5702.

Dokumentation: F 36–37; P 226; Fo 71–72, 75–76; Beil. 30, 37.

Datierung: Hochmittelalter (10.–13. Jh.)

5716–5726/5728 Gruben

Gruben und Pfostengruben südlich des Brunnens 5727. Überwiegend handelt es sich um Pfostengruben. Darunter dürften sich die Reste einer von den Palisadengräben 5827 im Osten, 5683 im Westen und 5684 im Süden eingefaßten Parzellenbebauung handeln.

Dokumentation: Beil. 30–31.

5727 Brunnen

An der Ostseite von Fläche C wurde zur Hälfte eine kreisrunde Grube mit 8 m Durchmesser angeschnitten (nicht vollständig ergraben), die zu einem Brunnen gehört. An Profilfotos läßt sich noch ein Rest der ausgebrochenen Steineinfassung erkennen. Diese Grube ist gekappt von der großen schwärzlichen Aufplanierung 5224, die bis in die Neuzeit reicht, schneidet aber den Bereich 5510 und ist damit jünger als der Ofen 5734. Der Brunnen ist damit nicht mehr der profanen Siedlung, sondern dem Hofareal der spätmittelalterlichen Kurien im Osten der Parzelle (etwa 5005/5008) zuzuordnen. Wenn das Profilfoto nicht täuscht, wurde in den nördlichen Bereich ein weiterer Kasten eingetieft, der stratigraphisch jünger als 5224 war.

Stratigraphischer Bezug: unter 5224; schneidet 5510.

Dokumentation: F 36–37; Fo 73–74; Beil. 30; Abb. 101.

Datierung: spätes Mittelalter/frühe Neuzeit (13.–16. Jh.)

5728 Zaun

Neun kleine Pfosten mit höchstens 0,05 m Durchmesser verlaufen parallel zur Westkante des Grabens 5600. Auf der ersten Flächenzeichnung F 36 waren nur einige von ihnen zu erkennen, die anderen wurden von der ausfernden Verfüllung des Grabens überdeckt. Dies könnte für eine Anlage noch in der Nutzungszeit des Grabens sprechen. Hier ist jedoch Vorsicht geboten, denn in dem dunklen Schwemmaterial können sie leicht übersehen worden sein. Logischer erscheint, daß sie den Palisadengraben abgelöst haben. In diesen Horizont gehört auch der Zaun 5629.

Stratigraphischer Bezug: gehört zu 5729.

Dokumentation: F 36–37; P 312 ff.; Beil. 30.

Datierung: Hochmittelalter (10.–13. Jh.)

5729 Zaun

Mindestens 22 kleine Pfostenlöcher liegen in einer Ost-West orientierten Reihe in der Südhälfte von Fläche C im Bereich der Pfostengebäude 5631–5633. Nur in etwa parallel dazu, im Abstand von bis zu 0,25 m bis zur Überschneidung im Osten, befindet sich eine zweite Reihe 5729b. Der Durchmesser der Pfostenlöcher beträgt 0,05–0,10 m, die Tiefe 0,08–0,20 m unter dem Planum, etwa im Bereich von 59,30–59,40 m üNN. Die Reihen enden im Norden an der Reihe 5728, parallel zum Graben 5600, und im Westen an der Reihe 5730, parallel zum Grubenhaus 5661. Es dürfte sich um eine Begrenzung nach Aufgabe der Pfostengebäude 5631–5633 handeln.

Stratigraphischer Bezug: unter 5510; schneidet 5631–5633.

Dokumentation: F 36–37; P 312ff.; Fo 75–78; Beil. 30.

Datierung: Hochmittelalter (10.–13. Jh.)

5730 Zaun

Doppelreihe aus insgesamt 15 Pfosten, die exakt an der Ostkante des Grubenhauses 5661 verläuft. Beide Reihen dürften die entsprechende Gegenflucht zu 5729 darstellen. Unter dem tieferen jüngeren Kasten 5669 sind die Pfosten nicht mehr zu erkennen. Die Reihe dürfte jedoch bis zum Graben 5684 gereicht haben.

Stratigraphischer Bezug: unter 5510; schneidet 5633.

Dokumentation: F 36–37; P 312ff.; Beil. 30.

Datierung: Mittelalter allgemein

5731 Zaun

Eine weitere, exakt parallel zu 5730 verlaufend Reihe wird unter den Verfüllungen der Grubenhäuser 5661/5670 sichtbar. Ob sie tatsächlich älter als die Grubenhäuser sind, ist wegen der dunklen Verfüllung und der geringen Stärke der Pfosten nicht mit Sicherheit zu sagen. In 5732 findet die Reihe über 5684 hinaus eine Fortsetzung nach Norden.

Stratigraphischer Bezug: unter 5661; schneidet 5109.

Dokumentation: F 36–37; P 312ff.; Beil. 30.

Datierung: Mittelalter allgemein

5732 Zaun

Die Reihe aus mindestens 13 Pfosten verläuft von 5684 ausgehend nach Norden, nicht ganz parallel zu 5683, etwa in Verlängerung von 5631.

Stratigraphischer Bezug: unter 5613b; schneidet 5109; geschnitten von 5669.

Dokumentation: F 36–37; Beil. 30.

Datierung: Mittelalter allgemein

5733–5734 Herd/Ofen

An der Ostseite von Fläche C wurde eine Steinsetzung aus größeren Steinen angeschnitten, die einen schmalen, etwa 0,50 m breiten Schacht mit schwärzlicher Verfüllung aufweist. Im Bereich der Verfüllung und der Randsteine sind deutliche Brandspuren zu erkennen. Westlich der Steinsetzung 5733 liegt eine leicht eingetiefte Mulde 5734b. Unter der weiterreichenden Verfüllung ist der Boden hier stark verziegelt. Insgesamt ist der Bereich auf einer Länge von 2,90 m angeschnitten, verläuft aber jenseits des Ostprofils weiter. Das Profil wurde nicht gezeichnet. Fotos lassen erkennen, daß die Steinsetzung über der Grabenverfüllung von 5600 liegt und den Bereich von 5509 (5360) schneidet, aber vor den großen Geländeerhöhungen des Spätmittelalters und dem Brunnen 5727 anzusetzen ist. Er dürfte also in die Phase der letzten profanen Siedlung am Michaelisplatz im 11./12. Jahrhundert mit den großen Steingebäuden gehören.

Stratigraphischer Bezug: unter 5510; schneidet 5509.

Dokumentation: F 36–37; Fo 77–78, 113–114; Beil. 30, 40; Abb. 141–142.

Datierung: Hochmittelalter (10.–13. Jh.)

5735 Sonstiges allgemein

Haus/Steinwerk. Der annähernd quadratische Bau mit etwa 5,70–6 m Seitenlänge ist das größte der freigelegten Gebäude am Platz. Die Steinmauern haben sich nur in geringen Resten an der Nordwestecke und im Bereich der Treppe erhalten. Der weitere Fundamentverlauf ist als Ausbruchgrube zu erkennen. Bereits bei der Anlage des Planums zeigt sich der Bereich als mit dunklerem Material verfüllte Grube. Wie bei dem Haus 5470 in Fläche D handelt es sich also auch hier um einen eingetieften Bau. Der Bau ist jünger als alle Pfosten des Bereichs. Zumindest seine Verfüllung überlagert auch die des benachbarten Grubenhauses 5800 im Norden. Ein stratigraphischer Anschluß zu den oberen Schichten ist nicht auszumachen. Naheliegend ist eine Einordnung - zusammen mit dem Steinhaus in Fläche D - zu den jüngsten Gebäuden der Siedlung am Michaelisplatz, also in das 11./12. Jahrhundert.

Stratigraphischer Bezug: unter 5224; schneidet 5800.

Dokumentation: F 34–35, 39; P 142; Fo 80–97; Beil. 30, 40; Abb. 139–140.

Datierung: Hochmittelalter (10.–13. Jh.)

5736 Grube

2,50 x 2,50 m große Grube mit unscharfem Seitenverlauf und unklaren Ecken. Die Grube liegt unter dem Estrich 5843 des Steinwerks 5735. Das Profil zeigt eine relativ glatte Sohle mit einer Länge von 2,25 m bis 0,40 m unter den Estrich auf ca. 58,50 m üNN reichend. Die Ostseite fällt steiler ab als die Westkante. Pfosten sind nicht zu erkennen (5745 an der Südseite?), trotzdem spricht alles für die Deutung eines durch den Steinbau gekappten, relativ tiefen Grubenhauses.

Stratigraphischer Bezug: unter 5843.

Dokumentation: F 34–35; P 407; Fo 94–95; Beil. 30, 37.

Datierung: Mittelalter allgemein

5737–5745 Gruben

Gruben, vermutlich Pfostengruben unter 5843, dem Fußboden des Steinhauses 5735. Die Zeitstellung ist nicht weiter zu bestimmen: Von einem Zusammenhang mit dem Bau des Hauses bis zur Vorgeschichte scheint alles möglich.

Stratigraphischer Bezug: unter 5843.

Dokumentation: F 34–35; Beil. 30.

5754–5799, 5824–5841 Gruben

Gruben, Pfostengruben und Gräben westlich des möglichen, durch die Öffnung der Palisadengräben 5827 und 5342 definierten Eingangs in die Siedlung. Viele Befunde mögen kaiserzeitlich sein, insbesondere die schwach ausgeprägten unregelmäßigen größeren Gruben 5798, 5833, 5835, 5839 usw. und auch die schmalen Gräbchen 5825–5826, 5828–5829, die sich noch parallel zum Palisadengraben 5342 zeigen. Bei anderen handelt es sich sicher um Pfostengruben, so daß an einer länger bestehenden Eingangssituation weiter gezweifelt werden kann, wie auch an 5807–5819, 5768, 5820–5822/5823 deutlich wird.

Dokumentation: F 34–35; Beil. 30.

5768, 5820–5822 Pfostengruben

Pfostenreihe, die in etwa parallel zu 5807–5819 verläuft, jedoch jünger ist. Die Pfosten waren mit bis zu 0,80 m relativ groß, weisen eine flache Sohle auf, die nur 0,10–0,15 m (ca. 59,30 m üNN) unter dem Planum liegt. Die Pfosten 5822 und 5778 schneiden die Palisadengräben 5627. Eine gemeinsame Nutzung mit 5800 scheint möglich, mit 5735 dagegen kaum, da ihre Flucht im Süden sehr nahe an den Steinbau reichte. Denkbar ist aber auch ein erheblich jüngerer Ansatz. Ihre geringe Tiefe bei der doch großen Breite ließe eine Eintiefung nach den größeren Aufplanierungen des Spätmittelalters zu.

Stratigraphischer Bezug: schneidet 5823, 5627.

Dokumentation: F 34–35; P 61, 65–66, 82; Beil. 30.

5800 Grubenhaus

Gut erhaltenes, 3,70 x 2,60 m großes Grubenhaus mit jeweils drei Pfosten an den Schmalseiten im Osten (5801–5803) und Westen (5804–5806). Eine im Südwesten gelegene Erweiterung der Grube könnte den ehemaligen Zugangsbereich andeuten. Hier reicht die Grube unmittelbar bis an 5735, von dessen Verfüllung die graue Verfüllung von 5800 überlagert wird. Unterkante ca. 59,20 m üNN. Mit ca. 0,50 m Breite sind die Pfosten sehr einheitlich, noch erkennbare Holzspur bei einer Tiefe der Sohle von ca. 58,75 m üNN. Hinweise auf eine längere Nutzung durch Erneuerung der Pfosten gibt es nicht. Die im Bereich der Grube liegenden Pfostengruben 5771/5778, 5810/5815 gehören in andere Zusammenhänge.

Stratigraphischer Bezug: unter 5735; schneidet 5109, 5627.

Dokumentation: F 34–35, 40; Profile der Pfosten 408–409, 411, 414–416; Fo 98–99; Beil. 30, 37; Abb. 127.

Datierung: Hochmittelalter (10.–13. Jh.)

5807–5812 Pfostengruben (5818–5819)

Es handelt sich um eine 10,50 m lange Reihe von fünf bis sechs Pfosten mit einheitlicher Tiefe, 0,20–0,30 m unter Planum und etwa einheitlicher Größe. Die Pfosten werden jeweils geschnitten von der parallel laufenden Reihe 5813–5817. In den Pfosten 5818a/b und 5819a/b finden beide Reihen ein Pendant nach Süden, an 5812/5817 abbiegend. Es ergibt sich hier also ein Pfostengebäude von beträchtlichen Ausmaßen, das älter als das Grubenhaus 5800 ist. Es nimmt keinen Bezug auf den Palisadengraben 5823 und könnte damit älter oder jünger, aber nicht zeitgleich mit diesen Gräben sein. Das sicher kaiserzeitliche Gräbchen 5826 wird von 5808 geschnitten. Auch sind alle Pfosten in die jüngere Kaiserzeitschicht 5109 eingetieft. Eine dritte Reihe 5768/5820–5822, die von Nord nach Süd in etwa parallel zu 5812/5818–5819 verläuft, aber keinen Anschluß nach Osten aufweist, ist eindeutig jünger als die Palisadengräben. Ebenso liegen in diesem Abschnitt noch weitere Pfostengruben 5769–5775 und 5623–5624/5628–5630, die z. T. ebenfalls jünger als die Gräben erscheinen. Da kaiserzeitliche Pfostengebäude dieses Ausmaßes sehr ungewöhnlich in Westfalen sind, ergibt sich eine Möglichkeit für ein mehrphasiges Großgebäude, das zeitlich zwischen den Palisadengräben und dem Grubenhaus 5800 liegen könnte.

Stratigraphischer Bezug: unter 5823, 5800; schneidet 5109.

Dokumentation: F 34–35; P 412, 24, 27, 39, 58, 71, 74, 81; Fo 98–99; Beil. 30.

Datierung: Mittelalter allgemein

5813–5817 Pfostengruben (5818–5819)

Die Reihe verläuft parallel zu 5807–5812. Die Pfosten schneiden sich, ebenso wie bei der nach Süden ansetzenden Flucht 5818/5819. Die Pfosten dieser Reihe sind deutlich tiefer eingegraben, bis auf 0,50 m unter das Planum, bei etwa 58,90 m üNN. Bei ihnen dürfte es sich um eine komplette und einheitliche Erneuerung des Gebäudes 5807 ff. handeln.

Stratigraphischer Bezug: unter 5800, 5823; schneidet 5807 ff.; geschnitten von 5775–5776.

Dokumentation: F 34–35; P 13, 25, 34, 57, 70, 75, 81; Fo 98–99; Beil. 30.

Datierung: Mittelalter allgemein

5823 Graben

0,65–0,80 m breiter Graben mit grauer, nur schwach zu erkennender Verfüllung. An der Sohle sind auf zwei Schnitten die Spuren von 0,15 m und 0,25 m starken Pfosten sichtbar. Es handelt sich also um einen der Palisadengräben. Die Höhe der Grabenunterkante liegt bei etwa 59,05 m üNN, die Pfosten reichen noch 0,15 m tiefer. Die Grabenspur verliert sich im Osten unter der Grube des Hauses 5735. In diesem Bereich könnte der Zusammenschluß mit 5683 erfolgt sein.

Stratigraphischer Bezug: schneidet 5109; geschnitten von 5735/5772/5775, 5822.

Dokumentation: F 34–35; P 67, 77; Fo 75–76; Beil. 30–31.

Datierung: Frühmittelalter

5824–5826, 5828–5829 Gräben

Kleine, 0,10–0,20 m breite Gräbchen mit grauer und gelblicher Verfüllung. 5824/5825 kreuzen sich, werden geschnitten von 5735 und von 5827. Auch 5826 wird von allen Pfostengruben, unter anderem 5808 und einem Grubenhaus 5850 geschnitten. Die Gräben 5828/5829 liegen an der Ostseite auf der Schnittgrenze zwischen Fläche C und D. Hier wurden bereits die Gräben 5436/5437 erkannt. Diese Gräben verliefen auffallend parallel zum großen Palisadengraben 5342, zunächst relativ gerade in Nord-Süd-Richtung, dann im Süden nach Westen abfallend, so daß sich eine Bogenform ergab. Noch stärker wies 5437 diese Krümmung auf, während 5436 in Ost-West-Richtung diese Gräben schneidet. Nicht ausgeschlossen ist, daß 5825 eine Fortsetzung von 5829 ist, auch wenn der Graben auf einem kleinem Zwischenraum zwischen den schneidenden Gruben 5841 und 5798 nicht zu erkennen war. In Fläche D wurde der Bereich offensichtlich nachträglich noch einmal tiefergelegt. Diese Tatsache und der relativ unscharfe Befund 5437 könnten durch eine Lage unter 5109 zu erklären sein und damit eine Zugehörigkeit zur älteren Kaiserzeit bedeuten.

Stratigraphischer Bezug: geschnitten von 5436/5438, 5798–5799.

Dokumentation: F 35, (33); P 164, 150; Fo 110.

Datierung: vorgeschichtlich

5842 Sonstiges allgemein

Treppe/Rampe. Der Eingang in das Gebäude 5735 befindet sich anders als bei 5470 an der Südseite. Der Durchgang ist ca. 1,10 m breit, eingerahmt von jeweils einem 0,50 m breiten helleren Streifen an der Seite, bei denen es sich um die Ausbruchgrube einer Fundamenteinfassung handelt. Nach Abnehmen der Verfüllung zeigt sich zunächst ein dunkler Laufhorizont, ausgehend vom Estrich 5843 des Gebäudes. In ihm liegen vier Holzlatten, die die Kanten der aufgehenden Stufen markierten. Diese sind stark brandbeeinflußt. Die beiden unteren Latten befinden sich noch auf der Höhe der Ostwand des Gebäudes. Unter ihnen zeigen sich zwei Steinreihen (Breite eine Lage), die für Steinstufen sprechen, die am Südfundament beim Bau angelegt worden sein dürften.

Stratigraphischer Bezug: gehört zu 5735.

Dokumentation: F 39; Fo 81–84, 89–97; Beil. 40; Abb. 140.

Datierung: Hochmittelalter (10.–13. Jh.)

5843 Estrich

Der schwärzliche Fußboden des Gebäudes ist deutlich zu erkennen. Er weist Brandspuren, insbesondere vor der Treppe und im Bereich der Balken 5844 auf.

Stratigraphischer Bezug: gehört zu 5735.

Dokumentation: F 39; P 142; Fo 84–93; Beil. 40; Abb. 139–140.

Datierung: Hochmittelalter (10.–13. Jh.)

5844 Balken

Zwei Holzbalken liegen an der Nordseite des Steinwerks 5735. Sie sind 0,15–0,20 m stark und deutlich verbrannt. Der nördliche Balken, eingebettet in den Estrich 5843, verläuft exakt parallel vor der Nordwand des Hauses und ist begrenzt durch die Fundamente (Ausbruchgruben) der Ost- und der Westseite. Dies spricht für eine Funktion innerhalb des Baus, also gegen herabgestürzte Deckenbalken o. a. Die kleinen Steine im Balkenbereich dürften bei der Zerstörung und Verfüllung des Gebäudes in das weiche Holz eingedrückt worden sein.

Stratigraphischer Bezug: gehört zu 5735, 5843.

Dokumentation: F 39; Fo 85–88; Beil. 40; Abb. 139.

Datierung: Hochmittelalter (10.–13. Jh.)

5845–5848 Ausbruchgruben

Die Seitenwände des Gebäudes sind als etwa 1 m breite (nicht besonders gut dokumentierte) Ausbruchgrube erhalten, deren hellgraue Verfüllung deutlich von 5843 zu trennen ist. Nördlich anschließend an die Treppe haben sich einige Steine
erhalten, ebenso an der Nordwestecke.

Stratigraphischer Bezug: gehört zu 5735.

Dokumentation: F 39; Fo 85–86; Beil. 40; Abb. 139.

Datierung: Hochmittelalter (10.–13. Jh.)

5850 Grubenhaus

Unter dem Profil zwischen Fläche C und D wurde neben mehreren Pfostengruben 5851 ff. auch eine Struktur von 3,20 m in Ost-West-Richtung und mindestens 1,50 m in Nord-Süd-Richtung angeschnitten. Nördlich anschließend liegt der Brunnen 5352. Der Schnitt war jedoch vorher beendet worden, so daß kein stratigraphisches Verhältnis zum Brunnen hergestellt werden konnte. Die Grube schneidet den vorgeschichtlichen Gaben 5826 sowie 5851–5852. Verfüllung und Form sprechen eindeutig für ein Grubenhaus. Mehrere Fundkisten Keramik aus der Verfüllung datieren die Aufgabe des Gebäudes deutlich in das 10. Jahrhundert. Obwohl die Flächenzeichnung, bedingt durch den Profilsteg, einen anderen Eindruck vermittelt dürfte das Haus jünger als die Brunnengrube sein.

Stratigraphischer Bezug: schneidet 5109.

Dokumentation: F 34, 41; Fo 110; Beil. 30, 37.

Datierung: Hochmittelalter (10.-–13. Jh.)

5901 Schicht

Schwemmschicht an der Sohle des hier von Aschemeyer dokumentierten Grabens unter 5071, die am Profil des Suchschnitts von 1950 sichtbar wurde, nicht aber an den Grabenschnitten Winkelmanns, die nur die westliche Grabenkante erfaßten. Am Profil von 1950 zeigt sich der dunklere Bereich auch am Grabenrand, möglicherweise beeinflußt durch eine darüberliegende Latrine.

Stratigraphischer Bezug: unter 5071.

Dokumentation: P 1950; Beil. 35.

Datierung: Hochmittelalter (10.–13. Jh.)

5902 Backsteinkloake

Größere Latrine mit Backsteinwänden. Auch an der Sohle liegen Backsteine. Die Latrine ist im Osten gegen die Immunitätsmauer gesetzt und schneidet die westliche Kante des Burggrabens. Die Lage östlich der Grenzmauer, die nicht immer auf der Grabenmitte errichtet wurde, weist die Kloake der bürgerlichen Bebauung am Prinzipalmarkt, Grundstück 28/29 zu.

Stratigraphischer Bezug: über 5075; zieht gegen 5043.

Dokumentation: P 1950; Beil. 35.

Datierung: frühe Neuzeit (ca. 1500–1700)

6000 ff. Grabung Horsteberg 1958–1960

6001 Bruchsteinfundament

Das ca. 1,40 m breite Fundament nimmt die gesamte Nordseite des Schnitts durch das Grundstück Horsteberg 20/21 ein. Es ist zusammengesetzt aus unterschiedlich großen, in Lehm mit geringem Kalkanteil verlegten Sandsteinen, die teils als Block und teils als Platte geschnitten sind. Ab einer Höhe von ca. 1 m setzt im Ansatz eine Packlagenfundamentierung ein. An deren Oberkante liegen saubere, auf Sicht bearbeitete Steinplatten ab einer Höhe von ca. 1,50 m. Der bis zu 1,97 m hoch und hervorragend erhaltene Mauerzug entspricht der Nordwand der Kurie Horsteberg 20, gleichzeitig ist er zweifelsfrei identisch mit der Immunitätsmauer der Domburg aus dem späten 13. Jahrhundert. Der Anschluß an das Horstebergtor ist gestört durch den Einbau des Kellerschachts 6002, doch die untersten Steinlagen von 6001 ziehen unter dem Schacht her gegen die unteren Lagen der westlichen Torseite 6009. Die Unterkante des Fundaments lag nur wenige Zentimeter unter dem Steinplattenfußboden der Kurie und damit deutlich über der der Torwange. Die höchsten erhaltenen Reste des älteren Mauerwerks 6012 enden mit dem Ansatz von 6001. Mit 6606 und 6007 sind zwei jüngere Unterteilungen des Kellers erfaßt, die gegen 6001 setzen. Im Westteil am Anschluß zu 6004 wurde eine Ziegellage 6001b gesetzt. Dabei ist das Fundament um 0,20 m verschmälert worden. Eine Aussage zum stratigraphischen Verhältnis der beiden Mauern ist der Dokumentation nicht sicher zu entnehmen. Es existiert keine steingerechte Zeichnung, sondern – neben zahlreichen Fotos – nur eine Angabe des Mauerverlaufs.

Stratigraphischer Bezug: unter 6002; über 6012; zieht gegen 6009.

Dokumentation: F 3; P 5; Fo 1–2, 8–9, 29–30, 37–40, FoSt 1–4, 7–9; Beil. 58; Abb. 210-212, 222-223.

Datierung: Mittelalter allgemein

6002 Backsteinfundament

Im Osten der Kurie ist der Verlauf von 6001 durch den Einbau eines Schachtes in den Keller gestört. An einen massiven, aus der Mauerflucht vorspringenden Fundamentblock schließt der mit Schutt verfüllte Schacht an, der bis auf 6009 zieht. Diese Mauer wurde beim Einbau des Schachts ebenfalls angeschnitten und im Bereich der Schachtwand verputzt.

Stratigraphischer Bezug: schneidet 6001, 6009.

Dokumentation: F 3; Fo 8–9; Abb. 210-211.

Datierung: Neuzeit allgemein

6003 Bruchsteinfundament

6003 ist ein kleiner Fundamentblock aus Sandsteinen, der in Verlängerung der westlichen Torwange 6009 nach Norden zieht. 6009 steht hier im Verband mit 6012, der Burgmauer. Die Steine setzen eine Lage, hier ca. 0,20 m, über denen von 6012 an und ziehen gegen die Burgmauer. Ebenso werden die Wallschichten 6060 von 6003 geschnitten. Der kleine Mauerblock steht zwischen der Immunitätsmauer 6001 und dem Tor. Jedoch spricht die Tiefe der Fundamentierung bereits für einen früheren Ansatz, etwa als Stütze an der Nordseite des Tores. Die exakte Einordnung ist durch den jüngeren Kellerschacht erschwert.

Stratigraphischer Bezug: unter 6001; zieht gegen 6012; schneidet 6060.

Dokumentation: F 3; Fo 12–13, 16–20, 23–27, FoSt 6; Beil. 54; Abb. 189.

Datierung: Hochmittelalter (10.–13. Jh.)

6004 Bruchsteinfundament

6004 war die Westwand der Kurie 20/21. Zu Beginn der Grabung war sie noch mehrere Meter hoch und isoliert stehend erhalten. Beide Seiten sind verputzt. Im Bereich des aufgehenden Mauerwerks sind an der Ostseite Ziegelverblendungen vorgesetzt worden. Die Rückseite zeigt eine Mauertechnik, die zwischen Lagen massiver Sandsteinblöcke und feinen Sandsteinplatten 6004a wechselt. Diese liegen im Norden über einem Mauerabschnitt aus kleineren Sandsteinen 6004b. Von einem deutlichen Umbau ist also auszugehen. 6004 steht im Eckverband mit 6001, wobei das stratigraphische Verhältnis beider Mauern wegen der Ziegelverblendung und des Verputzes nicht festgestellt wurde.

Die Südwand der Kurie bildet das Fundament 6005, das gegen 6004 gesetzt ist. Unmittelbar südlich davon wurde ein zweiter, nach Osten verlaufender Mauerzug 6008 festgestellt. Dieser liegt außerhalb der hoch aufragenden, 1958 noch stehenden Westmauer im Bereich der Verlängerung dieser Mauer, die hier nur noch als dünne Gartenmauer sichtbar ist. Im unteren Bereich wird 6008 jedoch mit 6004 verbunden gewesen sein. Es dürfte sich um den älteren Südabschluß handeln. Auf einen größeren Umbau verweist die unterschiedliche Mauertechnik der Westwand 6004. Der Neubau mit den wechselnden Steinlagen dürfte mit der Errichtung von 6005 zusammenhängen, wobei das Gebäude im Süden um ca. 1 m verkürzt wurde. Im Norden gibt es ein weiteres Indiz für eine Mehrphasigkeit der Westwand. Zwar zieht das Mauerwerk über die Burgmauer 6012 bis auf die Immunitätsmauer 6001, aber im unteren Bereich zeigen sich vor der Burgmauer nach hinten versetzte Sandsteine (6004c), die deutlich unter der Unterkante der Immunitätsmauer ansetzten.

Stratigraphischer Bezug: über 6012.

Dokumentation: F 3; Fo 1–2, 5–7, 30–32, 38–42, FoSt 1, 7–9; Beil. 54, 58, 61; Abb. 196–197, 222–223.

6005 Bruchsteinfundament

Das ca. 0,90 m breite Fundament aus Sandsteinplatten war die Südwand der Kurie/des Kellers bis ins 20. Jahrhundert. An der Südwestecke ist es gegen 6004 gesetzt. Zu Beginn der Grabung war es mehrere Meter hoch erhalten, im weiteren Verlauf nach Osten auch auf der gesamten Kellerhöhe von ca. 2 m. Jedoch wurden hier weder Zeichnungen noch Fotos angefertigt. Vermutlich steht das Fundament im Zusammenhang mit einem Umbau der Kurie im Spätmittelalter oder in der frühen Neuzeit. Dazu vgl. 6004a/b. Im Osten zieht 6005 vor den Südabschnitt der westlichen Torwange 6010.

Stratigraphischer Bezug: zieht gegen 6004, 6010.

Dokumentation: F 1, 3; Fo 1–2, 31–32; Beil. 61; Abb. 197, 222.

Datierung: spätes Mittelalter/frühe Neuzeit (13.–16. Jh.)

6006 Bruchsteinfundament

Eine nicht weiter dokumentierte Mauer teilt den westlichen Abschnitt der Kurie in zwei Kellerräume.

Stratigraphischer Bezug: zieht gegen 6001, 6005.

Dokumentation: F 3; Beil. 61.

Datierung: Neuzeit allgemein

6007 Bruchsteinfundament

Das 0,60 m breite, bis zu 1,90 m hoch erhaltene Mauerwerk aus unterschiedlich großen, mit Kalkmörtel verbundenen Sandsteinen verläuft zwischen den Fundamenten 6001 und 6005. Es trennt damit den Keller in eine kleine Ost- und eine größere Westhälfte, die später durch 6006 noch einmal geteilt wurde. Es setzt gegen 6001 sowie gegen 6005.

Dokumentation: F 3; Beil. 61; Abb. 222–223.

Datierung: spätes Mittelalter/frühe Neuzeit (13.–16. Jh.)

6008 Bruchsteinfundament

Das Ost-West orientierte Fundament aus Sandsteinen wurde in der Südwestecke der Grabung erfaßt. Die Aufsicht zeigt ein Schalenmauerwerk mit einer sauber bearbeiteten Sichtkante an der Nordseite, der Kellerseite. Es setzt um eine Mauerstärke nach Süden versetzt parallel zu 6005 an. Die Fundamentierung liegt deutlich tiefer. Als Ausbruchgrube scheint es südlich von 6010 ebenfalls sichtbar zu werden, obwohl hier die Unterscheidung von 6005 nicht leicht ist. Es dürfte sich um die ältere Südwand der Kurie und des Kellers handeln. Die Unterkante der Fundamentierung liegt bei etwa 52,30 m üNN, fast 1,40 m unter derjenigen der Immunitätsmauer. Die Baugrube des Fundaments schneidet die Pflasterung 6023 im Hofbereich.

Stratigraphischer Bezug: unter 6005.

Dokumentation: F 1; P 2; Fo 31–34; Beil. 54; Abb. 193, 197.

Datierung: Hochmittelalter (10.–13. Jh.)

6009 Bruchsteinfundament

Westseite des Horstebergtores in dessen zweiter Phase, gleichzeitig Ostseite des Kellers der Küche/Haus 21. Dieser Mauerzug zeigt sich als 2 m hoch erhaltene Kellerwand an der Ostseite des Hauses Horsteberg 21. Im Norden über dem älteren Fundament 6012 überwiegen feinere Sandsteinplatten 5009a, anschließend wird das Material etwas gröber (5009b). Im Süden zieht 6005 gegen die Wand, anschließend folgt die Ausbruchgrube von 6008. Im oberen Bereich deutet ein 0,12 m breiter Fundamentvorsprung nach Westen den Bereich des aufgehenden Mauerwerks an. Die unterschiedliche Mauertechnik im Norden und Süden könnte mit einem Umbau des Gebäudes zusammenhängen, der zu dem Abbruch von 6012 und der dadurch notwendigen Verlängerung der Kellerflucht bis auf 6001 gehört. Dies ist ein weiteres Indiz für das Vorhandensein einer Kurie vor der Errichtung der Immunitätsmauer 6001. Neben der Funktion als östliches Gebäude und Kellerwand steht 6009 auch für die Westseite des Horstebergtores, das erst im 18. Jahrhundert abgerissen wurde. Beim Abtragen der Kellerwand und des Fußbodens zeigt sich in exakt den gleichen Ausmaßen ein älterer Fundamentabschnitt 6010, der, obgleich eine Lage weniger tief fundamentiert, im Verband mit 6012 stand. Die gesamte Länge von 6009 und damit auch der Westseite des Torhauses seit dem Spätmittelalter und in der frühen Neuzeit beträgt von 6001 bis 6005 10,10 m, bis zum Abschluß der Ausbruchgrube von 6008 sind es 11,75 m.

Stratigraphischer Bezug: über 6010.

Dokumentation: F 1–3; Fo 1–2, 8–9, FoSt 1–2; Beil. 54, 58; Abb. 211.

Datierung: Hochmittelalter (10.–13. Jh.)

6010 Bruchsteinfundament

Westseite des Horstebergtores. Unter 6009 und beim Abnehmen der Platten des Kellerfußbodens zeigt sich auf einer Höhe von fünf bis acht Lagen plattiger grauer Sandsteine, das Fundament der ersten Toranlage am Horsteberg. Es steht im Verband mit der Burgmauer 6012 und ist hier 1,40 m breit. Im Verlauf nach Süden steigt die Fundamentunterkante um 0,40 m an. Nach etwa 4 m wurde dann wieder zwei Lagen etwa 0,10–0,15 m tiefer fundamentiert (6010b). Mit diesem Wechsel geht eine Verbreiterung des Mauerwerks um 0,20 m nach Osten einher. Einen entsprechenden Abschnitt hat der Ausgräber für die Ostseite des Tores dokumentiert. Hier wird der Durchgang also fast 0,40 m schmaler. Eine klare Baufuge ist an dieser Stelle jedoch nicht zu erkennen. Nach weiteren 2,70 m setzt die Fundamentierung nochmals 0,40 m höher an. Mit der nun um über 0,60 m höheren Fundamentunterkante ist auch das ansteigende Gelände zum Dom hin ausgeglichen worden. Über diesem Abschnitt setzten später die Fundamente 6005/6008 an 6009 an. Im Norden liegt gegen 6012 gesetzt der Fundamentblock 6003, der als Stützpfeiler noch vor der Errichtung von 6001 gedient haben könnte. Die gesamte Länge des Fundaments betrug 8,80 m.

Stratigraphischer Bezug: unter 5009.

Dokumentation: F 1–5; P 11; Fo 12–14, 17–22, 43–46, FoSt 5–6; Beil. 52–53; Abb. 188–191.

Datierung: Hochmittelalter (10.–13. Jh.)

6011 Bruchsteinfundament

Ostseite des Tores. Diese Seite wurde nicht vollständig ergraben. Das Fundament, wohl ein Schalenmauerwerk, ist mit 0,92 m deutlich schmaler als sein Pendant an der Westseite. Der Zusammenschluß mit 6012 ist als Ausbruchgrube dokumentiert worden. Im Süden konnte der Ansatz der Mauerverbreiterung nachgewiesen werden, im weiteren Verlauf konnte nicht weitergegraben werden.

Stratigraphischer Bezug: gehört zu 6012, 6010.

Dokumentation: F 1, 4; Fo 150–156; Beil. 52–53; Abb. 192, 198.

Datierung: Hochmittelalter (10.–13. Jh.)

6012 Bruchsteinfundament

Nach dem Abtrag von 6001/6006/6007/6009 und des Kellerfußbodens zeigte sich auf der gesamten Länge des Schnitts – teils als Ausbruchgrube, teils als Fundamentrest und stellenweise als Mauerwerk – eine ca. 1,60–1,90 m breite Fundamentierung. Das Mauerwerk aus unterschiedlich großen Sandsteinen bzw. Platten und die Ausbruchgrube weisen deutliche Spuren von Kalk auf. Der Verband mit 6010 erscheint trotz des Ausbruchs noch deutlich. Hier liegen an der Unterkante relativ grobe Steine. Abbruchschicht und Fundamentoberkante enden auf der Höhe der Unterkante von 6001. Die Situation im Bereich von 6009 und 6005c spricht für eine Nutzung der Mauer als Nordseite eines Gebäudes vor der Immunitätsmauer. Im Abbruchschutt liegt Keramik, die bis ins 13. Jahrhundert reicht. Eine Erneuerung der Mauer wie am Michaelisplatz 5003/5026 ist nicht festzustellen. Die Mauerbreite entspricht der des älteren Fundaments dort. Eine Datierung ins fortgeschrittene 10. bis frühe 11. Jahrhundert ist wahrscheinlich.

Stratigraphischer Bezug: unter 6009, 6005; schneidet 6060.

Dokumentation: F 1–5; Fo 12–22, 29–30, 32, 36–42, 25, FoSt 7–9; Beil. 52–54; Abb. 186–190, 194, 196, 198, 211–212.

Datierung: Hochmittelalter (10.–13. Jh.)

6013 Backsteinfundament

Gartenmauer, Parzellengrenze zwischen Horsteberg 20/18, einlagig aus Backsteinen, die Rückseite ist verputzt.

Stratigraphischer Bezug: über 6008; zieht gegen 6005.

Dokumentation: Fo 1–2, 5.

Datierung: Neuzeit allgemein

6014 Bruchsteinfundament

0,70 m breite Bruchsteinmauer, die von der Immunitätsmauer 6001 nach Norden, also aus der Domimmunität hinaus, auf den Spiekerhof zuzieht. Es dürfte die Westseite eines kleinen Gebäudes zwischen der Kurie und den Gebäuden am Spiekerhof, entlang des Zugangs zur Domburg gewesen sein.

Stratigraphischer Bezug: über 6001.

Dokumentation: F 1.

Datierung: frühe Neuzeit (ca. 1500–1700)

6015 Backsteinfundament

Fundament aus Backsteinen und Bruchsteinen, das einen mindestens 3,20 m breiten Raum umschließt. Es liegt außerhalb der Immunitätsmauer, im Bereich der für 6014 vermuteten Ausdehnung. Es könnte ein zugehöriger Keller sein.

Dokumentation: F 1.

Datierung: frühe Neuzeit (ca. 1500–1700)

6016 Backsteinfundament

Südgrenze der Parzellen und Gebäude Spiekerhof 1/2.

Dokumentation: F 1.

Datierung: Neuzeit allgemein

6017 Bruchsteinfundament

Über der großen Aufschüttung 6019 liegt an der Profiloberkante der Rest eines Mäuerchens, bei dem es sich um die Südgrenze der Parzelle handeln könnte.

Stratigraphischer Bezug: über 6019.

Dokumentation: P 1.

Datierung: Neuzeit allgemein

6018 Bruchsteinfundament

Runde Brunnenwand aus Sandsteinen. Überwiegend wurden plattige Sandsteine verwendet. Die Fundamentstärke beträgt ca. 1 m. Der Brunnen wurde von den Ausgräbern geleert. Im Tagebuch findet sich eine Angabe über eine 0,70 m starke Schlammschicht ab 6,50 m Tiefe. Die absolute Tiefe der Wasserkante damit grob zu schätzen ist schwierig, da nicht ersichtlich ist, ob die Brunnenoberkante oder die Geländeoberfläche von 1958 maßgebend für die Tiefenangaben war. Bei der Geländeoberfläche läge die Höhe bei etwa 51,60 m üNN. Die Baugrube 6018b schneidet die Schicht 6024. Die darüberliegende Schuttschicht 6019 zog gegen das Brunnenfundament. Der Brunnen muß nach dem

Abbruch von 6008 errichtet worden sein, da dessen Flucht die Brunnengrube geschnitten hätte. Er dürfte unmittelbar vor 6005, der späteren Südseite des Gebäudes gelegen haben.

Stratigraphischer Bezug: unter 6019; schneidet 6024.

Dokumentation: F 1–2; P 1; Fo 55, 75–76; Beil. 61.

Datierung: spätes Mittelalter/frühe Neuzeit (13.–16. Jh.)

6019 Planierschicht

0,80–1 m starke Schicht aus lockerem grauen Sand, Bruchsteinen und Ziegeln. Im Osten unter 6017 und an 6018 ist das Material heller, sandiger und weist mehr Backsteine auf (6019b).

Stratigraphischer Bezug: unter 6017; über 6020; zieht gegen 6018.

Dokumentation: P 1–2; Fo 52–53, 55; Abb. 193.

Datierung: Neuzeit allgemein

6020 Schicht

Die graue Schicht über dem Pflaster 6021 ist vermutlich der Rest eines gekappten Laufniveaus im Hofbereich.

Stratigraphischer Bezug: unter 6019; über 6021.

Dokumentation: P 1–2; Fo 52–53; Abb. 193.

Datierung: spätes Mittelalter/frühe Neuzeit (13.–16. Jh.)

6021 Pflaster

Pflaster aus kleinen flachen Bruchsteinen, welches den Hofbereich der Kurie abdeckt. Es wurde von 6019 gekappt. Höhe etwa 56,10–56,70 m üNN nach Osten, auf 6008 stark ansteigend.

Stratigraphischer Bezug: unter 6020; über 6022, 6008.

Dokumentation: P 1–2; Fo 53–54; Abb. 193.

Datierung: spätes Mittelalter/frühe Neuzeit (13.–16. Jh.)

6022 Schicht

Lehmige Schicht zwischen den beiden Pflasterungen 6021/6023, eher aufplaniert. Die Schicht zieht über die Baugrube des Fundaments 6008.

Stratigraphischer Bezug: unter 6021; über 6022, 6008.

Dokumentation: P 2; Fo 55; Abb. 193.

Datierung: spätes Mittelalter/frühe Neuzeit (13.–16. Jh.)

6023 Pflaster

Pflaster aus flachen Bruchsteinen, die in zwei bis drei unregelmäßigen Reihen, verbunden mit hellem Material, übereinanderliegen. Es deckt den Hofbereich neben dem Tor vor dem Bau der Kurie 6008 im 12. Jahrhundert ab. Höhe etwa 55,70–55,90 m üNN.

Stratigraphischer Bezug: unter 6022; über 6024; geschnitten von 6008.

Dokumentation: P 2; Fo 52–53, 55; Abb. 193.

Datierung: Hochmittelalter (10.–13. Jh.)

6024 Planierschicht

Graubraune, sandig-lehmige, 0,10–0,30 m starke Aufplanierung, mit kleinen Steinen versetzt.

Stratigraphischer Bezug: unter 6023; über 6025.

Dokumentation: P 2; Fo 52–55; Abb. 193.

Datierung: Hochmittelalter (10.–13. Jh.)

6025 Brandschicht

0,05–0,15 m starke Schicht, die durch einen hohen Anteil an Holzkohle geprägt ist. Der Verweis auf den Brand 1121 ist naheliegend, da chronologisch passend.

Stratigraphischer Bezug: unter 6024; über 6026.

Dokumentation: P 1–2; Fo 52–55; Abb. 193.

Datierung: Hochmittelalter (10.–13. Jh.)

6026 Planierschicht

Dunkelgraue, teilweise nur sehr dünne Planierung für die Oberfläche 6030.

Stratigraphischer Bezug: unter 6030; über 6027.

Dokumentation: P 1; Fo 54–55.

Datierung: Hochmittelalter (10.–13. Jh.)

6027 Laufhorizont

Dünner, aber sehr deutlicher dunkler Streifen zwischen den helleren Planierungen 6025/6026 und 6047/6028. Auf der Profilzeichnung braun gefärbt, was auf einen höheren Holzanteil verweisen dürfte. Auf dem Schwarzweißfoto tiefdunkel.

Stratigraphischer Bezug: unter 6026; über 6028.

Dokumentation: P 1–2; Fo 52–55; Abb. 193.

Datierung: Hochmittelalter (10.–13. Jh.)

6028 Planierschicht

0,15– 0,25 m starke Aufplanierung über der karolingischen Oberfläche 6029. Diese wird bei der Auftragung gekappt, ebenso der Ofen 6033.

Stratigraphischer Bezug: unter 6028; über 6029.

Dokumentation: P 1–2; Fo 52–55; Abb. 193.

Datierung: Hochmittelalter (10.–13. Jh.)

6029 Alte Oberfläche

Karolingische Oberfläche. Die dunkelgraue Schicht ist etwa 0,20–0,25 m stark und z. T. wiederum nicht leicht von den darunterliegenden kaiserzeitlichen Schichten zu trennen. Am Westprofil P 2 erscheinen an der Unterkante Spuren von kleinen Pfostenlöchern. Höhe etwa bei 55,10 m üNN.

Stratigraphischer Bezug: unter 6028; über 6038, 6046; geschnitten von 6032–6033, 6045.

Dokumentation: P 1–5; Fo 29–30, 52–55, 62–64, 68–70, 73–74; Abb. 166–167, 186, 193.

Datierung: Frühmittelalter

6030 Laufhorizont

Dunkler, 0,05–0,10 m starker belaufener Streifen, teilweise brandbeeinflußt durch die darüberliegende Schicht 6025, wie 6027 an P 2. Höhe etwa bei 55,30–55,40 m üNN.

Stratigraphischer Bezug: unter 6025; über 6026.

Dokumentation: P 1; Fo 54–55.

Datierung: Hochmittelalter (10.–13. Jh.)

6031 Pfostengrube

0,30 m breite Grube mit spitzer Sohle.

Stratigraphischer Bezug: unter 6019; schneidet 6024.

Dokumentation: P 1; Fo 55.

Datierung: frühe Neuzeit (ca. 1500–1700)

6032 Pfostengrube

0,15–0,30 m breite Pfostengrube mit rundlicher Sohle.

Stratigraphischer Bezug: unter 6028; schneidet 6029.

Dokumentation: P 1; Fo 55.

Datierung: Mittelalter allgemein

6033–6037 Herd/Ofen

Die Grube des Ofens 6033 ist eingetieft in die karolingische Oberfläche 6029. Die Oberkante ist gekappt durch die Aufplanierung 6028. Am Westprofil ist die Brandstelle auf einer Breite von 0,90 m und einer Höhe von 0,40 m sichtbar. Die darin eingeschlossene dunkle Umrandung 6036 dürfte auf Beeinflussung der anliegenden Bodenschichten 6029 durch die große Hitze zurückgehen. Der innere, 0,58 m breite Bereich 6034 ist feuerrot gefärbt und weist einige Holzkohlespuren auf. An den Außenkanten dieses Ringes finden sich die verkohlten Reste von dicht aneinanderstehenden Holzpfählen 6037. Um diesen engeren Ofenbereich herum ist eine helle Lehmlage 6036 zu erkennen, zur Abdichtung des Ofenbereichs. Eine Datierung ins 9. Jahrhundert scheint möglich, denkbar ist auch ein etwas späterer Ansatz.

Stratigraphischer Bezug: unter 6028; schneidet 6029.

Dokumentation: F 6–7; P 1; Fo 54–55, 78–84; Beil. 49; Abb. 167–168.

Datierung: Mittelalter allgemein

6038 Kulturschicht

Grau gefärbte Kulturschicht mit Holzkohlestippen der jüngeren Kaiserzeit, schwer von 6044 zu trennen. Die meisten der in der Fläche F 1–2 dokumentierten Gruben und Gräben dürften in diesen Zeithorizont gehören. Für die Gruben 6039–6042 wurde dies am Profil gesichert. Die Grube bzw. das Grubenhaus 6049 wird an seinem südlichen Rand von 6038 überzogen und gehört damit in die ältere Kaiserzeit.

Stratigraphischer Bezug: unter 6029; über 6044; geschnitten von 6039–6042.

Dokumentation: F 1–2; P 1–2; Fo 52–55, 62–64, 68–70, 73–74; Beil. 46; Abb. 158-159, 166–167, 193.

Datierung: vorgeschichtlich

6039–6042 Pfostengruben

Unterschiedlich große und tiefe Gruben, die 6038 schneiden und unter 6029 liegen. Die Verfüllung weist eher das dunkelgraue Material von 6029 auf.

Stratigraphischer Bezug: unter 6029; schneidet 6038.

Dokumentation: P 1; Fo 55.

Datierung: vorgeschichtlich

6044 Kulturschicht

Hellgrau-gelbliche Schicht mit einigen dunklen Verfärbungen und wenigen Holzkohlespuren. Die sonst charakteristische ausgefranste Unterkante für die Kulturschicht der älteren Kaiserzeit fehlt auf der Dokumentation der Profile. Mit 6043 kann am Profil ein Pfosten zugeordnet werden.

Stratigraphischer Bezug: unter 6038; geschnitten von 6043, 6049.

Dokumentation: F 1–2; P 1–2; Abb. 166–167, 193.

Datierung: vorgeschichtlich

6045 Pfostengrube

0,25 m breite Grube mit gerundeter Sohle eines bis in den anstehenden Boden (0,65 m) eingetieften Pfostens. Der Pfosten setzt unter dem Laufhorizont 6048 an und schneidet 6028. Dies zeigt, daß bei weitem nicht alle der in der Fläche gezeichneten Pfosten und Gruben, die die kaiserzeitliche Kulturschicht 6038 schneiden, auch der Kaiserzeit angehören müssen.

Stratigraphischer Bezug: unter 6048; schneidet 6028.

Dokumentation: P 2; 52–53; Abb. 193.

Datierung: Hochmittelalter (10.–13. Jh.)

6046 Füllschicht

Füllschicht des Grubenhauses 6049 aus dunkelgrauem Material.

Stratigraphischer Bezug: unter 6029; schneidet 6038.

Dokumentation: P 2, Fo 52–53; Abb. 193.

Datierung: vorgeschichtlich

6047 Ausgleichsschicht

Der Bereich der Schicht 6028 erscheint auf P 2 als dreigeteiltes Schichtpaket: 1. die helle schmale Schicht 6047, 2. das dunkle Laufniveau 6048 und 3. wieder eine hellere Planierung 6028. Auf der Zeichnung von P 1 erscheint der gesamte Abschnitt als hellgefärbte Auftragung, beim genauen Betrachten des Fotos läßt sich jedoch auch die dazwischenliegende dunklere Strate 6048 erkennen.

Stratigraphischer Bezug: unter 6027; über 6048.

Dokumentation: P 2; Fo 52–55; Abb. 193.

Datierung: Hochmittelalter (10.–13. Jh.)

6048 Laufhorizont

Siehe 6047; Höhe etwa 55,10 m üNN.

Stratigraphischer Bezug: unter 6047; über 6028, 6045.

Dokumentation: P 2; Fo 52–55; Abb. 193.

Datierung: Hochmittelalter (10.–13. Jh.)

6049 Grubenhaus

Am Nordrand des Westprofils P 2 erstreckt sich, bis unter 6008 ragend, eine mindestens 1,90 m breite Grube, an deren Unterkante ein Laufhorizont 6051 mit einer deutlichen dunkleren Verfärbung mit Holzkohle und Brandspuren liegt. Diese Grube liegt unter 6029 und wird geschnitten von den kleineren Pfostenlöchern 6046. Sie schneidet die hellere kaiserzeitliche Kulturschicht 6044 und scheint von 6038 überzogen zu werden. Es könnte sich durchaus um ein Grubenhaus der älteren Kaiserzeit handeln. Höhe der Unterkante ca. 54,35 m üNN.

Stratigraphischer Bezug: unter 6029, 6038; schneidet 6044; geschnitten von 6045–6046.

Dokumentation: P 2; Fo 52–53; Abb. 193.

Datierung: vorgeschichtlich

6050 Backsteinfundament

Bei der Errichtung eines Kellers vom Spiekerhof aus war es erforderlich, die Nordseite der Immunitätsmauer im Osten mit einer Fundamentunterfangung aus Backsteinen zu versehen. Zwischen die Backsteinlage und 6001 wurde ein mächtiger glatter Sandsteinblock geschoben. Insgesamt wurde das Fundament so um 1,05 m vertieft.

Dokumentation: P 5; Fo 29–30; Abb. 212.

Datierung: Neuzeit allgemein

6051 Laufhorizont

Offensichtlich belaufenes Niveau am Grund des kaiserzeitlichen Grubenhauses 6049.

Dokumentation: P 2; Abb. 193.

6052 Füllschicht

Helle, fleckige, sandig-lehmige Schicht im Bereich der oberen Verfüllungen des Grabens 6057. Sie wird überlagert von jungen Schuttschichten, die durch die Umgestaltung des Treppenabgangs zum Spiekerhof in der Neuzeit entstanden sind.

Stratigraphischer Bezug: unter 6019; über 6053.

Dokumentation: P 3–4; Fo 68–70, 73; Abb. 166.

Datierung: Hochmittelalter (10.–13. Jh.)

6053 Schicht

Schwemmschicht. Dunkle, 0,20 m starke Schicht im oberen Grabenbereich von 6057.

Stratigraphischer Bezug: unter 6052; über 6054; gehört zu 6057.

Dokumentation: P 3–4; Fo 68–70, 73; Abb. 166.

Datierung: Hochmittelalter (10.–13. Jh.)

6054 Füllschicht

Füllschicht aus hellerem Material im Grabenbereich zwischen den beiden Schwemmschichten 6053/6055. 6054 verbreitet sich nach Norden zur Grabenmitte hin von 0,10 m am Rand bis auf 1 m, so daß mit einer erheblichen Erhöhung der Grabensohle durch Verfüllung, vielleicht noch während der Existenz des Grabens, zu rechnen ist.

Stratigraphischer Bezug: unter 6053; über 6055.

Dokumentation: P 3–4; Fo 68–70, 73; Abb. 166.

Datierung: Hochmittelalter (10.–13. Jh.)

6055 Schicht

Tiefdunkle Schwemmschicht im unteren Bereich des Grabens 6057. Die Schicht zieht aus dem unteren Grabenhorizont am südlichen Grabenrand hoch bis auf 6029/6058 in den Bereich der Wallschüttung bis auf die Plaggenlage 6060. Von diesen klar erkennbaren Grassoden unterscheidet sie sich deutlich. Sie entspricht 5013 am Michaelisplatz. Verschiedene Verfüllungen im Wechsel zwischen trockenen und feuchten Lagen sind zu erkennen. Am inneren Rand zieht eine dünne Plaggenlage auf 6029 von der Wallkante bis an den ersten Meter des abfallenden Grabens. Diese regelmäßig verlaufende Lage scheint bewußt angelegt zu sein und könnte den Grabenrand befestigt haben. Die Schwemmschicht 6055 zieht bereits über diese Lage.

Stratigraphischer Bezug: unter 6054; über 6056.

Dokumentation: P 3–4; Fo 68–70, 73; Abb. 166.

Datierung: Hochmittelalter (10.–13. Jh.)

6056 Schicht

Unterster Grabenbereich, hier kaum vom anstehenden Boden getrennt.

Stratigraphischer Bezug: unter 6055; gehört zu 6057.

Dokumentation: P 3.

Datierung: Mittelalter allgemein

6057 Graben

Auch an der Nordseite der Domburg existiert der große Graben. Über seine Breite und Tiefe können aus den Befunden Horsteberg-West keine sicheren Angaben gemacht werden. Er schneidet in 6029, das hier am Tor bei 55 m üNN liegt ein und liegt 3 m weiter östlich bei 52,95 m üNN. Der Graben fällt hier nur noch langsam ab, so daß nicht mit einer viel größeren Tiefe zu rechnen ist.

Stratigraphischer Bezug: schneidet 6029.

Dokumentation: P 3–4; Fo 68–70, 73; Beil. 48; Abb. 166.

Datierung: Hochmittelalter (10.–13. Jh.)

6058 Planierschicht

Über der Oberfläche 6029 ist südlich des Grabens, im Bereich der hier zu erwartenden Befestigung mit Berme und Wall, eine helle Schicht von 0,05 m Stärke aufplaniert, die ihre Pendants an anderer Stelle der Domburg hat.

Stratigraphischer Bezug: unter 6060; über 6029.

Dokumentation: P 4; 62–64, 68–70, 74; Abb. 166.

Datierung: Hochmittelalter (10.–13. Jh.)

6059 Schicht

Plaggenlage. Unter dem jüngeren Treppenabgang finden sich unmittelbar an der Südkante des Grabens 6057, die höherragenden Wallschichten. Dazu gehört eine Lage aus mindestens vier übereinandergeschichteten Grassoden, die sich z. T. mit dem hellen Material der Wallschüttung vermischen. Sie bildeten die äußere Wallfront.

Stratigraphischer Bezug: unter 6054; über 6058; gehört zu 6060; geschnitten von 6003, 6012.

Dokumentation: P 4–5; Fo 27–30, 62–64, 68–70, 73–74; Beil. 48; Abb. 166.

Datierung: Hochmittelalter (10.–13. Jh.)

6060 Sonstiges allgemein

Wall. Die Wallschüttung besteht aus gelblich-braunem Material, das dem Grabenaushub entsprechen dürfte. Mehrere Grassoden 6059 (die Plaggenwand) liegen an der Böschung. Die oberen Verfüllungen und Nutzungsschichten des Grabens ziehen bereits auf die eigentliche Wallschüttung. Die Wallschüttung setzt unmittelbar an der Grabenkante ein. Der Anstieg läßt sich bis auf 0,40 m Höhe fassen, darüber kappen die mittelalterlichen Keller den Wall. Eine Berme zwischen Graben und Wall gab es aus Platzgründen wohl nicht.

Stratigraphischer Bezug: unter 6001, 6054; über 6058; geschnitten von 6003, 6012.

Dokumentation: F 4–5; Fo 27–30, 62–64, 68–70, 73–74; Beil. 48; Abb. 166.

Datierung: Hochmittelalter (10.–13. Jh.)

6061–6083 Gräben

Die Fläche nach dem Abtrag von 6029 weist eine große Anzahl von Gräbchen auf, die 0,10–0,25 m (6072) breit sind. Sie sind noch etwa 0,10–0,20 m in den hellen Boden der Kaiserzeit eingetieft. Die helle Farbe der dokumentierten Fläche würde analog zum Profil eher auf die ältere kaiserzeitliche Kulturschicht 6044 verweisen. Alle Gräben weisen im Schnitt die von anderen Fundorten bekannten dicht aneinander liegenden Verfärbungen von Holzbrettern oder Pfosten auf. Sie sind daher ebenfalls als Fundamentgräben anzusprechen. Die Ausrichtung aller Gräben unterscheidet sich von derjenigen der mittelalterlichen Bebauung. Zum Ost-West orientierten Fundament der Burgmauer verlaufen sie schräg von Nordwest nach Südost, bzw. entsprechend von Nordost nach Südwest. Eine Rekonstruktion größerer Gebäude, etwa aus 6068, 6072 und 6065, vielleicht mit 6069/6070 als Mittelachse, scheint denkbar, ist jedoch mit erheblichen Unsicherheiten behaftet. Weitere schmale Gräbchen wie 6078a–c ergeben in diesem Zusammenhang keinen Sinn.

Stratigraphischer Bezug: unter 6029; schneidet 6044.

Dokumentation: F 1–2; Fo 56–71, 86–87; Beil. 46; Abb. 158–159.

Datierung: vorgeschichtlich

6084 Zaun

Pfostenlochreihe. Insgesamt 21 Pfostenlöcher von 0,03–0,06 m Durchmesser, die 0,04–0,15 m unter das Planum ragten, verlaufen parallel zu 6065 und damit annähernd rechtwinklig zu 6068–6070/6072/6082. Jenseits von 6072 setzten sie sich nicht fort.

Stratigraphischer Bezug: unter 6029; schneidet 6044.

Dokumentation: F1–2; Fo 60, 61; Beil. 46.

Datierung: vorgeschichtlich

6085 – 6155 Pfostengruben

Das angelegte Planum zeigt neben den Gräben zahlreiche Gruben, bei denen es sich auch um Pfostengruben handelt. Einige von ihnen schneiden eindeutig die Gräben, bei einigen anderen könnte auch an Eckpfosten der kaiserzeitlichen Brettergebäude gedacht werden. Überwiegend ragen sie nicht sehr tief, meistens weniger als 0,20 m, unter das Planum. Ausnahmen sind 6152 mit 0,50 m und 6151 mit 0,60 m. Viele Gruben gehören sicherlich zu den Siedlungen der Kaiserzeit. Bei einigen Befunden wie 6124–6125 und 6155 zeichnen sich Strukturen ab, die sie zum Komplex der kaiserzeitlichen Fundamentgräben zählen lassen. Hier wären auch die großen Wallpfosten der Befestigung des 9. Jahrhunderts zu erwarten gewesen, die aber an dieser Stelle durch die Plaggenwand ersetzt wurden. Einige Pfosten können auch der Phase II angehören, wie das Beispiel von 6045, dokumentiert am Westprofil P 2, zeigt. Der Pfosten 6090 gehört Ziegeln und Glasfunden zufolge in die Zeit der frühneuzeitlichen Kurie. Nach oben sind keine stratigraphischen Grenzen gesetzt.

Stratigraphischer Bezug: schneidet 6044.

Dokumentation: F 1–2; Fo 56–71, 86–87; Beil. 46; Abb. 158–159.

6156 Grubenhaus

Der Befund wurde nicht ergraben und ist nur ansatzweise in der Fläche dokumentiert, da er unter die Westseite des Tores 6009 zog, das erhalten werden sollte. Das Foto zeigt eine scharfe Holzkante an den Seiten, auch die Form mit einer Länge von ca. 2,85 m spricht für ein Grubenhaus. Um diese Kante verläuft ein Bereich mit hellerem Material, bei dem es sich um die Verfüllung eines Vorgängers handeln könnte (6156b). Die Ausrichtung spricht gegen eine Zugehörigkeit zur kaiserzeitlichen Bebauung, die an dieser Stelle anders als die mittelalterlichen Befunde ausgerichtet ist. Wahrscheinlicher ist eine Datierung ins 9. Jahrhundert vor der Anlage des Walls.

Stratigraphischer Bezug: unter 6009; schneidet 6044.

Dokumentation: F 1–2; Fo 12–13, 19–20, 43–44, FoSt 5; Beil. 49; Abb. 159, 190.

Datierung: Frühmittelalter

6201 Bruchsteinfundament

Das Fundament an der Nordseite der Parzelle entspricht 6001 an der Westseite des Horstebergtores. Auch hier ist die Nordwand des Gebäudes identisch mit der Immunitätsmauer der Domburg aus dem 13. Jahrhundert. Im Westteil ist das Fundament aus relativ großen und sauber beschlagenen Sandsteinen, mit Kalkmörtel verbunden, zusammengesetzt. Es liegt mit seiner Nordkante auf der Mitte eines älteren Fundaments 6203 auf und endet im Westen an der nach Süden ziehenden Backsteinwand 6202. Daneben ist es durch eine weitere Steinsetzung 6202b durchbrochen. Ein weiterer Durchbruch erfolgt in der Mitte des Grundstücks, verursacht durch einen jungen Anbau an der Rückseite des Hauses Bogenstraße 10/11. Im Ostabschnitt ist das Fundament weniger tief eingegraben. Der ältere Mauerzug 6203 fehlt oder war zumindest in dieser Deutlichkeit nicht erkennbar. Allerdings zeigt das Foto größere Mengen Steinschutt im unteren Bereich zwischen der Burgmauer und der Immunitätsmauer. Deutlichere Blöcke waren hier mit 6204 und 6205 zu erkennen. Die Dokumentation erfolgte erst nach Abbruch dieser Bereiche und zeigt eine tiefreichende Schuttschicht unter 6201, vermutlich der Bauschutt des älteren Mauerzuges. Das Fundament wurde nur an seiner Nordkante gezeichnet und fotografiert, aber kurz beschrieben. Es soll bis zu 1,60 m breit gewesen sein. Davon entfallen 0,30 m auf eine Verblendung der späteren Kellerwände an gleicher Stelle mit Backsteinen (14 x 28,5 x 7 cm).

Stratigraphischer Bezug: über 6203–6206; geschnitten von 6202–6203.

Dokumentation: F 1; P 15; Fo 121–122, 134–135, 161–162; Beil. 55, 61; Abb. 194, 198, 213, 215.

Datierung: Hochmittelalter (10.–13. Jh.)

6202 Backsteinfundament

0,60 m breiter Mauerzug aus Backsteinen. Die Steine sind mit der Ziegelverblendung an der Nordseite verbunden. Mit dem Bau der Mauer wurde die Immunitätsmauer ausgebrochen. Das Fundament dient als Westwand des kleinen Gebäudes auf dem Grundstück anstelle der Torwange 6011. Das Tor und mit ihm der alte Giebelbau östlich des Tores waren zum Zeitpunkt der Errichtung von 6202 sicher abgebrochen. Unmittelbar östlich des Backsteinfundaments liegt an der Immunitätsmauer 6201 ein weiterer Fundamentblock 6202b, allerdings aus Bruchsteinen. Als Ansatz eines Nord-Süd orientierten Fundamentzuges ist 6202b nur dann sinnvoll, wenn eine Gebäudewestwand hier, leicht zurückversetzt, zeitlich zwischen der abgerissenen Torseite 6011 und dem neuen Backsteinfundament bestanden hat. Für diesen Verlauf gab es keine weiteren Hinweise. Möglicherweise handelt es sich auch um die Zusetzung eines Durchgangs nach oben oder nur um Flickwerk im Zusammenhang mit dem Teilabriß der Immunitätsmauer, bedingt durch das Ende der Torecke und den Neubau des Backsteinfundaments.

Stratigraphischer Bezug: über 6011; schneidet 6201.

Dokumentation: F 1; Fo 121, 134, 161; Abb. 188, 213.

Datierung: Neuzeit allgemein

6203 Bruchsteinfundament

Unter der Immunitätsmauer 6201 liegen zwei bis vier Lagen auffallend großer Sandsteinblöcke. 6201 wurde mit seiner Südkante auf die Mitte des alten Fundaments gesetzt. Die Südkante schließt unmittelbar an die Nordkante der Ausbruchgrube der Burgmauer an. Im Westen zieht das Mauerwerk sicher bis an die Torseite 6011 heran, auch wenn der genaue Zusammenhang wegen der Kanalstörung nicht sichtbar wird. Im Verlauf nach Osten deutet sich nach 3 m eine Ecke zu einem nach Süden abknickenden Fundament an, die durch den Mauerrest 6296 im Süden bestätigt wird. Der weitere Verlauf des Mauerabschnitts über diese Ecke hinaus nach Osten ist nicht gesichert. Im sehr engen Bereich zwischen der Burgmauer und der Unterkante der Immunitätsmauer liegt gehäuft Steinschutt, der an zwei Stellen 6204–6205 den Eindruck eines Fundaments macht. Die Lage läßt nur die Interpretation als Nordwand eines Kuriengebäudes nach Aufgabe der Burgmauer im 12. Jahrhundert, aber vor Errichtung der Immunitätsmauer im späten 13. Jahrhundert zu.

Stratigraphischer Bezug: unter 6201, 6299; über 6214; zieht gegen 6012.

Dokumentation: F 1; P 5; Fo 120–123, 134; Beil. 54; Abb. 188, 198, 213.

Datierung: Hochmittelalter (10.–13. Jh.)

6204–6205 Bruchsteinfundament

An zwei Stellen verdichtet sich der Steinschutt zwischen 6012 und dem Ostabschnitt von 6201 zu einem erkennbaren Fundamentrest. Falls es sich nicht um sonst vollständig ausgebrochene Fundamentzüge nach Süden handelt, dürfte hier der Rest der Verlängerung von 6203 (s. dort) zu erkennen sein. Auch der hohe Schuttbereich unter der Immunitätsmauer spricht für den Ausbruch eines Fundaments.

Stratigraphischer Bezug: unter 6201; zieht gegen 6012.

Dokumentation: F 1; Fo 134; Abb. 188, 213.

Datierung: Hochmittelalter (10.–13. Jh.)

6206 Backsteinbrunnen

Runder, aus Backsteinen gemauerter Schacht mit einem Durchmesser von 1,35 m. Der Brunnen dürfte nach dem Abbruch der Kurie und des Tores entstanden sein. Er liegt im Vorgartenbereich des kleinen Gebäudes auf der Parzelle, das nur noch von den Bewohnern des Nachbarhauses Nr. 2/3 genutzt wurde. Die Grube schneidet den hochreichenden Schuttbereich 6298.

Stratigraphischer Bezug: schneidet 6298.

Dokumentation: F 1; P 13; Abb. 198.

Datierung: Neuzeit allgemein

6207 Grube

In der Südostecke des Planums liegt eine große, Ost-West ausgerichtete Grube mit 2,40 x 1,50 m Durchmesser, die sich an der Ostseite verschmälert. Der Ausgräber hat sie als Kalkgrube bezeichnet. Außer der Tatsache, daß sie jünger als 6208 ist, kann sie nicht weiter eingeordnet werden.

Stratigraphischer Bezug: schneidet 6208.

Dokumentation: F 1

6208 Kulturschicht

Karolingische Oberfläche. Bei Anlage des ersten und einzigen Planums ist z. T. bereits der untere Bereich der Schicht erreicht. Ausnahme sind einige „Inseln" im Norden des Schnitts. Neben den Wallabschnitten 6210–6215 sind hier auch die verbrannten Bereiche 6216–6220 zu erkennen. Profilschnitte zeigen, daß auch hier kaum Spuren eines Laufhorizontes an der Oberkante 6294 vorhanden waren. Dieser liegt über den genannten Brandplätzen. Der obere Bereich von 6208 weist in diesen Abschnitten deutliche hellere Einschlüsse auf, die nicht typisch für die sonst einheitlich graue karolingische Oberfläche sind. Es handelt sich um Spuren einer Nutzung des Areals vor Anlage der Befestigung. Die Schicht ist wie üblich etwa 0,20–0,30 m stark, ihre Oberkante bewegt sich von Nord nach Süd deutlich ansteigend zwischen 56,40 m und 56,90 m üNN.

Stratigraphischer Bezug: unter 6012, 6015; über 6209; geschnitten von 6216–6220.

Dokumentation: F 1–2; P 2–15; Beil. 49; Abb. 169–171.

Datierung: Frühmittelalter

6209 Kulturschicht

Graue Kulturschicht der jüngeren Kaiserzeit, schwer von dem hier kaum sichtbaren Siedlungshorizont der älteren Kaiserzeit zu trennen. Die im unteren Planum dargestellten Befunde, insbesondere die Gräben 6224 ff. schneiden diesen Horizont.

Stratigraphischer Bezug: unter 6208; über 6300.

Dokumentation: F 1–2, 4; P 3, 13; Fo 156, 163–170; Beil. 47; Abb. 173.

Datierung: vorgeschichtlich

6210 Planierschicht

0,05–0,20 m starke Schicht aus hellem Material, das als Grundplanierung vor Anlage des Walls aufgetragen wurde. Entsprechende Schichten finden sich auch an anderen Wallabschnitten. 6010 steigt von Nord nach Süd, also zum Inneren der Domburg dem heutigen Geländeprofil entsprechend, deutlich an. In Resten sind die Wallschichten auf dem ersten Planum dokumentiert. Durch die Anlage eines glatten Planums zeigen sich in der Fläche verschiedene Schichten 6210–6214 des Walls 6215. Die unterste Schicht 6210 dürfte auf Grund des Geländeanstiegs die am südlichsten gelegene sein. Sie weist auf einem kleinen Abschnitt im Westen deutliche Brandspuren in Form von Verziegelungen auf. Die Profilansichten zeigen, daß 6210 auch unter der Plaggenwand 6214 lag, also tatsächlich der älteste Wallbaustein war. Die Planierung zieht noch nördlich von 6214 weiter Richtung auf den hier zu vermutenden, aber nicht ergrabenen Graben der Domburg.

Stratigraphischer Bezug: unter 6211; über 6208.

Dokumentation: F 1; P 5, 14; Fo 157–160; Abb. 169, 172–173.

Datierung: Hochmittelalter (10.–13. Jh.)

6211–6212 Schicht

Dunkelgrau-schwarzer Bereich im unteren Wallabschnitt. Diese Schicht setzt auf Höhe der Unterkante der Plaggen 6214 ein und zieht leicht ansteigend nach Süden. Im Bereich der Schwemmschicht liegen die Reste einiger Plaggen, auf dem in der Fläche sichtbaren Teil zeichnen sich wie in 6210 auch Verziegelungen ab.

Stratigraphischer Bezug: unter 6213; über 6210.

Dokumentation: F 1; P 5, 14; Fo 120–122, 136–137, 157, 158; Abb. 172–173.

Datierung: Hochmittelalter (10.–13. Jh.)

6213 Schicht

Wallschüttung. Die Wallschüttung ist an der Ostseite des Schnitts über 1 m hoch erhalten. Im oberen Bereich liegen dunklere Abschnitte gegenüber dem auch in der Fläche sichtbaren Horizont 6213.

Stratigraphischer Bezug: unter 6298; über 6212.

Dokumentation: F 1; P 5, 14; Fo 120–122, 124–132, 134, 136–137, 157, 164; Abb. 172–173.

Datierung: Hochmittelalter (10.–13. Jh.)

6214 Sonstiges allgemein

Plaggenwall. Auf der gesamten Ost-West-Achse der Parzelle finden sich unter der Burgmauer 6012 sauber abgestochene und klar erkennbare Grassoden. An einigen Stellen liegen mehrere Plaggen übereinandergestapelt, so daß sich vor der nördlichen Wallkante eine Art Wand aus Grasplaggen befindet, die die Wallschüttung begrenzt. Die Plaggen sind unregelmäßig groß (bis zu 0,45 x 0,25 m) ausgestochen. Bei Anlage der Burgmauer wurden sie gekappt. Gegenüber der Mauer weisen sie einen leicht geänderten Verlauf auf. So liegen sie an der Ostseite des Schnitts südlich an 6012 und unter der Mauer, an der Westseite im Bereich des späteren Tores nördlich an und unter 6012.

Stratigraphischer Bezug: unter 6213, 6012; über 6210; gehört zu 6215.

Dokumentation: F 1, 3; P 5, 14; Fo 120–123, 134–135, 137, 141–149, 158; Beil. 48, Abb. 173–174, 188, 194.

Datierung: Hochmittelalter (10.–13. Jh.)

6215 Sonstiges allgemein

Wall.

Stratigraphischer Bezug: unter 6298; über 6208, 6294.

Dokumentation: Abb. 48, Abb. 172–173.

Datierung: Hochmittelalter (10.–13. Jh.)

6216–6217 Brandhorizont

Beide Stellen südlich der Plaggen an der Nordwestseite des Areals gehören mit 6218–6220 zu einem nicht leicht einzuordnenden Brandhorizont. Bei beiden handelt es sich um rundliche Befunde von 0,40–0,50 m (6216) und 0,60–0,80 m (6217) Durchmesser mit Brandspuren. An der Ostkante von 6217 liegen vier flache Steine, die die Unterkante einer Steinsetzung gewesen sein könnten. Sie werden z. T. von Brandspuren überzogen. Es dürfte sich also nicht um verstürzten Ausbruch der jüngeren Burgmauer handeln. Der innere Bereich von 6217 ist tiefschwarz gefärbt, wohl durch Asche und Holzkohle, außen schließt ein Rand aus hellem Lehm mit zahlreichen Verziegelungen an. Sowohl die zeichnerische als auch die fotografische Dokumentation erfolgten erst nach Abnahme der Brandschichten. Die Bereiche 6216–6217 könnten danach auch als Gruben verbrannter Pfosten beschrieben werden. Beim Studieren des hier ausführlichen Tagebuchs erfährt man, daß größere Pakete verbrannten Lehms ausgeräumt wurden, die der Ausgräber als „zerschlagene Ofenwände" anspricht. Scheint dieser Befund auch nicht für alle Stellen gesichert, so ist 6220 deutlich als Ofen zu identifizieren. Insgesamt ist der Bereich wegen seiner stratigraphischen Lage von besonderem Interesse. Zum einen liegen die Brandstellen klar unter der Wallschüttung, zum anderen liegen sie auch unter der dünnen Oberfläche 6294. Diese erscheint in der Regel auf der sogenannten karolingischen Oberfläche (hier 6208) (s. Michaelisplatz). Östlich des Horstebergtores liegt eine mit hellen Einschlüssen und Verziegelungen durchmischte Schicht zwischen diesem Laufhorizont und 6208. Den oberen Bereich hat Winkelmann im Tagebuch als „jüngere karolingische Kulturschicht" angesprochen. Eigentlich bedingt diese Ansprache, daß er den unteren dunklen Bereich, also 6208 als ältere karolingische Kulturschicht angedacht hat. Veröffentlicht sind die Öfen aber als Werköfen einer sächsischen Siedlung. In jedem Fall handelt es sich hier um einen

Bereich, der deutlich vor der Errichtung der Befestigung lag. Die Planierschicht 6210, die der Errichtung des Walls vorausging, hat den Brandhorizont gekappt. In ihr sind aber ebenfalls noch Spuren der Verziegelung sichtbar.

Stratigraphischer Bezug: unter 6210, 6215; über 6208.

Dokumentation: F 1; Fo 121–122, 138, 140; Beil. 49; Abb. 169, 171.

Datierung: Frühmittelalter

6218–6219 Brandhorizont

Zwei weitere rundliche Brandhorizonte, geprägt von rot gefärbten Verziegelungen liegen im Südwesten der Fläche. Beide Kreise weisen ca. 0,80 m Durchmesser auf. 6218 scheint 6219 zu schneiden. Westlich davon liegt eine starke Holzkohlekonzentration. Da keinerlei Fotos vorliegen, bleibt für die Einordnung nur der Verweis auf 6216–6217/6220.

Stratigraphischer Bezug: unter 6215; schneidet 6208.

Dokumentation: F 1; Beil. 49.

Datierung: Frühmittelalter

6220 Herd/Ofen

Eine weitere Feuerstelle liegt in der Mitte der Grabungsfläche. Erhalten blieb ein Halbkreis von 0,90 m Durchmesser, gebildet aus mehreren kleinen Bruchsteinen. Die Steine weisen deutliche Brandspuren auf, sind an der Innenseite schwarz gefärbt, vermutlich durch die Holzkohle-/Aschefüllung im Innenraum analog zu 6217. Nach außen schließt ein hellerer Sand-/Lehmring mit Brandspuren an. Außerhalb der Anlage ist die Oberfläche 6208 durch die Hitzeeinwirkung dunkel verfärbt. Nach Süden schließt, in Verlängerung des Steinkranzes unterbrochen, ein hellerer Bereich an 6223, der bereits als Aufgabeverfüllung des Ofens gedeutet werden kann. Diese helle Schicht liegt wieder deutlich unterhalb von 6294.

Stratigraphischer Bezug: unter 6294; schneidet 6208.

Dokumentation: F 1; P 136, 139–140; Beil. 49; Abb. 169–170.

Datierung: Frühmittelalter

6221 Brandhorizont

Ein weiterer rundlicher Brandplatz liegt in der äußersten Südostecke der Grabungsfläche, z. T. unter den nicht dokumentierten Fundamenten des Kuriengebäudes. Aussehen und Lage entsprechen 6216–6219. Möglicherweise also ein weiterer Ofen.

Stratigraphischer Bezug: unter Fundament der Kurie; schneidet 6208.

Dokumentation: F 1; Beil. 49.

Datierung: Frühmittelalter

6222 Sonstiges allgemein

Nicht näher einzuordnende Steinansammlung oder Fundamentrest in der Südostecke der Fläche.

Stratigraphischer Bezug: schneidet 6208.

Dokumentation: F 1.

6223 Schicht

Südlich des Ofens 6220 erstreckt sich auf 0,80 m Breite eine längliche helle Schicht in Verlängerung des Steinkranzes von 6220. Auch an einem kleinen Profil östlich des Ofens ist diese Schicht, die hier über den Ofen zieht, sichtbar. Sie liegt unter 6294 der jüngeren karolingischen Oberfläche. Es dürfte sich um eine Verfüllung oder Planierung zur Aufgabe des Ofens handeln. Die lange und tiefe Ausdehnung nach Süden spricht für eine Ausdehnung des Ofens in diesen Bereich. Brandspuren sind hier jedoch nicht mehr dokumentiert. Zwischen 6208 und 6294 zeigt sich an mehreren Stellen in der Mitte der Grabungsfläche ebenfalls eine helle Planierung. Außerhalb der Ofenverfüllung ist dies 6293.

Stratigraphischer Bezug: unter 6294; über 6220.

Dokumentation: F 1–2; Fo 136, 140; Abb. 169.

Datierung: Frühmittelalter

6224 Graben

Das 0,20 m breite Gräbchen durchzieht die gesamte Parzelle schräg von Nordost nach Südwest. In der helleren Färbung von 6209 zeichnet es sich als graue Spur ab. Die Unterkante des Grabens liegt bei etwa 0,15 m unter dem unteren Planum F 4, das könnte etwa bei 56,20 m üNN sein. Im Längsschnitt zeigen sich die Spuren kleiner Pfosten und breiterer Bretter, die den Graben als Fundamentgräbchen ausweisen. Er verläuft parallel zu dem breiten Graben 6226; das Gräbchen 6225 verläuft annähernd an der gleichen Stelle und scheint ein Vorgänger von 6224 gewesen zu sein. 6225 liegt sicher unter 6208. Auch die anderen Gräbchen dürften zu Gebäuden der Kaiserzeit gehören.

Stratigraphischer Bezug: unter 6208; schneidet 6209.

Dokumentation: F 1–2, 4; P 14, 26, 36; Fo 163, 170; Beil. 47; Abb. 160.

Datierung: vorgeschichtlich

6225 Graben

Der kleine Graben ist etwa 0,25 m breit, die Unterkante liegt bis zu 0,20 m unter der Oberfläche von 6209. Er unterscheidet sich von den anderen Gräbchen durch eine leicht braune Verfärbung. Im Osten setzt er, geschnitten vom Brunnen 6206, südlich von 6224 an, wird dann von 6223 geschnitten, vermutlich von 6224 überlagert, bis er im Westen des Schnitts (6225b) nördlich von 6224 erscheint und dann unter 6226 zieht. Der Graben ist also älter als 6224/6226. Auch hier sind an der Unterkante Spuren von Brettern o. ä. zu erkennen.

Stratigraphischer Bezug: unter 6208; schneidet 6209; geschnitten von 6223, 6224.

Dokumentation: F 1–2, 4; P 26, 28, 37; Fo 163, 170; Beil. 47; Abb. 160.

Datierung: vorgeschichtlich

6226 Graben

6226 ist ein großer, 0,50–0,80 m breiter Graben, der die Grabungsfläche auf ihrer gesamten Länge von fast 10 m von Nordost nach Südwest durchzieht. An der relativ flachen Sohle ist er ca. 0,40 m breit. Das Niveau der Grabensohle liegt in der Mitte des Schnitts bei 55,50 m üNN. Die dunkelgraue Verfüllung weist Spuren von Holzkohle, aber auch deutlich erkennbare Holzreste auf. Das Aussehen gleicht den Palisadengräben am Michaelisplatz, jedoch liegt dieser Graben unter der Oberfläche 6208 und dem Ofen 6220. Die Ausrichtung spricht für einen Zusammenhang mit den kleineren Gräben und somit für eine vorgeschichtliche Entstehungszeit. Allerdings enthält die Verfüllung eine Scherbe Badorfer Art. Ob diese aus der oberen Schicht 6208 später in den Graben nachgesackt ist, oder ob dies ein Hinweis für eine Verfüllung des Grabens mit dem Beginn der christlichen Siedlung ist, muß zunächst offen bleiben. Ein vergleichbarer Befund dürfte mit 1118 an der Domgasse erfaßt sein. Auch hier waren sowohl die Zugehörigkeit zu den kleineren Gräbchen als auch die Funktion des Grabens unklar. Neben einer Deutung als Fundamentgraben sind eine Interpretation als Befestigung/Begrenzung (Palisadengraben) und eine Funktion als Wasser- bzw. Entwässerungsgraben denkbar. Der Pfosten 6238 schneidet den Graben, 6241 wird wie 6225 vom Graben geschnitten.

Stratigraphischer Bezug: unter 6208; schneidet 6209, 6241; geschnitten von 6220, 6223, 6238.

Dokumentation: F 1–2, 4; P 3, 14, 11, 26–26; Fo 120–122, 163, 168–170; Beil. 47; Abb. 160.

Datierung: vorgeschichtlich

6227 Graben

Nur auf den beiden oberen Flächenzeichnungen ist ein weiterer Graben dokumentiert. Dieser verläuft, ansetzend bei 6224, im rechten Winkel nach Nordwest bis unter die Burgmauer 6012. Er scheint auch 6226 zu überziehen. Die Ausrichtung in exaktem Winkel läßt eher an einen Zusammenhang mit den anderen Gräben denken. Vermutlich ist 6227 nur sehr gering eingetieft und erscheint damit nicht mehr auf dem unteren Planum.

Stratigraphischer Bezug: unter 6208, 6012; schneidet 6226.

Dokumentation: F 2; Beil. 47.

Datierung: vorgeschichtlich

6228 Graben

6228 war ein schmales, ca. 0,10–0,15 m breites Gräbchen das an der Nordseite des Schnitts parallel zu 6224–6226 verläuft. Weitere Reste von Gräbchen könnten mit 6233–6234 erfaßt worden sein.

Stratigraphischer Bezug: unter 6208.

Dokumentation: F 4; Beil. 47.

Datierung: vorgeschichtlich

6229–6291 Gruben

Bei diesen Befunden handelt es sich um Gruben, die sämtlich auf dem unteren Planum erscheinen. Bei vielen ist somit davon auszugehen, daß sie in die Kaiserzeit gehören bzw. zumindest vor der Christianisierung anzusetzen sind, also stratigraphisch vor 6208 entstanden sind. 6230 oder 6241 sind größere Gruben, 6233–6234 sind Gräbchen. Neben einigen auffallend großen Pfostengruben mit deutlicher Pfostenspur wie 6229 (0,80 m Durchmesser, 0,40 m unter Planum), liegt im Nordwesten eine große Anzahl kleinerer Pfostengruben 6274–6291. Die Bestimmung einer Funktion oder die Rekonstruktion eines Gebäudes ist nicht möglich. Lediglich zwei Reihen scharf begrenzter, sehr dunkel gefärbter Gruben 6266–6273 könnten eine Gebäudeecke anzeigen. Z. T. ist zwischen den Pfosten auch eine schmale graue Verfärbung sichtbar, bei der es sich um die Unterkante eines Fundamentgräbchens handeln könnte. Ein Zusammenhang mit den größeren Fundamentgräben 6224–6226 scheint nur als Nebengebäude bzw. als Teil der Innenausstattung möglich.

Stratigraphischer Bezug: unter 6208; schneidet 6209.

Dokumentation: F 4; Beil. 47.

Datierung: vorgeschichtlich

6292 Kulturschicht

Kulturschicht der älteren Kaiserzeit. Sie war nur am Ostprofil im Bereich des Grabens 6226 dokumentiert.

Stratigraphischer Bezug: unter 6209; geschnitten von 6226.

Dokumentation: P 5; Abb. 173.

Datierung: vorgeschichtlich

6293 Planierschicht

An verschiedenen kleinen Profilschnitten im nördlichen Abschnitt der Grabungsfläche liegt über den Brandplätzen zwischen 6208 und 6294 eine helle, 0,05–0,10 m starke sandige Planierung. Auf dem langen Profil unterhalb der Torwange erscheinen Spuren der hellen Verfärbung im Nordabschnitt. Sie verfüllt als 6223 auch die Grube des Ofens 6220.

Stratigraphischer Bezug: unter 6294; über 6208, 6220.

Dokumentation: P 3; Fo 120, 122, 135–136, 140, 158, 165–167; Abb. 169.

Datierung: Frühmittelalter

6294 Laufhorizont

0,03–0,05 m starker dunkler Streifen an der Oberkante von 6208, der Laufhorizont aus der Zeit vor dem Bau der Befestigung. Meistens ist das Niveau kaum von 6208 zu unterscheiden, jedoch wird der Laufhorizont hier besonders deutlich. Er überzieht die kleinen Brandplätze und die diese abschließende Planierung 6223/6293.

Stratigraphischer Bezug: unter 6210–6215; über 6293, 6223.

Dokumentation: P 3,14; Fo 120, 122, 135–137, 158–161; Abb. 169.

Datierung: Frühmittelalter

6295/6296 Bruchsteinfundamente

Es handelt sich um die schmalen Reste eines Eckverbandes zweier Fundamente aus unregelmäßig großen, glatt beschlagenen Sandsteinen. 6295 zog von Ost nach West. 6296 von Süd nach Nord. Ein Zusammenhang mit dem von West nach Ost ziehenden Fundament 6203 erscheint vom Verlauf und der Stratigraphie sehr wahrscheinlich, obgleich 6203 über der Burgmauer wesentlich massiver fundamentiert war. Denkbar ist auch ein Zusammenlaufen mit der Burgmauer 6012. Dieser Bereich war leider völlig ausgebrochen. Falls die Vermutung zutrifft, bliebe die Funktion von 6203 offen. Falls 6296 mit 6203 zusammenlief, muß die Burgmauer an dieser Stelle bereits aufgegeben gewesen sein und die Mauergrenze um eine Breite nach Norden verschoben worden sein. Die Höhe der Unterkante ist ähnlich der der Burgmauer 6012 sowie der von 6203. Das Gebäude dürfte vor den massiven Planierungen des späten 12. und des 13. Jahrhunderts und vor der Errichtung der Immunitätsmauer gestanden haben.

Stratigraphischer Bezug: unter 6297; über 6210.

Dokumentation: Tagebuchskizze; Fo 120–121; Beil. 54; Abb. 198–199.

Datierung: Hochmittelalter (10.–13. Jh.)

6297 Ausbruchgrube

Über der Oberkante des Fundamentrestes 6296/6295 liegt im Bereich des Eckverbandes eine 0,40 m starke, deutlich brandbeeinflußte Schicht, die auf eine Zerstörung des Gebäudes durch Feuer hinweist. Im weiteren Verlauf nach Norden setzen bereits die jüngeren Schuttschichten 6298 an.

Stratigraphischer Bezug: unter 6298; über 6296.

Dokumentation: P 5; Fo 120–121; Abb. 173.

Datierung: Hochmittelalter (10.–13. Jh.)

6298 Schuttschicht

Massive, sicher mehr als 1 m starke Schuttschichten prägen die oberen Profilabschnitte. Sand, Lehm und zahlreiche Steine werden deutlich. Insgesamt dürfte es sich um ein Schichtpaket handeln, daß nicht in einem Zug aufplaniert worden ist. Die Entstehung setzt mit den Aufschüttungen des späten 12. und vor allem des 13. Jahrhunderts ein. Die Immunitätsmauer 6201 sitzt bereits auf ihnen auf. Höherliegende Abschnitte wurden nicht dokumentiert. Am Ostprofil außerhalb der Gebäudefluchten setzen die Schuttschichten direkt über den oberen Wallschichten ein.

Stratigraphischer Bezug: unter 6201; über 6207.

Dokumentation: P 5, 14; Fo 120–122, 124–132; Abb. 172–173.

Datierung: spätes Mittelalter/frühe Neuzeit (13.–16. Jh.)

6299 Schicht

Dunkelbraune Schicht, die im Osten über der Wallschüttung 6213 ansetzt. An der Unterkante liegt vermutlich eine Grube.

Stratigraphischer Bezug: unter 6298; über 6213.

Dokumentation: P 3

Datierung: Hochmittelalter (10.–13. Jh.)

6301 Bruchsteinfundament

Es handelt sich um den Verlauf der Immunitätsmauer auf dem Grundstück Nr. 2–3. Sie verläuft von West nach Ost und biegt dabei, der Topographie folgend, leicht nach Süden ab. Wie 6201 auf den ersten Metern hinter dem Tor liegt das Fundament im Westen der Parzelle auf einer starken Schuttschicht auf. Darüber waren noch fünf bis sieben Lagen des Mauerwerks erhalten. Zwischen den unregelmäßig großen Sandsteinquadern liegen häufig Lagen dünnerer Sandsteinplatten. Im Bereich des Ansatzes der von Süd nach Nord verlaufenden Fundamente 6316/6314 an die Immunitätsmauer ist die Fundamentierung stark verändert. Da die Burgmauer nicht tief genug fundamentiert ist, wurden größere unbearbeitete Steinblöcke (Flußkiesel) zur Unterfangung verwendet. Östlich des Anschlusses von 6314 springt die Fundamentlinie um etwa 0,40 m nach Norden zurück. Die Wand ist hier verputzt. Für einen ursprünglich geraden Verlauf gibt es keine Anzeichen. Im weiteren Verlauf ist 6301 vollständig ausgebrochen. Mit dem Neubau der Kurie im 15./16. Jahrhundert wurde die Nordwand des Gebäudes um eine Mauerbreite nach Norden verschoben. Der weitere Verlauf der Immunitätsmauer zeigt sich in Verlängerung des verputzten Kellerabschnitts als helle sandige Spur, die hier statt des Schutts der weiter entfernt liegenden älteren Burgmauer als Grundplanierung aufgetragen wurde. Am Ostprofil zeigt sich die Ausbruchgrube ebenfalls noch mit einigem Steinschutt. Die bei Grabungsbeginn noch hochaufragende östliche Wand des Gebäudes Horsteberg 3 zeigt die Fuge zwischen dem Verlauf der Immunitätsmauer und der neuen Nordwand bis in die obere Etage.

Stratigraphischer Bezug: über 6302; geschnitten von 6311.

Dokumentation: F 1; Fo 1–2, 15–17, 22–23, 25–28, 44–45, 60; Beil. 59; Abb. 214-215.

Datierung: Hochmittelalter (10.–13. Jh.)

6302 Bruchsteinfundament

Nur in geringen Resten erhalten war die ältere Mauer der Domburg im Bereich der Küsterei. Nur im Westen der Parzelle war das Schalenmauerwerk in mehreren Lagen zu erkennen. Über den in situ liegenden Steinen liegen erhebliche Mengen Steinschutts vom Abbruch des Fundaments. Beim Abnehmen des Steinschutts wurde das Fundament schmaler. Ein Mauervorsprung/Bankett überragt den unteren, nur 1,30 m starken Bereich um über 0,20 m. Unter den Steinen liegen im Westen deutliche Plaggenreste. Noch vor der Errichtung der Immunitätsmauer wurden Teilabschnitte der Burgmauer aufgegeben, zunächst im Zusammenhang mit der Errichtung des Gebäudes 6303. Die Nordwand dieses Hauses gab aber zumindest noch den Verlauf der Burgmauer wieder. Mit dem Mauerstück 6316 endet der nachweisbare Verlauf der Burgmauer auf der Parzelle. 6316 liegt gegenüber dem auf 6302 rekonstruiertem Verlauf von 6304 leicht aber deutlich nach Osten versetzt. Es handelt sich daher nicht um die Westseite dieses Gebäudes, sondern möglicherweise nur um eine Abmauerung des verbliebenen Burgmauerstücks, eher im Zusammenhang mit 6306/6315. Ob die Burgmauer östlich des Gebäudes 6303/6304 zunächst weiter bestanden hat bleibt offen. Durch die jüngeren Gebäude und Keller 6312–6314 und 6308–6310 ist der Bereich vollständig gestört. In den östlichen Bereichen wurde das Planum bei einer deutlich ansteigenden Geländeoberkante auch zu tief angelegt, um noch Reste einer Ausbruchgrube zu erfassen. Die zunächst noch zu erkennende Flucht entspricht derjenigen der Nordwand des ersten Gebäudes 6305. Der Verlauf könnte identisch gewesen sein. Die Ausbruchgrube der Burgmauer war auch am Ostprofil nicht zu erkennen. Die einzig mögliche Annahme ist, daß sie sich genau an der Stelle des späteren Fundaments 6309 befand.

Stratigraphischer Bezug: unter 6301; über Wall; geschnitten von 6303–6304, 6312/6314.

Dokumentation: F 1, 7–8; P 2; Beil. 52, 55; Abb. 194, 214-215.

Datierung: Hochmittelalter (10.–13. Jh.)

6303 Bruchsteinfundament

6303 ist die Ostseite des ältesten Steingebäudes auf der Parzelle. Die Breite des Fundamentes beträgt etwa 0,60 m, es ist mindestens 6 m lang. Die Südwand des Gebäudes liegt außerhalb der Grabungsfläche. Am Südprofil ist das Mauerwerk aus feinen, sauber beschlagenen plattigen in „Sand" verlegten Sandsteinen bis zu zwölf Lagen = 0,85 m hoch erhalten. Im Verlauf nach Norden ist es, bedingt durch das abfallende Gelände, noch etwas tiefer fundamentiert. Die Fundamentunterkante lag bei etwa 56 m üNN. Nördlich der Störung durch 6308, also im Bereich des jüngeren Kellers, ist das Fundament nur noch in den untersten Lagen erhalten. Gleiches gilt für die anschließende Nordwand des Gebäudes. Unmittelbar nördlich der Störung durch 6308 zeigt sich eine Eingangssituation 6434 in den Raum. Über der deutlich sichtbaren Spur eines Schwellbalkens liegen einige Schwellsteine auf erheblich geringerer Breite als im übrigen Fundamentbereich von 6303. Über dem Fundament liegt die Abbruchschicht 6421, eine weitere Verfüllung des Gebäudes ist 6420. Diese schneidet am Südprofil den Laufhorizont 6401, der damit ein Laufniveau im Außenbereich des Gebäudes sein könnte. Mit 57,90 m üNN liegt dieser Horizont etwa 1,50–1,90 m höher als die Laufniveaus 6422/6425 im Inneren des Gebäudes. Es handelt sich also um einen Keller. Zur weiteren Einordnung s. 6304. Auffallend ist ein riesiger, an der Innenseite des Fundaments verarbeiteter Findling. Er paßt exakt in das umgebende Mauerwerk und wurde wohl schon beim Bau der Mauer einbezogen, diente also nicht erst als spätere Zusetzung einer Öffnung.

Stratigraphischer Bezug: unter 6421; geschnitten von 6308.

Dokumentation: F 1; P 1; Fo 3–5, 22–24, 41–45, 48–53, 56–59, 61; Beil. 55; Abb. 201–205.

Datierung: Hochmittelalter (10.–13. Jh.)

6304 Bruchsteinfundament

Die Westseite des ersten Gebäudes auf der Parzelle ist mit nur 0,30 m deutlich schmaler als die Ostseite. Auch diese Gebäudeseite wird von 6308 geschnitten. Nördlich davon liegen wiederum nur noch wenige Steine des Mauerzugs. Diese ziehen bis an die Burgmauer 6302. Ob die Nordwestecke des Baus die Flucht der Burgmauer bereits geschnitten hat, wird nicht deutlich. Der Bau datiert sicher noch vor der Errichtung der Immunitätsmauer. Das Fundgut verweist eher auf einen deutlich früheren Zeitpunkt in das frühe 11. Jahrhundert. Erhalten sind im Fundamentbereich bis zu sieben Lagen Steine, darunter wieder ein größerer Findling. Die geringere Breite des Fundaments gegenüber der Ostseite 6303 läßt an eine zeitlich getrennte Errichtung denken. 6304 könnte der ältere Bauabschnitt sein, der noch gegen die Burgmauer 6302 gesetzt war.

Stratigraphischer Bezug: unter 6421; schneidet 6302.

Dokumentation: F 1; P 1, 8; Fo 3–8, 21–24, 40–45, 47, 54–55; Beil. 55; Abb. 195, 200, 203–204.

Datierung: Hochmittelalter (10.–13. Jh.)

6305 Bruchsteinfundament

Das Fundament ist weitgehend ausgebrochen. Seine Flucht läßt sich aber anhand des Fußbodens des ersten Gebäudes (6422) annähernd nachvollziehen. Reststeine liegen an der Nordostecke des Gebäudes und ein größerer Block von 1 m Länge und ca. 0,60 m Breite ist von der Westseite 6314 des jüngeren Baus überlagert und als Fundamentierung genutzt worden. Die Nordkante des Fundaments dürfte bereits nördlich der Südkante der Burgmauer gelegen haben, die daher beim Errichten des Gebäudes abgerissen worden sein muß.

Stratigraphischer Bezug: unter 6314, 6315; schneidet 6302.

Dokumentation: F 1, 7; P 8; Beil. 55; Abb. 204.

Datierung: Hochmittelalter (10.–13. Jh.)

6306 Bruchsteinfundament

Das Ost-West orientierte Mauerstück aus plattigen Sandsteinen ist vier bis fünf Lagen hoch erhalten und ca. 0,60 m breit. Es gehört zu einer sehr kleinteiligen und komplizierten Mauerstratigraphie östlich des Abbruchs von 6012. Winkelmann dachte zunächst an die Zusetzung einer Brandzerstörung im Burgmauerbereich (Tagebuch), da die Füllschichten zwischen den Fundamenten 6016 und 6014 und ein harter Boden erhebliche Brandspuren aufwiesen. 6306 zieht auf die Abmauerung 6316 der Burgmauer 6302 im Westen, im Osten endet es nach etwa 1,50 m. Winkelmann brachte es mit einem weiteren von Nord nach Süd verlaufenden Mauerstück 6315 in Verbindung, das unterhalb von 6314 zu erkennen ist. So ergibt sich ein kleiner Raum von etwa 1 m in Ost-West- und mindestens 1,20 m in Nord-Süd-Richtung. Ganz offensichtlich überlagert das Fundament auch die unterste Lage eines verbliebenen Teilstücks von 6305 der Nordseite des ältesten Gebäudes, während 6314, die Westseite des zweiten Gebäudes in gleicher Ausrichtung, 6315 und 6306 überlagerte. Es dürfte sich daher um einen späten Anbau an das erste Gebäude handeln. Bei der Errichtung des folgenden Gebäudes sind die unteren Abschnitte von 6315/6306 in die Fundamentierung einbezogen worden, ebenso die Reste von 6305. Die Brandspuren könnten mit einer Feuerstelle bzw. mit einem Ofen zusammenhängen.

Stratigraphischer Bezug: unter 6314; über 6316.

Dokumentation: F 1, 4, 7; Fo 9–10; Beil. 55; Abb. 215.

Datierung: Hochmittelalter (10.–13. Jh.)

6307 Bruchsteinfundament

An der Südecke der Westwand 6304 des ersten Gebäudes zeigt sich ein rundes, 0,60–0,80 m breites Fundamentstück, das gegen 6304 gesetzt ist. Die Fundamentierung ist nicht ganz so tief wie die der Fundamente des ersten Gebäudes, erreicht aber den oberen Fußboden 6422. Die oberen Füllschichten 6420 des Hauses ziehen auch über das Fundament. Bei der unteren Schicht wird nicht deutlich, ob sie gegen das Mauerwerk gesetzt ist oder ob die Mauer in sie eingetieft wurde, so daß eine Zugehörigkeit zum Bau nicht gesichert scheint. In diesem Abschnitt fanden sich starke Brandspuren. Ein Dia zeigt deutliche Brandreste auch in den oberen Abschnitten der Verfüllung der Rundung. Ofen?

Stratigraphischer Bezug: unter 6420; zieht gegen 6304.

Dokumentation: F 1; P 1; Fo 3–4, 21–23; Beil. 55; Abb. 195, 203–204.

Datierung: Hochmittelalter (10.–13. Jh.)

6308 Fundament

Auf einer Länge von 14 m bei 0,85 m Breite durch die gesamte Fläche ziehend, ist die Unterkante der Südseite des jüngsten Gebäudes auf der Parzelle dokumentiert. Am Ostprofil ist 6308 auf einer Höhe von 1,70 m bis unter die jüngste Planierung reichend, die erst vom Abbruch nach 1945 stammt, erhalten. Den mit reichlich Mörtel verbundenen Bruchsteinen sind immer wieder Ziegelstücke beigegeben. Dieser Befund gilt auch für die Unterkante des Fundaments. Gegen das Mauerwerk und über dessen Mauerbankett zieht im Nordosten auch der Kellerfußboden 6383, während die darunterliegende Schuttschicht 6384 schon geschnitten wird. Im Westen ist noch der Ansatz der Westseite des Gebäudes zu erkennen. Die Westwand, die über die Reste der Burgmauer mindestens bis auf die Immunitätsmauer zog, war sonst nicht weiter zu erkennen und war wohl geringer fundamentiert. Das Gebäude gehört nach Geisberg spätestens in das 16. Jahrhundert. Die wenigen Funde aus der Verfüllung des Vorgängers 6312–6314 bestätigen dies.

Stratigraphischer Bezug: unter 6382; schneidet 6384.

Dokumentation: F 1; P 2; Fo 3–8, 22–23, 44–45, 63; Beil. 62; Abb. 225, 231.

Datierung: frühe Neuzeit (ca. 1500–1700)

6309 Fundament

6309 ist der untere, zum großen Teil ausgebrochene, ca. 0,70 m breite Fundamentzug der Westseite des Südanbaus an die frühneuzeitliche Kurie/das Küsterhaus. Sein Ansatz an 6308 ist gegenüber der Verlängerung des Hauptgebäudes nach Norden leicht nach Osten versetzt. Auch 6309 weist in der Fundamentierung Ziegelstücke auf.

Stratigraphischer Bezug: zieht gegen 6308.

Dokumentation: F 1; P 1, Fo 7, 8; Beil. 62.

Datierung: frühe Neuzeit (ca. 1500–1700)

6310 Fundament

Das Fundament ist die Nordseite des 1945 abgebrochenen Küsterhauses. Es ist vollständig ausgebrochen und zeigt sich nur als dunkle, mit Schutt gefüllte Ausbruchgrube neben dem hellen Sand der Planierung für die Immunitätsmauer. Außerdem ist es hoch aufragend an der während der Grabung noch stehenden Ostwand des Gebäudes (= Westwand der ehemaligen Nicolaikapelle) erkennbar. Da im Westen die Verlängerung von 6308 die Immunitätsmauer im Gegensatz zu 6311 nicht schneidet und die Immunitätsmauer z. T. verputzt ist, scheint der Mauerzug nicht gerade durchgelaufen zu sein. Für den Versprung nach innen steht vermutlich das vom Ausgräber nur auf einem Detailfoto dokumentierte Fundament 6432, dessen Lage sich nicht exakt bestimmen läßt. Es wird vermutlich unmittelbar östlich des Ausbruchs der Immunitätsmauer am Nordprofil angesetzt haben und die Verbindung zwischen 6310 und 6309 hergestellt haben. Die so rekonstruierte Flucht des frühneuzeitlichen Gebäudes mit einem Versprung der Nordwand nach Süden um die Breite der Immunitätsmauer und später noch einmal um 0,40 m mit 6301 steht jedoch im Widerspruch zur Grundrißdarstellung Geisbergs, der einen geraden Verlauf angab.

Stratigraphischer Bezug: zieht gegen 6301.

Dokumentation: Fo 1, 2, 44–45; Beil. 62; Abb. 231.

Datierung: frühe Neuzeit (ca. 1500–1700)

6311 Fundament

6311 ist eine Trennwand innerhalb des frühneuzeitlichen Gebäudes, das den kleineren Ostteil vom größeren Westteil trennt. In seinem Mittelabschnitt erstreckt sich die blockartige, 1,70 m breite Fundamentierung eines großen Kamins, der beide Teile beheizt hat.

Stratigraphischer Bezug: schneidet 6301; gehört zu 6308.

Dokumentation: F 1; Fo 44–45; Beil. 62.

Datierung: frühe Neuzeit (ca. 1500–1700)

6312 Bruchsteinfundament

6312 ist die Ostseite des zweiten Gebäudes auf der Parzelle. Im Süden steht es im Verband mit 6313. An der Ecke ist es mit acht Lagen unregelmäßig großer Sandsteine über 1 m hoch erhalten. Die Steine weisen Reste von Verputz auf. Im Verlauf nach Norden ist das 0,45–0,50 m breite Mauerstück, geschnitten von 6308, nur noch als Ausbruchgrube erkennbar. Zur Einordnung s. 6314.

Stratigraphischer Bezug: schneidet 6420; geschnitten von 6308.

Dokumentation: F 1; Fo 3–6; Beil. 59; Abb. 214.

Datierung: spätes Mittelalter/frühe Neuzeit (13.–16. Jh.)

6313 Bruchsteinfundament

Südseite des zweiten spätmittelalterlichen Gebäudes. Das 0,50 m breite Fundament besteht aus kleineren, unregelmäßigen, an der Innenseite sauber beschlagenen und verputzten Sandsteinen. Es steht im Verband mit 6312 und 6314.

Stratigraphischer Bezug: gehört zu 6314.

Dokumentation: F 1; Fo 3–4, 8; Beil. 59; Abb. 214.

Datierung: spätes Mittelalter/frühe Neuzeit (13.–16. Jh.)

6314 Fundament

Westseite des zweiten Steingebäudes auf der Parzelle. Wie seine beiden Pendants 6312–6313 besteht das 0,50 m breite Fundament aus Sandsteinen, die an der Innenseite Verputz aufweisen. Im Norden an der Immunitätsmauer sind auch einige größere Steinquader verbaut. Der Mauerzug zieht mit seiner Ostkante gegen die zurückspringende Immunitätsmauer, während die Westkante noch vor dem Versprung ansetzt. Überbaut und als Fundamentierung genutzt werden hier 6306/6315 und 6305. Erstaunlich ist, daß 6308 das Fundament nicht schnitt. Die Ausbruchgrube setzt sich aber sowohl westlich als auch östlich von 6314 fort. Das Fundament von 6308 scheint sauber gegen den unteren Bereich von 6314 gesetzt worden zu sein. Vermutlich erfolgte der Bau von 6308 unmittelbar nach dem Abbruch von 6312–6314. An der Ostseite des Gebäudes ist 6312 noch eindeutig von 6308 geschnitten. 6314 schneidet die Fußböden 6422 und die Verfüllung 6420–6421 des Vorgängerbaus. Da es gegen die Immunitätsmauer setzt, kann es nicht vor dem Ende des 13. Jahrhunderts errichtet worden sein. Mit dem Neubau des Küsterhauses um 1500 wurde es abgerissen.

Stratigraphischer Bezug: unter 6308; über 6305, 6306; zieht gegen 6301; schneidet 6420.

Dokumentation: F 1, 7; P 8; Fo 3–8, 15; Beil. 58; Abb. 214.

Datierung: spätes Mittelalter/frühe Neuzeit (13.–16. Jh.)

6315 Bruchsteinfundament

Das knapp 0,50 m breite Sandsteinfundament steht im Verband mit 6306. Es liegt unter 6314 und auch deutlich unter der Immunitätsmauer. Zwischen zwei großen Findlingen, die den Bereich zwischen 6316 und 6315 abdecken, liegt noch eine Schuttschicht, ehe die Immunitätsmauer 6301 ansetzte.

Stratigraphischer Bezug: unter 6301, 6314; über 6305; gehört zu 6306.

Dokumentation: F 1, 7; P 8; Fo 13–17; Beil. 55; Abb. 215.

Datierung: Hochmittelalter (10.–13. Jh.)

6316 Bruchsteinfundament

Das 0,35 m breite Fundament weist an der Ostseite eine saubere Mauerkante auf. Es liegt am Ausbruch der Immunitätsmauer und wirkt wie eine Abmauerung des Ausbruchs. Es dürfte entweder im Zusammenhang mit einem kleinen späteren Anbau an 6303–6305 oder bei einem ersten Umbau des Gebäudes, der vielleicht durch die unterschiedliche Fundamentierung von 6323 und 6304 deutlich wird, entstanden sein. Seine Flucht ist nicht identisch mit der von 6304, außerdem ragt es klar über die Nordwand des Gebäudes 6305 hinaus nach Norden.

Stratigraphischer Bezug: unter 6301; zieht gegen 6302.

Dokumentation: F 1, 7; Fo 3, 5, 13–17; Beil 55.

Datierung: Hochmittelalter (10.–13. Jh.)

6317 Bruchsteinfundament

Das 3,50 m lange Fundament aus Sandsteinen ist etwa 1 m breit. Es zeigt sich, in etwa ausgehend vom Ende der Burgmauer 6316, nach Osten laufend. Zwischen beiden Mauerstücken liegt eine Schuttschicht, die – nach einem Foto geschätzt – mindestens 0,50 m stark ist. Die Südkante der Burgmauer liegt etwa an der Mitte von 6317, das Fundament ist also gegenüber 6302 nach Süden versetzt. Ob es den jüngeren Estrich des Gebäudes schneidet und damit zum Haus gehört oder ob es von diesem auch überlagert wird, ist der Dokumentation nicht zu entnehmen. Wenn das Fundament zum Haus gehört, könnte es der Rest einer ersten Nordwand vor 6305, aber auch ein größerer Einbau gewesen sein. Als früherer Bau käme 6317 nur als Abschnitt der Burgmauer in Betracht. Diese wäre unmittelbar vor dem Ansatz von 6317 nach Süden versprungen und nicht gebogen, was eindeutig auszuschließen ist.

Stratigraphischer Bezug: schneidet 6408, 6425.

Dokumentation: F 6; Fo 22–23, 38–40, 44–46; Beil. 55; Abb. 204, 206.

Datierung: Hochmittelalter (10.–13. Jh.)

6318 Pfostengrube

Die große Grube mit annähernd 1 m Durchmesser erscheint bereits auf der ersten Flächenzeichnung. Sie ist nur 0,15 m unter 6409 eingetieft. Mit einiger Sicherheit ist sie daher jünger als die Masse der sonst freigelegten Pfostengruben. Die Grube enthält die Spuren von zwei Pfosten. Sie schneidet einen weiteren Pfosten an der Westseite.

Dokumentation: F 1–3; P 49; Fo 37, 71.

6319 Fundament

Das Mauerstück fehlt in der zeichnerischen Dokumentation und ist nur auf einem Detailfoto überliefert. An diesem ist die Lage nicht zu erkennen. Es liegt über den unteren Kulturschichten. Der Schutt seiner Ausbruchgrube ist darüber sichtbar. Es besteht aus Sandsteinen, die unterste Lage aus größeren Flußkieseln. Es könnte sich um den fehlenden Mauerzug des frühneuzeitlichen Gebäudes zwischen dem Fundament 6310 und der Immunitätsmauer 6301 handeln. Dies ist die einzige Stelle, die auf den Übersichten Fo 44–45 nicht einsehbar ist.

Stratigraphischer Bezug: über 6408.

Dokumentation: Fo 36.

Datierung: spätes Mittelalter/frühe Neuzeit (13.–16. Jh.)

6320 Herd/Ofen

Am Ostprofil liegt unter dem Laufhorizont 6398 ein fast 2 m langer Brandhorizont, der die Verfüllung einer an der Sohle etwa 1,25 m breiten Grube darstellt. Die stark verziegelte Verfüllung überlagert 6400. Der darunterliegende Laufhorizont wird an der Nordseite von der Grube/Ausbruchgrube geschnitten, an der Südseite scheint er bis in die Brandschichten hineinzuziehen. Der durch starken Holzkohleanteil geprägte Laufhorizont 6401 könnte die Oberfläche zur Zeit der Nutzung von 6320 gewesen sein. Unter dem Befund liegt die Wallschicht 6402. Neben dem verziegelten Boden finden sich zahlreiche Bruchsteine in der Verfüllung. Daher dachte man zuerst an einen zerstörten Abschnitt der Burgmauer, die sonst am Ostprofil fehlte. Ein Suchschnitt zum Grabungsende ergab aber, daß es sich um eine Ofenanlage gehandelt hat. Der genau 1 m breite Kernbereich ist im Osten gerundet und in die „untere Holzkohlschicht", d. h. den Laufhorizont 6401 eingetieft gewesen. Die westliche Hälfte der Anlage fiel bereits dem Ausbaggern bei Grabungsbeginn zum Opfer.

Stratigraphischer Bezug: unter 6398, 6399; über 6402; schneidet 6401.

Dokumentation: F 10; P 2; Fo 63; Beil. 55; Abb. 175.

Datierung: Hochmittelalter (10.–13. Jh.)

6321 Grube

Die viereckige, mit dunkelbraunem Material verfüllte Grube liegt an der Schnittstelle der Gräben 6322/6324. Sie ist nur gering unter die Unterkante von 6409 eingetieft. Am Ostprofil zeigt sie sich im Bereich von 6309 ebenfalls als 0,85 m breite dunkle Verfärbung.

Stratigraphischer Bezug: unter 6408; schneidet 6409.

Dokumentation: F 2–3; P 21; Fo 37, 62, 71; Beil. 47.

Datierung: vorgeschichtlich

6322–6325 Gräben

6322–6324 sind schmale, 0,20–0,25 m breite Gräbchen, die 0,15 m (6325) bis 0,35 m (6324) unter das Niveau von 6409 (= Planum) reichen. Da das Niveau der Kulturschicht ansteigt, liegt die Höhe der Unterkante der Gräben relativ gleich bei 56,90–57 m üNN. Die Gräben 6325–6326 verlaufen wie alle anderen Gräben von Nordwest nach Südost und weisen die typischen Spuren von kleinen Pfosten oder Brettern auf. 6323 überlagert 6224, das in seiner Flucht etwas abweicht. Die grobe stratigraphische Einordnung, unter 6408 und im unteren Bereich von 6409 ansetzend, ist allen gemeinsam. Die Verfüllung war kaum von 6409 zu trennen. Sie gehören damit sicher der Kaiserzeit an. Auch der mit 0,40 m breitere quer von Nord nach Süd verlaufende Graben 6224 steht in diesem Zusammenhang. Dieser ist ebenfalls über 0,30 m in 6409 eingetieft, liegt an seiner Schnittstelle im äußersten Süden des Ostprofils aber bereits bei 57,30 m üNN.

Stratigraphischer Bezug: unter 6408; schneidet 6410.

Dokumentation: F 2–3; P 2; Fo 71; Beil. 47; Abb. 161, 175.

Datierung: vorgeschichtlich

6326–6328 Gräben

Die Gräben 6326/6327 sind relativ breit. Sie verlaufen parallel zu 6325 und im annähernd rechten Winkel zu 6322, einem ebenfalls breiten Graben. Auf einem schmalen, östlich von 6322 und nördlich des Fundaments 6309 erhaltenen Streifen der kaiserzeitlichen Stratigraphie erscheinen sie nicht, was ein Auslaufen an 6322 und damit eine Zugehörigkeit zu einem Gebäude bedeuten könnte. Am Ostprofil wären sie wegen des bereits einsetzenden Burggrabens 6415 nicht zu erfassen gewesen. Der kleine Graben 6328 wird von beiden geschnitten.

Stratigraphischer Bezug: schneidet 6410.

Dokumentation: F 2–3; Beil. 47.

Datierung: vorgeschichtlich

6329 Brandhorizont

In der Südwestecke der Parzelle liegt im Bereich von 6409 stark verziegelter Sand oder Lehm. Ob dieser Horizont mit dem Brand eines Gebäudes, in dem Fall wohl vor 6433/6434, zu erklären ist, oder ob sich unter dem Südprofil ein kaiserzeitlicher Herd oder Ofen verbirgt, ist nicht zu klären.

Stratigraphischer Bezug: unter 6408; über 6410; gehört zu 6409.

Dokumentation: F 3, P 1; Beil. 47, 56.

Datierung: vorgeschichtlich

6331–6334 Gräben

Weitere, relativ schmale Gräbchen sind in der Westhälfte der Fläche dokumentiert. 6331/6334 verlaufen von West nach Ost, die beiden anderen dazu im rechten Winkel von Nord nach Süd. Die Ausrichtung entspricht 6224–6225, die – aus der Nachbarparzelle kommend – auch dieses Grundstück durchlaufen. Die Tiefe der Gräben liegt nur 0,10 m unter der des Planums im Bereich von 6409. Die Umgebung der Gräben weist an der südlichen Seite Brandspuren auf, die sich auch in der Fläche und am Südprofil abzeichnen.

Stratigraphischer Bezug: unter 6408; schneidet 6410.

Dokumentation: F 3; Beil. 47.

Datierung: vorgeschichtlich

6335–6340 Pfostengruben

Es handelt sich um weitere Gruben neben 6318 in der Südwestecke der Fläche. 6335–6336 sind zwei kleine Pfostenspuren mit 0,12–0,15 m Durchmesser unter dem Fundament 6309. 6337–6339 schneiden die Gräben 6323–6325, während 6340 vom Graben 6326 geschnitten wird. Bei den schneidenden Pfosten kann ein Zusammenhang mit den Gräben als Fundamentgräben nicht ausgeschlossen werden, als verstärkender Zwischenpfosten oder als Abschluß wie bei 6339 am westlichen Ende des Grabens 6324. Ob alle Gruben unter 6408 liegen und damit kaiserzeitlich sind, ist nicht sicher.

Stratigraphischer Bezug: schneidet 6409/6410.

Dokumentation: F 3; Beil. 47.

6341–6346 Pfostengruben

Die Spuren dieser Pfosten schneiden in den Laufhorizont 6425 ein, liegen aber unter den Füllschichten des Gebäudes. Sie gehören also zum Steinbau 6303–6305. 6443–6446 liegen im Süden des Gebäudes dicht beieinander. Der Durchmesser der kleineren Pfosten beträgt 0,25–0,35 m. Sie sind 0,05–0,30 m unter die Oberkante des Fußbodens eingetieft.

Stratigraphischer Bezug: unter 6421; schneidet 6425.

Dokumentation: F 1; Fo 40–45; Beil. 55; (Abb. 204).

Datierung: Hochmittelalter (10.–13. Jh.)

6347 Grube

Die über 1 m breite Grube mit ausgefransten Rändern schneidet den Fußboden 6425 und die darüberliegende Verfüllung der ersten Nutzungsphase des Steingebäudes. Sie ist wannenförmig und bis zu 0,55 m tief unter 6425 eingetieft.

Stratigraphischer Bezug: unter 6412; schneidet 6425.

Dokumentation: F 1; Fo 40, 44–45; Beil. 55.

Datierung: Hochmittelalter (10.–13. Jh.)

6348–6362 Pfostengruben

Sämtliche Gruben liegen östlich des Fundaments 6304. An dieser Stelle ist der ältere Laufhorizont 6425 des Gebäudes gekappt, da er stark ansteigt. Die Gruben schneiden auf der Flächenzeichnung also bereits in den Boden ein, der unter dem Fußboden ansteht und zwar deutlich unter dem Niveau der kaiserzeitlichen Kulturschichten 6409–6410. Die klar erkennbaren Konturen der Pfostengruben mit deutlichen schwarzen Holzspuren sowie die Ausrichtung der Pfostenreihen 6349–6354, 6359–6362 und 6355–6358 lassen eher an einen Zusammenhang mit dem hochmittelalterlichem Steinbau denken. Die Grube 6368, die ebenfalls in diesem Bereich dokumentiert ist, wird aber vom Fundament 6304 geschnitten, ist also älter als der Steinbau. Es muß sich um eine sehr tiefe kaiserzeitliche Grube gehandelt haben, die identisch mit 6369 an der Westseite des Fundaments sein könnte. Das Niveau der Pfosten ist unterschiedlich: 6355 und 6449, die auch vom Umfang her die größten Gruben sind, liegen mit ihrer Unterkante bei 0,50 m unter dem Fußboden, damit bei etwa 55,60 m üNN.

Stratigraphischer Bezug: schneidet anstehenden Boden.

Dokumentation: F 1; Fo 40–45; Beil. 55.

Datierung: Hochmittelalter (10.–13. Jh.)

6364–6381 Gruben

Gruben und Pfostengruben in der Westhälfte der Fläche. Sie werden teilweise von den Gräben geschnitten, andere schneiden wiederum die Gräben. Einige werden der Besiedlung in der Kaiserzeit zugehören, andere den mittelalterlichen Komplexen. Das stratigraphische Verhältnis zu 6408 wurde an keiner Stelle deutlich.

Dokumentation: F 3; Fo 44–45; Beil. 47.

6382 Füllschicht

Schuttschicht. Verfüllung des nach dem Krieg abgebrochenen Kellers zwischen den Fundamenten 6308/6310 über dem Fußboden 6383. Südlich von 6382 liegt über der dunkleren Auffüllung 6384 eine hellere Schuttschicht, die 6382 entspricht. Gleichzeitig war 6382 damit Geländeoberfläche bei Grabungsbeginn. Höhe 58,70 m üNN.

Stratigraphischer Bezug: über 6383; zieht gegen 6308.

Dokumentation: P 2; Fo 63; Abb. 175.

Datierung: Neuzeit allgemein

6383 Boden

Zwei Lagen Backsteine bilden den Fußboden des Kellers der nach 1945 abgerissenen Küsterei. Die Steine setzen unmittelbar über dem Mauerbankett von 6308 ein. Die Steine sind nur anskizziert. Dem Foto zufolge ist es unwahrscheinlich, daß es sich um den ursprünglichen Fußboden des Gebäudes handelte (Industrieziegel). Die Höhe der Oberkante lag bei 57,94 m üNN.

Stratigraphischer Bezug: unter 6384; über 6308, 6382.

Dokumentation: P 2; Fo 63; Abb. 175.

Datierung: Neuzeit allgemein

6384 Schuttschicht

Schicht aus Sand und zahlreichen Steinen, die an der Nordhälfte des Ostprofils und im Westteil des großen Südprofils sichtbar wird. Vermutlich stammt sie aus der Zeit unmittelbar vor der Errichtung des neuen Gebäudes um 1500. Für diesen Bau mußte die Immunitätsmauer abgerissen werden. Die Schicht liegt über der Ausbruchgrube und unter dem Fußboden 6383.

Stratigraphischer Bezug: unter 6383; über 6384.

Dokumentation: P 2; Fo 63; Abb. 175.

Datierung: spätes Mittelalter/frühe Neuzeit (13.–16. Jh.)

6385 Grube

Die mit Schutt gefüllte Grube reicht bis zu 0,95 m unter den Fußboden 6383. Der Schutt gleicht 6384. Sie dürfte im Zusammenhang mit dem Neubau des Gebäudes um 1500 zu sehen sein.

Stratigraphischer Bezug: unter 6383; schneidet 6387.

Dokumentation: P 2; Fo 63; Abb. 175.

Datierung: frühe Neuzeit (ca. 1500–1700)

6386–6393 = 6415 Schichtpaket

Die Schichten des verfüllten Burggrabens 6415 wurden an drei Stellen angeschnitten. Es zeigt sich der typische Wechsel zwischen hellen Planierungen und dunklen Schwemmschichten (6389/6388/6386). Vereinzelt sind im Bereich der unteren dunklen Schwemmschicht 6389 Plaggenstücke (6391) zu erkennen. Diese scheinen in den Graben abgerutscht zu sein. Auffallend ist, daß zumindest im Bereich des Grabenabfalls unter der dunklen Schwemmschicht noch helleres Material 6390/6392 liegt. Die Unterkante des Grabens ist an keiner Stelle vollständig erfaßt worden. Die tiefste Stelle der unteren Schwemmschicht liegt am Nordprofil gerade verlaufend bei 55,30 m üNN. Sie steigt bis zur Grabenkante auf 57,50 m üNN an. Der Graben schneidet wiederum in die graue Kulturschicht des 9. Jahrhunderts (6408) ein. Über der oberen Schwemmschicht 6386 liegt mit 6393 eine weitere Schicht, in der sich die höchste Verfüllung des Grabens mit weiteren Planierungen für die Errichtung der Immunitätsmauer 6301 vermischt. Die Höhe der Unterkante der Mauer liegt bei 57,60 m üNN. Da sie hier noch relativ nahe am südlichen Grabenrand liegt und nicht wie an der Ostseite der Domburg in der Mitte, greift sie noch erheblich in die Wallschichten ein.

Stratigraphischer Bezug: unter 6301; schneidet 6408; gehört zu 6415.

Dokumentation: P 2–5; Fo 63, 65–67; Abb. 175.

Datierung: Mittelalter allgemein

6394 Schicht

6394 sind Aufschüttungen im Außenbereich des Gebäudes um 6308. Der mittlere Abschnitt weist einen hohen Sandanteil auf, der südliche Teil mehr Steinschutt. Im Norden liegt eine mit dunklem Material verfüllte Grube, die auf der Profilzeichnung nicht dokumentiert war.

Stratigraphischer Bezug: unter 6382; über 6396.

Dokumentation: P 2; Fo 62–64; Abb. 175.

Datierung: frühe Neuzeit (ca. 1500–1700)

6395 Brandhorizont

Im Bereich des Laufniveaus 6396 liegt nahe an 6308 ein 0,10–0,15 m starker Brandhorizont auf einer Länge von 1,50 m.

Stratigraphischer Bezug: unter 6394; über 6397.

Dokumentation: P 2; Fo 62; Abb. 175.

Datierung: spätes Mittelalter/frühe Neuzeit (13.–16. Jh.)

6396 Laufhorizont

Der nur 0,02–0,04 m breite, markante schwarze Streifen bietet sich als Laufhorizont im Außenbereich des Küsterhauses an. Das Niveau liegt jedoch bei etwa 58,40 m üNN, also kaum 0,50 m über dem des Kellerfußbodens 6383. Vermutlich liegt das Niveau des Erdgeschosses im Ostteil der Küsterei deutlich höher und war durch einige Stufen zu erreichen.

Stratigraphischer Bezug: unter 6394; über 6397.

Dokumentation: P 2; Fo 62; Abb. 175.

Datierung: frühe Neuzeit (ca. 1500–1700)

6397 Schicht

Die 0,30–0,40 m starke Schicht aus braun-hellbraunem Material, vermischt mit Holzkohlestippen und einigen kleineren Steinen, diente zur Erhöhung des Geländes. Sie wird von 6308 geschnitten, gehört also in die Zeit der Nutzung bzw. der Aufgabe des spätmittelalterlichen Gebäudes 6312–6314.

Stratigraphischer Bezug: unter 6396; über 6396; geschnitten von 6417.

Dokumentation: P 1–2; Fo 61–63; Abb. 175.

Datierung: spätes Mittelalter/frühe Neuzeit (13.–16. Jh.)

6398 Laufhorizont

0,01–0,02 m dünner Streifen, der über der mit Brandschutt verfüllten Ausbruchgrube von 6320 auf eine Breite von 0,05 m ansteigt. Auch darüber liegen im Bereich 6399 noch einige Bruchsteine. Höhe bis 58 m üNN.

Stratigraphischer Bezug: unter 6397, 6399; über 6400, 6320.

Dokumentation: P 1–2; Fo 63; Beil. 59; Abb. 175.

Datierung: Hochmittelalter (10.–13. Jh.)

6399 Abbruchschicht

Heller, mit plattigen Sandsteinen vermischter Sand liegt über der Brandgrube 6320 am Ostprofil.

Stratigraphischer Bezug: unter 6397; über 6398.

Dokumentation: P 2; Fo 63; Abb. 175.

Datierung: Hochmittelalter (10.–13. Jh.)

6400 Schicht

Die 0,25 m starke Schicht besteht aus braunem im oberen Bereich auch hellbraunem sandigem Material 6400a. Sie enthält kaum Steinschutt. Die Ränder der mit Brandschutt verfüllten Ausbruchgrube von 6302 überlagerten das Schichtpaket.

Stratigraphischer Bezug: unter 6498; über 6401.

Dokumentation: P 1–2; Fo 62–64; Beil. 56; Abb. 175.

Datierung: Hochmittelalter (10.–13. Jh.)

6401 Laufhorizont

0,02–0,06 m starker, intensiv schwarzer Streifen mit Holzkohleanteil. Das Laufniveau wird von der Ausbruchgrube von 6320 geschnitten. Trotzdem dürfte es der Horizont aus der Nutzungszeit des Ofens sein. Die darunterliegende Schicht 6402 gehört bereits zum Wall der früheren Befestigung. Höhe 57,70–57,80 m üNN.

Stratigraphischer Bezug: unter 6400; über 6402.

Dokumentation: F 10, P 1–2; Fo 62–64; Beil. 55, 56; Abb. 175.

Datierung: Hochmittelalter (10.–13. Jh.)

6402 Schicht

Wallaufschüttung. Die bis zu 0,35 m starke Schicht gehört zum unteren Bereich, der ansonsten fast komplett gekappten Wallschüttung. Am Ostprofil läuft sie nach einer Länge von 3,50 m aus. Rechnet man die Breite des Fundaments 6308 und den Abstand bis zum Grabenansatz hinzu, so wären Wall und Berme hier nur knapp 5 m breit gewesen. Am Südprofil, das noch 0,5 m tiefer nach Süden liegt, zeigen sich stellenweise auch wieder Wallschüttungen, die vom Abrutschen des Walls nach innen stammen dürften. Die Reste von 6402, die man bei Anlage der neuen Oberfläche mit dem Laufhorizont 6401 stehen ließ, gleichen den Niveauunterschied der frühmittelalterlichen Schichten, die von Nord nach Süd deutlich anstiegen, aus.

Stratigraphischer Bezug: unter 6302, 6401; über 6403, 6408.

Dokumentation: P 1–2; Fo 62–64; Beil. 56; Abb. 175.

Datierung: Hochmittelalter (10.–13. Jh.)

6403 Planierschicht

Die dünne helle Planierschicht ist nur stellenweise sichtbar. Sie gleicht der an anderen Stellen der Domburg vorgefundenen Grundplanierung für die Befestigung.

Stratigraphischer Bezug: unter 6402; über 6404.

Dokumentation: P 1–2; Fo 62–64; Beil. 56; Abb. 175.

Datierung: Frühmittelalter

6404 Laufhorizont

Stellenweise zeigt sich über der Oberfläche des 9. Jahrhunderts wieder ein dünner Streifen, der für eine Nutzung des Geländes nach der fränkischen Eroberung, etwa im Zusammenhang mit dem Bau der Befestigung oder unmittelbar davor stand. Dort wo keine Wallschichten sichtbar sind, weil sie komplett gekappt waren, liegt auch der spätere Laufhorizont 6401 unmittelbar auf 6408 auf. An der Südecke des Ostprofils laufen beide Laufhorizonte zusammen. Dies ist auch durch das ansteigende Niveau von 6408 bedingt. Höhe von 6404 bei 57,45–57,75 m üNN.

Stratigraphischer Bezug: unter 6402, 6403; über 6408.

Dokumentation: P 1–2; Fo 62–64; Beil. 56; Abb. 175.

Datierung: Frühmittelalter

6405–6407/6411/6416 Gruben

Kleinere, 0,10–0,20 m breite Gruben am Ostprofil, die unterhalb von 6408 in die jüngere Kulturschicht der Kaiserzeit 6409 einschneiden. Bei den Gruben 6405–6407 handelt es sich um die Profilansicht der Fundamentgräbchen 6323–6325. 6416 am Südprofil ist etwas breiter, gehörte in den gleichen stratigraphischen Zusammenhang.

Stratigraphischer Bezug: unter 6408; schneidet 6409.

Dokumentation: P 2; Fo 62; Abb. 175.

Datierung: vorgeschichtlich

6408 Alte Oberfläche

Dunkelgraue Schicht und sogenannte Oberfläche der Karolingerzeit, die im Bereich der Parzelle 2–3 wieder sehr einheitlich erscheint. Höhe der Oberkante am Ostprofil bei 57,25–57,75 m üNN, nach Westen zum Tor fällt das Gelände auf 6 m Länge bis auf 57 m üNN ab.

Stratigraphischer Bezug: unter 6404; über 6409.

Dokumentation: F 2; P 1–2; Fo 62–64; Beil. 56; Abb. 175.

Datierung: Frühmittelalter

6409 Kulturschicht

Hellgraue Kulturschicht der jüngeren Kaiserzeit. Die Oberkante liegt von Nord nach Süd ansteigend bei 57–57,45 m üNN. Wie an anderen Stellen ist sie nicht immer deutlich von 6408 und auch von 6410 zu unterscheiden. Einige Pfostengruben 6405–6407, 6411, 6416 die Grube 6412 und die Brandschicht 6329 im Westen des Südprofils können ihr sicher zugeordnet werden. Für einige der Gruben und Pfostengruben auf dem zweiten/dritten Planum ist das gleiche wahrscheinlich, aber nie sicher.

Stratigraphischer Bezug: unter 6408; über 6410; geschnitten von 6405–6407, 6411.

Dokumentation: P 1–2; Fo 62, 64; Beil. 47, 56; Abb. 175.

Datierung: vorgeschichtlich

6410 Kulturschicht

Gelbgraue, schwach sichtbare Kulturschicht der älteren Kaiserzeit mit unregelmäßigen Übergängen zum anstehenden Boden; ihr kann mit 6414 ein deutlicher Pfosten zugeordnet werden. Höhe der Oberkante: 56,70 m üNN im Norden bis 57,40 m üNN im Süden. Die Unterkante liegt bei bis zu 56,55 m üNN im Norden am Ansatz des Grabens und bei 57,30 m üNN im Süden.

Stratigraphischer Bezug: unter 6409; über anstehendem Boden.

Dokumentation: P 1–2; Fo 62, 64 Beil. 56; Abb. 175.

Datierung: vorgeschichtlich

6414 (6413) Pfostengrube(n)

0,25 m breite Pfostengrube mit leicht gerundeter Sohle, die in die ältere Kaiserzeit gehört. Die Unterkante liegt bei 56,95 m üNN. 6413 könnte in den gleichen Zusammenhang gehören.

Stratigraphischer Bezug: unter 6409; schneidet 6410.

Dokumentation: P 2; Fo 62; Abb. 175.

Datierung: vorgeschichtlich

6415 Pfostengrube

Grube oder Pfostengrube, die an der Ostecke des Südprofils angeschnitten wurde. Sie schneidet 6408 und liegt unter dem bereits hochmittelalterlichen Laufhorizont 6401. Unterkante bei 57,20 m üNN.

Stratigraphischer Bezug: unter 6401; schneidet 6408.

Dokumentation: P 1; Fo 64; Beil. 56.

Datierung: Mittelalter allgemein

6417–6418 Gräben

Die zwei tiefen Gräben begrenzen einen Bereich, der bis zur Höhe von 6398/6400 mit Bauschutt bis unter die jüngste Schuttschicht 6382 verfüllt ist. 6417 schneidet bereits 6494. 6418 ist vom Ausgräber als Graben für ein Abflußrohr gekennzeichnet und auch am Grund von 6417 weist ein Bleirohr auf eine Wasserleitung hin. Warum der gesamte Bereich von über 4 m zwischen beiden Gräben tiefer gestört und mit Schutt verfüllt ist, bleibt offen.

Stratigraphischer Bezug: unter 6382; schneidet 6395.

Dokumentation: P 1; Fo 64; Beil. 56.

Datierung: Neuzeit allgemein

6419 Schuttschicht

Brauner Sand, Lehm und zahlreiche Bruchsteine sind im Bereich westlich von 6417 angefüllt. Dabei wurde in die bestehenden Bodenschichten eingegriffen.

Stratigraphischer Bezug: unter 6382; über 6398.

Dokumentation: P 1; Fo 64; Beil. 56.

Datierung: Neuzeit allgemein

6420 Füllschicht

Oberer Abschnitt der Verfüllung des Gebäudes 6303–6305. Überwiegend Steinschutt, der vermutlich vom Abbruch des Gebäudes stammt, vermischt mit Sand.

Stratigraphischer Bezug: unter 6498; über 6421, 6307.

Dokumentation: P 1; Fo 47–48; Beil. 56; Abb. 203.

Datierung: Hochmittelalter (10.–13. Jh.)

6421 Füllschicht

Unterer Abschnitt der Verfüllung des Gebäudes 6303–6305. Eine feste braune, mit Steinen vermischte Lehmpackung zieht auch über die abgebrochenen Fundamente 6303 und 6304 des Gebäudes, nicht jedoch über das gerundete Fundament 6307.

Stratigraphischer Bezug: unter 6420; über 6303–6304, 6422.

Dokumentation: P 1; Fo 47–48, Beil. 56; Abb. 203.

Datierung: Hochmittelalter (10.–13. Jh.)

6422 Estrich

Laufhorizont bzw. Fußboden im Inneren des Gebäudes 6303–6305. Der 0,02–0,05 m starke Streifen konnte flächig freigelegt werden. Er steigt innerhalb des Gebäudes von Ost nach West deutlich an: 56,40–56,70 m üNN.

Stratigraphischer Bezug: unter 6421; über 6423; zieht gegen 6303.

Dokumentation: P 1; Fo 47, 22–24; Beil. 56; Abb. 203–204.

Datierung: Hochmittelalter (10.–13. Jh.)

6423 Bettung

Einige in Sand gesetzte Steine dienten wohl als Unterfütterung für den neuen Fußboden 6422 des Gebäudes.

Stratigraphischer Bezug: unter 6422; über 6424; zieht gegen 6303.

Dokumentation: P 1; Fo 47; Beil. 56; Abb. 203.

Datierung: Hochmittelalter (10.–13. Jh.)

6424 Füllschicht

Die bis zu 0,35 m starke, braun-gelbliche Schicht liegt zwischen dem ersten Fußboden 6425 und dem zweiten 6422 des Gebäudes 6303–6305. Im Westen ist sie deutlich brandbeeinflußt.

Stratigraphischer Bezug: unter 6423; über 6425.

Dokumentation: P 1; Fo 48; Beil. 56; Abb. 203.

Datierung: Hochmittelalter (10.–13. Jh.)

6425 Estrich

Fußboden am Grund des Gebäudes 6303–6305. Der ca. 0,05 m starke Horizont steigt von Ost (56 m üNN) nach West (56,40 m üNN) rampenähnlich an. Nach Norden fällt er erwartungsgemäß leicht ab. In der Fläche ist er wegen der Höhenunterschiede nicht vollständig erfaßt worden, so daß auch der Zusammenhang mit dem in seiner Funktion nicht zu bestimmenden Fundament 6317 nicht geklärt werden kann. Einiges spricht dafür, daß das Haus im Norden auch ursprünglich bis auf 6305 lief, so auch die Höhe der Türschwelle an 6303, die im Niveau zum unteren Fußboden paßt. Das Fundgut aus dem Bereich des unteren Fußbodens legt eine erstaunlich frühe Datierung des Gebäudes deutlich vor dem 12. Jahrhundert nahe. Möglich ist, daß der Fußboden zunächst zu einem ersten Gebäude mit 6304 gehört hat und bei der Erneuerung mit 6303 weiter genutzt worden ist. So könnte auch das unterschiedliche Niveau des Fußbodenanschlusses an die beiden Fundamente erklärt werden.

Stratigraphischer Bezug: unter 6424; zieht gegen 6303/6304.

Dokumentation: P 1; Fo 44–47; Beil. 56; Abb. 203.

Datierung: Hochmittelalter (10.–13. Jh.)

6426–6427 Gruben

Zwei relativ gleiche, 0,50–0,60 m breite Gruben liegen im Bereich des Gebäudes 6303–6305 am Südprofil. Sie schneiden den jüngeren Fußboden 6422. Ihre Verfüllung war identisch mit der unteren Verfüllung 6421 des Gebäudes.

Stratigraphischer Bezug: unter 6420; schneidet 6422.

Dokumentation: P 1; Fo 47; Beil. 56.

Datierung: Hochmittelalter (10.–13. Jh.)

6428 Planierschicht

Über 6421 liegt westlich von 6307 eine Planierschicht von 0,10–0,12 m Stärke.

Stratigraphischer Bezug: unter 6433, 6309; über 6429, 6421; zieht gegen 6307.

Dokumentation: P 1; Fo 48; Beil. 56.

Datierung: Hochmittelalter (10.–13. Jh.)

6429 Schicht

Graue Schicht mit starkem Holzkohleanteil über 6304 und über 6431. Die Deutung als obere Verfüllung der Grube 6431 ist nicht gesichert.

Stratigraphischer Bezug: unter 6428; über 6304, 6430.

Dokumentation: P 1; Fo 47; Beil. 56.

Datierung: Hochmittelalter (10.–13. Jh.)

6430 Füllschicht

Dunkelgrau-schwarze Verfüllung der Grube 6431.

Stratigraphischer Bezug: unter 6429; gehört zu 6431.

Dokumentation: P 1; Beil. 56.

Datierung: Mittelalter allgemein

6431 Grube

Mindestens 1 m breite Grube, deren östlicher Rand von 6304 geschnitten scheint. Andererseits zieht die Verfüllung eher über den Ausbruch des Fundaments 6304. Es könnte sich also um eine Grube im Außenbereich des hochmittelalterlichen Gebäudes, wahrscheinlicher aber um ein Grubenhaus vor dem Steinbau gehandelt haben.

Stratigraphischer Bezug: unter 6429; schneidet 6408.

Dokumentation: P 1; Beil. 56.

Datierung: Mittelalter allgemein

6432 Schicht

Braungelbe Schicht mit größeren Holzkohlestücken, die in der Südwestecke der Fläche über 6408 liegt. Sie wird von 6309 geschnitten und zieht nach der Profilzeichnung unter 6428. Damit ist sie erheblich älter als 6433 auf der Ostseite von 6309 auf nur unwesentlich höherem Niveau. Denkbar ist, daß es sich um eine Wallschicht handelt. Die tiefdunklen Holzkohlestücke könnten auch Plaggenreste sein. Höhe der Oberkante ca. 57,30 m üNN.

Stratigraphischer Bezug: unter 6482; über 6408.

Dokumentation: P 1; Beil. 56.

Datierung: Mittelalter allgemein

6433 Schicht

Die bis zu 0,45 m starke graue Schicht setzt wie 6428 westlich von 6307 an und zieht bis über 6304 an 6309. Sie liegt damit zwischen den Füllschichten des Gebäudes 6421 und 6420; ein Bereich, zu dem auch 6428 und die Aufgabe des Fundaments 6307 zu gehören scheinen.

Stratigraphischer Bezug: unter 6420; über 6428, 6307.

Dokumentation: P 1; Beil. 56.

Datierung: Hochmittelalter (10.–13. Jh.)

6434 Schwelle

Eingangssituation in das Gebäude 6303–6305. Die Schwelle mit der Spur eines Balkens und einigen Steinplatten ist an der Nordseite von 6303 zu erkennen. An der Südseite der Schwelle ist die Mauerkante sehr scharf. Der Eingang ist gleichzeitig mit dem Fundament entstanden.

Stratigraphischer Bezug: gehört zu 6303.

Dokumentation: F 1; Fo 56–61; Beil. 55; Abb. 205.

Datierung: Hochmittelalter (10.–13. Jh.)

6502 Bruchsteinfundament

Burgmauer. Auf der gesamten Länge der Grabungsfläche an der Nicolaikapelle von 45 m wurden nur an zwei kleinen Stellen östlich der Kapelle und westlich des Gebäudes 6541–6543 Teilstücke der alten Burgmauer freigelegt. Obgleich es sich um die untersten auch bereits verrutschten Lagen handelt, scheint die Interpretation als Burgmauer durch ihre Lage unmittelbar südlich des Plaggenwalls 6567 gesichert. Ihre Nordseite ist mit einem Absacken des Walls ebenfalls nachgerutscht. Die Breite liegt bei 1,55–1,60 m. Die Unterkante wurde nicht eingemessen. Sie liegt deutlich etwa 0,30 m über der hier freigelegten Wallschicht 6568, die bei 58,54 m üNN liegt.

Stratigraphischer Bezug: über 6566/6568; geschnitten von 6541, 6509 ff.

Dokumentation: F 1; Fo 8–19; Beil. 52; Abb. 179, 182.

Datierung: Hochmittelalter (10.–13. Jh.)

6503 Bruchsteinfundament

Strebepfeiler der Kapelle an deren Nordwestecke. Der etwa 1,70 m lange Pfeiler war bei Grabungsbeginn 1959 noch drei Stockwerke hoch erhalten. Im oberen Bereich überwiegen sauber beschlagene Sandsteinblöcke, unten sind auch plattige Sandsteine verwendet worden. An den Etagengrenzen sind Wasserrinnen angebracht. Durch eine deutliche Fuge im Mauerwerk ist der Pfeiler von der südlich anschließenden Mauersubstanz getrennt. Hier verbirgt sich auch der Verlauf der ehemaligen Immunitätsmauer, der auf dem Grundstück des Küsterhauses noch sichtbar war. Im Osten schließt die Kapelle an. Der Pfeiler, der auch in die Ostseite des Küsterhauses einbezogen wurde, steht auffallend schräg zum Verlauf der Westseite der Kapelle, die ihrerseits schräg zum Verlauf der späteren Bebauung ausgerichtet gewesen ist.

Stratigraphischer Bezug: zieht gegen 6301.

Dokumentation: F 1; Fo 1/1959, 6–7, 23–27, 122–124; Beil. 64-65; Abb. 154–156, 231, 233.

Datierung: spätes Mittelalter/frühe Neuzeit (13.–16. Jh.)

6504 Fundament

Die Nordseite der Kapelle besteht im unteren Bereich aus Bruchsteinen. Dabei sind im Westteil plattige Sandsteine vorherrschend, im Osten ab dem zweiten Joch wurden auch größere Blöcke verwendet. Ab einer Höhe von schätzungsweise 1 m (weder ist eine Profilzeichnung vorhanden noch ist ein Maßstab auf den Fotos verwendet worden) verspringt das Fundament zurück nach Norden. Auf Höhe des Vorsprungs sind am Ansatz der Jochbögen jeweils Dienste angebracht. Drei der kleinen Pfeiler zwischen dem ersten und zweiten Jochbogen, zwischen dem zweiten und dritten sowie derjenige am Ostabschluß wurden freigelegt. Ein vierter Pfeiler am Westabschluß wurde vermutlich schon beim Bau des neuzeitlichen Kellers abgenommen. Oberhalb der Dienste und des Banketts setzt sich das Mauerwerk in Backsteinen fort. Ab einer Höhe von zwei bis drei Lagen sind diese verputzt. Zwischen dieser Putzkante und dem Bankett lag das Fußbodenniveau der Kapelle. Nach dem Abriß der Kapelle diente 6504 auch als Grenzmauer bzw. Gartenmauer der Grundstücke an der Bogenstraße. Einige entsprechende Einbauten, unter anderem eine Gartenpforte, sind vorgenommen worden. Auch hier zeigt sich eine Putzkante, die erheblich über dem Fußboden der Kirche ansetzt und die die Höhe der Oberfläche seit dem 19. Jahrhundert markiert. Die Wand ist in Teilen noch heute erhalten. An der Westseite sind durch den Einbau eines Kellers nach Abriß der Kapelle die Backsteine erheblich tiefer gezogen und die Wand zusätzlich durch zwei (Licht-)Schächte 6514–6515, sowie durch den Fundamentblock 6530 gestört. Die Höhe des Banketts liegt dort bei 58,90 m üNN, im Osten bei 59,06 m üNN. Die Unterkante des Fundaments wurde nur an einem Suchschnitt freigelegt, jedoch nicht nivelliert. Sie liegt bei weit unter 57 m üNN, vermutlich unter 56,50 m üNN, immerhin steht die Mauer über dem alten Graben der Domburg. Ihr Verlauf nimmt den der Immunitätsmauer auf. Gegenüber dem Verlauf auf dem Nachbargrundstück dürfte er leicht nach Norden verschoben sein, denn das Fundament läuft auch gegen den Strebepfeiler 6503, der nördlich von 6301 ansetzt. Da die Immunitätsmauer kaum tief fundamentiert war, dürften sich im Mauerwerk keine Reste der Grenzmauer erhalten haben. Die Backsteine und die Form der Dienste sprechen ebenso wie die von Geisberg erarbeitete Datierung der Fenster aus den Abbildungen und des Abdrucks des großen Westfensters am Küsterhaus sowie der Strebepfeiler für eine Zuweisung in die Spätgotik, die in Westfalen erstaunlich spät auftreten kann.

Stratigraphischer Bezug: gehört zu 6403; geschnitten von 6515–6516.

Dokumentation: F 1; Fo 6–7, 105–107, 126–127; Beil. 63–65; Abb. 226, 229, 233.

Datierung: spätes Mittelalter/frühe Neuzeit (13.–16. Jh.)

6505 Fundament

Westwand der Kapelle. Das Fundament bestand aus plattigen Sandsteinen, die im Nordwesten der Kapelle mit 6504, der Nordseite, Verzahnungen aufwiesen. Der ursprüngliche Verlauf der Wand war nur noch auf knapp 1,50 m erhalten. Dann war der Bereich durch die massiven Fundamente 6534/6536 gestört. Im oberen Abschnitt war die Wand mit einem betonartigen Verputz versehen war (6537). Im aufgehenden Mauerwerk wurde die Westwand der Kapelle als Ostseite des Küsterhauses von Geisberg (II 1933, S.158ff.) ausführlich besprochen. Die Ostansicht der Westwand zeigt neben dem Strebepfeiler 6403 auch die Fuge des ehemaligen Verlaufs der Immunitätsmauer und als südlichen Abschluß den Anschluß der Südseite des Küsterhauses 6308. Die Westseite läßt anstelle dieser beiden Fundamentansätze die Fugen des zugesetzten Kirchenfensters erkennen. Westlich davon erstreckt sich die Grundstücksgrenze, die durch eine immerhin 2 m hohe Mauer gekennzeichnet ist. Die Grabungen haben entgegen den bisherigen Erkenntnissen erbracht, daß die Kapelle erheblich breiter war als vermutet und daß der angenommene Verlauf der Westwand nur die Breite eines nördlichen Seitenschiffs angibt. Insgesamt dürfte die Westwand und damit der Innenraum der Kapelle etwa 11 m breit gewesen sein. Bis zum Ansatz des Mittelschiffs, der dem Verlauf der Südseite des Küsterhauses entsprach, hat 6505 damit im Jahr 1933 noch gestanden. Bei dem überhängenden Fundament 6537 dürfte es sich also nicht um einen kompletten Neubau, sondern um eine Verblendung von 6505 handeln. Gegen die Annahme eines Abrisses von 6505 spricht auch, daß die bei Grabungsbeginn 1960 vom Putz befreite „Gartenmauer" im weiteren Verlauf nach Süden mit ihren Wasserrinnen und einem achteckigen Pfeileransatz stilistisch zu den anderen Teilen der Kapelle paßt. Der Befund wirft so einige Fragen für die Datierung und Funktion der Fundamente 6532–6536 auf, die unter 6537 ansetzen.

Stratigraphischer Bezug: über 6534–6536; schneidet 6304; geschnitten von 6308.

Dokumentation: F 1; Fo 1/1959, 6–7, 24–26, 122–124, 128, 132; Beil. 63–65; Abb. 154–157, 227, 229, 231.

Datierung: spätes Mittelalter/frühe Neuzeit (13.–16. Jh.)

6506 Bruchsteinfundament

Südseite der Kapelle. Der Westteil des Mauerwerks mit der Verbindung zur Westseite 6505 der Kapelle ist vollständig ausgebrochen worden. Nach 1,80 m setzt das erhaltene Fundament ein. Die Mauer ist 1,30 m breit, einschließlich eines breiten Banketts von 0,30 m. Es wechseln Sandsteinblöcke und Platten. Der Mauerversprung dürfte dem im Südteil entsprechen. Zumindest die ersten beiden Steinlagen darüber sind erhalten und bestehen nicht aus Backsteinen, sondern aus Sandsteinen. Die Höhe des Banketts liegt bei 59,26 m üNN und damit etwa 0,20–0,35 m über dem der Nordseite, was auf das generell ansteigende Gelände zurückzuführen ist. Nach 5,50 m zeigt sich eine klare Fuge, gleichzeitig verspringt der Mauerzug nach Süden. Die Art der Fundamentierung und auch deren Tiefe verändern sich nicht. Nach weiteren knapp 2 m bricht die tiefe Fundamentierung ab. Auf eine hohe Schuttschicht gesetzt folgt 6506c aus auffallend kleinen Bruchsteinen. Naheliegend ist es, hier einen zugesetzten nach Süden liegenden Anbau zu vermuten, mit dem auch schon 6506b in Verbindung gebracht werden könnte. Wahrscheinlich lag hier der Eingang, vielleicht eine Art Vorhalle. 6506c zieht über den Choransatz 6509. Die Unterkante des Fundaments wurde nicht erreicht. Erhalten ist es auf einer Höhe von 1,25 m. Die Tiefe der Fundamentierung ist erstaunlich. Im Westen wird wohl der Rest eines Dienstes an der Grenze zwischen erstem und zweitem Joch sichtbar. Im Osten sitzt der Pfeiler auf dem Chorfundament 6510 auf. Die Baugrube des Fundaments ist im Westen deutlich sichtbar und bis zu 0,40 m breit. Sie schneidet 6523.

Stratigraphischer Bezug: schneidet 6425, 6523.

Dokumentation: F 1; Fo 100–101, 108, 119–121; Beil. 63; Abb. 209, 234, 236.

Datierung: spätes Mittelalter/frühe Neuzeit (13.–16. Jh.)

6507 Bruchsteinfundament

Das Fundament liegt an der Schnittstelle von 6506 und 6509. Es wird von 6506c überzogen, verzahnt im oberen Bereich mit 6509. Es besteht aus unregelmäßigen kleineren Sandsteinen. Im unteren Bereich liegen einige größere Steine (6507b), unter anderem auch ein Findling. Ihre Lage entspricht der des Ansatzes von 6527, allerdings wird ein ähnlicher Block auch für 6510 verwendet.

Stratigraphischer Bezug: unter 6506c.

Dokumentation: F 1; Fo 102, 109; Beil. 64; Abb. 232, 236.

Datierung: spätes Mittelalter/frühe Neuzeit (13.–16. Jh.)

6509 Bruchsteinfundament

Chorabschlußwand. Die Grabung erbrachte für die Kirche einen polygonalen 3/8-Chorabschluß, entsprechend dem Plan von 1695. Das Mauerwerk besteht aus sauber bearbeiteten Sandsteinquadern, zwischen denen regelmäßig Lagen dünnerer Sandsteinplatten liegen. Die Breite schwankt (bei offensichtlich wenig genauer Dokumentation) zwischen 0,90 und 1,10 m. An der Südseite biegt das Fundament schräg in nordöstlicher Richtung ab. Nach einem weiteren Knick verläuft der Abschluß wieder gerade, d. h. parallel zu 6505 und im rechten Winkel zu 6504 und 6506, auf einer Länge von 3,30 m (außen) und 2,40 m (innen). Die wiederum schräge Nordseite des Chores führt zum Abschluß des Seitenschiffes 6512. An der Südseite zeigen sich an einem hoch erhaltenen Teilstück einige Backsteine analog zur Situation an der Nordseite der Kapelle. Das Mauerwerk ruht auf einem breiteren Unterbau 6510 (innen) und 6511 (außen). Es dürfte sich jedoch nicht um ein älteres Fundament, sondern um eine starke Fundamentierung handeln.

Stratigraphischer Bezug: über 6510–6511.

Dokumentation: F 1; Fo 6–7, 23–28, 68, 102–103, 105, 109, 112, 119; Beil. 64; Abb. 232, 234–237.

Datierung: spätes Mittelalter/frühe Neuzeit (13.–16. Jh.)

6510–6511 Bruchsteinfundament

Der Chorabschluß 6509 ruht auf einem breiten Fundament, das die eckige polygonale Form des Chores nicht verrät, sondern eher unregelmäßig gerundet verläuft. Das Mauerwerk aus unterschiedlich großen Sandsteinen ist bis zu 2 m breit. Der Überhang zu 6509 ist im Außenbereich 6511 erheblich breiter. Die Oberkante = der Ansatz von 6509 liegt bei 58,40 m üNN, die Unterkante (an einer Stelle definitiv vermerkt und ergraben) liegt bei 57,59 m üNN, und damit ca. 1 m über der tiefer fundamentierten Nordwand der Kirche.

Stratigraphischer Bezug: unter 6509; schneidet 6608.

Dokumentation: F 1; Fo 102–103, 109, 119; Beil. 64; Abb. 236–237.

Datierung: spätes Mittelalter/frühe Neuzeit (13.–16. Jh.)

6512 Fundament

Ostabschluß des Seitenschiffs. Das Fundament grenzt im Norden an 6504, im Süden an 6509. Wie bei 6504 setzt im oberen Bereich auf gleicher Höhe das Backsteinmauerwerk ein. An der Ecke beider Fundamente sitzt ein achteckiges Pfeilerfragment als Träger eines Bogens. Ein Bankett existiert auf dieser Höhe nicht. Dafür befindet sich ein größerer Mauervorsprung 6513 auf der Höhe der Fundamente 6510/6511 im Chorbereich unter 6509. Zwei Steine von 6505 überziehen 6513. Andererseits fehlen hier mehrere Steine, die offensichtlich für einen Umbau herausgerissen wurden, was auf einen Bau von 6512/6513 nach der Errichtung der Nordwand schließen lassen könnte. Unter 6512/6513 liegt an der Ecke zu 6509 das Pfeilerfundament 6514. In Verlängerung dieses Fundamentblocks nach oben zeigen sich im Mauerwerk Fugen bzw. Risse. Die Fundamentlagen laufen jedoch durch und mit 6509 gibt es einige Verzahnungen, so daß eher an Risse, vielleicht verursacht durch ein leichtes Nachgeben des Pfeilers, zu denken ist. Einschließlich des Pfeilers ist das Fundament an der Westseite 3,80 m lang.

Stratigraphischer Bezug: über 6513, 6514.

Dokumentation: F 1; Fo 68, 100–101, 107–110, 116, 118–119; Beil. 63–64; Abb. 226, 234-236.

Datierung: spätes Mittelalter/frühe Neuzeit (13.–16. Jh.)

6513 Bruchsteinfundament

Sandsteinfundamentierung unter 6512, entsprechend 6510/6511 im Chorbereich. Die Oberkante liegt bei 58,49 m üNN.

Stratigraphischer Bezug: über 6514.

Dokumentation: F 1; Fo 100–101, 105–107, 110; Beil. 63–64; Abb. 226, 232, 234–235.

Datierung: spätes Mittelalter/frühe Neuzeit (13.–16. Jh.)

6514 Bruchsteinfundament

Fundamentblock für einen Pfeiler. Der Pfeiler trennt mit 6515–6516 das Hauptschiff vom nördlichen Seitenschiff. Der Block ist etwa 1,70 m lang (Nord-Süd). Seine äußerste Westkante wird von 6512/6513 überzogen. Der Pfeiler auf dem Fundament wird gegen die Ostwand angelehnt gewesen sein. Er schneidet das ältere Fundament 6521. In seiner Flucht liegt im Süden 6507, beide könnten durch 6527 verbunden gewesen sein. Die Höhe der Oberkante liegt bei 58,11 m üNN, die der Unterkante bei 57,51 m üNN, eine Fundamentierung, die eher der des Chores als der der Seitenwände der Kapelle entspricht.

Stratigraphischer Bezug: unter 6513; über 6521.

Dokumentation: F 1; Fo 100–101, 110–111, 116–117; Beil. 63–64; Abb. 232, 234.

Datierung: spätes Mittelalter/frühe Neuzeit (13.–16. Jh.)

6515 Bruchsteinfundament

Fundament eines Pfeilers zwischen Seiten- und Hauptschiff auf Höhe des zweiten Jochs. Der massive Block aus größeren, glatt beschlagenen Sandsteinen ist 1,60 (West-Ost) x 1,40 m groß. Die erhaltene Oberkante liegt bei 58–76 m üNN, die Unterkante bei 57,05 m üNN.

Dokumentation: F 1; Fo 105–110, 116; Beil. 63–64; Abb. 226, 232.

6516 Bruchsteinfundament

Fundamentblock aus Sandsteinen für einen Pfeiler zwischen Seiten- und Hauptschiff auf Höhe des ersten Jochs. Der etwa 1,50 x 1,50 m große Fundamentblock ist gegenüber den anderen Pfeilerfundamenten leicht schräg gestellt. Ob dies Zufall oder mit der Ausrichtung der Kapelle bzw. mit bereits vorhandenen Bauten zusammenhing, läßt sich nicht klären. Im unteren Bereich liegt an der Westseite ein Mauervorsprung. 6532 scheint mit dem Pfeiler verzahnt, 6538 ist wohl eher dagegengesetzt. Die erhaltene Höhe der Oberkante liegt bei 58,93 m üNN, die der Unterkante bei mindestens 57,40 m üNN.

Dokumentation: F 1; Fo 126–128; Beil. 63–64; Abb. 229.

Datierung: spätes Mittelalter/frühe Neuzeit (13.–16. Jh.)

6517/6554 Bruchsteinfundament

Im Eckbereich zwischen dem Polygon des Chores und dem glatten Ostabschluß des Seitenschiffs 6512 liegt außen eine kräftige Fundamentierung aus relativ ungeordnet zusammengeschütteten Steinen. Ein kleiner Bereich im Süden 6554 ist durch eine Fuge vom Restabschnitt getrennt. Hier sind Spolien verarbeitet. Die Steine verzahnen mit 6511. Die Fundamentierung reicht eine Lage unter die Unterkante der Chorfundamentierung. Neben einer Fundamentverstärkung dürfte hier der Rest eines Strebepfeilers am Chor dokumentiert worden sein.

Stratigraphischer Bezug: gehört zu 6512.

Dokumentation: F 1; Fo 118–119; Beil. 64; Abb. 236, 238.

Datierung: spätes Mittelalter/frühe Neuzeit (13.–16. Jh.)

6518 Bruchsteinfundament

Ein ca. 0,50–0,60 m breites Bruchsteinfundament zieht schräg gegen die Südseite des Chores; es wurde kaum dokumentiert. Vermutlich handelt es sich um einen weiteren Strebepfeiler am Chor. Er liegt über einer älteren Grube 6613 zieht gegen 6511.

Stratigraphischer Bezug: über 6613; zieht gegen 6509.

Dokumentation: F 1; Fo 103; Beil. 64.

Datierung: spätes Mittelalter/frühe Neuzeit (13.–16. Jh.)

6519 Bruchsteinfundament

Das Fundament liegt vor dem Ansatz des spätgotischen Chores. Es ist ca. 0,50 m breit (sehr ungenau gezeichnet), und die Fundamentierung ist mehrere Lagen hoch erhalten. Mindestens eine Lage besteht aus schräg hochgestellten Sandsteinen. Im Osten macht es einen Knick um 90 Grad nach Süden, beide Teile sind zweifelsfrei miteinander verzahnt. Teile des Fundaments wurden erst nach Ausnahme der Ausbruchgrube 6527 sichtbar. Der Ostflügel liegt auf dem breiteren Fundamentblock 6520 auf, beide Teile sind gegen den Mauerzug 6521 gesetzt. Der weiter westlich in Verlängerung verlaufende Mauerzug dürfte mit 6521 in Verbindung stehen und nicht, wie aus der Flächenzeichnung zu vermuten, mit 6519. Es könnte sich um eine nachträgliche Einwölbung des Chorbereichs des Vorgängerbaus der spätgotischen Kapelle aus dem 13./14. Jahrhundert handeln. Oberkante bei 58,20 m üNN.

Stratigraphischer Bezug: unter 6527; über 6520; zieht gegen 6521.

Dokumentation: F 1; Fo 100–101, 105–106, 109–111, 116–117; Beil. 60; Abb. 207–208.

Datierung: Hochmittelalter (10.–13. Jh.)

6520 Bruchsteinfundament

Der tiefliegende Fundamentblock ist annähernd quadratisch (1,50–1,60 m). An der Ostseite liegt eine 0,30 x 0,20 m große Öffnung an der Fundamentkante. Für eine Verlängerung nach Süden gibt es keine Hinweise. Trotzdem bleibt als wahrscheinlichste Möglichkeit die Deutung im Zusammenhang mit dem Ostabschluß des ersten Kapellenbaus, von dem auch mit 6553 ein Rest gefaßt worden sein könnte. Spekulativ sind Überlegungen eines Zusammenhangs mit der Burgmauer. Diese wäre auf deutlich höherem Niveau etwas weiter südlich zu vermuten. Denkbar wäre hier höchstens eine fundamentverstärkte und in die Berme hinausgezogene Torsituation. Die Unterkante liegt bei 57,20 m üNN.

Stratigraphischer Bezug: unter 6519, 6527.

Dokumentation: F 1; Fo 111; Beil. 57, 60; Abb. 207–208.

Datierung: Hochmittelalter (10.–13. Jh.)

6521 Bruchsteinfundament

Das etwa 0,70 m breite, ungenau gezeichnete Fundament erstreckt sich vom Ansatz des Polygonalchores bis zum Ansatz der Kellerwand des 19. Jahrhunderts im Westen. Im mittleren Abschnitt ist es ausgebrochen. Gegen die glatte Südseite ist 6519 gesetzt. Die Sandsteine sind mit viel Lehm verbunden, dem wohl Kalkmörtel beigemischt ist. Die Ecke zu einer mutmaßlichen Ostseite ist ausgebrochen durch 6514/6527. Mit 6520/6553 könnten die entsprechenden Fundamente gefaßt sein. Die Deutung von 6521 als Nordwand eines Vorgängers der Kapelle ist wahrscheinlich. Falls dieser Vorgänger bereits zweischiffig war (s. 6529), könnte dies später auch für die Wand zwischen Mittel- und Seitenschiff zugetroffen haben. Die Höhe der Oberkante ist mit 57,33 m üNN, die der Unterkante mit 57,24 m üNN angegeben, ein Abstand, der bei mehreren erhaltenen Steinlagen eindeutig zu niedrig ist.

Stratigraphischer Bezug: unter 6519.

Dokumentation: F 1; Fo 100–101, 105, 109–110, 116–117; Beil. 57, 60; Abb. 207–208.

Datierung: Hochmittelalter (10.–13. Jh.)

6522 Ausbruchgrube

0,55–0,70 m breite Grube eines ausgerissenen Fundaments, das erst nach dem Abriß des Kellers im Westteil der Grabung erkannt wurde. Die Ausbruchgrube ist auf der Flächenzeichnung nur angedeutet, ein Foto existiert nicht. Im Süden sind einige Steine skizziert. Ausrichtung und Breite des Mauerwerks sprechen sehr dafür, hier den Westabschluß des ersten Kapellenbaus zu suchen. Der Verband mit 6523 ist dokumentiert.

Stratigraphischer Bezug: gehört zu 6521; geschnitten von 6534.

Dokumentation: F 1; Beil. 57, 60.

Datierung: Hochmittelalter (10.–13. Jh.)

6523 Bruchsteinfundament

Das Fundament ist nur in Bruchstücken erhalten geblieben, da es zum einen gekappt war und zum anderen von der Südseite 6506 des spätgotischen Baus mit seiner breiten Baugrube geschnitten wurde. Die Reste lassen für die unterste Fundamentlage die Verwendung von kleineren Findlingen erkennen. Ein kleiner Profilsteg vor dem Keller zeigt das Mauerwerk noch drei Lagen hoch erhalten. Wenig weiter westlich wurde hier nach Abriß des Kellers der Eckverband mit 6522 freigelegt. In der Fläche nördlich liegen zahlreiche weitere Steine bzw. Findlinge, die vom Abriß stammen dürften. Es dürfte sich bei 6523 um die Südseite der ersten Kapelle handeln.

Stratigraphischer Bezug: gehört zu 6522; geschnitten von 6506.

Dokumentation: F 1; Fo 119–121; Beil. 57, 60; Abb. 209.

Datierung: Hochmittelalter (10.–13. Jh.)

6524 – 6526 Sonstiges allgemein

Steinschutt. Verschiedene rundliche kleinere Findlinge (Flußsteine oder eiszeitliche Granite) liegen im Mittelfeld des Kirchenraums. Sie dürften zerstörte Reste des ersten Baus verbergen. Die Steine gleichen 6423.

Stratigraphischer Bezug: unter 6527.

Dokumentation: F 1.

6527 Ausbruchgrube

Auf einer Länge von 5,30 m wurde die 1,10 m breite Ausbruchgrube 6527 freigelegt. Sie erstreckt sich exakt auf der Breite des spätgotischen Mittelschiffs. Die rot kolorierte Verfüllung zieht über 6520, 6553 und wohl auch über 6519. Die Unterkante liegt deutlich unter der des polygonalen Chorfundaments 6510. Ein Zusammenhang mit 6507 an der Ecke zwischen Südseite und polygonalem Chor scheint wahrscheinlich. Im Norden fluchtet die Grube exakt auf die gerade Abschlußwand des Seitenschiffs 6512. Vermutlich wurde der Neubau der Kapelle zunächst mit einem geraden Chorabschluß errichtet. Der Pfeiler 6514 und damit auch die anderen Pfeiler zwischen Haupt- und Seitenschiff dürften einbezogen worden sein. Der Alerdinckplan zeigt die Kapelle mit einem geraden Chorabschluß und zwei Fenstern. Dies würde für den polygonalen Chor eine Datierung nach 1636 bedeuten, die doch zu spät erscheint. Höhe der Unterkante 57,51 m üNN.

Stratigraphischer Bezug: unter 6509/6506; über 6519–6520.

Dokumentation: F 1; 100–101, 109; Beil. 63; Abb. 235.

Datierung: frühe Neuzeit (ca. 1500–1700)

6528 Backsteinfundament

Fundament aus Backsteinen. Es ist die Ostseite des Kellers, der nach Abbruch der Kapelle (1826) hier entstanden ist. Dokumentiert wurde nur die westliche Kante. Nach 8,20 m knickt das Fundament im rechten Winkel nach Westen ab. Der Keller nimmt also nicht die gesamte Breite der ehemaligen Kapelle ein. Auf einem weniger tiefen Niveau hat es aber noch einen kleineren Anbau nach Süden gegeben.

Stratigraphischer Bezug: über 6538, 6516.

Dokumentation: F 1; Fo 6–7, 23–28, 68; Beil. 65.

Datierung: Neuzeit allgemein

6529, 6539–6540 Bruchsteinfundament

Reste des tiefgelegenen Fundaments wurden bei Anlage eines Suchgrabens im Seitenschiff östlich des Pfeilers 6516 erfaßt. Zwei Kanten mit sauber beschlagenen Steinen deuten hier einen Eckverband mit 6539 an. Die Dokumentation ist wenig eindeutig. Das Fundament dürfte 1–1,10 m breit gewesen sein. Ein Zusammenhang mit einem fluchtenden Mauerabschnitt oder einer Ausbruchgrube in einem weiter östlich gelegenen Suchgraben ist wahrscheinlich. Obgleich 6539 nicht auf die Westseite der älteren Kapelle 6522 fluchtet, sondern deutlich davor abknickt, ist eine Zuweisung zur ersten Kapelle möglich. Die Zweischiffigkeit der späteren Bauten wäre damit bereits vorgegeben. Die Höhe der erhaltenen Steine liegt bei 57,40 m üNN. Bei 6540 dürfte es sich um Abbruchschutt handeln.

Stratigraphischer Bezug: geschnitten von 6516/6538.

Dokumentation: F 1; Fo 114–115; Beil. 60; Abb. 216.

Datierung: Hochmittelalter (10.–13. Jh.)

6530 Backsteinfundament

Blockartiges Backsteinfundament an der Nordostseite des Kellers. Möglicherweise handelt es sich auch um die Einfassung einer Grube.

Stratigraphischer Bezug: zieht gegen 6504.

Dokumentation: F 1; Fo 126–127; Beil. 65.

Datierung: Neuzeit allgemein

6531 Backsteinfundament

Zwei backsteingemauerte (Licht-?)Schächte liegen an der Nordseite des Kellers nach 1826. Wesentliche Teile der Nordseite der aufgegebenen Kapelle wurden dabei abgerissen oder nur verblendet. Die Höhe der Schachtöffnung unten liegt bei 57,42 m üNN.

Stratigraphischer Bezug: **zieht gegen 6504.**

Dokumentation: F 1; Fo 126–127; Beil. 65; Abb. 229.

Datierung: Neuzeit allgemein

6532 Bruchsteinfundament

Fundament aus Sandsteinen zwischen den Treppenstufen 6533 und dem Pfeiler 6516. Die Fundamentierung mit groben Steinquadern oder auch Findlingen in der untersten Lage gleicht der des Pfeilers. Im oberen Bereich deuten sich zwei Verzahnungen an. Die Steine sind sehr sauber beschlagen. Nach 0,30 m springt das Mauerwerk nach Süden zurück, die folgenden Teile liegen auf der untersten Treppenstufe auf. Damit könnte der Bereich zur Kapelle gehören, ebenso wie die weiteren Abschnitte 6534–6536.

Stratigraphischer Bezug: gehört zu 6533, 6516.

Dokumentation: F 1; Fo 126–127, 129–130; Beil. 63; Abb. 229–230.

Datierung: spätes Mittelalter/frühe Neuzeit (13.–16. Jh.)

6533 Sonstiges allgemein

Treppenstufen. Von der Treppe, die zwischen 6532 und 6534 ansetzt und in einen tieferen Nordteil führt, sind drei Stufen erhalten. Sie bestehen aus jeweils zwei glatten Sandsteinplatten. Das Niveau liegt bei 57,96 m, 57,68 m und 57,44 m üNN. Die Rückseite ist eher nachlässig gearbeitet und war vermutlich gegen Lehm gesetzt. Die Treppe könnte zum größeren Kapellenbau des Spätmittelalters, aber auch zu erheblich jüngeren Einbauten gehören. Weitere nach oben führende Stufen könnten gekappt sein. Die Funktion ist nicht sicher zu klären.

Stratigraphischer Bezug: gehört zu 6532.

Dokumentation: F 1; Fo 126–130; Beil. 63; Abb. 229–230.

Datierung: spätes Mittelalter/frühe Neuzeit (13.–16. Jh.)

6534–6536 Bruchsteinfundamente

Bei 6534 handelt es sich um zwei miteinander verbundene Fundamente von erheblicher Stärke. Um mindestens zwei Bankette verbreitert sich die Fundamentierung im unteren Bereich. Das Mauerwerk setzt am Beginn des Seitenschiffes an. Hier liegt 6536, das wohl in den gleichen Zusammenhang gehört. Es gibt Verzahnungen, und alle Abschnitte sind mit dem gleichen Mörtel überzogen. Beide Fundamente liegen sicher unter 6537, das mit den Neubauten auf der Parzelle nach dem Abriß der Kapelle zusammenhängen dürfte. Zu 6505, der Westwand der Kapelle, gibt es eine deutliche Fuge. Die Steine von 6505 folgen der rundlichen Form des Blocks von 6536. Die breite Fuge war jedoch nicht zugemörtelt, ein Herausschlagen des Mauerwerks scheint daher auch möglich. Gar keine Aufschlüsse bietet der südliche Abschnitt 6535, wo sich ein weiterer großer Fundamentblock befindet. Anhand der Zeichnung ist keine weitere Beschreibung möglich, ein Foto fehlte. Insgesamt ist dieser Abschnitt wie der der Treppe unklar. Die Stärke der Fundamente läßt an einen Westturm denken, der hier in der ersten Phase des Neubaus der Kapelle entstanden sein könnte, der aber später durch einen eher mittig über der Kapelle liegenden Dachreiter ersetzt wurde. Allerdings scheint auch ein jüngerer Umbau nicht ausgeschlossen.Die Höhe der Oberkante von 6534 liegt bei 58,15 m üNN (= Unterkante 6537), die der Unterkante bei 56,77 m üNN.

Stratigraphischer Bezug: unter 6505.

Dokumentation: F 1; Fo 131–132, 126–128; Beil. 63; Abb. 227–229.

Datierung: spätes Mittelalter/frühe Neuzeit (13.–16. Jh.)

6537 Backsteinfundament

Fundament des Betonkellers, der nach Abbruch der Kapelle entstand.

Stratigraphischer Bezug: über 6534–6536.

Dokumentation: F 1; Fo 131–132, 126–128; Beil. 65.

Datierung: Neuzeit allgemein

6538 Bruchsteinfundament

Zwischen dem Ansatz des zweiten Jochs und dem Pfeiler 6516 verläuft ein nachlässig vermauerter Fundamentzug durch die Breite des Seitenschiffs. Er dürfte jünger als der Pfeiler sein, wohl ein nachträglicher Einbau, der aber älter als der Keller des 19. Jahrhunderts ist und damit zur Kapelle gehören.

Stratigraphischer Bezug: unter 6528; über 6516.

Dokumentation: F 1; Fo 114, 126–128; Beil. 64.

Datierung: frühe Neuzeit (ca. 1500–1700)

6541 Bruchsteinfundament

6541 ist die Westseite des großen Steingebäudes im Ostteil der Fläche von 1960. Das Mauerwerk ist teilweise nur in Resten erhalten oder der Verlauf nur als Ausbruchgrube zu erkennen. Im mittleren Abschnitt sind zehn Lagen plattiger Sandsteine erhalten. Diese reichen bis zur Südwestecke des Gebäudes, der Eckverband ist jedoch weitgehend ausgerissen. Auch die Nordwestecke, der Anschluß an 6543, ist gestört. Da sich hier mit 6544/6545 auch weitere Fundamente befinden, bleibt die Situation unklar. Die erhaltenen Steine sind an der Außenseite sauber beschlagen. Das Mauerwerk ist 1,20 m breit. Die Gesamtlänge der Westseite des Gebäudes beträgt 9,50 m. Die Höhe des erhaltenen Stücks liegt an der Oberkante bei 59,02 m üNN, an der Unterkante bei 58,08 m üNN.

Stratigraphischer Bezug: schneidet 6502; gehört zu 6442–6443.

Dokumentation: F 1; Fo 13, 38–41, 44–47; Beil. 60, 63; Abb. 218–219, 221.

Datierung: spätes Mittelalter/frühe Neuzeit (13.–16. Jh.)

6542 Bruchsteinfundament

Nur Reste der Südwand des ersten Steinbaus in der Ostfläche sind erhalten. Weite Teile wurden beim Neubau zerstört. Der Eckverband mit 6541 ist klar zu erkennen. Im Ostteil ist ein größeres Teilstück erhalten. Es zeigt eine angedeutete Packlage hochkant gestellter Steine mitten im Bereich der sonst glatt übereinandergelegten Sandsteine. Die Breite des Fundaments liegt bei 1,10 m. Der Ostabschluß des Gebäudes wurde nicht erfaßt. Der Bau ist mindestens 12,5 m lang. Höhe 58,42 m üNN.

Stratigraphischer Bezug: schneidet 6588, 6608; geschnitten von 6602.

Dokumentation: F 1; Fo 46–49, 58–59; Beil. 60, 63.

Datierung: spätes Mittelalter/frühe Neuzeit (13.–16. Jh.)

6543 Bruchsteinfundament

Die Nordseite des Gebäudes ist ebenfalls 1,10 m breit. Sie ist nur im Westteil erhalten. Im weiteren Verlauf ist nur ihre Südkante, also die Innenseite als Grenze einer Ausbruchgrube dokumentiert. Höhe der Oberkante 58,25–58,29 m üNN.

Stratigraphischer Bezug: über 6570; geschnitten von 6550.

Dokumentation: F 1; Fo 38–45; Beil. 60, 63; Abb. 218–220.

Datierung: spätes Mittelalter/frühe Neuzeit (13.–16. Jh.)

6544–6545 Bruchsteinfundament

Westlich von 6541 liegen kleine Fundamentreste, die auch die Ausbruchgrube von 6541 leicht überschneiden. Sie könnten zu einem späteren Anbau, aber auch zum Neubau der Neuzeit gehören, da ihre Ausrichtung eher diesem Gebäude gleicht. Höhe der Oberkante 58,27 m üNN.

Stratigraphischer Bezug: schneidet 6541.

Dokumentation: F 1; Fo 38–39, 44–45; Beil. 60; Abb. 221.

6546 Bruchsteinfundament

Dieses Bruchsteinfundament, das auf einer stärkeren Schuttschicht aufliegt, ist als solches nur auf den Fotos zu erkennen. Es ist geringer fundamentiert als 6543 südlich davor, liegt aber noch südlich vor der Nordwand des neuzeitlichen Gebäudes 6550, zumindest in der Osthälfte. Die Ausrichtung gleicht eher 6541–6543. Durch einige vorspringende Schächte/Pfeiler des Neubaus war 6546 weiter gestört. Höhe und Art der Fundamentierung sprechen ebenso wie die Ausrichtung für die Interpretation als Immunitätsmauer. Das erste Steingebäude saß also nicht auf der Mauer auf. Häufig war hieraus ein älteres Datum (12. Jh.–1. Hälfte 13. Jh.) für die jeweilige Kurie zu erschließen.

Stratigraphischer Bezug: geschnitten von 6550.

Dokumentation: F 1; Fo 55–57; Beil. 60, 63; Abb. 217.

Datierung: Hochmittelalter (10.–13. Jh.)

6547 Bruchsteinfundament

Das 0,70 m breite Fundament ist nur in einem kleinen Rest erhalten. Mit der Ausbruchgrube im Osten ist der Mauerzug exakt 5 m lang. Weder ist eine Verlängerung im Osten oder eine Verbindung mit anderen Fundamenten, noch ein Schneiden durch 6541 im Westen zu erkennen. Die Ausrichtung gleicht im Gegenteil eher der des neuzeitlichen Baus. Trotz der Bruchsteine dürfte es daher eher ein Innenfundament des Pferdestalls sein.

Dokumentation: F 1; Beil. 65.

Datierung: Neuzeit allgemein

6548 Fundament

Der Fundamentrest liegt am Nordprofil unmittelbar westlich eines massiven Backsteinblocks. Im wesentlichen sind Bruchsteine zu erkennen, wohl auch Backsteine. Vermutlich befindet sich hier der Ansatz der Westseite des neuen Gebäudes. Die Fundamentierung liegt etwas höher als das erste angelegte Planum und war somit in der Fläche vollständig ausgebrochen.

Dokumentation: F 1; Fo 53–54.

Datierung: Neuzeit allgemein

6549 Sonstiges allgemein

Kanal. Der mit Schutt gefüllte Bau am Südprofil ist mit Backsteinen überwölbt. An seiner Westseite sind auf dem Foto Reste eines Fundaments zu erkennen. Der Zusammenhang mit dem neuzeitlichen Gebäude scheint klar. Inwieweit der Kanal in das Gebäude einbezogen war, läßt sich nicht klären, da der Südabschluß des Gebäudes nicht gefunden wurde und auch der Westabschluß unklar bleibt. Auffallend ist, daß östlich von 6549 die Stratigraphie (des Walls) abbricht und nur noch Schutt erscheint.

Stratigraphischer Bezug: über 6541; schneidet 6566.

Dokumentation: F 1; Fo 8–9; Beil. 65.

Datierung: Neuzeit allgemein

6550 Backsteinfundament

Die Nordwand des neuzeitlichen Gebäudes/Stalls wurde nicht vollständig freigelegt. Sie liegt im wesentlichen außerhalb der Grabungsgrenze. Auf einigen Fotos ist die Gebäudewand zu erkennen. Einige Einbauten, unter anderem enorm starke Backsteinblöcke bzw. Schächte, die sich sicherlich auf Kellerniveau befunden haben, ragen in die Fläche hinein und haben z. B. die Immunitätsmauer weitgehend zerstört.

Dokumentation: F 1; Fo 6–7, 13, 44–45, 53–54; Beil. 65; Abb. 241.

Datierung: Neuzeit allgemein

6551 Pfeilerelement

Die Dienste für die Jochbögen der Nicolaikapelle sind achteckig mit 0,27 m Durchmesser bei einer Kantenlänge von 0,11 m. An der Südseite sind drei Dienste erhalten. Der westliche im Bereich des Kellers ist als Ansatz der Basis auch noch deutlich. An der Südseite ist nur der Dienst am Chor zu erkennen, von einem weiteren ist wieder nur der Ansatz sichtbar. Dazwischen fehlt ein Dienst im Bereich des zugesetzten Eingangs. Die südwestliche Ecke ist zerstört. Die Basis der Dienste liegt über den Mauervorsprüngen der Seitenwände der Kapelle, auf einer Höhe von 1,10–1,25 m über dem freigelegten Planum (ca. 59,06 m üNN). Die Form ist spätgotisch, sie könnte auch bis deutlich in die Neuzeit reichen (15./16. Jh.).

Dokumentation: F 1; Profilskizze; Fo 107; Beil. 64; Abb. 226, 233.

Datierung: spätes Mittelalter/frühe Neuzeit (13.–16. Jh.)

6552 Fundament

Steinschutt und eine graue Verfärbung könnten den Rest einer Nord-Süd verlaufenden Mauer widerspiegeln. Der Abschnitt ist nur 0,40 m breit, die Höhe liegt bei 58,36 m üNN. Ein Zusammenhang mit 6544–6545 scheint möglich.

Stratigraphischer Bezug: über 6570.

Dokumentation: F 1; Fo 10–11.

Datierung: spätes Mittelalter/frühe Neuzeit (13.–16. Jh.)

6553 Fundament

Winziger Rest eines Fundaments im Chorbereich der Kapelle. Es könnte sich um ein Stück des Ostabschlusses von Bau I handeln, der durch 6527 u. a. zerstört wurde. Der Anschluß wäre auf 6521 zu rekonstruieren.

Stratigraphischer Bezug: unter 6527.

Dokumentation: F 1; Fo 109.

Datierung: spätes Mittelalter/frühe Neuzeit (13.–16. Jh.)

6555 Sonstiges allgemein

Berme. Auf der Flächenzeichnung gibt es einen deutlichen Abstand zwischen dem Plaggenwall 6567 und der angedeuteten Kante des Grabens 6570, der unter anderem durch die Schicht 6556 gekennzeichnet ist. Die Profilaufnahme zeigt jedoch, daß die Grabenkante sehr bald hinter den Plaggen ansetzt und 6556 eine bereits zu den Grabenverfüllungen zu zählende Schicht ist. Eine reguläre Berme wie an der Ostseite der Domburg existierte auch hier wohl nicht; sie hätte höchstens 0,40–0,50 m breit und durch die Pfostensetzung 6615, die den Plaggenwall befestigen sollte, gekennzeichnet gewesen sein können.

Dokumentation: F 1; P 4; Fo 29–33; Beil. 48; Abb. 179, 181–184.

Datierung: Hochmittelalter (10.–13. Jh.)

6556 Füllschicht

Helle Schicht mit einigen schwarzen Einschlüssen. Es handelt sich um eine Füllschicht des Burggrabens, die gegen den Plaggenwall zieht. In der Schwemmschicht liegen ebenfalls Reste von Plaggen. Sie fällt deutlich mit dem Grabenverlauf ab.

Stratigraphischer Bezug: unter 6688; über 6689; zieht gegen 6557; gehört zu 6570.

Dokumentation: F 1; P 4; Fo 29–30; Abb. 181–182, 184.

Datierung: Hochmittelalter (10.–13. Jh.)

6557 Füllschicht

Helle Schicht mit dunklen Einschlüssen. Es gilt das gleiche wie für 6556. Der Abfall zur nicht freigelegten Grabensohle beträgt mindestens 2 m.

Stratigraphischer Bezug: unter 6556; über 6590; zieht gegen 6567; gehört zu 6570.

Dokumentation: F 1; Fo 29–30; Abb. 181–182.

Datierung: Hochmittelalter (10.–13. Jh.)

6558–6564 Pfostengruben

Pfostengruben vor dem Plaggenwall 6557. Die erste Reihe dürfte mit 6615 identisch sein. Die anderen Pfosten könnten eine spätere zweite Reihe darstellen. Jedenfalls sind sie in die Grabenverfüllungen 6556–6557 eingetieft.

Stratigraphischer Bezug: unter 6556; gehört zu 6615.

Dokumentation: F 1; Fo 10–11.

Datierung: Hochmittelalter (10.–13. Jh.)

6565 Füllschicht

Füllschicht des mittelalterlichen Steingebäudes über dem Fußboden 6672/6688. Die braune Schicht ist bis zu 0,35 m stark. Über ihr setzt ein weiterer Fußboden (6569) an. Mit den Schichten 6573–6574/6593, die in der Fläche dokumentiert sind, könnte der gleiche Bereich gefaßt sein.

Stratigraphischer Bezug: unter 6569; über 6572/6588.

Dokumentation: P 10

Datierung: spätes Mittelalter/frühe Neuzeit (13.–16. Jh.)

6566 Sonstiges allgemein

Wall. Wie bisher auf der Nordseite der Domburg wurden keine sicheren Spuren einer Holzmauer wie an der Ostseite gefunden. Statt dessen wurden an der Kante zum Graben wieder Plaggen 6567 freigelegt, die in größerer Zahl übereinandergeschichtet sind. Dieser „Plaggenwall" ist hier durch eine eng gesetzte Reihe tiefer, aber dünner Pfosten (6615) befestigt. Verschiedene Verfüllungen des Grabens ziehen bereits gegen den Wall. Hinter den Plaggen erstreckt sich der Wall bis an die Südseite der Grabung durch die gesamte Fläche, also auf einer Breite von mindestens 6,50 m. Auch am Südprofil sind die Wallschichten noch deutlich zu fassen. Der Kern der Wallschüttung hinter den Plaggen besteht aus eher helleren Aufschüttungen 6568/6670/6672–6673. Dazwischen liegt mit 6671 auch eine dunklere Schicht, die evtl. auf Aushub aus dem verschlammten Graben zurückgehen könnte. In die Wallschichten hinein wurde später anstelle der Plaggenwand die Burgmauer 6502 gesetzt. Ihr Ausbruch scheint, sofern die Profilzeichnung korrekt ist, von 6679 überlagert zu sein. Diese Planierschicht wäre dann erst nach Aufgabe des Walls, wohl im 12. Jahrhundert, aufgetragen worden. Am Südprofil liegt darüber nur noch Bauschutt, der mit dem neuzeitlichen Gebäude zusammenhängen dürfte.

Stratigraphischer Bezug: unter 6679; über 6676.

Dokumentation: F 1; P 1–4; Beil. 48, 51; Abb. 178–185.

Datierung: Mittelalter allgemein

6567 Sonstiges allgemein

Plaggenwand. Die Grassoden sind in mehreren Lagen aufgestapelt, so daß sie eine Wand an der Außenseite des Walls zum Graben hin bilden. Die Höhe der Schichtung läßt sich nicht mehr erschließen, da sie durch die Anlage der Burgmauer und die damit verbundenen Aufschüttungen im Norden (6677) gekappt wurde. Im untersten Bereich der Wand liegen möglicherweise keine Plaggen, sondern nur eine dunkle Aufschüttung (6693). Der Wall liegt wie üblich auf der karolingischen Oberfläche 6608, einschließlich des Laufhorizonts 6676. Die Verfüllungen des Grabens einschließlich 6691 ziehen gegen den Wall. In den unteren Verfüllungen liegen immer wieder mal Plaggen, die zeigen, daß der Plaggenwall wenig stabil war und häufig Material abrutschte. An der Grabenkante könnten auch einige Grassoden aufgetragen gewesen sein, um diese zu stabilisieren. Um ein Abrutschen der Plaggenmauer zu verhindern, wurde die Pfostenreihe 6615 vorgesetzt. Stellenweise sind auch im Wallbereich südlich der Plaggenwand einige Lagen aufgetragen.

Stratigraphischer Bezug: unter 6680; über 6693.

Dokumentation: F 1; P 1, 3–4; Fo 4–9, 12, 16–28; Beil. 48, 51; Abb. 181–184.

Datierung: Mittelalter allgemein

6568 Schicht

Wallschicht. Grau-hellgraue Aufschüttung, die noch unter den erhaltenen Plaggen ansetzt. Sie ist nur im Nordteil der Wallschüttung vorhanden, da im Westen die tieferliegenden Schichten deutlich ansteigen.

Stratigraphischer Bezug: unter 6670; über 6671.

Dokumentation: F 1; P 1; Fo1–9, 12–28; Beil. 51; Abb. 178.

Datierung: Mittelalter allgemein

6569 Laufhorizont

Das Steingebäude 6542 ff. hat, wie auf der kleinen Profilzeichnung seiner Verfüllung zu erkennen ist, zwei Fußböden. Der untere wird mit einiger Wahrscheinlichkeit mit 6588 gleichzusetzen sein. Darüber liegt eine 0,35 m starke Verfüllung, über der der neue Fußboden ansetzt. Eine unbeschriftete und nicht weiter zu lokalisierende Flächenzeichnung zeigt einen verbrannten Holzfußboden auf einem Niveau über 58,35 m üNN. Dieser könnte auch in Zusammenhang mit der Beschriftung von Fundkisten mit dem höheren Fußboden in Verbindung stehen. Fotos existieren nicht.

Stratigraphischer Bezug: über 6565.

Dokumentation: F 4; P 10.

Datierung: spätes Mittelalter/frühe Neuzeit (13.–16. Jh.)

6570 Graben

Der Einschnitt des Burggrabens setzt 0,30–0,40 m nördlich der Plaggenwand 6567 ein, von einer Berme ist also nicht zu sprechen. Wie üblich schneidet der Graben in die Kulturschicht 6608 und in den darüberliegenden Laufhorizont, der hier mit 6676 sehr deutlich zu erkennen ist, ein. Die jüngeren Füllschichten des Grabens reichen weit über das Niveau des Einschnitts hinaus. Die Kante verläuft zunächst außergewöhnlich steil. Es folgt ein sehr langsamer Abfall zur vermutlich wieder flachen Sohle. Die Unterkante wurde nicht erreicht. Höhenangaben fehlen leider. Der tiefste dokumentierte Punkt dürfte bei etwa 56 m üNN gelegen haben, der Einschnitt in 6676 bei 58 m üNN, die Verfüllungen werden deutlich über 58,50 m üNN hinausgeragt haben, sind aber gekappt. Im unteren Bereich liegt mit 6692 wieder eine auffallend helle Schicht, darüber mit 6691 eine starke Schwemmschicht, es folgt mit 6689 ein stark durchmischter Abschnitt. In diesen Bereichen liegen auch Plaggenreste, die in den Graben hineingerutscht sind, ebenso wie in 6556, das nur am Grabenansatz auftritt. Mit 6688 folgt eine weitere hellere durchwachsene Füllung, dann wechseln wieder Füllungen und Schwemmschichten in schnellerer Folge (6687–6682).

Stratigraphischer Bezug: schneidet 6676.

Dokumentation: F 1–2; P 4; Fo 29–30; Beil. 48; Abb. 184.

Datierung: Mittelalter allgemein

6571 Füllschicht

In der Fläche wurde ein kleiner Abschnitt der Grabenfüllung dokumentiert, vermutlich entspricht dieser Teil 6589–6590. Höhe 57,55 m üNN, etwa 1 m nördlich der Plaggenwand.

Stratigraphischer Bezug: gehört zu 6570.

Dokumentation: F 1.

Datierung: Hochmittelalter (10.-13. Jh.)

6572 Estrich

Dunkel-schwarzer Horizont innerhalb des Steinbaus 6541–6543. Winkelmann hat den Bereich ebenso wie den in südlicher Verlängerung liegenden verbrannten Horizont 6591 mit der Bezeichnung „Estrich" versehen. Beide liegen nur im Bereich der großen Grube 6636 über deren Verfüllungen. Sie könnten im Zusammenhang mit der großen Grube stehen oder Rest eines ersten Fußbodens des Steingebäudes vor 6588 sein, der sich nur über den leicht nachgebenden Verfüllungen der Grube erhalten hat. Neben der einzigen Flächenzeichnung geben auch die Fotos für diesen Bereich kaum Möglichkeiten zur genaueren Ansprache. Die Höhe beträgt 57,93 m üNN. Dieses Niveau liegt etwa 0,50 m unter den westlich freigelegten oberen Abschnitten des Plaggenwalls, der also hier gekappt wurde, ebenso wie die oberen Grabenschichten.

Stratigraphischer Bezug: unter 6573; über 6570; schneidet 6567.

Dokumentation: F 1; Fo 38–41; Beil. 57.

Datierung: Hochmittelalter (10.–13. Jh.)

6573–6574 Schuttschichten

Schichten in der Nordwestecke des Gebäudes 6541–6543, mit mehr oder weniger hellem Lehm und zahlreichen Steinen, die vom Abbruch des Gebäudes stammen dürften. 6575 zieht über den Ausbruch des Fundaments 6541.

Stratigraphischer Bezug: über 6541.

Dokumentation: F 1; Fo 38–41.

Datierung: spätes Mittelalter/frühe Neuzeit (13.–16. Jh.)

6575/6590 Schichten

Hellere sandige Schichten im Bereich von „Löchern und Gräben der Ausgräber" in der Osthälfte der Fläche. Vermutlich sind sie identisch mit Grabenverfüllungen, etwa 6557.

Stratigraphischer Bezug: unter 6572; gehört zu 6570.

Dokumentation: F 1.

Datierung: Mittelalter allgemein

6576 Pfostengrube

Sechs annähernd gleich große Pfostengruben mit etwa 0,50 m Durchmesser schneiden die graue Oberfläche 6588 und den helleren Horizont 6593. Sie könnten zum Gebäude 6541–6543 gehören. In der Verfüllung liegen einige Kantsteine.

Dokumentation: F 1; Fo 38–41; Abb. 163.

Datierung: Mittelalter allgemein

6582–6584 Schicht

Schwärzliche längliche Verfärbungen, die im Horizont 6588 sichtbar sind. Sie liegen in Verlängerung der Pfostengruben 6576–6581. Form und Farbe lassen jedoch eher an Plaggenreste vom Wall denken, dessen Flucht hier zu rekonstruieren wäre.

Dokumentation: F 1; Abb. 163.

Datierung: Hochmittelalter (10.–13. Jh.)

6585–6587 Sonstiges allgemein

6585 ist ein mindestens 1,25 x 1 m großer Bereich. Eine schwarze Schicht umrahmt einen rot kolorierten Abschnitt. Dabei könnte es sich sowohl um Brand- als auch um Ziegelschutt handeln. Da keine Fotos vorliegen, sind weitere Aussagen nicht möglich, ebenso wie für 6586–6587.

Dokumentation: F 1; Abb. 163.

6588 Laufhorizont

Die dunkelgraue Schicht unterscheidet sich von den als Estrich bezeichneten Abschnitten 6572/6591. Sie dürfte aber ebenfalls zu den belaufenen Niveaus im Haus 6541–6543 zählen.

Stratigraphischer Bezug: über 6572; zieht gegen 6542; geschnitten von 6592/6597, 6546.

Dokumentation: F 1; Fo 40–41; Beil. 60.

Datierung: Hochmittelalter (10.–13. Jh.)

6589/6601 Pfostengruben

Kleinere Pfostengruben im Osten der Fläche.

Stratigraphischer Bezug: schneidet 6590, 6586.

Dokumentation: F 1; Abb. 163.

6591 Estrich

Ein Abschnitt im Süden der Grube 6636 weist stärkere Brandspuren auf. Sonst dürfte der Befund 6572 entsprechen. Außerhalb der Grube ist der jüngere, nicht brandbeeinflußte Laufhorizont 6588 auf der Flächenzeichnung zu erkennen.

Stratigraphischer Bezug: über 6636.

Dokumentation: F 1; Fo 38–3; Abb. 57.

Datierung: Hochmittelalter (10.–13. Jh.)

6592 Schicht

Hellerer Sand und Steine gehören zu dem etwa 1,50 m breiten Streifen zwischen 6636/6591 und 6595. Es handelt sich um die Verfüllung des Grabens 6537. Ob 6588 geschnitten wird oder über der hellen Verfüllung nur weniger deutlich sichtbar ist, läßt sich nicht eindeutig feststellen. Da die Fußböden auch über die Gruben 6536/6595 ziehen und die Gruben wiederum nicht älter als 6537 sein dürften, täuscht hier möglicherweise der Eindruck der Zeichnung. Ein Foto existiert leider nicht.

Stratigraphischer Bezug: gehört zu 6537.

Dokumentation: F 1.

Datierung: Hochmittelalter (10.–13. Jh.)

6593 Schicht

Zwischen den dunklen Horizonten 6572/6591 und dem grauen Laufhorizont 6588 liegt ein hellerer Bereich, in den die Pfostengruben 6576–6581 einschneiden. Vermutlich hängt die hellere Verfärbung mit diesen Bauten zusammen. Auch dieser Bereich liegt über 6536.

Stratigraphischer Bezug: über 6536; geschnitten von 6576–6581.

Dokumentation: F 1; Fo 38–39.

Datierung: Mittelalter allgemein

6594 Pfostengrube

Sehr große Pfostengrube mit 1,20 m Durchmesser, die vor der Südmauer 6542 des Gebäudes liegt. Die Grube schneidet den Laufhorizont 6588. Sie könnte also zu einer späteren Nutzungszeit des Gebäudes gehören, aber auch noch jünger sein.

Stratigraphischer Bezug: schneidet 6588.

Dokumentation: F 1; Abb. 163.

6595 Grube

Die Grube wurde in ihrem vollen Ausmaß von 4 x 3,80 m erst nach Abtrag der Horizonte des Gebäudes 6541–6543 deutlich. Die Fußböden oder der Estrich 6591, 6572 ziehen zumindest teilweise über die Grubenkanten. An der Südseite von 6595 erscheint der jüngere Laufhorizont 6688 eher geschnitten; dieser Befund könnte unter anderem darauf zurückzuführen sein, daß die Grabenverfüllung nach Anlage des Planums nachgeben hat. Die zeitliche Einordnung fällt daher sehr schwer. Ein Zusammenhang mit 6636 und dem Graben 6637 ist am wahrscheinlichsten. Das Niveau des unteren Planums unter den Schichten des Hauses liegt bereits unter dem der Oberfläche 6608/6676 auf Höhe der kaiserzeitlichen Kulturschicht 6609. Die dort erkennbaren Gruben wurden sämtlich geschnitten, aber auch einige Gruben auf dem höheren Planum. Pfostengruben finden sich am Grund der Gruben nicht. Funde können für 6595 nicht zugewiesen werden. Bei 6636 dürfte es jedoch Hinweise geben, die gegen eine Datierung ins Frühmittelalter oder auch ins 10. Jahrhundert sprechen. Ein unmittelbarer Vorgänger des Steingebäudes ist wahrscheinlicher. Auch ein Zusammenhang mit einer frühen Nutzungsphase dieses Baus scheint nicht ausgeschlossen.

Stratigraphischer Bezug: unter 6585–6588.

Dokumentation: F 1; Fo 59–60; Beil. 57; Abb. 163.

Datierung: Hochmittelalter (10.–13. Jh.)

6596–6600 Pfostengruben

Verfärbungen oder Pfostengruben in der Südostecke der Fläche, die nicht weiter zu bearbeiten waren. Sie werden von 6595 geschnitten.

Dokumentation: F 1; Abb. 163.

6602 Grube

Die über 2 m breite Grube schneidet die Südseite 6542 des mittelalterlichen Steinbaus und gehört damit erst zu den neuzeitlichen Befunden.

Stratigraphischer Bezug: schneidet 6542.

Dokumentation: F 1; Fo 46–47; Abb. 163.

Datierung: Neuzeit allgemein

6603 Graben

1,40–1,80 m breiter Graben, der an den Rändern mit Holz verkleidet ist. Das Gefälle ist zwar nicht dokumentiert, wird aber sicher mit der Topographie von Süd nach Nord gefallen sein. Die Unterkante liegt den Fotos zufolge etwa 0,30 m unter 6609, das wären etwa 57,70–58 m üNN. Der Graben schneidet die Oberfläche 6608, liegt aber unter dem Wall und den Plaggen. Er endet am Burggraben, wird dort vermutlich geschnitten. In der Verfüllung fanden sich sowohl Kumpfränder als auch Kugeltopfscherben, Badorfer Ware und rote Irdenware, ein Fundmaterial, das dem von 6608 entspricht. Hier ist wie mit den Öfen am Horsteberg und wenigen anderen Befunden eine Siedlungsspur der ersten Phase nach der fränkischen Eroberung erfaßt worden. Der Graben verläuft schräg nach Südwest in Richtung der Parzelle Domplatz 34. Da hier im 9. Jahrhundert sicher noch kein Gebäude stand, könnte er mit dem Domkloster, das südwestlich des Grabens liegt, in Verbindung stehen. Die Deutung der Nutzung des doch aufwendigen Grabens als Entwässerungs-/Entsorgungsgraben in Richtung Geländeabfall an der Nordseite der Domburg ist naheliegend.

Stratigraphischer Bezug: unter 6566, 6567; schneidet 6608.

Dokumentation: F 1–2; Fo 4–5, 8–11, 24, 40–41, 46–47, 60–61; Beil. 50; Abb. 164.

Datierung: Frühmittelalter

6604–6607 Schichten

Diese Schichten sind Füllungen des Grabens 6603, teilweise wohl auch Holzreste der Randbegrenzung.

Stratigraphischer Bezug: unter 6566; gehört zu 6603.

Dokumentation: F 1; Fo 4–5, 8–11, 24, 40–41, 46–47, 60–61; Beil. 50; Abb. 164.

Datierung: Frühmittelalter

6608 Alte Oberfläche

Die Kulturschicht des 8./9. Jahrhunderts bzw. karolingische Oberfläche. In der Fläche wurde sie – obgleich vorhanden – nicht durchgängig dokumentiert. Das gilt unter anderem für den Bereich des Pferdegrabes 6612. Über ihr liegt der Laufhorizont 6676, der im Bereich der Nicolaigrabung selten stark ausgeprägt ist. Das Niveau kann nur geschätzt werden: 58,10 m üNN am Graben bis 58,50 m üNN am Südprofil. Die Funde (Kumpfränder, Kugeltopfränder, rote Irdenware,

Badorfer Ware) weisen ins späte 8.–9. Jahrhundert. Die Schicht liegt unter dem Wall 6566, sie wird vom Burggraben 6570 geschnitten, ebenso vom Graben 6603. Die Frage, ob auch die Grube des Pferdegrabes 6612 schneidet, wird gesondert zu erörtern sein.

Stratigraphischer Bezug: unter 6676, 6566; über 6609; geschnitten von 6570, 6603.

Dokumentation: F 1; P 2–4; Fo 1–5, 8–11, 29–30; Beil. 50; Abb. 184–185.

Datierung: Frühmittelalter

6609 Kulturschicht

Die Kulturschicht der Kaiserzeit ist im Bereich Nicolai nicht zu differenzieren, die charakteristischen Ausfransungen der älteren Kaiserzeitschicht fehlen. 6609 wird flächendeckend im gesamten Bereich östlich der Kapelle vorhanden gewesen sein. An einer Stelle weiter östlich in der Nähe des Chores fanden sich kaiserzeitliche Scherben in großer Zahl, auch sonst sind einzelne Lesefunde gemacht worden. Das Niveau der Oberkante dürfte von 58–58,30 m üNN im Süden reichen.

Stratigraphischer Bezug: unter 6608; geschnitten von 6612, 6616 ff.

Dokumentation: F 2; P 2–4; Abb. 163, 184–185.

Datierung: vorgeschichtlich

6611 Pfostengrube

Die Pfostengrube ist gut 0,60 m breit. Sie ist in die Wallschichten eingetieft. Ihre Unterkante liegt über 6608.

Stratigraphischer Bezug: über 6608; schneidet 6672.

Dokumentation: F 1; P 10–11.

Datierung: Mittelalter allgemein

6612 Tierbestattung

Pferd mit Hund. In einer Grube nicht weit östlich des Chores der Kapelle gelegen fand sich das Skelett eines Pferdes. Im vorderen Bereich des Pferdekörpers liegt zusätzlich ein Hundeskelett. Die Grube ist erstaunlich schmal, nur 0,50–0,70 m breit. Die Länge beträgt unten 2,50 m. Die Verfärbungen der Verfüllung erstrecken sich oben auf einer Länge von über 2,70 m. Die Vorderbeine des Pferdes liegen lang ausgestreckt unter dem Kopf. Die Hinterbeine sind angewinkelt und liegen unter Bauch und Becken. Der Hund liegt mit dem nach oben ragenden Kopf und aufgerissenem Maul auf den Schulterblättern des Pferdes. Rücken und Hinterbeine liegen tiefer im Bereich von Hals und Brust. Beigaben gibt es nicht. Nur in der Verfüllung ist ein Dreilagenkamm geborgen worden. Das Grab ist Ost-West orientiert mit einer deutlichen Schräge von Nord nach Süd. Diese Lage entspricht der des Grabens 6603 und derjenigen der kaiserzeitlichen Fundamentgräben 6626 ff. Das Pferd scheint eindeutig bestattet worden zu sein. Die Grube liegt sicher unter dem Wall und unter dem Laufhorizont 6676. Ob auch die sogenannte karolingische Oberfläche/Kulturschicht über die Füllung zieht, läßt sich anhand der Dokumentation nicht sicher belegen. Die Schichten des Walls und auch 6676 sind deutlich um bis zu 0,40 m nachgesackt. Durch das Gewicht der Wallschüttung könnten die Reste des Pferdekadavers nachgegeben haben und in der Grube zusammengefallen sein. Die Dokumentation der Stratigraphie erfolgte erst, als die Bedeutung des Fundes erkannt war. Die Bodenschichten, etwa 6608/6676, waren bereits abgetragen. Das bis dahin vorhandene Profil von den nachsackenden Wallschichten bricht auf dem Niveau von 6676 ab. Das Foto der Ostseite des Profilsteges (Fo 3, von dem aber die Westseite, also das Ostprofil gezeichnet wurde, die das Grab nicht mehr betraf), gibt die besten Aufschlüsse. Hier wird deutlich, daß 6676 über der Verfüllung liegt. Die freigelegte Fläche erweckt dagegen einen anderen Eindruck. Die Grube scheint den Laufhorizont zu schneiden. Die helle Verfüllung ist deutlich im schwarzen Boden sichtbar. Ursache ist aber der nachgesackte Boden. Durch die Anlage eines Planums auf gleicher Höhe wirken tatsächlich höhere, jüngere Schichten wie die Wallschüttung tiefer als der Laufhorizont 6676.

Stratigraphischer Bezug: unter 6676; schneidet 6609.

Dokumentation: F 1–3; P 6–9; Fo 3, 69–99; Beil. 50; Abb. 176–180.

Datierung: Frühmittelalter

6613 Grube

2,80 m breite Grube mit dunkler Verfüllung und einer Holzspur am Westrand. Die Grube liegt unter dem Strebpfeilerfundament 6518 und wird vom Chorfundament 6609–6611 der Kapelle geschnitten. Es könnte sich um ein Grubenhaus gehandelt haben.

Stratigraphischer Bezug: schneidet 6608/6609.

Dokumentation: F 1; Fo 103; Beil. 50.

Datierung: Mittelalter allgemein

6614 Sonstiges allgemein

Grube oder kleine Steinansammlung, die unter 6608 gelegen haben könnte, auf jeden Fall aber unter 6676 lag.

Stratigraphischer Bezug: unter 6676; schneidet 6609.

Dokumentation: F 2

Datierung: Frühmittelalter

6615 Pfostenloch

Im Bereich zwischen dem Chor 6510 der Kapelle und der Westwand des Gebäudes 6541 ist eine Reihe von 14 Pfosten, die in der Regel im Abstand von 0,40 m stehen, dokumentiert. Sie liegen im schmalen Bereich südlich der Grabenkante und nördlich des Plaggenwalls. Ganz offensichtlich hatten sie die Funktion, den Plaggenwall zu halten. Plaggenreste im Graben belegen die Problematik. Auf der Profilzeichnung ist 6608 über einigen der Pfosten liegend dokumentiert, was nicht zutrifft. Andere Pfostenzeichnungen und Fotos belegen, daß die Gruben auch Füllschichten des Grabens schneiden, sie also nicht gleich zusammen mit den Plaggen und dem Graben entstanden. Die Pfostenlöcher sind nur 0,10–0,20 m breit, aber bis zu 1 m in 6608, 6609 und den gewachsenen Boden eingetieft. Es handelte sich vermutlich um eingeschlagene angespitzte Pfosten.

Stratigraphischer Bezug: schneidet 6689, 6608.

Dokumentation: F 2; P 3; Fo 31–37; Beil. 48; Abb. 183.

Datierung: Hochmittelalter (10.-13. Jh.)

6616–6620/6632 Pfosten

Pfostenlöcher und Gruben östlich des Grabens 6603. Auf dem ersten Planum ist hier noch 6608/6676 zu erkennen, die Pfostenspuren sind aber nicht zu sehen. Sie dürften damit relativ sicher der Vorgeschichte angehören.

Stratigraphischer Bezug: unter 6608; schneidet 6609.

Dokumentation: F 2; Fo 60–61; Abb. 163.

Datierung: vorgeschichtlich

6621–6624 Pfostengruben

Pfostengruben, die durchgängig etwa ca. 0,40 m Durchmesser haben. 6621 und 6622 liegen am Abschluß der Gräbchen 6626 und 6627. Eine Zugehörigkeit als verstärkender Endpfosten scheint möglich. 6623/6624 liegen am nördlichen Teilstück, an den Rändern von 6627. Sie schneiden den Graben, könnten also auch jünger sein.

Stratigraphischer Bezug: schneidet 6609; gehört zu 6626/6627.

Dokumentation: F 2; Fo 60–61.

6626–6631 Gräben

Fundamentgräben. Die 0,15–0,40 m breiten Gräben weisen im Profil wieder deutliche Spuren von Brettern oder Pfosten auf. Diese reichen bis 0,20–0,30 m unter das untere Planum (6109). Die Ausrichtung entspricht exakt der der späteren Strukturen wie der des Grabens 6603, der Gruben 6636/6595 und auch des Steingebäudes 6641–6643. Sie ist durch den Geländeabfall nach Norden vorbestimmt. Es handelt sich um die Überreste eines kaiserzeitlichen ebenerdigen Gebäudes. Möglicherweise ist 6635 ebenfalls zu diesem Komplex zu zählen.

Stratigraphischer Bezug: unter 6608; schneidet 6609.

Dokumentation: F 2; P 5; Fo 60–65; Abb. 163.

Datierung: vorgeschichtlich

6632–6664 Gruben

Gruben, vermutlich überwiegend Pfostengruben, die in der Osthälfte der Fläche unter dem mittelalterlichen Steingebäude sichtbar wurden. Neben einigen größeren Gruben mit teilweise noch sichtbarer Spur eines Holzpfostens sind in der Nordostecke auch schwächer ausgeprägte Gruben in dichter Konzentration anzutreffen. Zur stratigraphischen Einordnung bleiben viele Fragen offen. Da die karolingerzeitliche Kulturschicht 6608 vom Gebäude gekappt wurde, können sie sowohl kaiserzeitlich als auch frühmittelalterlich sein, einige könnten sogar bis ins 12. Jahrhundert reichen. Allerdings werden sie, soweit Überschneidungen vorhanden sind, von den Gruben 6595/6636 geschnitten. Einige Gruben sind auf dem ersten Planum bereits sichtbar und schneiden 6588, das als Laufhorizont des Steinbaus gedeutet wurde.

Stratigraphischer Bezug: unter 6541–6543; schneidet 6609; geschnitten von 6595, 6636–6637.

Dokumentation: F 2; P 5; Fo 58–59; Abb. 163.

6669 Schicht

Wallschüttung. Am Südprofil wurde zwischen 6670 und 6679 eine weitere dunkle Schicht dokumentiert, die noch zu den Wallschichten gehört. Die dunkle Verfärbung dürfte auf Aushub aus dem verschlammten Graben verweisen. Die höchste Stelle der erhaltenen Wallschüttung liegt schätzungsweise bei 59,30 m üNN.

Stratigraphischer Bezug: unter 6679; über 6670.

Dokumentation: P 2; Fo 66; Abb. 185.

Datierung: Hochmittelalter (10.–13. Jh.)

6670 Schicht

Oberer Teil der Wallschüttung. Das helle Material wurde durch die Anlage der Burgmauer 6502 gekappt. Da der Wall auch hinter der Burgmauer bestanden hat, ist mit weiteren abgetragenen Wallschichten zu rechnen.

Stratigraphischer Bezug: unter 6502, 6679; geschnitten von 6680–6681.

Dokumentation: P 1–2; Fo 1–5, 66; Beil. 51; Abb. 178, 185.

Datierung: Mittelalter allgemein

6671–6674 Schicht

Untere Abschnitte der Wallschüttung. Der dunkle Abschnitt 6671/6672 setzt auf Höhe der erhaltenen Plaggenwand ein. In der Schüttung könnten sich ebenfalls Reste von Plaggen verbergen. Dieser Bereich dürfte 6568 in der Fläche entsprechen. Von Nord nach Süd steigt die Schüttung deutlich an, was nicht nur durch den Geländeanstieg, sondern auch durch die Zwischenschüttung 6673 aus hellem Material im Südteil verursacht wird. Darunter liegt wiederum eine etwas dunklere Aufschüttung 6674. Diese zieht bis unter die Unterkante der Plaggen und dürfte dort als Vorschüttung (s. 6693) für den Wall aufgetragen worden sein

Stratigraphischer Bezug: unter 6670; über 6675–6676; gehört zu 6566.

Dokumentation: P 1–2; Fo 1–5, 66; Beil. 51; Abb. 178, 185.

Datierung: Hochmittelalter (10.–13. Jh.)

6675 Planierschicht

Helle, ca. 0,05 m starke Planierschicht, die nur stellenweise zwischen Laufhorizont 6676 und dem Wall 6566 auftritt.

Stratigraphischer Bezug: unter 6574; über 6676.

Dokumentation: P 1–2; Fo 1–5; Beil. 51.

Datierung: Hochmittelalter (10.–13. Jh.)

6676 Laufhorizont

Der besonders deutlich ausgeprägte und bis zu 0,10 m starke Laufhorizont liegt über der Kulturschicht 6608. Er liegt unter dem Wall und wird vom Graben geschnitten. Der Zusammenhang mit der karolingischen Siedlungsphase ist deutlich. Über der Grube des Pferdegrabes ist das Laufniveau wie die Wallschichten deutlich nachgesackt, auf den Fotos ist jedoch zu erkennen, daß 6676 die Bestattung überzog.

Stratigraphischer Bezug: unter 6566; über 6608.

Dokumentation: F 1; P 1–4; Fo 1–5, 8–11, 29–30, 66; Beil. 50–51; Abb. 178–182, 184–185.

Datierung: Frühmittelalter

6677 Schicht

Graugelbe Schicht über dem aufgegebenen Plaggenwall und über der dazugehörigen Pfostenreihe 6615. Der Auftrag ist vermutlich im Zusammenhang mit der Errichtung der Burgmauer erfolgt, deren Unterkante sich deutlich über der der älteren Plaggen befindet. Der direkte Anschluß an 6502 läßt sich jedoch wegen der weiträumigen Ausbruchgrube 6678 des Fundaments, die 6677 schnitt, nicht feststellen.

Stratigraphischer Bezug: unter 6679; über 6567; geschnitten von 6678.

Dokumentation: P 1, 3; Fo 1–5, 31–37; Beil. 51.

Datierung: Hochmittelalter (10.–13. Jh.)

6678 Ausbruchgrube

Ausbruchgrube der Burgmauer 6502. Über und neben den letzten Steinresten der Burgmauer erstreckt sich brauner, mit Steinschutt vermischter Sand auf einer Breite von gut 2 m.

Stratigraphischer Bezug: unter 6679; über 6502; schneidet 6677.

Dokumentation: P 1; Fo 1–5; Beil. 51.

Datierung: Hochmittelalter (10.–13. Jh.)

6679 Planierschicht

Die bräunliche Schicht ist auf einer Stärke von bis zu 0,30 m über der Wallschüttung dokumentiert. Sie überzieht bereits die Ausbruchgrube der Burgmauer und dürfte damit nicht mehr zu den Wallschüttungen, sondern zu den Geländeerhöhungen ab dem 12. Jahrhundert gehören.

Stratigraphischer Bezug: über 6678, 6670; geschnitten von 6580–6581.

Dokumentation: P 1–2; Fo 1–5, 66; Beil. 51; Abb. 178.

Datierung: Hochmittelalter (10.–13. Jh.)

6680–6681 Grube

Zwei 0,70–0,80 m breite Gruben mit dunkler Verfüllung schneiden die Planierschicht 6679 des 12/13. Jahrhunderts.

Stratigraphischer Bezug: schneidet 6679.

Dokumentation: P 1; Fo 1–5; Beil. 51.

Datierung: spätes Mittelalter/frühe Neuzeit (13.–16. Jh.)

6682–6688 Füllschichten

Die Verfüllung des Grabens ist teilweise deutlich zu differenzieren. Dunkle Schwemmschichten und helleres Material wechseln sich ab. Die Dokumentation bricht bei einer geschätzten Höhe von 58,40 m üNN (Planum) ab. Die Verfüllungen werden deutlich darüber hinausgeragt haben, ehe das Niveau des Spätmittelalters nach der Aufgabe des Grabens erreicht war. Die Grabenverfüllungen über 6556, das sind 6682–6688, dürften bereits über den Plaggenwall gezogen sein und damit zur zweiten Phase der Befestigung mit der Burgmauer 6502 gehören.

Stratigraphischer Bezug: unter 6546; über 6556, 6567, 6689; gehört zu 6570.

Dokumentation: P 4; Fo 29–30; Abb. 184.

Datierung: Hochmittelalter (10.–13. Jh.)

6689–6691 Füllschichten

Die unteren Füllschichten, besonders 6691 des Grabens 6570 wiesen mehrere Reste von abgerutschten Grasplaggen auf. Insgesamt wurden die Grabenfüllungen auf einer Stärke von 2,50 m dokumentiert. Dabei ist weder die Oberkante noch die Unterkante erreicht. Das Niveau der Böschung ist nach dem steilen Beginn zur Grabenmitte mit seiner flachen Sohle hin jedoch nur noch sehr gering ausgeprägt.

Stratigraphischer Bezug: unter 6556, 6688; über 6692; zieht gegen 6567, 6608.

Dokumentation: P 4; Fo 29–30; Abb. 184.

Datierung: Hochmittelalter (10.–13. Jh.)

6692 Schicht

Hellgraue Schicht an der Unterkante des Grabens; hier ist der anstehende Boden vermutlich durch die Grabenfüllungen beeinflußt.

Stratigraphischer Bezug: unter 6691; über anstehendem Boden.

Dokumentation: P 4; Fo 29–30; Abb. 184.

7000 ff. Grabung Margarethenstiege 1960

7001 Störung

Größere Störung mit Brandspuren, die den Befund des großen Ostprofils an der Pferdegasse/Margarethenstiege unterbricht, wohl ein Bombentrichter.

Stratigraphischer Bezug: schneidet 7002.

Dokumentation: P 1; Fo 13–14; Beil. 23.

Datierung: Neuzeit allgemein

7002 Planierschicht

Lockere sandige, 0,30–0,40 m breite Schicht mit einigen Steinen und mit Brandspuren unter der nicht gezeichneten Platzoberfläche/dem Pflaster. Die Schicht wird vom Bombentrichter 7001 geschnitten, es handelt sich also nicht um eine Nachkriegsplanierung, sondern um eine frühere Auftragung. Bei Anlage der 1960 bestehenden Pflasterung ist sie vermutlich abgetragen worden.

Stratigraphischer Bezug: unter Pflaster 1; geschnitten von 7001.

Dokumentation: P 1–2; Fo 9–14; Beil. 23; Abb. 92–93.

Datierung: Neuzeit allgemein

7003 Ausgleichsschicht

Fester Sand/Lehm als 0,05–0,10 m starker Teilauftrag zwischen 7002 und 7004 am Nordteil des Profils 1, am zweiten Abschnitt mit deutlichen Brandspuren.

Stratigraphischer Bezug: unter 7002; über 7004.

Dokumentation: P 1–2; Fo 9–10; Beil. 23; Abb. 92–93.

Datierung: Neuzeit allgemein

7004 Planierschicht

Dunkles sandiges Material mit kleineren Bruchsteinen, etwa 0,30–0,40 m stark aufgetragen; am Profil 2 weniger stark, hier liegt darüber die Pflasterung 7029, die am südlichen Profil nur mit viel Phantasie auszumachen wäre. Sie scheint eher gegen 7039 zu ziehen; damit ist sie wie die darüberliegende Pflasterung jünger als der barocke Kurienumbau.

Stratigraphischer Bezug: unter 7002/7003; über 7005.

Dokumentation: P 1–2; Fo 9–14; Beil. 23; Abb. 92–93.

Datierung: Neuzeit allgemein

7005 Schicht

0,10–0,30 m starke Schicht aus hellerem Material als 7004. An der Unterkante tritt im Nordabschnitt eine Reihe kleiner Steine auf, möglicherweise der Rest einer Pflasterung. Das darüberliegende Material macht nicht den Eindruck eines Laufhorizontes, sondern einer Aufplanierung. Weiter nördlich an P 2 befinden sich sehr kleine Steine und einige Verziegelungen. Vermutlich wird 7005 von 7039 geschnitten.

Stratigraphischer Bezug: unter 7004; über 7006.

Dokumentation: P 1–2; Fo 9–14; Beil. 23; Abb. 92–93.

Datierung: spätes Mittelalter/frühe Neuzeit (13.–16.Jh.)

7006 Planierschicht

Relativ kompakte Schicht aus hellerem Lehm mit geringen Einschlüssen: kleine Steinchen und Verziegelungen. Die Schicht ist ca. 0,10–0,15 m stark, an der Südseite ist sie kaum noch auszumachen. Möglicherweise wurde sie als Vorbereitung/Planierung für die neue Pflasterung aufgetragen.

Stratigraphischer Bezug: unter 7005; über 7007.

Dokumentation: P 1–2; Fo 9–14; Beil. 23; Abb. 92–93.

Datierung: spätes Mittelalter/frühe Neuzeit (13.–16.Jh.)

7007 Schicht

0,20–0,40 m starke, dunkelgraue Schicht mit zahlreichen kleinen Bruchsteinen oder Kieseln(?). Aus dem Gesamtzusammenhang würde sich die Interpretation als Platz/Straßenoberfläche mit einer zerstörten Pflasterung anbieten.

Stratigraphischer Bezug: unter 7006; über 7010, 7008.

Dokumentation: P 1–2; Fo 9–14; Beil. 23; Abb. 92–93.

Datierung: spätes Mittelalter/frühe Neuzeit (13.–16.Jh.)

7008 Laufhorizont

Der dunkle Streifen mit Holzkohle ist ca. 0,04–0,10 m stark, ein genutzter Bereich über dem Pflaster 7009. Im Südabschnitt des Profils verschwinden die Grenzen zwischen 7008 und 7009.

Stratigraphischer Bezug: unter 7010; über 7009.

Dokumentation: P 1–2; Fo 9–14; Beil. 23; Abb. 92–93.

Datierung: Hochmittelalter (10.–13. Jh.)

7009 Pflaster

Die Steinreihe, vermischt mit grauem Sand/Lehm ist deutlicher zu erkennen als die späteren mutmaßlichen Oberflächen 7007 und 7005. Im Südabschnitt des Profils läuft sie jedoch aus. Auch der Laufhorizont 7008 ist hier nicht mehr als markante schwarze Verfärbung auszumachen.

Stratigraphischer Bezug: unter 7008; über 7011.

Dokumentation: P 1–2; Fo 9–14; Beil. 23; Abb. 92–93.

Datierung: Hochmittelalter (10.–13. Jh.)

7010 Planierschicht

Dünner kompakter Streifen aus hellem Lehm, über der Pflasterung/dem Laufhorizont 7009/7008, der als ausgleichende Schicht für die folgende Oberfläche 7007 aufgetragen wurde. 7010 erscheint besonders an Stellen, an denen der Laufhorizont 7008 nur unscharf oder gar nicht zu erkennen ist. Dieser scheint dort abgetragen worden zu sein.

Stratigraphischer Bezug: unter 7007; über 7008.

Dokumentation: P 1; Fo 11–14; Beil. 23.

Datierung: spätes Mittelalter/frühe Neuzeit (13.–16.Jh.)

7011–7012 Schicht

Graue Schicht, die die ältesten Befunde ausnahmslos überzieht, ca. 0,05–0,20 m stark, wohl aufplaniert zur Abdeckung der älteren Befunde (s. 1013). Über 7013, lediglich etwas heller gefärbt, liegt 7012.

Stratigraphischer Bezug: unter 7009; über 7013, 7023.

Dokumentation: P 1–2; Fo 9–14; Beil. 23; Abb. 92–93.

Datierung: Hochmittelalter (10.–13. Jh.)

7013 Schicht

Dunkelgraue Schicht, die evtl. eine Grube oder ein Grubenhaus verfüllt hat, jedoch scheint auch eine Gleichsetzung mit dem Bereich 7018 und 7024/7025 möglich. Der Befund ist nicht vollständig nach unten ergraben worden, zudem ist bei der Nordgrenze, die durch Verwerfungen des Bombeneinschlags gestört ist, Vorsicht geboten. Der anstehende Boden bzw. die Übergangsschicht 7015/7016 liegen an den Rändern höher an als im Bereich 7024/7025.

Stratigraphischer Bezug: unter 7012; über 7015.

Dokumentation: F 1; P 1; Beil. 22–23.

Datierung: Mittelalter allgemein

7014 Schicht

Graue Verfärbung mit Brandspuren, die unter 7012/7013 und auch unter 7015 zu ziehen scheint. Dies ist kaum erklärbar, vielmehr dürfte es sich um eine Verschiebung von Bodenmaterial durch die Gewalt des Bombeneinschlags (7001) handeln.

Dokumentation: P 1; Beil. 23.

7015 Kulturschicht

Grau-gelbliche Verfärbung, die in den anstehenden Boden übergeht; Ansatz bei 58,60 m üNN, nach Norden wohl ansteigend.

Stratigraphischer Bezug: unter 7013, 7018; über 7016.

Dokumentation: F 1; P 1; Beil. 22–23.

Datierung: vorgeschichtlich

7016 Anstehender Boden

Dokumentation: Beil. 22–24; Abb. 92–93.

7017 Grube

1,45 m breite, nicht näher zu definierende Grube, verfüllt mit 7011 entsprechendem Material, schneidet 7018.

Stratigraphischer Bezug: unter 7011; schneidet 7018, 7015.

Dokumentation: F 1; P 1; Beil. 22–23.

Datierung: Mittelalter allgemein

7018 Schicht

Die Schicht entspricht 7024.

Stratigraphischer Bezug: über 7019; geschnitten von 7017, 7028.

Dokumentation: P 1

Datierung: Mittelalter allgemein

7019 Pfostengrube

Ca. 0,25 m messende, sich nach oben leicht verbreiternde Grube mit flacher Sohle. Im Bereich von 7024 deutet sich evtl. ein weiterer Pfosten an. Die Verfüllung ist etwas heller als 7018, daher ist deutlich zu erkennen, daß 7018 über die aufgegebene Pfostengrube zieht.

Stratigraphischer Bezug: unter 7018.

Dokumentation: P 1; Fo 13; Beil. 23.

Datierung: Mittelalter allgemein

7020 Pfostengrube

Pfostengrube an der Nordseite des Grubenhauses 7028, bis 57,05 m üNN reichend. Die Verfüllung entspricht 7021.

Stratigraphischer Bezug: unter 7022; gehört zu 7028.

Dokumentation: P 1; Fo 13; Beil. 23.

Datierung: Mittelalter allgemein

7021 Füllschicht

Graubraune einheitliche Füllung des Grubenhauses 7028 mit Spuren vergangenen Holzes.

Stratigraphischer Bezug: unter 7022; über 7020.

Dokumentation: F 1; P 1; Fo 13; Beil. 22–23.

Datierung: Mittelalter allgemein

7022 Schicht

Dunkler holziger Streifen an der Oberkante von 7021, der mit der Verfüllung leicht nachgegeben hat. Als Rest eines Laufhorizontes unmittelbar nach der Aufgabe des Grubenhauses denkbar. Der Befund erscheint jedoch nicht außerhalb der Grube, so daß auch hier ein Zusammenhang mit der Verfüllung wahrscheinlicher ist.

Stratigraphischer Bezug: unter 7011; über 7021.

Dokumentation: P 1; Beil. 23.

Datierung: Mittelalter allgemein

7023 Planierschicht

Kompakte Schicht aus hellem Lehm, die 7024 abdeckt.

Stratigraphischer Bezug: unter 7011; über 7024.

Dokumentation: F 1; P 1; Fo 11–14; Beil. 22–23.

Datierung: Mittelalter allgemein

7024 Schicht

Bis zu 0,35 m starke Schicht aus dunklem lehmigem Material. Sie entspricht 7018 und nimmt fast den gesamten Profilbereich ein. Im Norden ist die Gleichsetzung mit 7013 nicht gesichert. Im äußersten Süden wird sie erheblich dünner und steigt leicht an. Das gilt verstärkt für die darunterliegende Schicht 7025. Der anstehende Boden bzw. die Übergangsschicht 7015 setzt erheblich höher an. Ähnliches deutet sich an der Nordseite an. Daher spricht einiges dafür, in 7013/7018/7024–7025 einen größeren eingegrabenen Befund und keine auf diesem Niveau übliche Stratigraphie zu sehen. Dafür spricht auch die Pfostengrube 7019 unterhalb von 7018. Die enorme Länge von mindestens 8,50 m spricht gegen ein Gebäude/Grubenhaus, eher für einen Graben, dessen Funktion nicht geklärt werden kann. Oder sollte es sich um einen Längsschnitt durch einen der Palisadengräben handeln? Einleuchtender erscheint eine Nutzung zur Be-/Entwässerung. Der obere Bereich 7024 wirkt jedoch auf Zeichnung und Fotos deutlich feuchter als der untere Abschnitt 7025.

Stratigraphischer Bezug: unter 7023, 7011; über 7025.

Dokumentation: P 1; Fo 11–14; Beil. 23.

Datierung: Mittelalter allgemein

7025 Schicht

Grauer, z. T. über 0,60 m starker Lehm reicht bis 57,25 m üNN und damit deutlich tiefer als der Ansatz des anstehenden Bodens. Zur Problematik s. 7024. Unter 7018 ist 7025 nur angedeutet, an der Südseite unten auch schwärzer (7027); dort eine scharfe Trennung von 7015, die für einen Schnitt, also einen Graben oder eine Grube spricht. Die Ausprägung spricht deutlich für einen mittelalterlichen Befund. Funde können leider nicht zugewiesen werden.

Stratigraphischer Bezug: unter 7024; über 7015.

Dokumentation: P 1; Fo 11–14; Beil. 23.

Datierung: Frühmittelalter

7026 Grube

0,70 m breite Grube eines Pfostens, der nur kurz in Funktion war. Die Grube schneidet 7024 und 7023, wird aber bereits von 7009 überzogen und vermutlich auch von 7011.

Stratigraphischer Bezug: unter 7011; über 7023.

Dokumentation: P 1; Fo 11; Beil. 23.

Datierung: Hochmittelalter (10.–13. Jh.)

7027 Schicht

Schwarze Verfärbung im unteren Bereich von 7025 an der Südecke des Profils: Schlamm?

Stratigraphischer Bezug: unter 7025; schneidet 7015.

Dokumentation: F 1; P 1; Beil. 22–23.

Datierung: Frühmittelalter

7028 Grubenhaus

Ca. 3,20 m breite Grube mit relativ einheitlicher Verfüllung 7021. Die Grube ist nicht bis zum Grund ausgenommen wurden, bei der Eintiefung 7020 am Nordrand dürfte es sich um einen Pfosten handeln. Die Grube schneidet 7018 und am südlichen Rand auch den Bereich 7024/7025 eines mutmaßlichen Grabens. Die Verfüllung 7024 gleicht 7018. Das Grubenhaus dürfte erst nach 900 zu datieren sein.

Stratigraphischer Bezug: unter 7011; schneidet 7018, 7024.

Dokumentation: F 1; P 1; Fo 13; Beil. 22–23.

Datierung: Hochmittelalter (10.–13. Jh.)

7029 Pflaster

Verdichtete kleine Steine zwischen 7003 und 7004, die nur an P 2 auszumachen sind. Vermutlich handelt es sich um den Rest einer jüngeren Pflasterung, zum Bau des 17. Jahrhunderts führend.

Stratigraphischer Bezug: unter 7003; über 7004.

Dokumentation: P 2; Fo 9–10; Abb. 92–93.

Datierung: Neuzeit allgemein

7030 Ausgleichsschicht

0,05–0,08 m starke Schicht aus hellem Material, die zwischen 7005 und 7004 aufgetragen wurde, um das Niveau über dem längst aufgegebenen Grubenhaus 7037 anzugleichen.

Stratigraphischer Bezug: unter 7004; über 7005.

Dokumentation: P 2; Fo 9–10; Abb. 92–93.

Datierung: Neuzeit allgemein

7031 Schicht

Dunklere Schicht, die im unteren Bereich sehr unscharf in 7015 übergeht; enthält verschiedene Gruben, bzw. wird von diesen 7070/7071 geschnitten, ebenso wie vom Grubenhaus 7037. Im oberen Bereich, der von der Pflasterung 7009 gekappt wird, fehlt teilweise eine klare Abgrenzung zu 7011. Es dürfte sich um einen an der Pferdegasse nur schwach ausgeprägten Abschnitt der Oberfläche des 9. Jahrhunderts handeln, die sonst von 7015 nicht zu trennen war.

Stratigraphischer Bezug: unter 7009, 7011; über 7015; geschnitten von 7037.

Dokumentation: F 1; P 2, Fo 9–10; Beil. 22; Abb. 92–93.

Datierung: Frühmittelalter

7032 Ausgleichsschicht

Sandige Schicht mit kleinen Bruchsteinen. Letzte ausgleichende Verfüllung des Grubenhauses 7037, über dessen nachgebender Mitte noch vor Auftrag der neuen Oberfläche 7011.

Stratigraphischer Bezug: unter 7011; über 7033.

Dokumentation: P 2; Fo 9–10; Abb. 92–93.

Datierung: Hochmittelalter (10.–13. Jh.)

7033 Schicht

Schwarze vertorfte, lehmig-sandige Schicht mit einem Holz- bzw. Holzkohlestreifen an der Unterkante, also die typische, in ihrer Funktion noch nicht geklärte Stratigraphie vieler Grubenhäuser; d. h. 7033 ist entweder ein spätes Nutzungsniveau des Grubenhauses, oder der Holzstreifen hängt mit dem Einsturz des Gebäudes zusammen.

Stratigraphischer Bezug: unter 7032; über 7034; gehört zu 7037.

Dokumentation: P 2; Fo 9–10; Abb. 92–93.

Datierung: Hochmittelalter (10.–13. Jh.)

7034 Füllschicht

Bräunliche Verfüllung mit Holzspuren und gelben Sandlinsen im oberen Bereich des Grubenhauses 7037.

Stratigraphischer Bezug: unter 7033; über 7035.

Dokumentation: P 2; Fo 9–10; Abb. 92–93.

Datierung: Hochmittelalter (10.–13. Jh.)

7035 Schicht

Dunkler vertorfter Streifen mit starkem Holz- oder Holzkohleanteil. Entweder Oberfläche einer zweiten Nutzungsphase oder nur Abbruchmaterial.

Stratigraphischer Bezug: unter 7034; über 7036; gehört zu 7037.

Dokumentation: P 2; Fo 9–10; Abb. 92–93.

Datierung: Hochmittelalter (10.–13. Jh.)

7036 Füllschicht

Graubraunes, deutlich helleres Material als 7034–7035 verfüllt den unteren Bereich von 7037. Ein Laufhorizont oder Fußboden darunter ist nicht zu erkennen. Das Material unterscheidet sich kaum von 7031.

Stratigraphischer Bezug: unter 7035; über 7016; gehört zu 7037.

Dokumentation: P 2; Fo 9–10; Abb. 92–93.

Datierung: Hochmittelalter (10.–13. Jh.)

7037 Grubenhaus

Mindestens 3,20 m breites Grubenhaus, die Nordkante liegt knapp außerhalb des dokumentierten Profils. An der Sohle ist es nur knapp 1,80 m breit, mit einer langsam abfallenden Südwand (Rampe). Die Unterkante liegt bei 57,40 m üNN. Die Grube schneidet die Kulturschichten 7015 und 7031. Eine Datierung ab der Mitte des 9. Jahrhunderts ist möglich.

Stratigraphischer Bezug: unter 7011; schneidet 7031.

Dokumentation: F 1; P 2, Fo 9–10; Beil. 22; Abb. 92–93.

Datierung: Frühmittelalter

7039 Fundament

Das Fundament ist nur als Linie, als Profilgrenze dokumentiert. Eine Beschreibung ist so nicht möglich, dennoch ist es gut einzuordnen. Es ist die südliche Wand eines gewölbten Torgebäudes über der Margarethenstiege, das zum Gebäude Domplatz 20 gehört. Auf dem Alerdinckplan erscheint es noch nicht, da es mit einem Neubau von 1664 durch die Familie von Galen zusammenhängt, die die Kurie in der zweiten Hälfte des 17. Jahrhunderts als Familienpräbende übernahm. Die Bauzeichnung von P. Pictorius d. Ä. ist erhalten (Geisberg II, Abb. 372). Das nördliche Gegenfundament des Torgebäudes ist nicht dokumentiert, da der Schnitt hier weiter nach Osten verlegt wurde, um den Kellern der Kurie auszuweichen. Es hat aber auf einer Linie mit 7068, der Nordseite des Gebäudes gelegen. Dies ist im unteren Bereich als Bruchstein-, im oberen Bereich als Ziegelfundament ausgewiesen.

Stratigraphischer Bezug: unter 7003; schneidet 7005.

Dokumentation: F 1; P 2; Beil. 22; Abb. 92.

Datierung: frühe Neuzeit (ca. 1500–1700)

7040 Schicht

Ca. 0,10 m starke, hellbraune Schicht mit kleinen Bruchsteinen. 7040 ist die erste/höchste dokumentierte Schicht am nördlichen Abschnitt (P 3). Die Profiloberkante liegt unter dem Niveau der südlichen Profilabschnitte. Vermutlich sind hier neuzeitliche Schichten vor Beginn der archäologischen Dokumentation abgetragen worden. Auch sonst lassen sich die Schichten des Nordabschnitts nicht mit denen des südlichen Abschnitts in Verbindung bringen. Dort liegt der Schnitt im Bereich eines Weges der Margarethenstiege, im Norden wurde das Gebäude bzw. der Hof oder Vorgarten der Kurie Domplatz 20 geschnitten.

Stratigraphischer Bezug: über 7041.

Dokumentation: P 3; Fo 6; Beil. 24.

Datierung: Neuzeit allgemein

7041 Planierschicht

0,30–0,40 m starke Aufplanierung aus sandigem braunem Material mit kleinen Steinen und Ziegelspuren. 7041 überzieht das Fundament 7056 und scheint gegen das Backsteinfundament 7068b zu ziehen. 7068b dürfte mit dem barocken Umbau und der Anlage eines Torhauses über der Margarethenstiege zusammenhängen. Für diese Interpretation fehlt auf der Profilzeichnung zwar die erforderliche Baugrube, was in der Dokumentation aber auch für die Verfüllungen des älteren Kellers 7057/7068a gilt, wo mit Sicherheit eine solche Grube vorhanden war.

Stratigraphischer Bezug: unter 7040; über 7042, 7056.

Dokumentation: P 3; Fo 6; Beil. 24.

Datierung: frühe Neuzeit (ca. 1500–1700)

7042 Schicht

Dunkelbraune humosige Schicht, die mit 0,20–0,60 m Stärke den gesamten Nordabschnitt des Profils an der Pferdegasse einnimmt. Sie überzieht die kleinen Gräben und Pfosten 7043 ff. Vom Fundament 7056 scheint sie geschnitten zu sein. Schwer einzuordnende Schicht, die den gesamten zeitlichen Rahmen nach den frühen kaiserzeitlichen Befunden 7044 ff. bis zu den frühneuzeitlichen Umbauten einnimmt, also auch mit den nachkarolingischen Umgestaltungen der Domburg, d. h. der Aufgabe der Grubenhäuser in Verbindung zu bringen ist (s. 7011). Lesefunde aus den unteren, nicht näher zu lokalisierenden Profilbereichen weisen Keramik Pingsdorfer Art auf. Da die unmittelbar darüberliegende Schicht 7041 frühestens in der Neuzeit ansetzt, weist die Gesamtstratigraphie hier im Vergleich zu anderen Bereichen auch zu den südlichen Teilen dieser Grabung an der Margarethenstiege erhebliche Lücken auf.

Stratigraphischer Bezug: unter 7041; über 7043 ff.; geschnitten von 7056.

Dokumentation: P 3; Beil. 24.

Datierung: Mittelalter allgemein

7043 Grube

0,35 m breite Grube mit gerundeter Sohle unter 7042; am Profil zeigt sich vermutlich der Ansatz einer weiteren Grube.

Stratigraphischer Bezug: unter 7042; schneidet 7015.

Dokumentation: F 1; P 3; Fo 6; Beil. 24.

Datierung: Frühmittelalter

7044 Graben

0,20–0,40 m breiter Graben auf etwa 1,20 m Länge durch den nördlichen Schnitt von Südwest nach Nordost ziehend; im Profilschnitt mit 0,15 m erheblich schmaler gezeichnet; 0,14–0,30 m tief unter 7042 in den anstehenden Boden eingetieft. Der Längsschnitt zeigt die Spuren dicht aneinanderliegender Pfosten oder Bretter, 7044 verläuft parallel zu 7045. Vergleichbar mit anderen Grabenbefunden, die kaiserzeitlich zu datieren sind.

Stratigraphischer Bezug: unter 7042; schneidet 7015.

Dokumentation: F 1; P 3–4; Fo 3–6; Beil. 22, 24; Abb. 91.

Datierung: vorgeschichtlich

7045 Graben

Fundamentgraben. 7045 verläuft im Abstand von 1 m parallel zu 7044, mit fast 0,50 m war der Graben noch etwas breiter. Pfosten sind auf dem kleinen dokumentierten Profilschnitt nicht sicher zu erkennen. Der Graben schneidet die Gruben 7049–7050.

Stratigraphischer Bezug: unter 7042; schneidet 7049.

Dokumentation: F 1; P 3; Fo 3–6; Beil. 22, 24; Abb. 91.

Datierung: vorgeschichtlich

7046 Grube

Unregelmäßig geformte, eher längliche Grube von 1,10 x 0,60 m Durchmesser an der nördlichen Schnittkante. Eine braune Verfüllung reicht bis zu 0,28 m unter die dokumentierte Fläche. Das Schnittprofil deutet an, daß die Grube möglicherweise mehrere Pfosten enthielt (s. auch 7043).

Stratigraphischer Bezug: unter 7042; schneidet 7015.

Dokumentation: F 1, P 4; Fo 3; Beil. 22.

Datierung: Frühmittelalter

7047–7048 Grube

Zwei kleine Gruben von bis zu 0,20 m Durchmesser, nördlich des Gräbchens 7044 mit dunkler Verfüllung. 7047 zeigt im unteren Profilbereich eindeutig eine 0,14 m starke Pfostenspur, 7048 eher eine Grabenform mit flacher Sohle, beide reichen ca. 0,15 m unter die dokumentierte Fläche F 1. Frühmittelalterlich oder älter.

Stratigraphischer Bezug: unter 7042; schneidet 7015.

Dokumentation: F 1; P 4; Beil. 22.

Datierung: vorgeschichtlich

7049 Grube

Rundliche Grube mit ca. 0,80 m Durchmesser und 0,30 m Tiefe, mit schwärzlicher Verfüllung. Die Sohle ist leicht rundlich, die Ränder fallen steiler ab. Die Grube wird vom Graben 7044 geschnitten, daher kaiserzeitlich.

Stratigraphischer Bezug: unter 7042; schneidet 7015; geschnitten von 7044.

Dokumentation: F 1; Fo 3–6; Beil. 22.

Datierung: vorgeschichtlich

7050 Pfosten

Große viereckige Grube von ca. 1,20 x 0,90 m Durchmesser mit dunkler Verfüllung, bis zu 0,22 m tief, geschnitten von 7044.

Stratigraphischer Bezug: unter 7042; schneidet 7015; geschnitten von 7044.

Dokumentation: F 1; P 4; Fo 3–6; Beil. 22.

Datierung: vorgeschichtlich

7051 Graben

0,30 m breiter Graben, der sich durch seine etwas hellere Verfüllung und seine schärfer nach Osten weisende Ausrichtung von 7044/7045 unterscheidet. Tiefe ca. 0,22–0,34 m. Er weist eine unregelmäßige Unterkante, die evtl. Reste von Pfosten oder Brettern widerspiegelt, auf und wird klar von 7045 geschnitten.

Stratigraphischer Bezug: unter 7042; schneidet 7015; geschnitten von 7045.

Dokumentation: F 1; P 4; Fo 3–6; Beil. 22; Abb. 91.

Datierung: vorgeschichtlich

7052–7055 Pfostengruben

Vier Pfostengruben oder -löcher mit 0,20–0,80 m Durchmesser liegen südlich des Grabens 7045, alle unter 7042. Die Grube 7053 ist bis zu 0,40 m unter die dokumentierte Oberfläche eingetieft mit dunkler, nach unten heller werdender Verfüllung und flacher Sohle.

Stratigraphischer Bezug: unter 7042; schneidet 7015.

Dokumentation: F 1; P 4; Beil. 22.

Datierung: Frühmittelalter

7056 Bruchsteinfundament

0,50–0,55 m breites Bruchsteinfundament, das am Profil ca. 0,90 m hoch erhalten war. Die unterste Steinlage setzt bei 58,60 m üNN an. Bei der Dokumentation der Fläche auf eben dieser Höhe fehlen bereits einige Steine. Gegenüber dem älteren Fundament 7057 ist 7056 um eine Fundamentbreite nach Norden versetzt, nur seine Südkante liegt auf dem älteren Mauerwerk auf. Ob der Keller mit 7057 beim Neubau von 7056 weiter bestanden hat, läßt sich nicht sicher sagen, da die Dokumentation ausgerechnet beim Anschluß der Verfüllungen an das Fundament eine Lücke aufweist. 7056 schneidet 7042 und wird von 7041 überzogen. Mit dem Mauerwerk dürfte die Nordwand eines Gebäudes der Kurie Domplatz 20 erfaßt sein. Auf dem Stadtplan der Vorkriegszeit und auf den barocken Umbauplänen ist hier ein Vorbau für das Ost-West orientierte Hauptgebäude der Kurie, das mit den Fundamenten 7068 und 7039 dokumentiert ist, verzeichnet. Somit wäre das Fundament erst dem Krieg zum Opfer gefallen und die darüberliegenden Schichten 7041/7040 wären bereits Abbruchschichten der Nachkriegszeit. Erschwerend wirkt sich aus, daß keine exakte Einmessung des Schnittes vorliegt. Vermutlich ist der Schnitt östlich an dem erwähnten Bau vorbeigezogen. Mit 7056 wäre dann ein spätmittelalterlich-frühneuzeitlicher Bau erfaßt, der möglicherweise dem Ost-West orientierten Kuriengebäude auf dem Alerdinckplan entspricht. Das barocke Gebäude wäre dann ein kompletter, nach Süden verschobener Umbau.

Stratigraphischer Bezug: unter 7041; über 7057; schneidet 7042.

Dokumentation: F 1; P 3; Fo 7–8; Beil. 22, 24.

Datierung: spätes Mittelalter/frühe Neuzeit (13.–16. Jh.)

7057 Bruchsteinfundament

0,60 m breites Bruchsteinfundament mit relativ sauber beschlagenen Sandsteinen an der Südseite. Der Fundamentansatz liegt tiefer als 57,20 m üNN. Es wird von 7056 und 7063 überzogen, die Schicht 7066 zieht gegen das Fundament, die zwei Holzbretter 7058 und der Fußboden sind dem südlich des Fundaments anschließenden Keller zuzuordnen. Der gesamte Bereich der südlich anschließenden Vertiefung dürfte mit dem Fundament in Zusammenhang stehen, auch wenn die Verfüllungen nicht unbedingt typisch für Kellerverfüllungen sind. Die saubere Kante spricht für ein Sichtmauerwerk von Süden, das zu einem mittelalterlichen Kurienbau auf der Parzelle gehört.

Stratigraphischer Bezug: unter 7063, 7056.

Dokumentation: F 1, 3; Beil. 22, 24; Abb. 94.

Datierung: Hochmittelalter (10.–13. Jh.)

7058 Holzbauelement

Brett, ca. 0,40 m breit und 1,10 m lang vor dem Fundament 7057 über dem Fußboden des Kellers 7067 gelegen. Ein zweites, nicht gezeichnetes Brett wird auf dem Foto unmittelbar an der Mauer sichtbar, könnte sogar darunterziehen.

Stratigraphischer Bezug: unter 7066; über 7016; gehört zu 7067.

Dokumentation: F 1; Beil. 22; Abb. 94.

7059 Ausgleichsschicht

Abschließende Planierschicht aus dunklem Sand über dem Keller 7067, mit der das Niveau von 7042 im Norden wieder erreicht ist.

Stratigraphischer Bezug: unter 7041; über 7060.

Dokumentation: P 3; Beil. 24.

Datierung: spätes Mittelalter/frühe Neuzeit (13.–16. Jh.)

7060 Füllschicht

Bräunliche sandige Verfüllung des oberen Bereichs von 7067, am nördlichen Rand dünner werdend.

Stratigraphischer Bezug: unter 7059; über 7061.

Dokumentation: P 3; Beil. 24.

Datierung: spätes Mittelalter/frühe Neuzeit (13.–16. Jh.)

7061 Füllschicht

Verfüllung am nördlichen Kellerrand von 7067, entspricht bis auf verschiedene Füllmaterialien 7060 und 7062.

Stratigraphischer Bezug: unter 7060; über 7062.

Dokumentation: P 3; Beil. 24.

Datierung: spätes Mittelalter/frühe Neuzeit (13.–16. Jh.)

7062 Füllschicht

Weitere Auffüllung von 7067, braunes Material über dem gesamten dokumentierten Kellerbereich, an der Nordseite hinaufziehend.

Stratigraphischer Bezug: unter 7061; über 7063.

Dokumentation: P 3; Beil. 24.

Datierung: spätes Mittelalter/frühe Neuzeit (13.–16. Jh.)

7063 Schicht

Verfüllung von 7067, die nach Süden stark abfällt, aus dunkelbraunem Material.

Stratigraphischer Bezug: unter 7062; über 7057.

Dokumentation: P 3; Beil. 24.

Datierung: spätes Mittelalter/frühe Neuzeit (13.–16. Jh.)

7064 Schicht

Helles Material am nördlichen Rand von 7067, unter 7063 und über 7065, gehört zur Kellerverfüllung.

Stratigraphischer Bezug: unter 7063; über 7065.

Dokumentation: P 3; Beil. 24.

Datierung: spätes Mittelalter/frühe Neuzeit (13.–16. Jh.)

7065 Füllschicht

Braunes Material verfüllt den untersten dokumentierten Bereich von 7067.

Stratigraphischer Bezug: unter 7063/7064.

Dokumentation: P 3; Beil. 24.

Datierung: spätes Mittelalter/frühe Neuzeit (13.–16. Jh.)

7066 Füllschicht

Gelblichbraunes Material als Auffüllung der Abtiefung südlich des Fundaments 7057, in etwa 7064 entsprechend. Die Schicht zieht der Zeichnung zufolge über 7057. Es handelt sich also nicht um die Verfüllung einer Baugrube. Die Schicht gehört zum Gesamtkomplex 7067 und ist zur Aufgabe der älteren Phase zu rechnen.

Stratigraphischer Bezug: unter 7063; über 7058; zieht gegen 7057.

Dokumentation: P 3; Beil. 24.

Datierung: spätes Mittelalter/frühe Neuzeit (13.–16.Jh.)

7067 Keller

Weder in die Tiefe noch nach Süden ist der Befund vollständig ergraben. Insbesondere fehlt der Fußboden auf den Zeichnungen, der auf dem Foto aber zu erkennen ist. Der Keller ist zwischen den Fundamenten 7057 und 7068 sechs Meter breit. Das Fundament 7068 ist im unteren Bereich als Bruchsteinwand, ebenso tief wie 7057 im Norden notiert, aber nicht weiter dokumentiert worden. Beide Fundamente bilden gleichzeitig die Nord- und die Südwand eines Ost-West ausgerichteten Gebäudes, wohl einer ersten Kurie des 12./13. Jahrhunderts auf der Parzelle. Der obere Abschnitt von 7068 ist als Ziegelmauer vermerkt und dürfte mit den Umbauten des 17. Jahrhunderts zusammenhängen, s. auch 7039. Die Verfüllungen des Kellers sind recht untypisch und weisen keinen Schutt, sondern der Dokumentation zufolge nach Süden abfallende Lehm- und Sandschichten auf. Nicht ganz geklärt ist, ob die Aufgabe des Kellers erst mit dem Umbau des 17. Jahrhunderts oder bereits mit dem Neubau von Fundament 7056 auf 7057 zusammenhängt.

Stratigraphischer Bezug: unter 7059, 7041; schneidet 7016.

Dokumentation: F 1; P 3; Beil. 22, 24; Abb. 94.

Datierung: Hochmittelalter (10.–13. Jh.)

7068 Fundament

Nur als Profilrand angedeutetes Fundament aus Bruchsteinen im unteren und Ziegelsteinen im oberen Bereich. Das Fundament war die Südseite des Ost-West ausgerichteten Baus der Kurie Domplatz 20. Der Neubau von 1664 dürfte an dieser Stelle auf den Fundamenten (Bruch- und Ziegelsteine) der damals abgerissenen älteren Kurie fußen. Die spätestens mit dem Neubau zu verbindende Mauer schneidet die beiden obersten dokumentierten Profilschichten 7040–7041 und gibt damit einen Hinweis auf die Einordnung der darunterliegenden Befunde 7056–7067 ins Mittelalter. Wegen der anschließenden barocken Kurie mit Keller ist der Schnitt nach Osten in den Bereich der Straße/Stiege verschoben worden (P 1–2). Vom Bau des 17. Jahrhunderts wurde aber noch der südliche Torflügel 7039 über der Gasse erfaßt.

Stratigraphischer Bezug: schneidet 7040; gehört zu 7067.

Dokumentation: P 3; F 1; Beil. 24.

7069 Boden

Schwarzer fester Horizont südlich des Fundaments 7057 anschließend, auf dem die Holzbretter 7058 aufliegen. Leider ist er auf der Profilzeichnung nicht erfaßt, da nicht tief genug dokumentiert wurde, auf dem Foto ist er aber deutlich zu erkennen.

Stratigraphischer Bezug: unter 7066; gehört zu 7067.

Dokumentation: F 1; Fo 7–8; Beil. 22; Abb. 94.

Datierung: Hochmittelalter (10.–13. Jh.)

7070 Grube

Ca. 0,30 m breite Grube mit gerundeter Sohle und brauner Verfüllung im Bereich von 7031. Verfüllung wie 7031.

Stratigraphischer Bezug: unter 7009; schneidet 7015.

Dokumentation: F 1; P 5; Beil. 22.

Datierung: Frühmittelalter

7071 Grube

0,40–0,50 m breite Grube mit flacher Sohle im Bereich von 7031, s. 7070.

Stratigraphischer Bezug: unter 7011; schneidet 7015.

Dokumentation: F 1; Beil. 22.

Datierung: Frühmittelalter

8000 ff. Grabung Regierungspräsidium 1966 (Domplatz 1-3)

8001 Füllschicht

Dunkelbraun-schwärzliches Material dient als Verfüllung/Aufplanierung eines älteren Grubenhorizontes. Es entspricht möglicherweise 8103 oder 8104.

Stratigraphischer Bezug: unter 8114; über 8105; geschnitten von 8125–8127.

Dokumentation: F 3–4.

Datierung: Hochmittelalter (10.–13. Jh.)

8002 Grubenhaus

Rest eines Grubenhauses, geschnitten vom Südprofil und vom mittelalterlichen Grubenhaus 8003. Der Ausgräber hat es in die Kaiserzeit datiert. Auf dem Profil 6 muß es knapp verfehlt worden sein.

Stratigraphischer Bezug: unter 8108; geschnitten von 8006.

Dokumentation: F 5–6; Abb. 245, 252.

Datierung: vorgeschichtlich

8003 Grubenhaus

3,50 x 2,90 m großes Grubenhaus an der Südseite des Mittelteils von Fläche 1. Dunkelbraune bis schwarze Verfüllung, die im oberen Bereich wohl mit Brandspuren (Holzkohle, verziegelter Lehm) durchsetzt ist. Der Verlauf des schwarzen Bereichs erinnert an die „vertorften" Schichten Winkelmanns an Domgasse, Post u. a. Darunter liegt eine hellere Verfüllung, es folgt wiederum graues Material am Grubengrund, die Reste der alten Oberfläche des Gebäudes. Am Grubengrund sind mit 8069–8077 neun mit 0,20–0,30 m Durchmesser relativ kleine Pfosten sichtbar. Im Bereich der Mittelachse liegt mit 8078–8080 eine weitere Reihe parallel zu 8072–8074. Der große Pfosten 8081 an der äußersten Südseite könnte 8070 ersetzt haben.

Stratigraphischer Bezug: unter 8103; schneidet 8011, 8106.

Dokumentation: F 2–6; P 2; Beil. 70; Abb. 252, 254–255.

Datierung: Hochmittelalter (10.–13. Jh.)

8004 Grubenhaus

Kleines, nur ca. 1 m breites Grubenhaus, geschnitten von 8007. In der grauen Verfüllung, die erst unter 8108 sichtbar wurde, fanden sich kaiserzeitliche Funde, die möglicherweise auf eine Datierung vor 100 n. Chr. verweisen (Hinweis B. Thier).

Stratigraphischer Bezug: unter 8108; geschnitten von 8007.

Dokumentation: F 5; Abb. 245, 252.

Datierung: vorgeschichtlich

8005 Grubenhaus

In ostwestlicher Richtung 2 m breites, vom Nordprofil und 8007 geschnittenes Grubenhaus, das unter 8108 sichtbar wurde. Die Verfüllung ist im oberen Bereich grau gefärbt, darunter liegt heller Sand. Die Hausunterkante liegt bei 2,05–2,10 m unter dem Nullpunkt.

Stratigraphischer Bezug: unter 8108; schneidet 8109/8110.

Dokumentation: F 5; P 8; Abb. 245, 252.

Datierung: vorgeschichtlich

8006 Grubenhaus

Grubenhaus mit ca. 3,50 x 2,80 m Seitenlänge. In der grauschwarzen Verfüllung zeichnen sich Holzspuren, vermutlich nicht von Pfosten sondern von Brettern ab. An der Unterkante liegt ein deutlicher, ca. 0,02–0,05 m starker schwarzer Laufhorizont. Die Unterkante der Grube liegt ca. 1,40 m unter dem Nullpunkt, die Eckpfosten sind noch einmal 0,30 m tiefer eingeschlagen worden. An den Schmalseiten sind mit 8087/8089/8091 im Osten und 8088/8090/8092 im Westen jeweils drei Pfostengruben mit jeweils 0,20–0,30 m Durchmesser zu erkennen. An der Nordseite waren mit 8097–8098 zwei weitere Pfosten auszumachen, während an der Südseite kein weiterer dokumentiert worden ist. Drei weitere längliche Pfostengruben liegen in der Mittelachse 8093–8095. Spätere Pingsdorfer Ware und deutlich eingekehlte Randstücke der Kugeltöpfe lassen an eine Datierung nach 1000 denken.

Stratigraphischer Bezug: schneidet 8108; geschnitten von 8046–8047.

Dokumentation: F 3–6; P 4; Beil. 70; Abb. 252, 257.

Datierung: Hochmittelalter

8007 Grubenhaus

Das 4,50 m lange, Ost-West orientierte Haus wurde am Nordprofil knapp angeschnitten. Die Verfüllung reicht bis ca. 1,80 m unter den Nullpunkt. Sie ist im oberen Bereich schwarz, es folgt ein hellbrauner Abschnitt, auf den ein 0,03–0,06 m starker schwarzer Streifen folgt, der wie ein Laufhorizont aussieht. Darunter liegt jedoch noch eine 0,40 m starke Verfüllung hellen Lehms.

Stratigraphischer Bezug: schneidet 8004–8005.

Dokumentation: F 4–5; P 5; Abb. 245, 252.

Datierung: Hochmittelalter (10.–13. Jh.)

8008 Pfostengrube

Runde Pfostengrube mit fast 0,70 m Durchmesser und brauner Pfostenspur. In Flucht und Form passend zu 8020 u. a. Es könnte ein Pfosten der Ostseite des großen Pfostenbaus sein. Das Gebäude wäre dann über 10 m lang und älter als 8006.

Stratigraphischer Bezug: unter 8103.

Dokumentation: F 3–5; Abb. 252.

Datierung: Hochmittelalter (10.–13. Jh.)

8009–8010, 8099 Pfostengruben

Jüngere Pfostensetzung an der Westseite des Grubenhauses 8006.

Dokumentation: F 3–5; Abb. 252.

8011 Grubenhaus

3,50 x 2,50 m großes Grubenhaus mit dunkelgrauer Verfüllung im oberen Bereich, der ein hellerer Abschnitt folgt. Unten ist mit dem dunklen Band 8118 der Laufhorizont freigelegt worden. Die Unterkante liegt bei 1,80 m unter dem Nullpunkt, die Unterkante der Eckpfosten befindet sich noch 0,55 m darunter. Mit 0,15–0,30 m Durchmesser sind die Pfosten nicht sehr breit. Mit 8052/8054/8056 im Osten und 8051/8053/8055 im Westen liegen jeweils drei Gruben an den Schmalseiten. An beiden Längsseiten sind keine weiteren Pfosten festgestellt worden. Die Reihe im Verlauf der Mittelachse 8057–8061 ist vom Umfang her noch kleiner und dürfte mit der Nutzung/Funktion des Gebäudes zusammenhängen. Das Haus wird von 8003 geschnitten und könnte noch dem 9. Jahrhundert angehören.

Stratigraphischer Bezug: schneidet 8108; geschnitten von 8003.

Dokumentation: F 3–5; P 1–3; Beil. 69–70; Abb. 252–253.

Datierung: frühes Mittelalter

8012, 8019–8038 Sonstiges allgemein

Pfostenbau. An der Westseite von Schnitt 1 lag ein größerer Pfostenbau. Bereits auf dem dritten vom Ausgräber angelegten Planum wird dieses Gebäude mit den Pfosten 8020, 8023–8027 und 8033–8035 deutlich. Die mittlere Reihe mit 8012 und 8028–8029, sowie 8036–8037 ist erst auf dem tiefer gelegenen vierten Planum erfaßt. Grund für das spätere Auftreten ist eine Störung. Daher konnte mit 8038 an der Nordseite nur ein einziger Pfosten außer dem Eckpfosten 8019 im Nordwesten freigelegt werden. Besonders bei den Pfosten an der Südseite sind starke Überschneidungen durch Erneuerungen festzustellen. Die Randpfosten wie 8019/8023/8025/8033 sind mit bis zu 0,75 m Durchmesser deutlich stärker als die der Mittelreihe. Der Ost-West orientierte Bau war 3,50 m breit und mindestens 5,50 m lang. Über eine Verlängerung nach Süden auf den Pfosten 8008 kann spekuliert werden. Das Gebäude wäre dann mehr als 10 m lang und älter als das Grubenhaus 8011. Der am Profil sichtbare Fußbodenestrich 8128/8129 ist auf einer Länge von knapp 9 m zu erkennen, im Westen und Osten jeweils geschnitten von den jüngeren Gruben 8132, 8127.

Stratigraphischer Bezug: unter 8103/8104; schneidet 5105.

Dokumentation: F 3–5; P 1; Beil. 69–70; Abb. 252, 256.

Datierung: Hochmittelalter (10.–13. Jh.)

8013–8015 Gruben

8015 ist eine 1,40 x 1,30 m große Grube an der Westseite von Schnitt 1. 8014 ist eine Pfostengrube mit ca. 0,50 m Durchmesser, 8013 ist südlich davon angeschnitten. Der gesamte Bereich liegt unter 8001. Zumindest 8015 scheint den Fußboden 8128 des Pfostenbaus 8012 ff. zu schneiden.

Stratigraphischer Bezug: unter 8001; schneidet 8109.

Dokumentation: F 4–5; Beil. 70; Abb. 252,.

Datierung: Hochmittelalter (10.–13. Jh.)

8016 Graben

0,20 m breites Gräbchen mit heller Verfüllung. An der Unterkante sind dicht aufeinanderfolgende Pfosten zu erkennen, also ein Zaun oder kleiner Palisadengraben. Der Graben deutet sich bereits auf dem zweiten Planum an und dürfte damit bis in die Zeit der jüngeren Grubenhäuser bestanden haben.

Stratigraphischer Bezug: schneidet 8111; geschnitten von 8007.

Dokumentation: F 2–5; P 1; Beil 68–69; Abb. 252.

Datierung: Mittelalter allgemein

8017–8018 Gräben

8017 verläuft im Abstand von 1,20 m parallel zu 8016, näher am Gebäude 8050, 8018 ist eine Abzweigung. Es handelt sich gegenüber 8016 klar um den älteren Graben/Zaun.

Stratigraphischer Bezug: geschnitten von 8044.

Dokumentation: F 4–5; Beil. 68; Abb. 252.

Datierung: Frühmittelalter

8039/8062–8063 Pfostengruben

Gruben aus dem westlichen Abschnitt, die im Bereich des Gebäudes 8012 liegen, jedoch eindeutig älter sind (vgl. auch 8013–8015). Sie treten erst auf dem unteren Planum auf. 8039 liegt zudem wie 8013–8015 unter 8001. Weitere Pfosten, die wegen Störungen im jüngeren Planum nicht eindeutig zuweisbar sind, können zu diesem Komplex, aber auch zu 8012 gehören. Die genauere Datierung bleibt auch hier wegen der, gegenüber der östlichen Schnitthälfte, fehlenden frühmittelalterlichen Schichten 8106–8108 (bis 10. Jh.) schwierig. Von kaiserzeitlichen Bauten bis zum Ende des 9. Jahrhunderts ist stratigraphisch alles möglich. Wahrscheinlicher als ein kaiserzeitliches Gebäude ist die Annahme eines Vorgängers von 8012/8019 ff., der sich in seiner Ausdehnung nicht bestimmen läßt.

Stratigraphischer Bezug: unter 8001; schneidet 8105.

Dokumentation: F 5; Abb. 252.

Datierung: Frühmittelalter

8042/8044 Pfostengrube

Die drei Pfostengruben liegen stratigraphisch auf dem gleichen Niveau wie die des Gebäudes 8050. 8042 schneidet 8044. Sie liegen unmittelbar westlich außerhalb des Baus in Verlängerung des Grabens 8017, der bereits vorher abbricht. Möglicherweise handelt es sich um einen kleinen Anbau.

Stratigraphischer Bezug: unter 8107; schneidet 8108.

Dokumentation: F 4–5; Abb. 252.

Datierung: Mittelalter allgemein

8043 Pfostengrube

Gut 0,60 m breite Pfostengrube neben 8042/8044, die jedoch jünger ist und schon auf dem zweiten Planum erscheint.

Stratigraphischer Bezug: unter 8104; schneidet 8105/8116.

Dokumentation: F 2–5; P 1; Abb. 252.

Datierung: Hochmittelalter (10.–13. Jh.)

8050, 8044–8049 Sonstiges allgemein

Pfostenbau. Östlich der Gräben 8116–8118 liegt eine Reihe dicht gedrängter größerer Pfosten 8045–8050, die sich z. T. schneiden. Die Pfosten sind bis zu 0,65 m breit und reichen bis 1,45 m unter den Nullpunkt. Mit 8084–8085 an der östlichen Schnittkante hat der Ausgräber eine parallele Achse ausgemacht, die die Ostseite des Baus gebildet haben könnte. 8082–8083 stünden für Befunde in der Mitte. 8083 ist ein 0,90 m breiter Pfosten der bis 1,30 m unter den Nullpunkt reicht. Das Gebäude ist damit mindestens 4 x 5 m groß. Die Ostseite ist noch knapp 7,50 m von den hinteren Pfosten des Walls entfernt, ausreichend Platz für den abfallenden Wall, der nicht freigelegt wurde.

Stratigraphischer Bezug: unter 8107; schneidet 8108.

Dokumentation: F 4–5, P 8–10; Beil. 68; Abb. 252.

Datierung: Frühmittelalter

8064–8065 Pfostengrube

Diese Pfostengruben mit über 0,50 m Durchmesser treten erst auf dem letzten Planum auf. Jedoch liegen sie unter den noch auf Planum 4 als Störung gekennzeichneten Abschnitten. Gleiches gilt für 8066–8068. 8066 schneidet 8067 und diese schneidet 8068. Gemeinsam ist allen Pfosten, daß sie in Verlängerung der Pfosten 8019/8038 liegen, die als Nordseite des Gebäudes angedacht wurden; 8064 und 8065 und 8040 liegen zudem in der Flucht der Reihe 8029–8030/8032–8033. Damit wäre ein annähernd quadratischer Bau mit über 4 m Seitenlänge für 8012 anzunehmen, jedoch könnte (s. 8012) er sich auch weiter nach Osten mit 8066–8068 (s. auch 8008) erstreckt haben. Die genannte Reihe wäre dann als Wand innerhalb des Gebäudes zu interpretieren.

Stratigraphischer Bezug: schneidet 8109.

Dokumentation: F 5; Beil. 70; Abb. 252.

Datierung: Hochmittelalter (10.–13. Jh.)

8100 Störung

Große Fehlstelle in der nordöstlichen Grabungshälfte. Am Profil sind weitere eingetiefte Gruben zu erkennen, so daß es sich nicht um einen einheitlich gestörten Bereich handeln dürfte. Die Grube wird unten schmaler. Sie ist älter als die Gruben 8120–8122.

Stratigraphischer Bezug: unter 8101; schneidet 8102.

Dokumentation: F 1–5; P 1; Beil. 69; Abb. 252.

8101 Laufhorizont

0,02–0,10 m breiter Streifen, der die jüngste dokumentierte Oberfläche in der Osthälfte darstellt. Darüber liegt noch eine weitere Planierung/Schuttschicht, der im Westen mit 8113 eine weitere Oberfläche folgt.

Stratigraphischer Bezug: unter 8135; über 8102; geschnitten von 8120–8122.

Dokumentation: P 1; Beil. 69.

8102 Planierschicht

Ca. 0,10 m starke Aufschüttung aus hellem Material zwischen der Oberfläche 8101 und 8103, entspricht wohl 8116.

Stratigraphischer Bezug: unter 8101; über 8103.

Dokumentation: P 1; Beil. 69.

8103 Schicht

Graue aufplanierte Schicht mit zahlreichen kleinen Steinen und auch Ziegelstippen. Der obere Bereich der 0,20–0,50 m starken Schicht könnte auch belaufen sein. Aufplanierung für den Bau von Kurien oder des Bischofspalastes der Phase IV.

Stratigraphischer Bezug: unter 8102; über 8104; geschnitten von 8127.

Dokumentation: P 1; Beil. 69.

Datierung: spätes Mittelalter/frühe Neuzeit (13.–16.Jh.)

8104 Laufhorizont

0,10 m starker schwärzlicher Streifen, der wie 8103 den gesamten Profilbereich einnimmt. Im äußersten Westen deutlich heller. Es dürfte sich um den Horizont der letzten Nutzungsphase der Siedlung handeln, zu dem etwa das Grubenhaus 8007 gehört. Die Pfosten von Haus 8012 werden vom Laufhorizont bereits überzogen.

Stratigraphischer Bezug: unter 8103; über 8105.

Dokumentation: F 1a; P 1; Beil. 69.

Datierung: Hochmittelalter (10.–13. Jh.)

8105 Schicht

Schicht aus hellem Material mit dunklen Einschlüssen und Verziegelungen, die unter dem Laufhorizont 8104 liegt. Deutliche Brandspuren sind zu erkennen.

Stratigraphischer Bezug: unter 8104; über 8106; geschnitten von 8012.

Dokumentation: F 1b; P 1; Beil. 69.

Datierung: Hochmittelalter (10.–13. Jh.)

8106 Laufhorizont

Nur in der Osthälfte des Schnittes sichtbarer dunkler Streifen mit Holzkohlestippen. Die Schicht zieht über das Grubenhaus 8011 und wird vom Grubenhaus 8006 geschnitten. Sie dürfte in etwa 5360 u. a. am Michaelisplatz entsprechen.

Stratigraphischer Bezug: unter 8105; über 8107; geschnitten von 5006, 5016.

Dokumentation: F 2; P 1; Beil. 69.

Datierung: Hochmittelalter (10.–13. Jh.)

8107 Schicht

Die graue Zwischenschicht am östlichen Schnittrand trennt 8108 und 8107.

Stratigraphischer Bezug: unter 8106; über 8108.

Dokumentation: F 3–4; P 1; Beil. 69.

Datierung: Mittelalter allgemein

8108 Alte Oberfläche

Grauer fester Horizont, der 5108 am Michaelisplatz, der der karolingischen Oberfläche entspricht. Am Westteil des Schnitts ist 8108 ebenso wie 8106–8107 nicht vorhanden. Auch an östlichen Teilen von Schnitt 1 ist der Horizont nur schwer von 8109 zu trennen, anders als im Bereich des Walls.

Stratigraphischer Bezug: unter 8107; über 8109; geschnitten von 8011.

Dokumentation: F 4; P 1–2; Beil. 68–69; Abb. 246–251.

Datierung: Frühmittelalter

8109 Kulturschicht

Braune kompakte Schicht, die nicht immer leicht von 8108 zu trennen ist, jedoch erkennbar über dem ausgefransten helleren Bereich 8110 liegt. Sie entspricht 5109, Kulturschicht der jüngeren Kaiserzeit.

Stratigraphischer Bezug: unter 8108; über 8110; geschnitten von 8002/8004/8005.

Dokumentation: F 5; P 1–2; Beil. 69; Abb. 246–251.

Datierung: vorgeschichtlich

8110 Kulturschicht

Die unterste Schicht über dem anstehenden Boden zeigte sich auch hier als hellbraune stark ausgefranste Schicht, entsprechend 5103. Die unregelmäßige Unterkante, die neben Bewuchs auch auf Gräbchen und Pfosten zurückgehen dürfte, verweist auch hier wieder auf eine Nutzung in der früheren Kaiserzeit.

Stratigraphischer Bezug: unter 5109.

Dokumentation: F 5; P 1, 2; Beil. 69; Abb. 246–251.

Datierung: vorgeschichtlich

8111 Schicht

Dünn aufgetragene helle Schicht unter 5106 und über dem Zwischenlaufhorizont 8112.

Stratigraphischer Bezug: unter 8106; über 8112.

Dokumentation: P 1; Beil. 69.

Datierung: Mittelalter allgemein

8112 Laufhorizont

Dünner, 0,04 m starker Laufhorizont über 8108, auf einem kleinen Abschnitt von P 1 dokumentiert. Laufhorizont auf 8108, der 5079 entsprechen dürfte.

Stratigraphischer Bezug: unter 8111; über 8108.

Dokumentation: P 1; Beil. 69.

Datierung: Frühmittelalter

8113 Schicht

Humosiger Boden unter dem Abbruchschutt 8135. Die Schicht überzieht die Rohrleitungen in der Mitte des Westprofils, die frühestens vom dem Ende des 19. Jahrhunderts stammen dürften.

Stratigraphischer Bezug: unter 8135; über 8114.

Dokumentation: P 1; Beil. 69.

Datierung: Neuzeit allgemein

8114–8116 Planierschichten

Drei Planierschichten mit von oben nach unten abnehmendem Steinanteil. 8116 ist relativ kompakt aus braunem Lehm und entspricht in etwa 8102. Die jüngeren Gruben, die sämtlich unter 8113 liegen, schneiden diese Horizonte.

Stratigraphischer Bezug: unter 8113; über 8103; geschnitten von 8123–8125.

Dokumentation: P 1; Beil. 69.

Datierung: frühe Neuzeit (ca. 1500–1700)

8117 Planierschicht

Heller Sand, der an Teilstücken über 8105 aufliegt.

Stratigraphischer Bezug: unter 8104; über 8105.

Dokumentation: P 1; Beil. 69.

Datierung: Hochmittelalter (10.–13. Jh.)

8118 Laufhorizont

Grauschwarzer Streifen an der Unterkante des Grubenhauses 8011, ca. 1,80 m unter dem Nullpunkt.

Stratigraphischer Bezug: unter 8119.

Dokumentation: P 1; Beil. 69.

Datierung: Mittelalter allgemein

8119 Füllschicht

Verfüllung des Grubenhauses 8011. Über dem Laufhorizont 8118 liegt eine helle braun-gelbe Schicht, darüber ein dunkler vertorfter Streifen unter einer dunkelgrauen Verfüllung mit kleinen Steinen.

Stratigraphischer Bezug: unter 8106; über 8118; gehört zu 8011.

Dokumentation: P 1; Beil. 69.

Datierung: Mittelalter allgemein

8120–8125 Grube

Neuzeitliche und frühneuzeitliche Gruben im oberen Bereich von P 1. 8120/8121 schneiden wie 8100 den Laufhorizont 8101, 8122–8125 liegen unter 8113, 8123, auch unter 8114 und 8125 unter 8116. Zu den jüngeren Gruben zählen auch 8136, wohl eine Ausbruchgrube aus der Zeit des Gebäudeabrisses nach 1960, und die Leitungsgräben 8137a–c und 8138, die unter 8113 lagen.

Dokumentation: F 1–3; P 1; Beil. 69.

Datierung: Neuzeit allgemein

8126 Backsteinfundament

Ca. 0,40 m breites Fundament an der westlichen Schnittkante von Schnitt 1. Westlich anschließend reichen die Ausbrüche des Gebäudes bis tief in den anstehenden Boden, evtl. ein Hinweis auf tiefe Keller. Über das Mauerwerk zieht eine in Resten erhaltene Pflasterung aus großen Steinen bis an die große Ausbruchgrube. Das Backsteinfundament ist damit nicht dem Ende des 19. Jahrhunderts entstandenen Regierungsbau zuzurechnen sondern etwas älter.

Stratigraphischer Bezug: unter 8139; über 8127.

Dokumentation: F 2; P 1; Beil. 69.

Datierung: Neuzeit allgemein

8127 Grube

Große, tief in den anstehenden Boden reichende (Fundament-?)Grube unter 8126, schneidet zumindest 8103.

Dokumentation: P 1; Beil. 69.

Datierung: Neuzeit allgemein

8128 Estrich

Heller festgestampfter Lehm im Westabschnitt von F 1. In der Fläche unterscheidet sich der Abschnitt bei etwa gleichem Niveau von den östlich ansetzenden Kulturschichten 8108 bzw. vor allem von 8109 durch die gelbliche Färbung und einige Verziegelungen (gezeichnet). Die Grenze war jedoch sehr unscharf. Die Interpretation als Estrich beruht auf der Beschreibung des Ausgräbers als Lehmtenne und auf der Darstellung des Befundes auf der Flächenzeichnung F 4. Gemeint ist der Innenraum zu dem in der Westhälfte vorgefundenen hochmittelalterlichen Pfostenbau 8012 ff. Am Profil ist die Schicht ebenfalls gut auszumachen; die Brandspuren sind dort erheblich stärker dokumentiert und auch auf dem Dia zu erkennen. Die Schicht bricht bei 33 m West ab und erlaubt damit eine Rekonstruktion des Pfostenbaus oder der Pfostenbauten bis auf 8066–8068. Die Schicht gleicht im Aussehen 8105, dabei dürfte es sich um einen Außenbereich im Osten handeln. Im Westen fehlen die sich im Osten auf dem Niveau von 8128 befindenden Schichten 8106–8108, die vermutlich bei Anlage des Gebäudes abgetragen wurden. Für das Niveau des Fußbodens ergäbe sich damit ein 0,20 m tieferes Niveau gegenüber dem des Außenhorizonts. Der Fußboden scheint später nach dem Brand erneuert worden zu sein (8129).

Stratigraphischer Bezug: unter 8117; über 8109.

Dokumentation: F 4–5; P 1; Beil. 69, 70.

Datierung: Hochmittelalter (10.–13. Jh.)

8129 Estrich

Fußbodenrest mit geringen Brandspuren, der über dem Fußboden 8128 und der Planierung 8117 im Bereich des Pfostenbaus 8012 am Profil dokumentiert wurde und vermutlich für eine späte Nutzungsphase des Baus steht.

Dokumentation: P 1; Beil. 69.

Datierung: Hochmittelalter (10.–13. Jh.)

8135 Schuttschicht

Schutt vom Abriß des alten Regierungsgebäudes für den Neubau nach 1966.

Dokumentation: P 1; Beil. 69.

Datierung: Neuzeit allgemein

8139 Pflaster

Pflaster aus großen Katzenköpfen, Vorplatz des Regierungspräsidiums bis 1945.

Stratigraphischer Bezug: unter 8114; über 8126.

Dokumentation: P 1; Beil. 69.

Datierung: Neuzeit allgemein

8140 Grube

Kleine Grube mit rundlicher Sohle unter 8107.

Stratigraphischer Bezug: unter 8107; schneidet 8112.

Dokumentation: P 1; Beil. 69.

Datierung: Hochmittelalter (10.–13. Jh.)

8141 Grube

0,50 m breite Pfostengrube, die bis unter die Profilunterkante reichte. Auf der Flächenzeichnung ist sie nicht zu identifizieren. Es dürfte sich um einen Pfosten des Gebäudes 8012 handeln. Ähnliche Form und gleiche Stratigraphie weisen 8064 und 8020 auf, die ebenfalls auf P 1 erscheinen.

Stratigraphischer Bezug: unter 5104; schneidet 5105.

Dokumentation: P 1; Beil. 69.

Datierung: Hochmittelalter (10.–13. Jh.)

8142 Grube

0,40 m breite Grube eines Pfostens. Die Grube schneidet den Laufhorizont 8106. Sie ist mit dem verziegelten Material der Brandschicht 8105 verfüllt.

Stratigraphischer Bezug: unter 8105; schneidet 8106.

Dokumentation: P 1; Beil. 69.

Datierung: Hochmittelalter (10.–13. Jh.)

8200 Sonstiges allgemein

Wallschüttung, entspricht 5066 am Michaelisplatz. Gelbbrauner, überwiegend hell marmorierter Boden dient als Schüttung hinter den vorderen Wallpfosten. Im Untersuchungsbereich ist sie auf einer Höhe von 1 m über 8108 (P 1) und auf über 1,60 m in Schnitt 4 unter den mittelalterlichen und neuzeitlichen ausgeschachteten Horizonten erhalten. Vereinzelt liegen wiederum Plaggen in der Schüttung. Sie wird von der jüngeren Pfostenreihe 8207/8219–8222 geschnitten. Auch der hintere Wallpfosten 8211 scheint erst in die Schüttung eingetieft zu sein. Da die Pfostengrube beim Ziehen des Pfostens vergrößert worden sein könnte, ist hier jedoch Vorsicht geboten.

Stratigraphischer Bezug: unter 8203, 8206; über 8108, 8201; geschnitten von 8207, 8208.

Dokumentation: P 2, 12–14, 17–18; Abb. 246.

Datierung: Hochmittelalter (10.–13. Jh.)

8201 Schicht

Unterer, dunkelbraun gefärbter Bereich der Wallschüttung (Holz?). Auf den Profilen 13–15 erheblich stärker als am Hauptprofil P 2.

Stratigraphischer Bezug: unter 8200; über 8108.

Dokumentation: P 2; 12–14, 17–18; Abb. 246.

Datierung: Hochmittelalter (10.–13. Jh.)

8202–8203 Schichten

Obere Bereiche der Wallschüttung, deren spätere Auftragung wohl gemeinsam mit 8205–8206 erfolgte. 8202 besteht aus braungelbem sandigem Material, 8203 aus feuchtem schlammigem Boden. Sie ziehen über die Grube des gezogenen Pfostens 8211. Das Verhältnis zur jüngeren Pfostenreihe bleibt unklar, da das Profil über 8207 nicht dokumentiert ist.

Stratigraphischer Bezug: unter 8209; über 8200.

Dokumentation: P 2; 12; Abb. 246.

Datierung: Hochmittelalter (10.–13. Jh.)

8204 Planierschicht

0,40 m starke aufplanierte und vermutlich auch als Oberfläche genutzte Schicht, die über den auslaufenden Wallschichten westlich der hinteren Pfostenreihe einsetzt, in etwa also den höheren Schichten am Michaelisplatz deutlich über der Wallstraße entspricht.

Stratigraphischer Bezug: über 8205.

Dokumentation: P 2; 12; Abb. 246.

Datierung: Hochmittelalter (10.–13. Jh.)

8205 Füllschicht

Helle aufplanierte Schicht zur Geländeerhöhung und Trocknung im Abschnitt des auslaufenden Walls, etwa 5217 entsprechend.

Stratigraphischer Bezug: unter 8204; über 8206.

Dokumentation: P 2; Abb. 246.

Datierung: Hochmittelalter (10.–13. Jh.)

8206 Schicht

Grauschwarze Schicht mit Holzkohlestippen, die über der auslaufenden Wallschüttung 5200 westlich des Pfostens 8211 einsetzt, dessen Grube aber noch überzieht. In den schwarzen Abschnitten könnten sich Plaggen oder entnommener Schlamm aus dem Graben verbergen.

Stratigraphischer Bezug: unter 8205; über 8211.

Dokumentation: P 2; Abb. 246.

Datierung: Hochmittelalter (10.–13. Jh.)

8207 Pfostengrube

Am Hauptprofil P 2 dokumentierte, 0,80 m breite Pfostengrube mit flacher, 0,40 m breiter Sohle und heller Verfüllung, die unmittelbar auf 8108 liegt. Der Pfosten gehört zu einer jüngeren Reihe mit 8218–8222, die gerade in diesem Bereich wieder Überschneidungen aufweist.

Stratigraphischer Bezug: schneidet 8200.

Dokumentation: P 2; Abb. 246.

Datierung: Hochmittelalter (10.–13. Jh.)

8208 Grube

An der Ostecke des Hauptprofils wird die Wallschüttung von einer großen, nach Osten nicht mehr dokumentierten Grube mit dunkler Verfüllung geschnitten. Dem Abstand nach könnte es sich um die ausgedehnte Grube eines gezogenen Frontpfostens handeln.

Stratigraphischer Bezug: schneidet 5200, 8198.

Dokumentation: P 2; Abb. 246.

Datierung: Mittelalter allgemein

8209 Pfostengrube

Schwach sichtbare, 0,40 m breite Gruben im Bereich von 8109, wohl kaiserzeitlich.

Stratigraphischer Bezug: unter 8108; schneidet 8110.

Dokumentation: P 2; Abb. 246.

Datierung: vorgeschichtlich

8210 Störung

Stratigraphischer Bezug: schneidet 8202–8204, 8211.

Dokumentation: P 12.

8211 Pfostengrube

Grube eines der hinteren Wallpfosten. An der flachen Sohle ist sie 0,35 m breit, oben bis zu 1 m. Die Ostseite fällt senkrecht ab, die Westseite verbreitert sich im oberen Bereich, um eine Einbringung des Pfostens in die Grube zu erleichtern. Vermutlich wurden die Gruben beim Ziehen der Pfosten hier noch einmal erweitert.

Stratigraphischer Bezug: unter 8206; schneidet 8200, 8212.

Dokumentation: F 8–14; P 2; Beil. 68; Abb. 246, 249.

Datierung: Hochmittelalter (10.–13. Jh.)

8212–8214 Pfostengruben

Im Anschluß nördlich an 8211 wurden drei weitere Pfosten der hinteren Reihe in der Fläche dokumentiert. Die Abstände liegen regelmäßig bei ca. 1,70 m. Spuren der Pfosten sind in den bis zu 1 m im Durchmesser großen Gruben noch zu erkennen. Auf dem untersten Planum (F 14) sind nur noch die südlichen Pfosten 8211–8212 zu erkennen, die vermutlich etwas tiefer eingegraben waren.

Dokumentation: F 8–14; Beil. 68, Abb. 247.

Datierung: Hochmittelalter (10.–13. Jh.)

8215–8216 Pfostengruben

An der östlichen Schnittkante wurden gerade noch die Gruben von zwei großen Frontpfosten der Befestigung angeschnitten, eine dritte Grube wurde vermutlich mit 8208 erfaßt.

Dokumentation: F 10–14; Beil. 68; Abb. 247, 250.

Datierung: Hochmittelalter (10.–13. Jh.)

8217 Holzbauelement

Sehr deutliche Spur eines Verbindungsbalkens zwischen den Frontpfosten 8215–8216, die sich auch nördlich von 8216 fortsetzt. Ohne Zweifel ein Brett der Holzbefestigung an der Vorderseite der Holzmauer.

Stratigraphischer Bezug: über 8108.

Dokumentation: F 10; Beil. 68.

Datierung: Hochmittelalter (10.–13. Jh.)

8218–8222 Pfostengrube

Etwa in der Mitte der Wallschüttung wurde eine dritte Pfostenreihe zwischen den vorderen und hinteren Wallpfosten sichtbar. Sie ist auf deutlich höherem Niveau in die Wallschüttung 5200 eingetieft. Zu dieser Reihe gehört auch der Pfosten 5207, der am Profil dokumentiert wurde und von 5218 ersetzt wurde. Die Unterkante dieser Pfosten reicht nicht mehr bis in die karolingische Oberfläche 5108. Die Reihe liegt nicht exakt in einer Flucht und auch die Abstände sind nicht ganz regelmäßig. Es dürfte sich um eine eher nachlässig ausgeführte Befestigungslinie zwischen der Aufgabe der Holzwand und dem Neubau der Burgmauer handeln.

Stratigraphischer Bezug: schneidet 8200.

Dokumentation: F 8–10; P 12; Beil. 70.

Datierung: Hochmittelalter (10.–13. Jh.)

8223 Laufhorizont

0,05–0,08 m starker, dunkel gefärbter Streifen über 8108 (s. auch 8112), der im Bereich westlich des Walls deutlich wurde, vielleicht also nicht wie 5079 nur die Laufschicht aus der Errichtungszeit des Walls darstellt, sondern einen Laufhorizont im Bereich der „Wallstraße" angibt. Zwar liegt er unter der Wallschicht 8200, jedoch im Bereich westlich der hinteren Pfosten. Vermutlich reichte die Wallschüttung zunächst nur bis zu diesen Pfosten und rutschte später ab. Die Höhe lag 1,65 m unter dem Nullpunkt.

Stratigraphischer Bezug: unter 8200; über 8108.

Dokumentation: P 2; Abb. 246.

Datierung: Hochmittelalter (10.–13. Jh.)

8224–8226 Pfostengruben

In Schnitt 5 in der Nordostecke der Baustelle wurden drei weitere Frontpfosten des Walls erfaßt. Die Gruben sind bis zu 1,50 m lang und 0,60 m breit. 8225 wurde vollständig ergraben und auch am Profil dokumentiert. 8224 war gestört und 8226 wurde nur angeschnitten. Die Unterkante der Pfosten liegt bei 2,50 m unter dem Nullpunkt. 8224/8225 weisen die Pfostenspuren an der Westseite auf, wo die Grubenränder senkrecht abfallen; nach Osten sind die Gruben stark abgeböscht, um die Einbringung der vermutlich hohen Pfosten zu erleichtern.

Stratigraphischer Bezug: schneidet 8108.

Dokumentation: F 15; P 15; Beil. 68.

Datierung: Hochmittelalter (10.–13. Jh.)

8227 Bruchsteinfundament

In Schnitt 5 wurden auch die Reste einer Mauer gefunden und ansatzweise dokumentiert. Bei dem auf gut 0,80 m Breite an zwei Stellen sichtbaren Fundament dürfte es sich um die Burgmauer handeln, die den Holzwall ablöste. Diese Einordnung erfolgt nur über die Lage der Fundamentspur. Stratigraphische Aufschlüsse sind der Dokumentation nicht zu entnehmen.

Dokumentation: F 15; Beil. 70.

Datierung: Hochmittelalter (10.–13. Jh.)

9000 ff. Grabung Kurie Nord 1958 (Horsteberg 17)

9001 Bruchsteinfundament

1,50 m breites Fundament aus plattigen größeren Sandsteinen. Beide Außenkanten sind sauber bearbeitet, innen finden sich kleinere Steine, vermischt mit viel Sand-Kalkmörtel, also ein Schalenmauerwerk. Die Unterkante liegt bei 56,15 m üNN, die Steinlagen reichen bis zu einer Höhe von 56,20 m üNN. Die im Vergleich zu den weiteren Fundamenten geringe Eintiefung, der Verlauf, die Lage und die Art der Steinsetzung machen deutlich, daß es sich hier um die Immunitätsmauer handelt. Im Westen der Fläche ist das Fundament nicht mehr anzutreffen. Der Ausgräber hat es daher mit 9010 verbunden, das nach Süden abbiegt und über das ältere Fundament 9003 bis auf 9004 reicht. Beide Mauerstücke sind nicht verzahnt, sondern 9010 dürfte gegen 9001 setzen. Ein weiterer Verlauf nach Westen scheint möglich, obwohl die Mauer auch am Westprofil nicht erfaßt wurde. Die Schuttschichten reichen hier aber tiefer als die Unterkante des Fundaments. Dafür spricht auch, daß sich westlich von 9010 mit 9012 ein weiterer Fundamentblock zwischen 9001 und 9003/9004 andeutet. Mit 9011 liegt in Verlängerung von 9005 ein weiterer Block weiter östlich. Die Überlegung, Immunitätsmauer und Burgmauer auf einer Linie verlaufen zu lassen, scheint in Richtung auf das Tor des 12. Jahrhunderts(?) am Spiegelturm aber möglich.

Dokumentation: F 1; P 2; Fo 105–109; Beil. 72; Abb. 265, 268–269.

Datierung: Hochmittelalter (10.–13. Jh.)

9002 Bruchsteinfundament

1,80 m breites Fundament aus mit „tonigem" Lehm verbundenen plattigen Sandsteinen. Auch an den erhaltenen Stellen gibt es verschiedene Störungen. Die Unterkante liegt bei 55,35 m üNN, die Oberkante bei bis zu 56,76 m üNN. Alle Kriterien sprechen dafür, hier die Burgmauer zu suchen, insbesondere natürlich die Breite des Fundaments. Überraschend ist, daß das Mauerwerk nach 5,05 m im Westen abbricht und zwar vor dem Fundament 9003. Dieses ist mit 0,95 m Breite deutlich schmaler. Winkelmann hat in 9003 das ältere Mauerwerk gesehen. Aus der im unteren Bereich sichtbaren Fuge zwischen 9003 und der Burgmauer wird dies nicht unbedingt deutlich. Einige Anzeichen sprechen aber für die Annahme Winkelmanns. So findet sich die Burgmauer nicht am Westprofil und die Kante an 9003 wirkt relativ scharf, also nicht wie bei einem ausgebrochenen Mauerwerk. Das stratigraphische Verhältnis zu den Schichten 9051 am Ostprofil bleibt unklar.

Stratigraphischer Bezug: unter 9011, 9050; zieht gegen 9003.

Dokumentation: F 1; P 2; Fo 105–111; Beil. 71–72; Abb. 265, 268–270.

Datierung: Hochmittelalter (10.–13. Jh.)

9003 Bruchsteinfundament

0,95 m breites Fundament aus plattigen, in Lehm verlegten Sandsteinen. Das Fundament bricht am Endpunkt der Burgmauer ab. Ob es geschnitten wird, ist nicht sicher zu erkennen (s. 9002). Es könnte sich um ein Fundament des bischöflichen Palastes handeln. Gegen die Mauer ist 9004 gesetzt. Die kleineren Mauerzüge 9010–9012 liegen über bzw. schneiden 9003. Ob die Grabenverfüllung 9051 gegen das Mauerwerk zieht oder geschnitten wird bleibt unklar. Höhe der Unterkante bei 55,43 m, der Oberkante bei 56,77 m üNN.

Stratigraphischer Bezug: unter 9010–9012; schneidet 9028.

Dokumentation: F 1; P 3; Fo 105–108, 110–111; Beil. 71–72; Abb. 267–270.

Datierung: Hochmittelalter (10.–13. Jh.)

9004 Bruchsteinfundament

Dünne plattige Bruchsteine sind mit Lehm und Kalkmörtel verbunden. Im wesentlichen ist das Mauerwerk aber nur als Ausbruchgrube sichtbar. Es ist gegen 9003 gesetzt. Die Ausbruchgrube setzt sich deutlich westlich von 9005 fort, bricht aber bald danach ab, so daß keine Verbindung zu anderen Mauerstücken besteht. Lediglich die Fundamente 9010–9012 könnten von der Immunitätsmauer 9001 über 9003 hinaus bis auf 9004 gezogen sein. Die Ausbruchgrube reicht sehr hoch und enthält viel Ziegelschutt, so daß auf eine Nutzung bis in die Neuzeit zu schließen ist. Ein Zusammenhang mit 9005 scheint trotz des etwas weiteren Verlaufs nach Osten über den Eckpunkt hinaus durchaus möglich. Die Höhe der Unterkante liegt bei 55,61 m üNN, die der Oberkante bei 56,72 m üNN.

Stratigraphischer Bezug: unter 9071; zieht gegen 9003.

Dokumentation: F 1; P 3; Fo 105–106, 108; Beil. 72; Abb. 267–269.

Datierung: Mittelalter allgemein

9005 Bruchsteinfundament

0,90 m breites Fundament aus plattigen Sandsteinen, weit überwiegend jedoch nur als Ausbruchgrube deutlich. Die Mauer schneidet 9008 und setzt gegen 9006/9017. In ihrer Verlängerung liegt jenseits von 9003 das Mauerstück 9011, die Wand könnte also bis zur Immunitätsmauer gezogen sein und ebensogut, vermutlich etwas später, auch an 9004 geendet haben. Die Höhe der Oberkante liegt bei 56,99 m, die der Unterkante allerdings relativ weit südlich bei 56,39 m üNN.

Stratigraphischer Bezug: schneidet 9008, 9017.

Dokumentation: F 1; P 1; Fo 97–100, 105–107; Beil. 72; Abb. 266, 268.

Datierung: spätes Mittelalter/frühe Neuzeit (13.–16.Jh.)

9006–9007 Bruchsteinfundament

Das 0,90 m breite Mauerwerk 9006 ist auf 6,60 m Länge von West nach Ost erhalten. Sämtliche Lagen der plattigen Sandsteine sind schräg hoch in wechselnder Richtung gegeneinandergestellt (Packlage, Fischgrätmuster). Es ist verbunden mit 9007, das nach Süden zieht. Hier ist eine Gebäudeecke erfaßt. 9007 wird im weiteren Verlauf von 9005, das erst gegen 9006/9007 gesetzt ist, leicht überlagert. Jedoch ist auch die Westkante des Mauerwerks hier nicht mehr sichtbar, auch nicht als Ausbruchgrube, ebensowenig ist eine Spur des Fundaments am Südprofil auszumachen. Somit muß es sich bei 9007 nicht unbedingt um die Ostwand eines Gebäudes handeln, es könnte auch nur ein Fundamenteinzug sein. Denkbar scheint ein Zusammenhang mit 9008 weiter im Osten. Dies liegt allerdings um eine halbe Fundamentbreite nach Norden verschoben und ist nicht aus Packlagen zusammengestellt. Die Fundamentunterkante liegt zudem deutlich höher. Am Westprofil wird 9006 vom Steinschutt 9072 überlagert. Eine Baugrube ist nicht dokumentiert. Durch die Fundamentierungsart ist ein ungefährer Datierungsansatz ins 12. Jahrhundert gegeben. Die Unterkante von 9006/9007 liegt bei 56,34–56,54 m üNN, die Oberkante bei bis zu 57,24 m üNN.

Stratigraphischer Bezug: unter 9072; gehört zu 9013.

Dokumentation: F 1; P 3; Fo 97–100; Beil. 72–73; Abb. 267–268, 271.

Datierung: Hochmittelalter (10.–13. Jh.)

9008–9009 Bruchsteinfundament

1,10 m breites Mauerwerk aus plattigen Sandsteinen, die in Lehm gesetzt sind. Es handelt sich um ein Schalenmauerwerk. Das Fundament besteht aus zwei 1,45 m und 1,20 m langen Stücken. In der Mitte ist eine genau 1 m breite, mit Erde und Steinen verfüllte Öffnung 9014 zu erkennen. Die oberste Lage von 9008 zieht über die Erdschicht. Die Kanten an beiden Seiten sind sehr sauber, so daß von einer später zugesetzten Eingangssituation/Öffnung auszugehen ist. Der Ausgräber hat 9008 mit der nach Süden weisenden Ausbruchgrube 9009 zusammengebracht. Diese bricht in der Dokumentation nach 1,80 m ab, etwa auf der gleichen Höhe wie 9007 und 9013; möglicherweise ist hier tiefer abgetragen worden, oder die Fundamentierungen setzen wegen des natürlichen Geländeanstiegs tiefer ein. 9009 ist am Südprofil zu erkennen, nicht jedoch 9008 am Ostprofil. Die Höhe der Unterkante liegt bei 56,48 m üNN, die der Oberkante bei 57,51 m üNN. 9009 liegt mit seiner Unterkante wegen des Geländeanstiegs bei 56,90 m üNN. Die Ausbruchgrube wird von 9058 überlagert.

Stratigraphischer Bezug: unter 9058.

Dokumentation: F 1; P 1; Fo 97–102; Beil. 72–73; Abb. 266, 268, 271.

Datierung: Hochmittelalter (10.–13. Jh.)

9010 Bruchsteinfundament

Der 1,70 m starke Block zieht gegen 9001 und über 9003, bis fast an dessen Ostkante. Eine Verbindung zwischen der Immunitätsmauer und 9004 ist wahrscheinlich. Ob die Immunitätsmauer hier tatsächlich endet und den Verlauf von 9003/9004 aufnimmt, ist zumindest fraglich. Ein ursprünglicher Verband zwischen 9001 und 9010 besteht sicher nicht, die Fuge auf den Fotos ist eindeutig. Die hochliegende Unterkante entspricht mit 57,25 m üNN in etwa der der Immunitätsmauer.

Stratigraphischer Bezug: über 9003; zieht gegen 9001.

Dokumentation: F 1; Fo 105–106, 108; Beil. 72; Abb. 268–269.

Datierung: spätes Mittelalter/frühe Neuzeit (13.–16.Jh.)

9011 Bruchsteinfundament

Fundament aus größeren Bruchsteinen, in nur einer höheren Lage erhalten und über 9003 und gegen 9002 ziehend. Es liegt exakt in der Flucht von 9005 und dürfte dessen Verbindung zur Immunitätsmauer nach Aufgabe von 9003 gewesen sein. Der Zusammenhang mit 9004 läßt sich auch hier nicht feststellen. Die Unterkante liegt bei 56,28 m üNN, die Oberkante bei 56,55 m üNN.

Stratigraphischer Bezug: über 9003; zieht gegen 9002, 9001.

Dokumentation: F 1; Fo 105–109; Beil. 72; Abb. 268–269.

Datierung: Spätmittelalter (14.–15.Jh.)

9012 Bruchsteinfundament

Das 1,20 m breite Sandsteinfundament ragt über die Nordkante von 9003 hinaus. Im folgenden ist es ausgebrochen. Vermutlich ist es ein weiteres Verbindungsstück zwischen 9001 und 9004 (s. 9010–9011) und damit ein Hinweis auf einen Verlauf der Immunitätsmauer über 9010 nach Westen hinaus.

Stratigraphischer Bezug: über 9003.

Dokumentation: F 1; Fo 108; Beil. 72; Abb. 268–269.

Datierung: spätes Mittelalter/frühe Neuzeit (13.–16.Jh.)

9013 Fundament

0,70 m breites Fundamentstück in Packlagenbauweise, das im Verband mit 9006 stand. Es ist nach wenigen Zentimeter ausgebrochen, dann nur noch kurz als Ausbruchgrube zu erkennen. Nicht ganz auszuschließen ist, daß der weitere Verlauf nach Süden mit der Grube 9063 am Südprofil deutlich wird. Höhe der Unterkante 56,40 m üNN, 9063 liegt am Profil bei 56,95 m üNN.

Stratigraphischer Bezug: gehört zu 9006.

Dokumentation: F 1; Fo 100; Beil. 72–73; Abb. 268, 271.

Datierung: Hochmittelalter (10.–13. Jh.)

9014 Füllschicht

Die Öffnung in 9008 war mit braunem Lehm verfüllt, im unteren Bereich liegen auch einige Steine, die etwas über die Kanten von 9008 hinausragen, vermutlich Schutt.

Stratigraphischer Bezug: zieht gegen 9008.

Dokumentation: F 1; Fo 103–104; Beil. 72–73; Abb. 271.

Datierung: Hochmittelalter (10.–13. Jh.)

9015–9019 Pfostengruben

Fünf Pfostengruben von 0,35–0,80 m Durchmesser wurden zwischen den Fundamenten 9006 und 9004 dokumentiert. Sie zeichnen sich als graue rundliche Verfärbungen im hellen kaiserzeitlichen Horizont 9029 ab. 9016 dürfte von 9006 geschnitten sein bzw. unter der Unterkante des Mauerwerks einsetzen, gleiches gilt für 9018 und 9004. Für die weitere Datierung gibt es keine weiteren Anhaltspunkte, d. h. möglich ist ein Ansatz von der Kaiserzeit bis ins 11. Jahrhundert.

Stratigraphischer Bezug: schneidet 9029; geschnitten von 9006, 9004, 9027.

Dokumentation: F 1; Fo 97; Beil. 72; Abb. 268.

9020–9022 Pfostengruben

Die Pfostengruben liegen in der Südostecke der Fläche. Dort befindet sich das Grubenhaus 9030. Vermutlich steht jedoch keiner der drei Pfosten damit in Zusammenhang, denn sie erscheinen nicht auf dem zweiten dokumentierten Planum des Grubenhauses; außerdem dürften 9021 und 9022 außerhalb der Grube gelegen haben. Sie werden am Südprofil im unteren Bereich einer dunkleren Schicht, mit der sie auch verfüllt sind, sichtbar (das Grubenhaus nicht). 9028 und 9029 sind hier nur schwer voneinander zu trennen, so daß sowohl ein mittelalterlicher als auch ein früherer Zeitpunkt möglich ist.

Stratigraphischer Bezug: unter 9068; über 9049.

Dokumentation: F 1; P 1; Beil. 72; Abb. 266.

9023 Füllschicht

Verfüllung des Grubenhauses 9048, oberhalb der vertorften Schicht 9024 aus dunkelgrauem Material.

Stratigraphischer Bezug: unter 9046; über 9024; gehört zu 9048.

Dokumentation: F 1; P 2; Beil. 72; Abb. 265.

Datierung: Mittelalter allgemein

9024 Sonstiges allgemein

Die dünne schwarze Schicht wirkt am Profil wie ein Laufhorizont, in der Fläche wie eine Randbegrenzung der Grube 9048. Vermutlich handelt es sich um die Randbegrenzung bzw. auch um die Abdeckung des aufgegebenen Grubenhauses. Der typische Befund für die frühmittelalterlichen Grubenhäuser hat an anderer Stelle vom Ausgräber die Bezeichnung „vertorfte Schicht" erhalten. Die Westabgrenzung der Schicht wie des Grubenhauses ist nicht zu fassen, im Osten scheint 9024 über 9028 zu ziehen.

Stratigraphischer Bezug: unter 9023; über 9047; gehört zu 9048.

Dokumentation: F 1; P 2; Beil. 72; Abb. 265.

Datierung: Mittelalter allgemein

9025–9026 Gruben

Kleinere Gruben oder nur Verfärbungen südlich von 9006.

Stratigraphischer Bezug: schneidet 9029.

Dokumentation: F 1; Beil. 72.

9027 Grube

Jüngere, 2 x 1 m große Grube, vermutlich sogar rezente Störung zwischen 9004 und 9006.

Stratigraphischer Bezug: schneidet 9018.

Dokumentation: F 1; Beil. 72.

Datierung: rezent

9028 Alte Oberfläche

Dunkelgraue Oberfläche/Kulturschicht der Karolingerzeit, die nicht immer leicht von 9029 zu trennen ist. Das historisch nach Süden ansteigende Niveau hat zudem bei der Anlage des ersten Planums keine einheitliche Schicht ergeben.

Stratigraphischer Bezug: unter 9051, 9046; über 9029; geschnitten von 9002–9003.

Dokumentation: F 1; P 1–3; Fo 97–105; Beil. 72; Abb. 265–268, 271.

Datierung: Frühmittelalter

9029 Kulturschicht

Hellgraue Kulturschicht der jüngeren Kaiserzeit.

Stratigraphischer Bezug: unter 9028; über 9049.

Dokumentation: F 1; P 1–3; Beil. 72; Abb. 265–267.

Datierung: vorgeschichtlich

9030–9040 Grubenhaus

Unter der frühmittelalterlichen Schicht 9028 und wohl auch unter 9029 wurde in der Südostecke der Fläche ein Ost-West orientiertes Grubenhaus von 3,80 x 3 m freigelegt. Die Randbegrenzung 9031 und die Randpfosten 9032–9040 zeichnen sich als schwache Verfärbungen im anstehenden Boden am Grund der Grube ab. Sowohl an den Schmalseiten 9032–9033, als auch an den Längsseiten 9035–9037 erscheinen Pfosten. Die Eckpfosten im Nordwesten und im Südosten fehlen. Die Randbegrenzung 9031 liegt an der Außenseite der Pfosten. Das Niveau der Unterkante ist leider nicht dokumentiert. In den gleichen Zusammenhang dürfte die Grube 9070 unmittelbar südlich vor dem Grubenhaus gehören. Mehrere eindeutig kaiserzeitliche Scherben stammen aus der Verfüllung.

Stratigraphischer Bezug: unter 9029; schneidet 9049.

Dokumentation: F 2; Fo 112–119; Abb. 263–264.

Datierung: vorgeschichtlich

9041–9043 Backsteinfundamente

Die beiden Backsteinfundamente 9041–9042 begrenzen einen 3,80 m breiten Keller mit dem Fußboden 9043, ebenfalls aus Backsteinen. 9041 ist mit einer Lage sehr schmal im unteren Bereich und gegen die Immunitätsmauer 9002 gesetzt. 9042 ist dagegen 0,90 m breit. Die Fundamentunterkante liegt bei 57,20 m üNN, die Oberkante der Fläche bei 59,70 m üNN, das sind 2,45 m über dem Kellerfußboden. Die Mauern stellen einen Teil der kleinen neuzeitlichen Kurie auf dem Gelände dar, die sonst kaum dokumentiert worden ist.

Stratigraphischer Bezug: unter 9044; zieht gegen 9001.

Dokumentation: P 2; Fo 101; Abb. 265.

Datierung: Neuzeit allgemein

9044 Schicht

Rest einer Aufschüttung unter dem Backsteinfundament 9042, vermutlich aber erheblich älter.

Stratigraphischer Bezug: unter 9042; über 9045.

Dokumentation: P 2; Abb. 265.

9045–9046 Schichten

Die untere Schicht 9046 enthält zahlreiche kleinere Steine in hellem Material. Der obere Abschnitt der Aufschüttungen ist dunkler gefärbt. Beide werden von 9077 geschnitten. 9046 setzt unmittelbar über der Verfüllung des mittelalterlichen Grubenhauses 9048 ein.

Stratigraphischer Bezug: unter 9075–9076; über 9024.

Dokumentation: P 2; Abb. 265.

Datierung: Hochmittelalter (10.–13. Jh.)

9047 Füllschicht

Der untere Abschnitt der Verfüllung des Grubenhauses 9048 ist bis zu 0,40 m stark und besteht aus graubraunem Material.

Stratigraphischer Bezug: unter 9024; gehört zu 9048.

Dokumentation: P 2; Abb. 265.

Datierung: Mittelalter allgemein

9048 Grubenhaus

Am Ostprofil ist ein größeres Grubenhaus leicht angeschnitten. Es dürfte in die frühmittelalterliche Schicht 9028 eingeschnitten haben. An der Südseite fällt die Grube langsam ab von einer Höhe bei 56,90 m bis auf 55,90 m üNN am Grubengrund. Die Westseite der Grube wurde nicht erfaßt. Nach der Profilzeichnung scheint das Grubenhaus durch die Burgmauer 9002 geschnitten. Es wäre dann jedoch mindestens 6 m lang (Nord-Süd) gewesen.

Stratigraphischer Bezug: unter 9046, 9024; schneidet 9028; geschnitten von 9002.

Dokumentation: F 1; P 2; Abb. 265.

Datierung: Mittelalter allgemein

9049 Kulturschicht

Die Kulturschicht der älteren Kaiserzeit ist relativ deutlich ausgeprägt und weist die schwachen typischen Ausfransungen, die auf Pflanzenbewuchs, Tiergänge, Bretter und Pfosten zurückgehen dürften, an der Unterkante auf. Diese reichen im Süden bis zu einem Niveau von 56,60 m üNN. Im Norden, bedingt durch den starken Geländeabfall, um mehr als 1 m tiefer. Die deutlichen Siedlungsspuren der frühen Kaiserzeit werden auch durch den Befund des dazugehörigen Grubenhauses 9030 mit der Grube 9070 bestätigt.

Stratigraphischer Bezug: unter 9029; über anstehenden Boden; geschnitten von 9070.

Dokumentation: P 1–3; Beil. 71; Abb. 265–267.

Datierung: vorgeschichtlich

9050 Schuttschicht

Schuttschicht mit vielen Sandsteinen zwischen der Burgmauer 9002 und der Immunitätsmauer 9001, deren Entstehung über den oberen Verfüllschichten des Burggrabens mit dem Bau von 9001 und dem Abriß von 9002 zusammenhängen dürfte. Die Unterkante bei 56,20 m üNN entspricht der von 9001. An der Südkante ziehen die Schuttsteine auch unter das Fundament.

Stratigraphischer Bezug: unter 9077, 9002; über 9051; zieht gegen 9002.

Dokumentation: P 2; Abb. 265.

Datierung: Hochmittelalter (10.–13. Jh.)

9051 Füllschicht

Zwischen 9028 und der Immunitätsmauer 9001 liegt ein über 1 m starkes Paket einer dunkelgrau-braunen Füllschicht. Es dürfte sich um die oberen Verfüllungen des Burggrabens 9078 handeln, die bis gegen die Burgmauer 9002 ziehen.

Stratigraphischer Bezug: unter 9001; über 9028; zieht gegen 9002.

Dokumentation: P 2–3; Abb. 265, 267.

Datierung: Hochmittelalter (10.–13. Jh.)

9052 Schicht

Schwarzer humoser Boden unter der Oberfläche von 1958, der bis zu einer Höhe von 59,40 m üNN reicht. Die Schicht zieht über den Ausbruch des Fundaments 9005 am Südprofil.

Stratigraphischer Bezug: über 9053.

Dokumentation: P 1; Fo 101; Abb. 266.

Datierung: Neuzeit allgemein

9053 Laufhorizont

Dünner Laufhorizont zwischen den Aufschüttungen 9051/9053, der nur westlich des Fundaments 9005 sichtbar ist, aber auch noch über dessen Ausbruchgrube zieht.

Stratigraphischer Bezug: unter 9052; über 9053.

Dokumentation: P 1; Abb. 266.

Datierung: Neuzeit allgemein

9054 Schicht

Geländeerhöhung aus humosem Boden mit zahlreichen Bruchsteinen. Ein Zusammenhang mit der Aufgabe des Gebäudes 9005 ist wahrscheinlich.

Stratigraphischer Bezug: unter 9053; über 9055.

Dokumentation: P 1; Fo 102; Abb. 266.

Datierung: frühe Neuzeit (ca. 1500–1700)

9055 Laufhorizont

Laufhorizont mit Holzkohle und Schieferplättchen, der sich als schmales Band zwischen 9054 und 9056 auf einem Niveau von etwa 58 m üNN zeigt. Er könnte eine Oberfläche in der Nutzungszeit von 9005 gewesen sein.

Stratigraphischer Bezug: unter 9054; über 9057.

Dokumentation: P 1; Abb. 266.

Datierung: spätes Mittelalter/frühe Neuzeit (13.–16.Jh.)

9056–9058 Schichten

Sand, Steinschutt und Holzkohle liegen an der Westseite des Südprofils auf einer Stärke von bis zu 1,10 m, im Osten sind es nur 0,40–0,50 m. Das Fundament 9005 schneidet zumindest 9058. Diese Schicht zieht über die Ausbruchgruben der Fundamente 9009 und 9069. Das Paket dürfte Aufschüttungen vom 12./13. Jahrhundert bis in die frühe Neuzeit enthalten.

Stratigraphischer Bezug: unter 9055; über 9009, 9069.

Dokumentation: P 1; Abb. 266.

Datierung: spätes Mittelalter/frühe Neuzeit (13.–16.Jh.)

9059 Planierschicht

0,20 m starke Schicht aus gelblich-grauem sandigem Material. Die Abgrenzung nach oben zur Schuttschicht 9058 ist im Westen des Südprofils sehr scharf. Vermutlich liegt darüber ein Laufhorizont, der im Ostteil des Profils mit 9061–9062 deutlicher sichtbar wird. Zwischen den Aufschüttungen 9059 und 9068 befindet sich im Westen der Laufhorizont 9060, der im Osten wiederum fehlt. Durch den fehlenden Laufhorizont sind 9059 und 9068 dort weniger leicht zu trennen. Die Grenze zwischen Ost- und Westteil stellt das Fundament 9005 dar. Die erwähnten Änderungen in der Stratigraphie dürften jedoch nichts mit dem Fundament zu tun haben. Die auf dem Profil dargestellte Baugrube schneidet 9062 und wohl auch 9058. 9055 wurde bereits als mögliche Oberfläche zum Fundament beschrieben. Das Niveau der Oberkante liegt bei etwa 57,50 m üNN.

Stratigraphischer Bezug: unter 9058; über 9060, 9068; geschnitten von 9005.

Dokumentation: P 1; Abb. 266.

Datierung: Hochmittelalter (10.–13. Jh.)

9060 Laufhorizont

0,03–0,06 m starker dunkler Streifen mit Holzkohle und (Kalk-?)Spuren, der im Westteil des Südprofils die Aufplanierungen 9068 und 9059 trennt. Niveau: 57,30 m üNN.

Stratigraphischer Bezug: unter 9059; über 9068.

Dokumentation: P 1; Abb. 266.

Datierung: Hochmittelalter (10.–13. Jh.)

9061 Laufhorizont

0,02–0,03 m starker dunkler Steifen zwischen den Ausbruchgruben der Fundamente 9009 und 9069. Ein Zusammenhang mit 9009 ist wahrscheinlich. Niveau: 57,65 m üNN.

Stratigraphischer Bezug: unter 9058; über 9059.

Dokumentation: P 1; Abb. 266.

Datierung: Hochmittelalter (10.–13. Jh.)

9062 Pflaster

In Verlängerung von 9061 liegt westlich von 9069 die Pflasterung 9062. 9069 ist nicht weiter einzuordnen, vom Niveau her dürfte es jünger sein. Vermutlich ist mit der Pflasterung daher die gleiche Oberfläche gegeben, die mit dem Laufhorizont 9061 erfaßt ist. Das Niveau liegt mit 57,70 m üNN um 0,05 m höher. Im Westen dürfte der Horizont abgetragen worden sein. Die Grenze zwischen 9058 und 9059 liegt hier bei 57,50 m üNN.

Stratigraphischer Bezug: unter 9058; über 9059; geschnitten von 9005.

Dokumentation: P 1; Abb. 266.

Datierung: Hochmittelalter (10.–13. Jh.)

9063 Grube

Wannenförmige 1,30 m breite Grube, verfüllt bei der Aufplanierung von 9059.

Stratigraphischer Bezug: unter 9058; schneidet 9060.

Dokumentation: P 1; Abb. 266.

Datierung: Hochmittelalter (10.–13. Jh.)

9064–9066 Schichten

Kleine Zwischenplanierungen oberhalb von 9028, entsprechen dem Niveau von 9068.

Stratigraphischer Bezug: unter 9060; über 9068.

Dokumentation: P 1; Abb. 266.

Datierung: Hochmittelalter (10.–13. Jh.)

9067 Pfostengrube

0,35 m breite Pfostengrube mit flacher Sohle unter dem Fundament 9069.

Stratigraphischer Bezug: unter 9069; schneidet 9068.

Dokumentation: P 1; Abb. 266.

Datierung: Hochmittelalter (10.–13. Jh.)

9068 Planierschicht

Die 0,15–0,25 m starke helle sandige Schicht liegt als Aufplanierung über dem karolingischen Horizont 9028 und wird am gesamten Südprofil deutlich. Das Niveau der Oberkante liegt bei 57,25–57,40 m üNN.

Stratigraphischer Bezug: unter 9059, 9060.

Dokumentation: P 1; Abb. 266.

Datierung: Hochmittelalter (10.–13. Jh.)

9069 Bruchsteinfundament

Das ausgebrochene, 1,20 m breite Sandsteinfundament ist nur am Südprofil dokumentiert. Seine Unterkante liegt bei 57,40 m üNN und damit bereits über dem Niveau des Planums. Mit dem Auftrag der Schuttplanierung 9058 ist es aufgegeben worden. Es liegt damit zwischen der Nutzung von 9009 und der von 9005.

Stratigraphischer Bezug: unter 9058; über 9067; schneidet 9061–9062.

Dokumentation: P 1; Abb. 266.

Datierung: Hochmittelalter (10.–13. Jh.)

9070 Grube

Unter der frühmittelalterlichen Schicht 9028 und auch unter 9029 liegt eine 1,60 m breite, mit grauem Sand verfüllte Grube. An ihrer Ostkante ist die Spur eines

Pfostens erkennbar. Die Stratigraphie und die Lage neben 9030 lassen an einen Zusammenhang mit dem kaiserzeitlichen Grubenhaus denken.

Stratigraphischer Bezug: unter 9029; schneidet 9049.

Dokumentation: P 1; Abb. 266.

Datierung: Hochmittelalter (10.–13. Jh.)

9071 Schicht

Die oberen Füllschichten bzw. Aufplanierungen sind am Westprofil z. T. nicht weiter getrennt. 9071 ist zeichnerisch bis zu 2,20 m stark über dem Burggraben 9079 wiedergegeben. Hier könnten sich auch die ausgerissenen Reste der Immunitätsmauer verbergen.

Stratigraphischer Bezug: über 9051, 9072.

Dokumentation: P 3; Abb. 267.

Datierung: Hochmittelalter (10.–13. Jh.)

9072–9073 Schuttschichten

Die durch starken Steinschutt geprägten Aufplanierungen liegen über 9028 und 9074. Beide scheinen jünger als das Fundament 9007. Sie dürften dem Bereich 9058 im Süden entsprechen. Die Ausbruchgrube von 9004 schnitt die Schuttschichten.

Stratigraphischer Bezug: unter 9071; über 9074; zieht gegen 9007.

Dokumentation: P 3; Abb. 267.

Datierung: spätes Mittelalter/frühe Neuzeit (13.–16.Jh.)

9074 Schicht

0,40–0,50 m starke lehmig-sandige, gelblich-braune Schicht über 9028. Die Stratigraphie entspricht in etwa 9068(–9059). Eine Baugrube zu 9007 ist nicht dokumentiert. Trotzdem könnte 9074 älter sein. Falls es sich um eine Schicht außerhalb oder vor Errichtung der mittelalterlichen Gebäude handelt, müßte sich hier ein Rest der Wallanlage wiederfinden, denn der Bereich liegt in jedem Fall innerhalb des durch 9002/9003 gekennzeichneten Verlaufs der Burgmauer. Die Grabenverfüllung 9051 auf der Nordseite von 9003 ist von anderer Struktur, der Anschluß an 9003 von Süden konnte wegen der Ausbruchgrube von 9004 nicht erfaßt werden. Da die Schicht keine typischen Spuren der Wallschüttungen (etwa Plaggen) enthält, scheint auch ein Zusammenhang mit einer Aufplanierung beim Bau von 9003 möglich. Durch den Bau von 9003 wurde der Wall an dieser Stelle sehr früh, vermutlich noch im 10. Jahrhundert aufgegeben.

Stratigraphischer Bezug: unter 9073; über 9028.

Dokumentation: P 3; Abb. 267.

Datierung: Hochmittelalter (10.–13. Jh.)

9075 Laufhorizont

Rest eines dünnen Laufhorizonts zwischen 9044 und 9045 auf Höhe (57,10 m üNN) der Unterkante des Fundaments 9076.

Stratigraphischer Bezug: unter 9044; über 9045.

Dokumentation: P 2; Abb. 265.

9076 Bruchsteinfundament

Am Ostprofil wurde im Südteil auf einer Länge von fast 5 m ein Bruchsteinfundament angeschnitten, das von Nord nach Süd verläuft. Es handelt sich nicht um 9009, das unmittelbar westlich davor den gleichen Verlauf nimmt. Mit einer Unterkante bei 57,20 m üNN liegt 9076 erheblich höher. Anschlüsse nach oben sind außer dem unter 9042 liegenden Abbruchschutt nicht dokumentiert worden. Das Fundament ist chronologisch also zwischen 9008/9009 und 9041–9043 einzuordnen, vermutlich noch ins Spätmittelalter.

Stratigraphischer Bezug: unter 9042; über 9045.

Dokumentation: P 2; Abb. 265.

Datierung: spätes Mittelalter/frühe Neuzeit (13.–16.Jh.)

9077 Schuttschicht

Als Schuttschicht dokumentiert ist ein weiteres Paket Schutt über 9050 und der Burgmauer 9002. Die Zeichnung deutet darauf hin, daß es der Ausgräber im Zusammenhang mit der Errichtung von 9041–9043 sah.

Stratigraphischer Bezug: unter 9041–9043; über 9050; schneidet 9044–9046.

Dokumentation: P 2; Abb. 265.

Datierung: Neuzeit allgemein

9078 Graben

Burggraben, der hier nur im Ansatz an seiner Südkante erfaßt worden ist. Bereits vor der Grabenkante sinkt das Niveau der karolingischen Oberfläche deutlich ab.

Stratigraphischer Bezug: schneidet 9028.

Dokumentation: P 3; Abb. 267.

Datierung: Mittelalter allgemein

10000 ff. Grabung Horsteberg 18 (1980/81)

10001 Bruchsteinfundament

Mindestens 0,80 m breites, nur angeschnittenes, z. T. mehrere Meter hoch erhaltenes Fundament an der Nordseite der Grabungsfläche. Die verwendeten Steine sind relativ klein und mit reichlich gelblichem Kalkmörtel verbunden. Das Fundament sitzt auf dem Mauerzug 10002 auf, die am Ostprofil dokumentierten Bodenschichten 10005–10010 werden von ihm geschnitten. Mit hoher Wahrscheinlichkeit handelt es sich um die Immunitätsmauer des späten 13. Jahrhunderts.

Stratigraphischer Bezug: über 10002; schneidet 10010 ff.

Dokumentation: P 1; Fo 85: 4–14; Beil. 74; Abb. 280–281.

Datierung: Hochmittelalter (10.–13. Jh.)

10002 Bruchsteinfundament

Fundament aus größeren Sandsteinen unter der Immunitätsmauer 10001. Vermutlich handelt es sich um die ältere Burgmauer. Die Schicht 10010 setzt bereits über dem Ausbruch des Fundaments ein. Auch einige der dokumentierten Wallschichten 10014 usw. sind jünger. 10015 und die karolingische Oberfläche 10016 werden von 10002 geschnitten.

Stratigraphischer Bezug: unter 10001, schneidet 10015.

Dokumentation: P 1; Fo 85: 5–14; Beil. 74; Abb. 280–281.

Datierung: Hochmittelalter (10.–13. Jh.)

10003 Ausbruchgrube

Unter einer jungen Rohrstörung liegt der mit Steinschutt und Mörtel gefüllte, etwa 1,60 m breite Bereich einer Fundamentausbruchgrube. Zusammenhänge des möglichen Fundaments mit anderen Mauerstücken konnten nicht festgestellt werden.

Stratigraphischer Bezug: schneidet 10016.

Dokumentation: P 1; Beil. 74; Abb. 280.

Datierung: Mittelalter allgemein

10004 Bruchsteinfundament

Am Ostprofil liegt über der Wallschicht 10008 ein in fünf Lagen erhaltenes Mauerstück. Jede zweite Lage wurde aus schräg hoch gesetzten Steinen errichtet. Das Mauerstück dürfte zu einem nicht unterkellerten spätmittelalterlichen Kuriengebäude gehören. Die unmittelbare Nähe zu 10001 der Immunitätsmauer läßt an eine Errichtung vor dieser, vielleicht noch im 12. Jahrhundert denken.

Stratigraphischer Bezug: über 10008.

Dokumentation: P 1; Fo 85: 4–14, 86: 1–7; Beil. 74; Abb. 280–281.

Datierung: Hochmittelalter (10.–13. Jh.)

10005–10009 Schichtpaket

Schichtpaket zwischen 10001 und 10003. Es könnte bereits zu den Geländeerhöhungen des 12.–13. Jahrhunderts gehören. Die Fundamente scheinen jünger zu sein.

Stratigraphischer Bezug: über 10010.

Dokumentation: P 1; Fo 85: 4–14, 86: 1–7; Beil. 74; Abb. 280.

Datierung: Hochmittelalter (10.–13. Jh.)

10010 Abbruchschicht

Bei 10010 dürfte es sich um den Abbruchschutt von 10002 vor der Errichtung von 10001/10003 handeln. Die Wallschichten 10011 ff. werden geschnitten. Wahrscheinlich ist, daß 10005–10009 in den gleichen zeitlichen Zusammenhang als Aufschüttung fallen.

Stratigraphischer Bezug: unter 10009; über 10002; geschnitten von 10001.

Dokumentation: P 1; Fo 85: 4–14, 86: 1–7; Beil. 74; Abb. 280.

Datierung: Hochmittelalter (10.–13. Jh.)

10011–10015 Sonstiges allgemein

Wallschüttung. Die Wallschichten bestehen hier aus relativ schmalen Straten. In der hellen Schicht 10015 zeichnen sich Reste von Plaggen ab. 10015 wird von 10002 geschnitten, während 10014 bereits dagegenzieht.

Stratigraphischer Bezug: unter 10009–10010; über 10016.

Dokumentation: P 1; Fo 85: 4–14, 86: 1–7; Beil. 74; Abb. 280–281.

Datierung: Hochmittelalter (10.–13. Jh.)

10016 Alte Oberfläche

Dunkelgraue, 0,10–0,40 m starke Schicht unter der Wallschüttung, zweifelsfrei die karolingische Oberfläche. Das Niveau der Oberkante fällt am Ostprofil von Süd nach Nord auf einer Länge von 5,50 m von 55,90 m üNN bis auf 54,50 m üNN ab. Gleiches gilt für die darunterliegenden Kulturschichten 10017–10018 der Kaiserzeit. Noch vor dem Ansatz des Grabens war also ein deutlicher Abfall der historischen Oberfläche vorhanden.

Stratigraphischer Bezug: unter 10015; über 10017.

Dokumentation: P 1; Fo 85: 4–14; 86: 1–7; Beil. 74; Abb. 280.

Datierung: Frühmittelalter

10017–10018 Kulturschichten

Kulturschichten der Kaiserzeit, die hier nur in geringem Umfang erhalten sind. Die Pfostensetzung 10022–10025 liegt unter 10017, die Grube 10019 dagegen nur unter 10016.

Stratigraphischer Bezug: unter 10016.

Dokumentation: P 1; Beil. 74; Abb. 280.

Datierung: vorgeschichtlich

10019 Grube

Große, fast 1,40 m breite Grube unter 10016. Sie schneidet 10017. Die hellere sandige Verfüllung enthielt Holzspuren.

Stratigraphischer Bezug: unter 10016; schneidet 10017.

Dokumentation: P 1; Beil. 74; Abb. 280.

Datierung: vorgeschichtlich

10020 Schicht

Rest einer Aufschüttung, die an der Oberkante des Profils dokumentiert ist.

Stratigraphischer Bezug: über 10021.

Dokumentation: P 1; Beil. 74.

Datierung: Neuzeit allgemein

10021 Brandschicht

0,06–0,20 m starke Schicht mit starken Verziegelungen und hohem Holzkohleanteil.

Stratigraphischer Bezug: unter 10020; über 10007.

Dokumentation: P 1; Beil. 74.

Datierung: spätes Mittelalter/frühe Neuzeit (13.–16. Jh.)

10022–10025 Pfostengrube

Vier Pfosten sind in einer Reihe am Ostprofil angeschnitten. Die etwa 0,30 m breiten Gruben werden von 10017, der Schicht der jüngeren Kaiserzeit überzogen, gehören also zu einem Bauwerk der ersten Siedlung auf der Domburg. Das Niveau der Pfostenunterkante steigt mit dem Anstieg des Geländes von Nord nach Süd von 55,26 m üNN für 10022 bis auf 55,52 m üNN für 10025.

Stratigraphischer Bezug: unter 10018.

Dokumentation: P 1; Beil. 74.

Datierung: vorgeschichtlich

10026 Fundament

Breiteres Sandsteinfundament, das unter der Backsteinwand der Kurie des 19. Jahrhunderts hervorzog. Es verläuft gegenüber der Backsteinwand schräg, leicht nach Süden abweichend. Seine Südkante fluchtet im rechten Winkel mit 10010, das als Abbruchschutt der Burgmauer 10002 interpretiert wird. Nicht ausgeschlossen erscheint die Annahme eines ersten Steingebäudes vor 10004, dessen Fundamentierung weit höher ansetzt. Zeichnungen konnten nicht zugewiesen werden.

Dokumentation: Fo 79: 10–17; Abb. 281.

Datierung: Hochmittelalter (10.–13. Jh.)

11000 ff. Grabung Landeszentralbank 1980 (Domplatz 36)

11001 Bruchsteinfundament

Die Immunitätsmauer ist auf dem Bankgrundstück weitgehend in situ erhalten. In wesentlichen Teilen ist sie stark verputzt, Aufschlüsse über anschließende Mauern oder zu Umbauten sind daher nicht möglich. An der Nordseite des Grundstücks an der Domgasse ist die Mauer umfassend saniert worden (wohl überwiegend erneuert) und stellt gleichzeitig die Rückwand der Bebauung vom Prinzipalmarkt/Drubbel (Café Kleimann) dar. Die Grabungen endeten mehrere Meter westlich des Ansatzes der Mauer.

Stratigraphischer Bezug: über 11050; zieht gegen 11002.

Dokumentation: Abb. 285, 305–306.

Datierung: Hochmittelalter (10.–13. Jh.)

11002 Bruchsteinfundament

Burgmauer. Die Gesamtbreite des in Lehm verlegten Sandsteinfundaments beläuft sich auf über 2,10 m. Die Mauer hat jedoch zwei Umbauten erfahren. Zunächst wurde im Osten das Mauerwerk auf einer Breite von ca. 1,05 m erneuert. Der gleiche Vorgang war am Michaelisplatz bereits deutlich geworden (5003/5026). Beim Bau der ersten Kurie (s. 11004) am Platz wurde die ehemalige Burgmauer mit ihrer bereits aufgegebenen Westkante als Ostwand der Kurie verwendet, dabei wurde die Westkante 11010 erneuert, aber wohl nicht nach Westen vorgeschoben. Die Breite der ehemaligen Burgmauer läßt sich wegen der vielen Ausbrüche etwas mühevoll auf etwa 1,80 m rekonstruieren. Dieses Maß liegt über der Stärke am Horsteberg mit 1,40–1,60 m entspricht aber der Mauerstärke am Michaelisplatz.

Stratigraphischer Bezug: unter 11003, 11001; über 11005/11006; schneidet 11051.

Dokumentation: F 5; P 1; Fo 47: 8–18, 50: 3–9, 49: 8–18, 47: 1–7, 45: 15–17, 44: 1–7, 41: 1–3, 40: 6–16, 39: 6–18, 38: 1–5, 37: 1–3; Beil. 75; Abb. 295–302.

Datierung: Hochmittelalter (10.–13. Jh.)

11003 Bruchsteinfundament

Die Erneuerung der Burgmauer wurde nur im Ansatz erfaßt. Die Sandsteine überlagern an der Westseite die alte Burgmauer 11002. An der Ostseite des etwa 1–1,10 m breiten Fundaments liegen sie auf knapp 0,30 m über der Wallschicht 11005 auf. Die Fundamentunterkante erstreckt sich damit etwa 0,35 m über der der älteren Burgmauer.

Stratigraphischer Bezug: über 11002; schneidet 11006/11007.

Dokumentation: F 5; P 1; Fo 50: 3–9; Beil. 75; Abb. 298–302.

Datierung: Hochmittelalter (10.–13. Jh.)

11004 Bruchsteinfundament

0,70–0,90 m breites Fundament aus schräg gegeneinandergestellten Sandsteinplatten. Im oberen, schmaleren Abschnitt wird ein Zweischalenmauerwerk sichtbar. Die Packlagen, von denen noch acht Lagen sichtbar sind, verbreitern sich im unteren Fundamentbereich. Die Mauer zieht gegen die jüngere Burgmauer 11003 über die Trümmer der weiter nach Westen liegenden älteren Burgmauer hinweg. In einer späteren Phase ist das Fundament 11004b nach Osten verlängert worden. Im Bereich des Schnittpunkts mit 11003 ist eine deutliche, mit Mörtel abgedeckte Eintiefung zu erkennen. Die Verlängerung dürfte mit der endgültigen Aufgabe des Grabens und dem Bau der Immunitätsmauer zusammenhängen. Vermutlich hat es sich nicht mehr um ein Packlagenmauerwerk gehandelt (keine Zeichnung). Nach Bemerkungen im Tagebuch gehört ein Fußboden oder Laufhorizont über 11008 nördlich von 11004 zum Fundament, der durch ein spätes Pingsdorfer Gefäßstück datiert sein soll. Auch aus stratigraphischen Gründen ist die Mauer ins 12. Jahrhundert zu datieren. Die mit ihr verbundene Errichtung einer ersten Kurie auf der Parzelle fällt vor den Zeitpunkt der Aufgabe von Graben und Burgmauer.

Stratigraphischer Bezug: über 11002; zieht gegen 11003.

Dokumentation: F 3 (nur Umriß); Fo 37: 1–12, 38: 1–17, 40: 6–16; Abb. 299–302.

Datierung: Hochmittelalter (10.–13. Jh.)

11005 Schicht

Wallschüttung. Die helle sandige Schicht ist auf einer Stärke von bis zu 0,35 m unter den Burgmauern 11002/11003 erkannt worden. Sie wird am Ostprofil überzogen von der aus dem Graben laufenden Plaggenschicht 11006, liegt aber über einer weiteren, den gesamten Wallabschnitt überziehenden Plaggenschicht 11039, ebenso sicher über der Brunnengrube 11009. Ihre Aufschüttung datiert damit nicht vor dem 10. Jahrhundert. Die Unterkante setzt bei ca. 59,20 m üNN ein.

Stratigraphischer Bezug: unter 11006; über 11039; gehört zu 11051.

Dokumentation: F 6; P 1; Fo 52: 1–18, 51: 15–18; Beil. 75; Abb. 288, 295, 297–298.

Datierung: Hochmittelalter (10.–13. Jh.)

11006 Schicht

Die tiefdunkle, bis zu 0,20 m starke Schicht zieht aus dem Graben heraus bis über die Wallschüttung 11005. Ohne Zweifel enthält sie Grassoden, die vermutlich zur Befestigung der Grabenkante aufgelegt worden sind. Die Plaggenschicht 11039 liegt unter 11005 und könnte sich an der Grabenkante mit 11006 vermischt haben. Die Auftragung von 11006 wäre dann zweiphasig. Wahrscheinlicher ist ein Zusammenhang von 11039 mit 11038.

Stratigraphischer Bezug: unter 11007; über 11005.

Dokumentation: F 6; P 1; Fo 52: 1–18, 51: 15–18; Beil. 75; Abb. 288, 295–298.

Datierung: Hochmittelalter (10.–13. Jh.)

11007 Schicht

Dunkelgraue, bis zu 0,25 m starke Schwemmschicht, die aus den tieferen Grabenregionen bis über die untere Wallschicht 11005 reicht. Dem Ostprofil zufolge wird sie von der jüngeren Burgmauer geschnitten.

Stratigraphischer Bezug: unter 11037; über 11006; geschnitten von 11003.

Dokumentation: F 6; P 1; Fo 52: 1–18, 51: 15–18; Beil. 75; Abb. 288, 295–298.

Datierung: Hochmittelalter (10.–13. Jh.)

11008 Alte Oberfläche

Dunkelgraue, 0,20–0,25 m starke Oberfläche/Kulturschicht des 9. Jahrhunderts. An der Oberfläche liegt teilweise ein Laufhorizont 11047. Die Schicht wird von den Pfosten 11012 ff. und der Brunnengrube 11009 geschnitten. Vom kaiserzeitlichen Niveau 11045/11046 ist die Trennung wie so oft schwierig. Das Niveau liegt bei etwa 58,90–59 m üNN.

Stratigraphischer Bezug: unter 11047, 11040; über 11047; geschnitten von 11009, 11012–11027.

Dokumentation: F 6; P 1; Fo 52: 1–18, 51: 1–18, 46: 10–16; Beil. 75; Abb. 288, 295–297.

Datierung: Frühmittelalter

11009 Holzkastenbrunnen

Brunnen. Die Grube des Brunnens zeigt sich auf dem unteren Planum F 6 mit einem Durchmesser von 2,70 m, hinzu kommt ein beeinflußter Bereich an den Seiten von jeweils 0,15 m Breite. Die Grube schneidet die karolingische Schicht 11008. Die Interpretation des Ausgräbers als sächsischer Brunnen wäre also auch ohne dendrochronologisches Datum gekippt. Die drei Daten für das Jahr 888–889 stammen von der Holzverschalung 11053–11063 des Brunnens, die auf einem Niveau von 1,30–2 m unter der Oberfläche 11008 gefunden wurde. Die Grube gehört stratigraphisch zum Pfostenbau 11012 ff. Sie liegt klar unter der Wallschüttung 11005 und auch unter der Plaggenlage 11039. Die darunterliegende unterste Wallschicht 11040 ist am

Südprofil unmittelbar neben der Brunnengrube erheblich stärker als weiter westlich. Sie könnte mit der oberen Verfüllung der Brunnengrube auf der Flächenzeichnung F 6 identisch sein.

Stratigraphischer Bezug: unter 11039, 11040; schneidet 11008.

Dokumentation: F 6–9; Fo Film 52–54; Abb. 288–294.

Datierung: Frühmittelalter

11010 Bruchsteinfundament

Keller. Mit dem Bau oder bald nach dem Bau von 11004 wurde die Burgmauer 11003 Ostwand eines Gebäudes bzw. Kellers. Diese hatte auch bei der späteren Erweiterung nach Osten als Keller oder Gebäudewand Bestand. Die erhaltenen sauber bearbeiteten und teilweise verputzten Sandsteine im Bereich des Kellers und der Burgmauer dürften aus dieser späteren Phase stammen. Die Südseite des Kellers bildet ein 0,90 m breites Sandsteinfundament 11010, die Nordseite war nicht gezeichnet. Hier befindet sich auch ein Zugang in den Keller. Die Südwand verläuft parallel im Abstand von 1,60 m zu 11004, das damit bei der Errichtung des Kellers wohl aufgegeben worden sein dürfte.

Stratigraphischer Bezug: über 11002–11003.

Dokumentation: F 3; Fo Film 36–37; Abb. 299–301, 303–304.

Datierung: Spätmittelalter (14.–15.Jh.)

11011 Ausbruchgrube

0,40 m breite Ausbruchgrube eines Fundaments südlich von 11004. Sie könnte als Anbau von 11004 gedeutet werden und läge damit noch vor der Errichtung des Kellers 11010. Die Deutung als Schwellbalkenfundament ist wahrscheinlich.

Stratigraphischer Bezug: über 11051.

Dokumentation: F 6; Abb. 288.

Datierung: Hochmittelalter (10.–13. Jh.)

11012–11033 Pfostengruben

Verschiedene Pfostengruben von 0,15–0,70 m Durchmesser sind, in 11008 einschneidend, westlich der Brunnengrube 11009 freigelegt worden. Auch zwei kleinere Gräbchen 11018/11015 gehören in diesen Zusammenhang. Es handelt sich um ein kleineres Pfostengebäude, dessen Pfosten z. T. erneuert wurden. Es gehört ins 9. Jahrhundert, hat möglicherweise auch noch mit dem Brunnen zusammen bestanden.

Stratigraphischer Bezug: unter 11051, 11039; schneidet 11008.

Dokumentation: F 6; Fo 46:10–16; Abb. 288, 296.

Datierung: Frühmittelalter

11034–11036 Gruben

Es handelt sich um verschiedene Strukturen, die auf unterschiedlichem Niveau unterhalb des Kellers 11010 dokumentiert worden sind. Das Niveau liegt bei allen unterhalb von 11008. Die Zuweisung in die Kaiserzeit ist damit wahrscheinlich. Mit 11035 wurde eine größere, relativ deutliche Pfostengrube gezeichnet, mit 11036 eine ca. 0,15 m breite Grabenstruktur, vermutlich einer der typischen kaiserzeitlichen Fundamentgräben.

Stratigraphischer Bezug: unter 11008; schneidet 11046.

Dokumentation: F 6; Fo 48:8–18; Abb. 288.

Datierung: vorgeschichtlich

11037 Schicht

Graue, 0,25 m dicke Schwemm- oder Füllschicht des Burggrabens.

Stratigraphischer Bezug: unter 11064; über 11007; geschnitten von 11003.

Dokumentation: P 1; Fo 51: 15–18, 52: 1–18; Beil. 75; Abb. 295.

Datierung: Hochmittelalter (10.–13. Jh.)

11038 Schicht

An der Grabenkante zeigt sich als unterste Schicht des Grabens eine dunkelbraune 0,10 m starke Schicht, die auf Holzreste und Plaggen verweist. Vermutlich die ältere Befestigung der Böschung.

Stratigraphischer Bezug: unter 11006; schneidet 11047.

Dokumentation: P 1; Fo 51: 15–18, 52: 1–18; Beil. 75; Abb. 295.

Datierung: Hochmittelalter (10.–13. Jh.)

11039 Schicht

Plaggen. Ein 0,05–0,10 m starker schwarzer Streifen aus Grassoden durchzieht die gesamte, über knapp 4 m dokumentierte Wallanlage zwischen der untersten Wallschicht 11040 und der Wallschüttung auf leicht nach Westen ansteigendem Niveau.

Stratigraphischer Bezug: unter 11005, 11002; über 11040, 11009.

Dokumentation: P 1; Fo 51: 15–18; 52: 1–18; Beil. 75; Abb. 295.

Datierung: Hochmittelalter (10.–13. Jh.)

11040 Planierschicht

0,10–0,20 m starke graugelbe Planierschicht, die über dem Laufhorizont 11047 als Grundlage für den Wall angelegt worden ist. Die größte Stärke liegt im Bereich der Brunnengrube 11009. Westlich davon war die Schicht etwas dunkler verfärbt.

Stratigraphischer Bezug: unter 11039; über 11047, 11009.

Dokumentation: P 1; Fo 51: 15–18, 52: 1–18; Beil. 75; Abb. 295.

Datierung: Hochmittelalter (10.–13. Jh.)

11041 Grube

Die Grube wurde am Ostrand des Südprofils angeschnitten. Sie war in die Grabenverfüllung 11037 eingetieft worden, gehört also frühestens ins Spätmittelalter. Daneben liegt ein weiterer kleiner Rest einer Grube.

Stratigraphischer Bezug: schneidet 11037.

Dokumentation: P 1; Beil. 75; Abb. 295.

Datierung: Spätmittelalter (14.-15.Jh.)

11042 Füllschicht

Im Westabschnitt des Südprofils sind außer 11039/11040 keine weiteren Wallschichten zu erkennen. Über 11040 liegt eine Aufschüttung mit viel Holzkohle und kleinen Steinen, die bereits die Ausbruchgrube der älteren Burgmauer 11002 überzieht. Nach oben ergaben sich für die Einordnung der Schicht keine Anhaltspunkte.

Stratigraphischer Bezug: über 11039.

Dokumentation: P 1; Beil. 75; Abb. 295.

Datierung: Mittelalter allgemein

11043 Schicht

Anschließend an den Ausbruch der Burgmauer 11002 liegt eine 0,03–0,10 m starke helle Schicht auf 0,70 m Länge, vermutlich ein Abbruchhorizont der Burgmauer.

Stratigraphischer Bezug: unter 11042; über 11039.

Dokumentation: P 1; Beil. 75; Abb. 295.

Datierung: Hochmittelalter (10.–13. Jh.)

11044 Pfostenloch

Knapp 0,10 m breite Spur eines Pfostens, der in 11040 einschneidet, nach der Zeichnung setzt er unter 11039 ein.

Stratigraphischer Bezug: unter 11039; schneidet 11040.

Dokumentation: P 1; Beil. 75; Abb. 295.

Datierung: Hochmittelalter (10.–13. Jh.)

11045/11046 Kulturschichten

Kaiserzeitliche Siedlungshorizonte, die nicht genau zu trennen sind. Auch die Abgrenzung nach oben zu 11008 ist unscharf, der Übergang zum anstehenden Boden ebenfalls. Die Ausfransungen im unteren Abschnitt sind typisch für die Kulturschicht der älteren Kaiserzeit.

Stratigraphischer Bezug: unter 11008.

Dokumentation: F 6; P 1; Fo 52: 1–18, 48: 1–18; Beil. 75; Abb. 288, 295.

Datierung: vorgeschichtlich

11047 Laufhorizont

An der Oberkante von 11008 zeichnet sich stellenweise ein 0,03–0,07 m starkes dunkles Band ab. Zwischen diesem Laufniveau und 11008 liegt auch eine dünne Aufplanierung 11048, die auf eine mögliche Nutzung des Geländes im früheren 9. Jahrhundert verweist. Ob der Laufhorizont den Pfostenbau 11012 oder die Brunnengrube 11009 überzieht, konnte der Dokumentation nicht entnommen werden, falls nicht 11049 einer der Pfosten des Gebäudes wäre, das dann jünger als der Laufhorizont wäre. 11047 käme als Nutzungsniveau dieser und früherer Strukturen im späten 9. Jahrhundert in Frage, aber auch als Laufschicht, die bei der Anlage von Wall und Graben im beginnenden 10. Jahrhundert entstanden ist.

Stratigraphischer Bezug: unter 11040, 11048; über 11008; geschnitten von 11050.

Dokumentation: P 1; Fo 51: 15–18; 52: 1–18; Beil. 75; Abb. 295.

Datierung: Mittelalter allgemein

11048 Planierschicht

Zwischen 11008 und dem Laufhorizont 11047 liegt am Westteil des Südprofils eine dünne gelbliche Aufplanierung. Ähnliche Befunde gibt es am Horsteberg. Der Laufhorizont dürfte damit nahe an die Errichtung des Walls heranrücken.

Stratigraphischer Bezug: unter 11047; über 11008.

Dokumentation: P 1; Beil. 75; Abb. 295.

Datierung: Frühmittelalter

11049 Pfostengrube

0,30 m breite Pfostengrube mit flacher, 0,11 m breiter Sohle, die unter 11040 am Südprofil liegt und in den Laufhorizont 11047 einschneidet. Die Zuweisung zum Pfostenkomplex 11012 ff. ist viel wahrscheinlicher als ein Zusammenhang mit der Befestigung. Dieser könnte wegen des Abbruchs von 11039 an dieser Stelle erwogen werden (Berme).

Stratigraphischer Bezug: unter 11040; schneidet 11047.

Dokumentation: P 1; Beil. 75; Abb. 295.

Datierung: Hochmittelalter (10.–13. Jh.)

11050 Graben

Burggraben. Der Burggraben wurde nur an seiner Westseite (innen) angeschnitten. Die Böschung ist relativ flach. Sie schneidet in 11047 auf einer Höhe von etwa 58,90 m üNN ein. Auf den folgenden knapp 0,80 m fällt der Graben um 0,60 m nach unten ab. Die Sohle ist sicher nicht erreicht worden. Die Verfüllungen sind unten 11036 und 11006 mit Grassoden, darüber liegen Schwemmschichten 11007 und 10037, deren Oberkante bei 59,85 m üNN erheblich über dem ursprünglichen alten Einschnitt des Grabens liegt. Die Schichten ziehen vermutlich gegen den Wall, vielleicht noch gegen die alte Burgmauer 11002, von der neuen Burgmauer 11003 werden sie geschnitten.

Stratigraphischer Bezug: schneidet 11008, 11047; geschnitten von 11003.

Dokumentation: P 1; Fo 52: 1–18; Beil. 75; Abb. 288, 295–298.

Datierung: Hochmittelalter (10.–13. Jh.)

11051 Sonstiges allgemein

Wall. Als Wallschüttung kann 11005 angesprochen werden. Die helle Aufschüttung gleicht der an anderen Fundplätzen. Sie wird von den Burgmauern geschnitten. Darunter liegt die Plaggenstrate 11039, die von der Grabenkante auf fast 4 m sehr geschlossen nach Westen zieht. Zwischen ihr und dem Laufhorizont 11047 bzw. der Kulturschicht 11008 liegt, ebenfalls nur im Osten, 11040. Diese ebenfalls helle Aufplanierung ist so auch von anderen Fundstellen etwa am Michaelisplatz bekannt. Die regelmäßige Plaggenlage läßt den Vergleich mit der Plaggenlage im Bereich der Berme am Michaelisplatz zu. Ein Beleg für die Pfostengruben der Holzwand an der Frontseite des Walls, aber auch für eine Plaggenwand analog zum Befund im Norden der Domburg konnte nicht erbracht werden. Die Flächenzeichnung F 6 dokumentiert auf einer Länge (Nord-Süd) von 4,50 m die entscheidende Stelle. Hier schneiden zwar mit 11012 ff. zahlreiche Pfosten die karolingische Oberfläche, keiner läßt sich aber mit den Wallpfosten am Michaelisplatz vergleichen. Anders als bei einer Plaggenwand hätten die tiefen Spuren der Pfosten kaum bei jüngeren Abtragungen verschwinden können. Die spätere Burgmauer wäre dann deutlich nach außen verschoben worden. Alternativ könnte hier von einer äußerst langen Berme von mindestens 5 m (Profilende) ausgegangen werden. Dies verändert nichts an der Datierung der Befestigung. Der Brunnen aus dem Jahr 889 liegt unterhalb der Grundplanierung für Wall und Berme 11040 und der Plaggenlage 11039. Außerdem hätte, falls es sich bei diesen Schichten um keine Befestigung handelte, der Brunnen außerhalb des Walls gelegen. An der Datierung des Walls nicht vor Anfang des 10. Jahrhunderts ist nicht mehr zu zweifeln.

Stratigraphischer Bezug: unter 11002; über 11109/11147.

Dokumentation: P 1; Fo 51: 15–18; 52: 1–18; Beil. 75; Abb. 295.

Datierung: Hochmittelalter (10.–13. Jh.)

11052 Grube

Nur angeschnittene Struktur im Bereich des Grabens, unter der Plaggenschicht 11038. Es könnte sich sowohl um eine kaiserzeitliche Grube im Bereich von 11046 handeln, als auch um die deutlicher abgestochene Grabenkante.

Stratigraphischer Bezug: unter 11038.

Dokumentation: P 1; Beil. 75; Abb. 295.

11053–11056 Holzbauelement

Vier etwa 0,10 m starke, viereckig geschlagene Holzpfosten liegen an den Ecken der Brunnenverschalung. Die Bretter 11057 sparten Öffnungen für die Pfosten aus.

Stratigraphischer Bezug: gehört zu 11009.

Dokumentation: F 8–10; Fo 53: 4–18; 3D–Skizze; Abb. 289–290, 293–294.

Datierung: Frühmittelalter

11057–11060 Holzbauelement

Der Rahmen des Holzkastenbrunnens wurde aus vier 0,15 m breiten Brettern gesetzt, die bei der Bergung noch sehr gut erhalten waren. An ihrer Innenseite ist die eigentliche Öffnung zusätzlich durch Holzpfosten (11061) verkleidet. Über ihr sitzt eine weitere Bretter- oder Balkenlage 11063 auf, die aber kaum noch erhalten war.

Stratigraphischer Bezug: unter 11063; gehört zu 11009.

Dokumentation: F 10, 3D–Skizze; Fo 53:12–18, 56:1–17; Abb. 289–290, 294.

Frühmittelalter

11061 Pfosten, angespitzt

Gegen die Innenseite des Bretterrahmens des Brunnens war dicht aneinander eine Setzung kleinerer Holzpfosten eingeschlagen, die die Wasserstelle begrenzen.

Stratigraphischer Bezug: zieht gegen 11057–11060.

Dokumentation: F 10; 3D-Skizze; Fo 53:12–18; Abb. 289–290, 294.

Datierung: Frühmittelalter

11062 Grube

Die Unterkante der Schöpfstelle reicht bis zu einer Tiefe von 56,90 m üNN. Das sind etwa 0,85 m unter der erhaltenen Oberkante des Holzkastens und ca. 2,10 m unter der Oberfläche des 9. Jahrhunderts. Die Öffnung ist etwa 0,50–0,55 m breit.

Stratigraphischer Bezug: gehört zu 11009.

Dokumentation: F 10; 3D-Skizze, Fo 53:12–18; Abb. 289–290, 294.

Datierung: Frühmittelalter

11063–11066 Holzbauelement

An den Außenkanten des Bretterrahmens liegen, mit der Schmalseite aufliegend, weitere Bretter zur Verschalung der Brunnengrube. Sie sind teilweise nur als Spur erhalten geblieben.

Stratigraphischer Bezug: gehört zu 11009.

Dokumentation: F 8–10, 3D-Skizze; Fo 53:12–18; Abb. 289.

Datierung: Frühmittelalter

11067 Grube

Undeutliche, nur schwach sichtbare 0,30 m breite Grube, die im unteren Bereich des kaiserzeitlichen Horizontes 11045 ansetzt.

Stratigraphischer Bezug: schneidet 11037.

Dokumentation: P 1; Beil. 75.

Datierung: vorgeschichtlich